La guerra santa

La guerra santa
La formación de la idea de cruzada en el Occidente cristiano

Jean Flori

Traducción de Rafael G. Peinado Santaella

UNIVERSIDAD DE GRANADA
EDITORIAL TROTTA

Esta obra se beneficia del P.A.P. García Lorca,
Programa de Publicación del Servicio de Cooperación y Acción Cultural
de la Embajada de Francia en España
y del Ministerio francés de Asuntos Exteriores

COLECCIÓN ESTRUCTURAS Y PROCESOS
Serie Religión

© Editorial Trotta, S.A., 2003
Ferraz, 55. 28008 Madrid
Teléfono: 91 543 03 61
Fax: 91 543 14 88
E-mail: trotta@infornet.es
http://www.trotta.es

© Universidad de Granada, 2003
http://www.editorialugr.com

© Aubier, París, 2003

© Rafael G. Peinado Santaella, 2003

ISBN: 84-8164-634-2
Depósito Legal: M-49.717-2003

Impresión
Marfa Impresión, S.L.

CONTENIDO

Siglas y abreviaturas 9

Introducción 11
Capítulo I. Cruzada, peregrinación y guerra santa 15
Capítulo II. El imperio cristiano 29
Capítulo III. ¿De la paz de Dios a la cruzada? 59
Capítulo IV. La violencia sagrada de los santos 99
Capítulo V. De los santos guerreros a los guerreros santos 123
Capítulo VI. Bajo la bandera de San Pedro 157
Capítulo VII. Gregorio VII y la liberación de la Iglesia 185
Capítulo VIII. Cristianos y paganos: la demonización
   de los adversarios de la cristiandad hasta el año 1000 221
Capítulo IX. Guerra santa y reconquista cristiana después del
   año mil 255
Capítulo X. De la guerra santa a la cruzada 293
Conclusión. Guerra santa, *yihad* y cruzada 337

Bibliografía 351
Índice de nombres y lugares 389
Índice general 399

SIGLAS Y ABREVIATURAS

AASS: Acta sanctorum Bollandistarum
BEC: Bibliothèque de l'École des Chartes
CCCM: Corpus Christianorum Continuatio Mediaevalis
CSEL: Corpus scriptorum ecclesiasticorum latinorum
HF: Recueil des Historiens des Gaules et de la France (ed. J. Bouquet)
Mansi: J. D. Mansi, Sacrorum Conciliorum nova et amplissima collectio
MGH: Monumenta Germaniae Historica
SS: Scriptores
PG: Patrología griega
PL: Patrología latina
PRG: Pontifical romano-germánico
RHC: Hist. Occ.: Recueil des Historiens des croisades, Historiens occidentaux
RIS: Rerum italicarum scriptores
SC: Sources Chrétiennes

INTRODUCCIÓN

El llamamiento del papa Urbano II en Clermont (1095) abrió una nueva era, la de las cruzadas. En adelante, a lo largo de toda la Edad Media, la idea de cruzada iba a permanecer presente en los espíritus y marcar profundamente las mentalidades de los cristianos de Occidente, planteando la cuestión lacerante de los «santos lugares» de Jerusalén, todavía hoy de actualidad, con su cortejo de odios y de sangre.

En Clermont, nadie lo duda hoy, Urbano II innovó. Por vez primera, un papa se dirigió directamente a los cristianos de Occidente para incitarlos, en nombre de su fe y por el perdón de sus pecados, a ir, con peligro de su vida terrenal, a liberar el Santo Sepulcro, la tumba vacía de Cristo, que estaba en manos de los musulmanes desde hacía más de tres siglos. El soberano pontífice adornó su mensaje con promesas de recompensas espirituales que, según se piensa generalmente, procedían de las remuneraciones hasta entonces vinculadas a la peregrinación a Jerusalén. El papa puso así los cimientos de una verdadera institución, la cruzada, cuyos ritos, modalidades y privilegios los papas posteriores fueron precisando y fijando poco a poco. Así considerada, la cruzada nació en Clermont, y sus historiadores se complacen en subrayar, con mucha razón por lo general, los rasgos innovadores de la iniciativa de Urbano II.

Por acertada que sea, esta aproximación no es, sin embargo, la única. La cruzada puede considerarse también como el resultado, la conclusión lógica, casi inevitable, de un lento proceso, de una verdadera revolución doctrinal que, a lo largo de varios siglos, condujo a la Iglesia desde la no-violencia inicial al uso meritorio y sacralizado de las armas. Pues la cruzada, desde el origen, no fue solamente una loable peregrinación armada, como hoy se tiende a decir; fue también, y tal vez sobre todo, una «guerra santa», o, mejor dicho, una guerra sacralizada, en la medida que el concepto mismo de guerra santa parece inaceptable en nuestra época. Esta noción, que nuestras laicizadas sociedades actuales rechazan hoy con horror, impregnó no obstante profundamente, con diversas modalidades, las mentalidades de los hombres de la Edad Media, ya fueran cristianos o musulmanes. De ella, por lo demás, subsisten todavía en nuestros días huellas profundas, indelebles, y residuos, brasas aún ardientes, que son aventadas por políticos oportunistas y fanáticos integristas.

La cruzada no nació, pues, *ex nihilo*. Tuvo una prehistoria, que este libro aspira a aclarar, explorando principalmente esos siglos que generalmente se llaman oscuros, los siglos X y XI. Fue en ese periodo, en efecto, cuando se efectuó en Occidente, por diversas vías que trataremos de dilucidar, la progresiva sacralización de la violencia guerrera.

La vía doctrinal, se ha dicho, parecía cerrada. Contrariamente al islam, que, desde el origen, y a imitación de su fundador, admitió el uso de la guerra y le concedió un lugar nada despreciable en su propia doctrina, la Iglesia cristiana se encontraba en situación difícil en este punto, incluso en vilo total. El cristianismo, tal como fue predicado en los primeros tiempos, es una religión de salvación pacifista que predica la no-violencia. Imitando a Jesús, que nunca se defendió, los antiguos mártires de la fe ganaban el cielo pereciendo por la espada de los «paganos» sin oponer resistencia, y no los combatían con la espada en las manos. Una actitud y una ideología diametralmente opuestas a las de los primeros cruzados. Esta única evocación, por simplista que parezca, permite medir el camino recorrido, la amplitud de la revolución doctrinal consumada tras más de un milenio.

Sobre este punto, pues, la doctrina había evolucionado considerablemente a lo largo del tiempo. El pragmatismo, la adaptación a las realidades vividas prevalecieron aquí sobre la teoría, modificando la antigua doctrina, preparando la nueva. Bajo la presión de las circunstancias, mediante toques sucesivos, el rechazo de la guerra se había atenuado. Pronto se le admitió como un mal menor, como un mal necesario. Esa primera mutación tuvo lugar mucho antes de la Edad Media, en el siglo IV, en la época en que se convirtieron los emperadores y cuando el Imperio romano se transformó en Imperio cristiano. No concierne, por tanto, a nuestro periodo y únicamente será evocada, aquí o allá, a propósito de la época carolingia, cuando Carlomagno y sus sucesores trataron de hacer revivir la antigua ficción de un Imperio romano confundido con la cristiandad, la de una cristiandad teocrática concebida según la imagen bíblica del reino de Israel. Pero ese sueño unitario se disipó rápidamente, y la sacralización de la guerra se efectuó más bien por otras vías, menos políticas que aquella. Tomó los caminos desviados de la protección de las iglesias en tanto que establecimientos, mucho más que de la Iglesia en tanto que asamblea de los fieles. En los siglos X y XI, estos establecimientos, y principalmente los monasterios, constituían señoríos eclesiásticos que, por su riqueza, en una sociedad donde reinaba la violencia de los *milites* (palabra que más tarde se traduciría por *caballeros*), estaban expuestos a las codicias de sus vecinos. Para defenderse, para defender sus bienes, monjes y clérigos invocaron a los santos patronos, los cuales a veces llegaban a socorrerles, con el bastón en las manos y castigando a los culpables, sacralizando al mismo tiempo la acción violenta llevada a cabo por la «buena causa». Eso no siempre resultó suficiente, y fue necesario contemplar una defensa más «terrenal», cuando las prescripciones de las instituciones de paz (paz de Dios y tregua de Dios) revelaron sus limitaciones. Las iglesias reclutaron profesionales de la guerra, procuradores o *milites ecclesiae*, defensores de las iglesias. Su investidura dio lugar a ceremonias litúrgicas que, a su vez, contribuyeron a sacralizar los combates conducidos por la Iglesia.

La iglesia de Roma no escapó a la norma. Más que otras, estaba amenazada, tanto por sus vecinos laicos de Italia como por los invasores extranjeros, aventureros normandos o piratas sarracenos; más que otras, su respuesta fue «ejemplar», creadora de la evolución doctrinal, desde que el obispo de Roma, en Occidente, llegó a ser el papa, el lugarteniente de San Pedro, el vicario de Cristo. La protección de la iglesia de Roma —el patrimonio de San Pedro— dio lugar así a una nueva sacralización de la guerra conducida por el Papado, a un reconocimiento de los guerreros que se consagraron a ella. Para remunerarlos, el papa no dudó en acudir a promesas de recompensas espirituales que anunciaban las de la cruzada.

Esa sacralización aumentó todavía más cuando el enemigo a combatir era musulmán. En una sociedad medieval de fuerte predominio religioso y con una mentalidad dualista, todo lo que no era cristiano era «pagano». Tanto en la España de la *reconquista,* como en las islas del Mediterráneo, la lucha contra el antiguo invasor musulmán adquirió pronto acentos de revancha, de reconquista, de «guerra santa». La cruzada, más aún. ¿Acaso una expedición guerrera llevada a cabo contra los «paganos» para reconquistar la tumba de Cristo en Jerusalén habría podido ser menos sacralizada que los combates librados contra esos mismos adversarios, en verdad contra los enemigos cristianos, para la protección de la tumba de San Pedro?

Fue, pues, al término de un lento progreso ideológico como nació la idea de cruzada. La presente obra intenta describir su formación y desarrollo en los siglos X y XI. De ello se deriva una nueva lectura de la cruzada que, sin rechazar las recientes aportaciones de la historiografía, hace de nuevo hincapié, como antes lo hizo el gran historiador alemán Carl Erdmann, pero con nuevas orientaciones y perspectivas, sobre una dimensión fundamental en la actualidad demasiado olvidada: la de la guerra santa.

Como es natural, una revisión semejante ha de apoyarse sobre una enorme documentación, ya sean fuentes o trabajos históricos. Para no desembocar en un libro excesivamente voluminoso, parecía incuestionable valerse de esta documentación en notas reducidas que tanto el autor como el editor, de pleno acuerdo en este punto, han deseado que figuren a pie de página para facilitar la lectura. En ellas me he inclinado por hacer referencia esencialmente a las fuentes. Éstas, en cambio, no aparecen en la bibliografía. A la inversa, las referencias a las obras y artículos de los historiadores se han limitado al extremo; conciernen casi únicamente a los autores cuyas tesis son recuperadas, discutidas, impugnadas o enmendadas. En la bibliografía, en cambio, se encontrará el conjunto de los trabajos que han sido utilizados para la redacción de esta obra y que han contribuido, poco o mucho, a su elaboración.

Capítulo I

CRUZADA, PEREGRINACIÓN Y GUERRA SANTA

LA PRIMERA CRUZADA Y SU PROBLEMÁTICA

Cuando el papa Urbano II, al final de un concilio de paz celebrado en Clermont en noviembre de 1095, lanzó su llamamiento a la cruzada, la muchedumbre unánime —según los cronistas— le respondió con este grito: «Dios lo quiere». Podemos considerarlo como la expresión espontánea de una concepción admitida al menos por quienes lo lanzaron, la noción de una guerra santa que se acercaba, casi cinco siglos más tarde, a la doctrina musulmana del *ŷihād* una empresa guerrera deseada por Dios no podía sino ser santificada en el ánimo de quienes la recibieron como tal.

Conocemos la consecuencia: numerosos predicadores propagaron aquel llamamiento por toda la cristiandad occidental, particularmente en Francia. El mismo papa, orador de talento, suscitó numerosos votos de partida jugando hábilmente con la sensibilidad religiosa de los hombres de aquel tiempo. Para motivarlos, les recordó que en Jerusalén, meta o término de la expedición, la tumba vacía de Cristo testimoniaba el sacrificio que, en la cruz, Jesús había hecho de su vida para que ganaran la vida eterna. Hoy, sin embargo, habría dicho en sustancia, el Sepulcro de Cristo se encuentra en manos de los «paganos» que lo han usurpado. La tierra donde él había vivido, su «herencia», está así expoliada por «las naciones». Los turcos, enemigos de la fe cristiana, mancillan las iglesias y profanan los santos lugares, expulsan a los cristianos de sus casas, se apoderan de sus tierras, destrozan, molestan y, a veces, matan a los peregrinos. Los cristianos de Oriente llaman a sus hermanos para que los socorran. Una afrenta semejante no puede quedar impune, un escándalo semejante no puede tolerarse.

Una tal formulación del mensaje era muy hábil, pues apelaba a los dos fundamentos capitales de la moral medieval que se expresaban a través de una sola y misma palabra latina: *fides,* la *fe* en el sentido actual del término —con un acento, sin embargo, más marcado que en la actualidad sobre la *creencia* que une en una misma comunidad a todos los que la comparten, distinguiéndolos de otros pueblos—, pero también la *fidelidad,* la obediencia vasallática, que gobierna las relaciones entre los hombres, particularmente en el mundo de los guerreros, la asistencia militar en caso de necesidad, la solidaridad del príncipe y sus gentes. La cruzada así presentada era, pues, una operación militar eminentemente sacralizada, una «guerra santa» llevada a cabo por los cristianos en defensa de su Señor Jesucristo, quien es capaz de recompensar a sus fieles caballeros mucho mejor que lo que sabían hacerlo los señores y los príncipes de este mundo.

Al mencionar el Santo Sepulcro, el papa evocaba también otro aspecto de la expedición: la peregrinación, en pleno desarrollo en el siglo XI. Los peregrinos que acudían a Jerusalén a la tumba del Salvador recibían la promesa de la *indulgencia* (hoy diríamos perdón o desaparición) de sus pecados confesados. La peregrinación servía de penitencia, de la que a menudo constituía la forma suprema. La expedición armada realizada en pro de la liberación de la Iglesia de Oriente, proclamó Urbano II, sería lo mismo. Por tanto, la expedición emprendida bajo el signo de la cruz era también una peregrinación y, como tal, se dijo, estaba acompañada de los privilegios espirituales que la Iglesia le atribuía.

Estos dos aspectos, que hasta entonces habían estado muy alejados entre sí, y que a veces se habían considerado incluso incompatibles, fueron unidos aquí por vez primera en una única y sola acción «piadosa». Sus motivos se mezclaron e interpenetraron profundamente de manera simultánea en el llamamiento lanzado en Clermont, tanto en las motivaciones de partida de los participantes como en las recompensas que les fueron ofrecidas o que ellos esperaban recibir, complicando así la tarea de los historiadores acostumbrados a estudiarlos como elementos distintos, cuando no opuestos. Ahora bien, tienen ante sí, como objeto de estudio, un momento particular, privilegiado, único: un fenómeno de fusión, preludio de una transformación.

Un momento fugaz. Pues, en adelante, la cruzada existió en sí misma. Iba a vivir su propia existencia, estructurarse, institucionalizarse, crear su propio vocabulario, muy significativo por lo demás: la palabra cruzado, o «marcado con el signo de la cruz» (*crucesignatus),* existió desde la época de la primera expedición, pero la palabra cruzada, en cambio, es muy posterior, lo que prueba, si fuera necesario, la novedad del fenómeno como tal. Grande es, por tanto, el riesgo de estudiar la cruzada desde su origen como un fenómeno en sí, de captarla mentalmente como un todo acabado, caracterizado desde su aparición por los rasgos que adquiriría más tarde; de describir su nacimiento y su desarrollo como si fuera el de un niño, de un ser vivo, o al menos de una entidad provista, aunque sólo fuera en germen, de todos los caracteres que se desarrollarán luego y llegarán a ser visibles en la edad adulta. En una palabra, de tener una actitud «naturalista», a la vez descriptiva y retrospectiva, planteando como un hecho de observación el fenómeno de la cruzada cuya existencia y desarrollo se postularía desde la predicación de Clermont. Dicho de otra manera, de describir esta expedición en términos de «primera cruzada» como si el concepto ulterior de cruzada estuviese ya elaborado en el momento del llamamiento de Clermont. Y de olvidar, en cambio, o de minimizar aquello que la hizo nacer. De desatender el estudio de lo que, por retomar la comparación antes esbozada, podría llamarse el «patrimonio genético» del niño venidero. Ahora bien, es este patrimonio el que, desde el nacimiento, proporciona al niño sus rasgos capitales, que su desarrollo posterior modelara a merced de su voluntad y de las circunstancias futuras.

El fin de este libro es, pues, escrutar la prehistoria de la cruzada, el periodo que precedió a su nacimiento, de describir sus rasgos, eso sí, sin omitir los que a veces se tienden a descartar o disimular porque no siempre resultan muy honorables, los caracteres recesivos que desaparecieron o fueron eliminados; de hacer hincapié, sin embargo, sobre los genes dominantes, aquellos que proporcionaron a la primera cruzada sus caracteres más importantes.

Los rasgos fundamentales de lo que iba a nacer en 1096 procedían de sus dos parientes inmediatos, la guerra santa de una parte, la peregrinación de la otra. Para que no falte nada, es conveniente, sin embargo, añadirles otros caracteres, procedentes de parientes más lejanos, los cuales se abrieron paso en la primera expedición, a pesar de que los relatos conocidos del llamamiento del papa los mencionan poco o los ocultan: esperanza escatológica, promesas de recompensas materiales o espirituales, noción de venganza o de revancha, huellas de xenofobia o de antijudaísmo, incluso intención de conversión, etc. Después de todo, no conocemos con certeza todos los temas de los discursos del papa que, en una amplia medida, habrían suscitado la cruzada, siendo así que los cronistas que nos los relatan muy bien pudieron haber tenido razones ideológicas para callar algunos de ellos[1].

1. Véase sobre este punto J. Flori, *Pierre l'Ermite et la première croisade*, París, 1999.

Tanto más cuanto que el papa no fue el único que desencadenó la expedición. Urbano II, como es sabido, predicó con gran éxito a lo largo de un amplio viaje de propaganda. Durante varios meses, lo condujo a numerosos lugares de Francia, al sur del Loira, antes de regresar al norte de Italia por los Alpes[2]. No obstante, a pesar de su energía y de su formidable brío, el papa no podía llegar a todo el mundo. Así, no podía o no quería predicar en los dominios del rey de Francia Felipe I, al que acababa de excomulgar de nuevo en Clermont a causa de su unión adúltera con Bertrada de Monfort, esposa de su vasallo Fulco IV de Anjou, que el rey había raptado y desposado, tras repudiar a su mujer Berta de Holanda. Tampoco podía predicar en el Imperio germánico como consecuencia del conflicto que, bajo el nombre hoy tradicional de «querella de las investiduras» o «del Sacerdocio y el Imperio», oponía desde hacía más de un cuarto de siglo el Papado a los príncipes laicos cuyo representante más intransigente era el rey Enrique IV de Germania[3]. Pocos obispos alemanes asistieron, por lo demás, al concilio de Clermont, y la predicación de la cruzada en aquellas regiones tuvo como principales actores a predicadores más o menos «inspirados» y cuyos lazos con la jerarquía eclesiástica son difíciles de establecer.

Sólo conocemos con certeza a uno de ellos: Pedro el Ermitaño. Ignoramos el contenido de su mensaje y los temas principales que empleaba para conmover a la población. Pero una cosa es segura: era un personaje fascinante y carismático, cuya influencia sobre las muchedumbres era considerable, inaudita para hablar con propiedad. El monje-cronista Guiberto de Nogent, que lo conoció antes de la cruzada, lo atestigua con un punto de desprecio cuando describe el excesivo fervor de la población respecto a aquel pobre ermitaño. Lo veneraba, dice, muy por encima de los obispos y abades, pues emanaba de sí mismo, por encima de lo que dijera o hiciese, algo casi divino. ¡Tal era ese fervor religioso que las gentes llegaban a arrancar los pelos de su mulo para hacer reliquias![4].

Tenemos, por otra parte, pruebas tangibles de la amplitud de su éxito. Los cronistas alemanes y los anales de las ciudades por las que pasaron el ermitaño y sus émulos directos o indirectos subra-

---

2. Sobre este viaje, véase recientemente A. Becker, «Le voyage d'Urbain II en France», en *Le Concile de Clermont de 1095 et la Croisade (Actes du colloque universitaire international de Clermont-Ferrand, 23-25 juin 1995)*, Roma, 1997, pp. 127-140.
3. A. Becker, *Papst Urban II (1088-1099)*, Stuttgart, 1988, t. II, pp. 435 ss.
4. Guiberto de Nogent, *Dei gesta per Francos*, II, 8, ed. R. B. C. Huygens, Turnhout, CCCM, 127A, 1996, p. 121.

yan el número considerable de esos «cruzados» y las matanzas que algunos de ellos cometieron sobre numerosas comunidades judías, particularmente en el valle del Rin. Sabía usar el gusto innato de las muchedumbres por lo «maravilloso», utilizando de manera muy hábil en su provecho los signos y los prodigios que, como se dijo, acompañaron su predicación. Según algunos relatos, no dudaba en escribir «cartas caídas del cielo» para probar el origen divino de su misión, las cuales pretendía haber recibido directamente de Dios en el momento de una visión con la que le habría gratificado Cristo durante una precedente peregrinación a Jerusalén. El Salvador, apareciéndosele en el Santo Sepulcro, le habría pedido que fuera por todo Occidente a reagrupar su pueblo y a llamar a sus fieles para que vinieran a liberar su tierra y sus iglesias oprimidas[5].

Algunos predicadores, estimulados tal vez por sus inflamados discursos, añadían a esas motivaciones otros elementos de orden escatológico: uno de ellos, Emicho de Flonheim, se decía o se creía investido de una misión divina: conducir hacia Jerusalén a «todo Israel» a fin de librar allí, bajo las órdenes del Mesías regresado de los cielos, el último combate del que habla la Biblia: el combate de Cristo y sus fieles, contra el Anticristo y sus secuaces, que abre el «Final de los Tiempos». Entonces se libraría la última batalla. La victoria de Cristo y sus fieles abriría un milenio de paz[6].

Como se ve, los móviles que impulsaron a los cruzados a emprender el camino de Jerusalén pudieron ser múltiples y variados, alejándose a veces de los temas capitales de la predicación pontificia. Dichos móviles fueron esencialmente, nadie lo duda hoy, de orden religioso, pero este ámbito es vasto y en él caben numerosos componentes y, más aún, variantes. Se puede admitir incluso, a pesar de las reticencias de muchos historiadores, que las motivaciones materiales pudieron desempeñar también un papel, ciertamente secundario, en la decisión de partir de algunos guerreros.

Las razones que empujaron al papa Urbano II a lanzar su llamamiento a la cruzada pudieron ser asimismo múltiples. Se sabe que, poco antes de Clermont, el papa reunió en Piacenza un concilio donde, si creemos a algunos testimonios, unos enviados del emperador Alejo, acompañados quizás de algunos cristianos orientales que se habían refugiado en Constantinopla ante el avance de los turcos,

---

5. Sobre el personaje de Pedro el Ermitaño y su papel en la cruzada, véase recientemente J. Flori, *Pierre l'Ermite et la première croisade*, cit.
6. Véanse en particular los textos editados por D. Verhelst, *Adso Dervensis. De ortu et tempore Antichristi*, Turnhout, 1976, pp. 107 y 139. Sobre este aspecto, véase C. Carozzi, *Apocalypse et salut dans le christianisme ancien et médiéval*, París, 1999.

evocaron en presencia de los participantes los sufrimientos de los cristianos de Oriente y los peligros que el avance musulmán hacía correr al Imperio[7]. Habrían solicitado al papa un llamamiento para obtener de Occidente socorros armados, probablemente bajo la forma limitada de contingentes de mercenarios. No es menos cierto que el llamamiento del papa en Clermont debe ser repuesto en el contexto de las relaciones entre la Iglesia romana y las Iglesias de Oriente, en particular con la Iglesia griega que llamamos ortodoxa. Muy tensas desde 1054 y bajo el papa Gregorio a causa de su firmeza de carácter y su intransigencia doctrinal bien conocidas, dichas relaciones tendieron, sin embargo, a mejorar, sobre todo bajo Urbano II, cuya flexibilidad más diplomática en modo alguno hacía que desaparecieran las exigencias doctrinales y tampoco lo empujaba apenas a hacer concesiones, sobre todo en lo que concierne a la primacía pontificia, como hace poco se ha demostrado[8].

A pesar de todo, era un clima de «concordia» el que dominaba en la época de la predicación de la cruzada[9]. El papa podía esperar, por tanto, que aquella respuesta y aquella ayuda favorecieran la unión de las Iglesias de Oriente y Occidente, las cuales no estaban entonces demasiado alejadas entre sí en el plano doctrinal; el cisma estaba lejos de ser consumado y se continuaba, tanto de una parte como de la otra, pensando la cristiandad en términos de unidad, y no de pluralidad. No obstante, la afirmación de la primacía pontificia y de la autoridad absoluta de la Santa Sede, que los obispos de Roma pretendían tener en exclusiva y directamente de San Pedro, príncipe de los Apóstoles (y no de los de los apóstoles Pedro y Pablo, como decía, por ejemplo, el patriarca de Constantinopla), impedía cualquier unión que no fuera la reunificación, la reintegración de la Iglesia de Oriente en el seno de la Iglesia universal dirigida por la Santa Sede. Los patriarcas orientales, comenzando por el de Constantinopla, no estaban entonces dispuestos a aceptarla, y es legítimo pensar que el papa era consciente de ello. Así pues, pudo muy bien contemplar desde el principio varias salidas a la empresa armada que predicaba, tanto antes como después del éxito de su llamamien-

---

7. Bernoldo de San Blas, *Chronicon,* MGH SS, 5, pp. 461-465 [*N. del T.*: este autor es conocido también como Bernoldo de Constanza, porque fue monje del monasterio de San Blas de dicha ciudad]; Romualdo de Salerno, *Annales,* MGH SS, 19, pp. 412 ss.

8. A. Becker, «Urbain II et l'Orient», *Il Concilio di Bari del 1098,* ed. S. Palese y G. Locatelli, 1999, pp. 123-144.

9. H. E. J. Cowdrey, «The Gregorian Papacy, Byzantium and the Firts Crusade», en J. D. Howard-Johnston, *Byzantium and the West, c. 850-1200,* Amsterdam, 1988, pp. 146-149; A. Becker, *op. cit.,* t. II, pp. 332-376.

to, incluso si este éxito, como se afirma generalmente, había superado muy ampliamente sus previsiones, lo que en todo caso está por demostrar. De todos modos, y aun en ausencia de una relación «oficial» del discurso de Clermont, disponemos de un número lo bastante grande de documentos auténticos para afirmar que el papa apeló en él a varios temas movilizadores.

Los móviles de los cruzados fueron, pues, múltiples, como también sus objetivos de cruzada. Fueron, sin ninguna duda, más diversos de lo que dejan suponer los estrictos documentos oficiales de la Iglesia que se refieren al proyecto pontificio.

¿CÓMO INTERPRETAR LA CRUZADA? PANORAMA HISTORIOGRÁFICO

Todas las consideraciones precedentes conducen a no aceptar con demasiada rapidez una interpretación unívoca o exclusiva de la cruzada. Ahora bien, la historiografía ha estado y continúa estando dominada por tales concepciones unívocas y, por eso mismo, reductoras: un «sistema» interpretativo sustituye por lo general al que precede, cuyo carácter abusivo critica no obstante, y llega a ser a su vez la norma, por no decir el «paradigma», según la terminología de moda. Algunos ejemplos lo demostrarán, al mismo tiempo que explican la razón de ser del presente libro.

En el siglo pasado se hacía hincapié de buen grado sobre el carácter «providencial» de la cruzada y muchos historiadores, que veían en ella el punto de partida de una colonización del mundo por la Europa cristiana —colonización cuyos beneficios alababan—, subrayaban que un tal movimiento de masas, suscitado por la fe del Occidente cristiano, había sido iniciado por la simple predicación de un hombre del pueblo, el pobre ermitaño Pedro[10]. La cruzada era entonces percibida como un movimiento «progresista» de liberación dirigido por el Occidente cristiano, y en particular por Francia, cuya finalidad principal era la reconquista, a un islam reputado bárbaro e intolerante, de los santos lugares, de los cuales se recordaba que ya habían estado antes bajo el «protectorado» de Carlomagno. Sin embargo, ese papel preponderante de Pedro el Ermitaño fue pronto cuestionado por H. von Sybel (quien concedía poco crédito al relato de Alberto de Aix, fuente principal que relata las

---

10. Véase por ejemplo J.-B. Mailly, *L'Esprit des croisades, ou histoire politique et militaire des guerres entrepises par les chrétiens contre les mahométans, pour le recouvrement de la Terre sainte, pendant les* XIe, XIIe *et* XIIIe *siècles*, Paris-Amsterdam, 1780, 4 vols., o J.-F. Michaud, *Histoire des croisades*, París, 1825-1829, 6 vols.

acciones de Pedro el Ermitaño), antes de que fuera radicalmente impugnado, en los años previos al final de siglo, por los trabajos muy eruditos de otro historiador alemán, H. Hagenmeyer[11]. Relegando en adelante a la sombra al ermitaño Pedro, del que hablan poco las fuentes «francesas» de la cruzada, que entonces se consideraban más fiables por ser más antiguas, los historiadores enfatizaron en lo sucesivo el papel del papa Urbano II e incluso, antes que él, el de los Papas reformadores de la segunda mitad del siglo XI, así como la influencia de Cluny, considerado como promotor de la guerra santa. El descubrimiento y el estudio intensivo del *Cantar de Roldán* y de otros muchos cantares de gesta, de los cuales se gustaba subrayar el «espíritu de cruzada» de sus héroes, atrajeron en esta época la atención de los eruditos hacia el sur de Francia y hacia España, lugares predilectos de las hazañas caballerescas de Roldán, Oliveros, Guillermo o Gerardo de Rosellón. Al mismo tiempo, la «cruzada en Oriente» se comparó con una «cruzada en Occidente» que había comenzado antes que ella gracias a un esfuerzo de liberación del suelo francés, antaño ocupado por los musulmanes en los primeros tiempos de su conquista, frenada en Poitiers en 732. La *reconquista* española parecía su equivalente y su prolongación, y se les calificaba, por lo demás, de «pre-cruzada» o de «proto-cruzada»[12].

Fue en ese contexto en el que apareció la obra fundamental de C. Erdmann, que en seguida iba a influenciar de manera duradera la historiografía, gracias a su gran erudición y al rigor de su demostración[13]. A pesar de algunos excesos y lagunas que aparecieron más tarde, el libro de Erdmann sigue siendo hoy el libro fundamental sobre este tema, un instrumento irreemplazable de trabajo y una mina casi exhaustiva de fuentes. Los historiadores que luego lo han criticado han añadido poco en este dominio. Él también veía en la *reconquista* y en la expedición predicada por Urbano II el resultado de un movimiento mucho más amplio, que llamaba de manera indiferente (y aquí radica probablemente uno de sus errores) guerra santa o cruzada. Lo atribuía al Papado reformador de la segunda mitad

---

11. H. von Sybel, *Geschichte des Ersten Kreuzzugs,* Düsseldorf, 1841 (2.ª ed. Leipzig, 1881); H. Hagenmeyer, *Peter der Ermite,* Leipzig, 1879 (trad. fr. de F. Raynaud, *Le Vrai et le Faux sur Pierre l'Ermite,* París, 1883).

12. Cf. P. Boissonnade, *Du nouveau sur la Chanson de Roland,* Paris, 1923; del mismo autor: «Cluny, la papauté et la première grande croisade internationale contre les Sarrasins d'Espagne: Barbastro (1064-1065)», *Revue des questions historiques,* n.º 117, 1932, pp. 257-301.

13. C. Erdmann, *Die Enststehung des Kreuzzugsgedankens,* Sttutgart, 1935 (2.ª ed. 1955).

del siglo XI que, rompiendo con un actitud hasta entonces hostil de la Iglesia hacia los guerreros, habría sacralizado la guerra guiada por la fe, no sólo en España, sino también en Italia, en Sicilia y en otros lugares. Por otra parte, olvidando un poco (pero menos, sin embargo, de lo que se ha dicho) el papel de Jerusalén en los motivos de cruzada, Erdmann consideraba ante todo a ésta como una expedición de socorro al Imperio y a las iglesias de Oriente. Jerusalén era a su entender el término de la marcha más que su objetivo. Llegó incluso a dudar que Urbano II hubiera hecho mención de ello en su discurso, apoyándose para esto en la relación de Fulquerio de Chartres, el cual, efectivamente, no menciona a Jerusalén por razones personales sobre las que yo mismo he llamado la atención en otro lugar[14].

La tesis de Erdmann sentó autoridad durante mucho tiempo. Sufrió, sin embargo, algunas críticas, a veces justificadas, a menudo excesivas, que, poco a poco, condujeron a los historiadores de la cruzada a apartarse de ella[15].

La primera debe ser atribuida al canónigo Delaruelle en una serie de artículos aparecidos durante y después de la Segunda Guerra Mundial[16]. De manera opuesta a Erdmann, quien afirmaba una especie de mutación doctrinal de la Iglesia, en lo que se refiere a la guerra y a los guerreros, en la segunda mitad del siglo XI, Delaruelle subrayaba por el contrario una fuerte continuidad. Los papas de los siglos VIII y IX, decía, no habían dudado en recurrir a las armas y habían ya sacralizado firmemente a los guerreros que combatían por la Iglesia. La noción de guerra santa era, pues, a su entender bastante anterior a la reforma gregoriana. La innovación no se situaría en este nivel, sino en el de Urbano II. Por lo demás, Delaruelle hacía hincapié sobre lo que, en su opinión, diferenciaba la cruzada de la guerra santa y constituía la auténtica novedad: el tema de la cruz, creador de una verdadera «espiritualidad» de la cruzada, de la cual hacía, no sin exceso, una nueva forma de mística.

14. Véase a este propósito J. Flori, *La Première Croisade; l'Occident chrétien contre l'islam*, Bruselas, 1992, pp. 31 ss. y J. Flori: *Pierre l'Ermite et la première croisade*, cit., pp. 163 ss.

15. La mayor parte de esas críticas son señaladas y generalmente bien analizadas por los editores de la traducción inglesa de su libro, C. Erdmann, *The Origin of the Idea of Crusade*, Oxford, 1977 (trad. ingl. de M. W. Baldwin y W. Goffart).

16. É. Delaruelle, «Essai sur la formation de l'idée de croisade», en *Bulletin de Littérature Ecclésiastique*, t. 42, 1941, pp. 24-25 y 86-103; t. 45, 1944, pp. 13-46 y 73-90; t. 54, 1953, pp. 226-239; t. 55, 1954, pp. 50-63. El conjunto, aumentado con dos artículos posteriores, ha sido reeditado más recientemente: É. Delaruelle, *L'Idée de croisade au Moyen Age*, Turín, 1980.

El estudio del derecho canónico aportó algunos elementos nuevos de críticas con respecto a la tesis de Erdmann. Éste afirmaba que existe un contraste nítido entre los penitenciales anteriores, que prescribían penitencias muy pesadas para los homicidios cometidos incluso por orden en tiempos de guerra, y los canonistas de finales del siglo XI, quienes, por el contrario, habrían atenuado considerablemente dichas penas, traduciendo así el progreso decisivo de la idea de guerra santa. Varios historiadores, hasta una fecha reciente, han subrayado cómo Erdmann, sin ningún motivo, había exagerado en exceso dicho contraste[17]. La tesis de Erdmann bien parece que debe ser enmendada en este punto.

Otra forma de crítica, sólida y equilibrada, resulta en particular de los trabajos de H. E. J. Cowdrey[18]. En varios artículos publicados entre 1966 y 1970, subraya, al igual que C. Erdmann y P. Rousset, el importante papel que desempeñaron los papas «gregorianos» en la sacralización de la guerra conducida por la Iglesia y la influencia preparatoria de la paz de Dios, pero afirma también con fuerza, de acuerdo con Rousset pero contra H. E. Mayer[19], la omnipresencia del tema de Jerusalén, fundamental a su entender, tanto en el pensamiento del papa como en el de los cruzados. Esta demostración de la importancia primordial de Jerusalén en el origen de la cruzada no impide, sin embargo, a Cowdrey subrayar, coincidiendo por otra parte a menudo con Erdmann, el papel importante

17. R. Sprandel, *Ivo von Chartres und seine Stellung in der Kirchengeschichte*, Stuttgart, 1962; J. A. Brundage, *Medieval Canon Law and the Crusaders*, Londres, 1969; J. A. Brundage, «Holy War and the Medieval Lawyers», en P. Murphy, *The Holy War*, Columbus, 1976, pp. 99-140, recuperado en J. A. Brundage, *The Crusades, Holy War and canon Law*, Londres, 1991 *(Collected Studies Series)*, X; J. A. Brundage, «St Anselm, Ivo of Chartres and the Ideology of the Firts Crusade», en R. Foreville, *Les Mutations socio-culturelles au tournant des XIe-XIIe siècles (colloque du CNRS, Le Bec-Hellouin, 11-16 juillet 1982)*, 1982, pp. 175-187; J. Gilchrist, «The Erdmann thesis and the canon law», en P. W. Edbury, *Crusade and Settlement*, Cardiff, 1985, pp. 37-45; H. E. J. Cowdrey, «Canon law and the firts crusade», en B. Z. Kedar, *TheHorns of Hattin*, Jerusalén, 1992, pp. 41-48.

18. Véase en particular, en este estadio de la bibliografía, H. E. J. Cowdrey, «The Papacy, the Patarenes and the Church of Milan», *History*, 51, 1966, pp. 25-48; H. E. J. Cowdrey, «The Peace and the Truce of God in the Eleventh Century», *Past and Present*, 46, 1970, pp. 42-67; H. E. J. Cowdrey, «Pope Urban II's Preaching of the Firts Crusade», *History*, 55, 1970, pp. 177-188; H. E. J. Cowdrey, «The Genesis of the Crusades: the Springs of the Holy War», en P. Murphy, *The Holy War*, cit., pp. 9-32. Véase ya acerca de estos puntos, P. Rousset, *Les Origines et les caractères de la première croisade*, Neuchâtel, 1945.

19. H. E. Mayer, *Geschichte der Kreuzzüge*, Stuttgart, 1965; trad. ingl.: *The Crusade*, Oxford, 1988 (2.ª ed.) [N. del T.: trad. esp.: *Historia de las cruzadas*, Madrid, 2001].

y anunciador que en la sacralización de la guerra jugaron muchas operaciones militares conducidas por los Papas gregorianos, que así prepararon el clima de guerra santa que favoreció la predicación de la cruzada, ya prevista en cierta medida por Gregorio VII[20].

La preponderancia admitida del tema de Jerusalén ha llevado a muchos otros historiadores a alejarse más firmemente de la tesis de Erdmann, de la cual acaba de publicarse una crítica radical y excesiva[21]. Defendiendo casi en su totalidad la opinión contraria del historiador alemán, esta tendencia historiográfica, en la que destaca sobre todo J. Riley-Smith, atenúa e incluso a veces oculta la dimensión de guerra santa de la primera cruzada, descarta sus motivaciones materiales y niega o minimiza una parte de los móviles espirituales de los cruzados, en particular las recompensas vinculadas a la guerra sacralizada y la idea de martirio de los guerreros muertos por la causa de Dios, para privilegiar por contra las motivaciones puramente penitenciales de los participantes, haciendo de la cruzada una peregrinación armada[22]. Al mismo tiempo, la noción de remisión de los pecados y de la indulgencia volverá a ser central, y numerosos trabajos se han dedicado a demostrar el origen, por lo general ligado a la peregrinación, aislando así cada vez más, con diversa intensidad, según los autores, la cruzada de la

---

20. H. E. J. Cowdrey, «The Mahdia campaign of 1087», *The English Historical Review*, 92, 1977, pp. 1-29 (recuperado en *Popes...*, XII); H. E. J. Cowdrey, «Pope Gregory VII's "crusading plan" of 1074», en *Outremer, Studies... presented to J. Prawer*, Jerusalén, 1982, pp. 21-40 (recuperado en *Popes, Monks and Crusaders*, Londres, 1984, X); H. E. J. Cowdrey, *The Age of Abbot Desiderius: Montecassino, the Papacy, and the Normans in the Eleventh and Early Twelfth Centuries*, Oxford, 1983; H. E. J. Cowdrey, «Pope Urban II and the Idea of Crusade», *Studi Medievali*, 36, 1995, 2, pp. 721-742; H. E. J. Cowdrey, «The reform papacy and the origin of the crusades», en *Le Concile de Clermont de 1095 et la Croisade...*, cit., pp. 65-83; H. E. J. Cowdrey, «From the Peace of God to the Firts Crusade», en L. García-Guijarro Ramos, *La primera cruzada novecientos años después: el concilio de Clermont y los orígenes del movimiento cruzado*, Castellón, 1997, pp. 51-61.

21. J. Riley-Smith, «Erdmann and the Historiography of the Crusades, 1935-1995», en L. García-Guijarro Ramos, *op. cit.*, pp. 17-29.

22. J. Riley-Smith, «An Approach to Crusading Ethics», *Readindg Medieval Studies*, 6, 1980, pp. 3-19; J. Riley-Smith: «Death of the Firts Crusade», en D. Loades, *The End of Strife*, Edimburgo, 1984, pp. 14-31; *The Firts Crusade an the Idea of Crusading*, Londres, 1986; «Early Crusaders to the East and the Costs of Crusading, 1095-1130», en M. Goodich, S. Menache y S. Schein, *Cross Cultural Convergences in the Crusader Period (Essays Presented to Aryeh Graboïs on his sixty-fifth Birthday)*, Nueva York, 1995, pp. 237-257; «The Idea of Crusading in the Charters of Early Crusaders, 1095-112», en *Le Concile de Clermont de 1095 et la Croisade...*, cit., pp. 155-166; se observa un cierto retorno a la idea de guerra santa en *The First Crusaders, 1095-1131*, Cambridge, 1997.

reconquista y de las otras operaciones guerreras emprendidas por iniciativa de la Iglesia o, al menos, por su interés, tanto en España como en Italia[23].

Muchos historiadores han reaccionado, sin embargo, contra los posibles excesos de esta tendencia, la cual, al separar el llamamiento de Clermont de sus antecedentes, corría el riesgo de privilegiar demasiado los aspectos innovadores y de separarla del reforzamiento efectivo de la noción de guerra santa. A. Becker, por ejemplo, demuestra en varios trabajos ejemplares hasta qué punto la cruzada se insertaba perfectamente en la concepción general de Urbano II. Según ésta, tras un largo periodo de castigo debido a los pecados de los cristianos y que, entre otras cosas, se había manifestado mediante la opresión de la Iglesia por los musulmanes y los restantes «enemigos de Dios», había llegado el tiempo del restablecimiento, de la liberación de la Iglesia y de la reconquista[24]. Por mi parte, y desde hace unos diez años, no he dejado igualmente de subrayar en varios trabajos los estrechos lazos que unían la cruzada a la guerra santa, incorporando así en numerosos puntos las conclusiones de Becker y de Cowdrey[25]. He insistido también sobre el sentido fundamental,

---

23. M. Bull, «The Roots on Lay Enthousiasm for the First Crusade», *History*, 78, 1993, pp. 353-372; M. Bull, *Knigthly Piety and the Lay Response to the Firts Crusade (The Limousin and Gascony, c. 970-c. 1130)*, Oxford, 1993; una tendencia menos radical en J. Richard, «Urbain II, la prédication de la croisade et la définition de l'indulgence», in *«Deus qui mutat tempora...», Festschrift für A. Becker*, Sigmaringen, 1987, pp. 129-135; J. Richard, «L'indulgence de croisade et le pèlerinage en Terre sainte», en *Il Concilio di Piacenza e le crociate*, Piacenza, 1996, pp. 213-223; J. Richard, «La croisade: l'évolution des conceptions et des stratégies», in A. V. Murray, *From Clermont to Jerusalem; The Crusades and Crusader Societies 1095-1500*, International Medieval Research, 3, Turnhout, 1998, pp. 3-25.

24. A. Becker, *Papst Urban II, 1088-1099*, Stuttgart, t. II, pp. 322-376 y 398-506; del mismo autor: «Urbain II, pape de la croisade», en Y. Bellanger y D. Quéruel, *Les Champenois et la Croisade (Actes des 4es journées rémoises, 27-28 novembre 1987)*, París, 1989, pp. 9-17; «Politique féodale de la papauté à l'égard des rois et des princes (XIe-XIIe siècle)», en *Chiesa e mondo feudale nei secoli x-xii (Atti della dodicesima settimana internazionale di studio, Mendola, 24-28 agosto 1992)*, Milán, 1995, pp. 411-445.

25. Véase por ejemplo J. Flori, «Guerre sainte et rétributions spirituelles dans la seconde moitié du XIe siècle: lutte contre l'islam ou pour la papauté?», *Revue d'Histoire Écclesiastique*, 85, 1990, 3/4, pp. 617-649; J. Flori: «Mort et martyre des guerriers vers 1100: l'exemple de la première croisade», *Cahiers de Civilisation Médiévale*, 34, 1991, 2, pp. 121-139; «L'Église et la guerre sainte, de la paix de Dieu à la croisade», *Annales ESC*, 2, 1992, pp. 88-99; *La Première Croisade. L'Occident chrétien contre l'Islam*, Bruselas, 1992; «La préparation spirituelle de la croisade: l'arrière-plan éthique de la notion de *miles Christi*», en *Il Concilio de Piacenza e le crociate*, Piacenza, 1996, pp. 179-192; «Réforme-*reconquista*-croisade. L'idée de reconquête dans la correspondance pontifical d'Alexandre II à Urbain II», *Cahiers de*

pero limitado, que hay que dar a la sacralización de la caballería guiada por la Iglesia durante los siglos XI y XII; sobre la formación de una «mentalidad caballeresca» que incluía dimensiones diversas y, a veces, contradictorias, sobre todo en aquella fecha[26]; sobre las razones que condujeron a la formación de una imagen popular muy deformada del islam en esa mentalidad caballeresca y sobre su influencia en la idea de la guerra santa y de cruzada[27].

Ha llegado el momento, creo, de hacer la síntesis de estos numerosos trabajos y de reexaminar el conjunto del dossier según una nueva problemática independiente de cualquier «escuela» y liberada de toda polémica. Éste es el objeto de este libro. La tesis de Erdmann, en su forma inicial, no puede sostenerse. En algunos puntos, se ha dicho, debe incluso abandonarse. Todos los historiadores coinciden hoy en pensar que la Iglesia, antes de la reforma gregoriana, no era ni pacifista ni indiferente a la sacralización de la guerra. Por lo demás, el mismo Erdmann tampoco lo decía de manera tan radical, y ofrecía ejemplos, idénticos a veces, a los que Delaruelle invocó contra él. No cabe duda de que andaba bastante descaminado al

Civilisation Médiévale, 40, 1997, pp. 317-335; «Le vocabulaire de la reconquête chrétienne dans les lettres de Grégoire VII», en C. Laliena Corbera y J.-F. Utrilla, *De Toledo a Huesca. Sociedades medievales en transición a finales del siglo XI (1080-1100),* Zaragoza, 1998, pp. 247-267.

26. J. Flori, «Chevalerie et liturgie; remise des armes et vocabulaire chevaleresque dans les sources liturgiques du IXe au XIVe siècle», *Le Moyen Âge,* 84, 1978, pp. 247-278 y 3/4, pp. 409-442; J. Flori, *«Pur eshalcier sainte crestïenté;* croisade, guerre sainte et guerre juste dans les anciennes chansons de geste françaises», *Le Moyen Âge,* 97, 1991, 2, pp. 171-187; «De la chevalerie féodale à la chevalerie chrétienne?», en *Militia Christi et crociata nei secoli XI-XII (Atti della settimana internazionale di studio, Mendola, 28 agosto-1 setembre 1989),* Milán, 1992, pp. 67-101; «Croisade et Chevalerie: convergence idéologique ou rupture?», en *Femmes, Mariage, Lignages (XIIe-XIIIe siècle), Mélanges offerts à Georges Duby,* Bruselas, 1992, pp. 157-176; *Croisade et Chevalerie, XIe-XIIe siècle),* París-Bruselas, 1998.

27. J. Flori, «La caricature de l'islam dans l'occident médiéval: origine et signification de quelques stéréotypes concernant l'islam», *Aevum,* 2, 1992, pp. 245-256; J. Flori, «En marge de l'idée de guerre sainte: l'image des musulmans dans la mentalité populaire en Occident XIe-XIIe siècles», en *L'Occident musulman et l'Occident chrétien au Moyen Âge (Actes du colloque international sur la Méditerranée occidentale, Rabat, 2-4 novembre 1994),* Rabat, 1995, pp. 209-221; J. Flori, *«Oriens Horribilis:* tares et défauts de l'Orient dans les sources relatives à la première croisade», en *Monde oriental et monde occidental dans la culture médiévale (Wodan, n.° 68),* Greifswald, 1997, pp. 45-56; «La croix, la crosse et l'epée. La conversion des infidèles dans *La Chanson de Roland* et les chroniques de croisade», en *«Plaist vos oïr bone cançon vallant?», Mélanges de Langue et de Littérature Médiévale offerts à François Suard,* Lille, 199, t. I, pp. 261-272; «Croisade et djihâd: le problème de la guerre dans le christianisme et l'islam», en M. Rey-Delqué, *Les Croisades. L'Orient et l'Occident, 1096-1270,* Milán, 1997, pp. 49-62.

querer probar que la reforma pontificia introdujo una ruptura en el pensamiento eclesiástico relativo a la guerra, y al percibirla ante todo en la legislación canónica. Pero ésta, como es sabido, es conservadora por naturaleza, y no reacciona sino con retraso ante los hechos sociales. Ésta fue una de las razones por las que los canonistas de finales del siglo XI, e incluso de principios del XII, no se interesaron todavía por la cruzada ni por la guerra contra los infieles; concentraron su atención sobre los conflictos interiores de la Iglesia, entendida en el sentido actual de cristiandad o de mundo cristiano.

Pero, a falta de ruptura, ¿no habría habido al menos aceleración, intensificación y tal vez incluso cambio de naturaleza de dicha actitud de la Iglesia hacia la guerra? Esto es lo que tratan de demostrar las páginas siguientes, consagradas al estudio de los orígenes y de los componentes de la idea de cruzada. ¿Qué lugar hay que conceder, por ejemplo, a la paz de Dios, sobre la cual se insistía mucho antaño, y que hoy tiende a dejarse de lado? ¿Cuál fue el papel desempeñado en esa sacralización por la protección de las iglesias locales, por los procuradores (*avoués*) y los defensores de iglesias, por la liturgia que se le dedicaba, por los santos protectores y sus símbolos, por sus intervenciones a veces violentas y vengadoras, cuyo estudio los historiadores parecen haber olvidado hasta ahora? ¿Cuál fue la importancia, en dicha sacralización, del centralismo pontificio y de su tendencia al monarquismo teocrático? ¿Qué papel jugó aquí la idea del «patronazgo de San Pedro» en la formación de la idea de guerra santa? ¿Hubo un lazo directo entre las nociones de guerra santa y de cruzada? Si así fue, ¿cuáles fueron las relaciones entre guerra santa, cruzada y *ŷihād,* y las influencias respectivas de estos conceptos? ¿No conviene restablecer un cierto equilibrio, en la predicación de Urbano II, entre las dos nociones de guerra santa y de peregrinación, que él unió en ese fenómeno nuevo que fue la cruzada? ¿Cuál fue, en su llamamiento, la parte exacta de la novedad y la de las ideas, incluso de las mentalidades, ya admitidas? ¿No es necesario, en fin, ofrecer una definición de la cruzada y de la guerra santa que dé mejor cuenta de sus respectivas especificidades, y que no estén por lo demás fundadas sobre los rasgos institucionales posteriores que ignoraba Urbano II, y más aún los primeros participantes que respondieron a su llamamiento?

Tales son algunas de las cuestiones a las que este libro trata de responder. Sin tener la pretensión de conseguirlo plenamente, sí tiene al menos la de haberlas planteado y examinado con seriedad, sin reservas mentales ni exclusiones, a partir de un muy vasto cuerpo de fuentes y a la luz de trabajos recientes, numerosos y enriquecedores.

Capítulo II

EL IMPERIO CRISTIANO

La idea de guerra santa, todos los historiadores convienen en ello, tomó el vuelo decisivo durante el siglo XI. Sin embargo, como bien lo demostró É. Delaruelle, desde la época de Carlomagno se disciernen ya algunas tendencias a la sacralización de la acción guerrera del emperador. Dichas tendencias derivaron en gran medida de la noción de Imperio cristiano, que había nacido varios siglos antes bajo Constantino, noción que Carlomagno exaltó e hizo revivir. Nuestra investigación, centrada esencialmente en el siglo XI, comienza, pues, de forma natural en la época de Carlomagno, en la cual nacieron las primeras raíces medievales de la noción estudiada. No obstante, nuestro relato ha de romper en ocasiones el hilo cómodo —y, a menudo, demasiado simplista— del desarrollo cronológico para indicar, a manera de inciso, lo que esta idea debe a sus lejanos ancestros del Imperio romano, en particular a la obra de San Agustín, generalmente considerado como el padre de la idea de guerra justa.

CARLOMAGNO, ROMA Y LOS SANTOS LUGARES

El 25 de diciembre del año 800, Carlomagno fue coronado emperador en Roma por el papa León III.

La fecha es conocida por todos. Antaño constituía una de las referencias capitales en la trama cronológica tejida para servir de apoyo a la formación histórica de los escolares. Para ellos y para sus enseñantes, incluso para los historiadores, era también un motivo de orgullo: Occidente, después de haber remontado los enfrentamientos ligados a las invasiones bárbaras que habían puesto fin a un Imperio romano debilitado y decadente, había suplantado definitivamente en aquella fecha a un Oriente que se consideraba corrompido y degenerado. Lo que quedaba del Imperio romano en Constantinopla, ¿no había «recaído en hembra», en manos de una mujer (además indigna), la emperatriz Irene? Él estaba tratando de adoptar la imagen de un rey guerrero capaz y respetado, restableciendo al fin el orden en aquella Europa que se decía minada por la anarquía, puesta en peligro por la incapacidad de los reyes «holgazanes» francos.

Desde el siglo IX, los panegiristas de Carlomagno han querido presentar así las cosas, y han orientado de manera voluntaria en ese sentido las mentalidades. Como Alcuino, Eginhardo, por ejemplo, veía en Carlomagno a un nuevo David, ungido por Dios para dirigir y dilatar el Imperio cristiano, asegurar el orden y la paz en el interior, proteger las iglesias y los fieles, vencer a los bárbaros y convertirlos a la verdadera fe mediante el libro y mediante la espada. Sus tendenciosas interpretaciones han gozado de larga vida. Así, por atenernos a los temas capitales de este libro, Eginhardo hizo de Carlomagno el «protector del Santo Sepulcro» por la voluntad misma del califa Harun al-Rachid. Los *Anales reales,* de los que él se sirvió para redactar su propia obra, decían únicamente que en 799 el rey franco había enviado a Oriente, cerca del califa abasí, una embajada encargada de paso de ir a ofrecer presentes al Santo Sepulcro. A su vuelta, algunos días antes de la coronación imperial de la Navidad del 800, la embajada había entregado a Carlomagno, de parte del patriarca de Jerusalén, las llaves del Sepulcro y del Calvario, así como una bandera (*vexillum*)[1]. En este gesto hay que ver sin duda un timbre de honor y de deferencia, y no el indicio de ninguna transferencia de autoridad política, como todavía lo sostenían hace menos de un siglo excelentes historiadores que querían fundar sobre aquellos hechos la idea de un antiquísimo protectorado «franco» sobre los santos lugares[2].

Curiosamente, dicho gesto tuvo su equivalente en Occidente: en una fecha muy próxima, el papa León III entregó a Carlos las

---

1. *Annales regni Francorum inde ab a. 741 usque ad. A. 829,* MGH, *Scriptores rerum Germanicarum...,* Hannover, ed. F. Kurze, 1895, pp. 111 y 113.
2. P. Riant, «Inventaire critique des lettres historiques des croisades», en *Achives de l'Orient latine,* t. I, 1880, pp. 10 ss.; L. Bréhier, «Les origines des rapports entre la France el la Syrie. Le protectorat de Charlemagne», en *Chambre de commerce de Marseille, Congrès français de Syrie, 1919, Séances et travaux,* fasc. 2, 1919, pp. 15-38.

llaves de la catedral de San Pedro de Roma. La significación original tampoco era aquí política, pero podía llegar a serlo. El gesto, en ambos casos, no era menos poderoso, capaz de impresionar las imaginaciones, de transformarse en símbolo y de sostener una ideología; por otra parte, podía expresar en realidad el deseo de un interés particular y la petición de una protección. Su interpretación posterior lo prueba. El mismo Eginhardo reforzó este rasgo al transformar el texto e inclinarlo en el sentido de un reconocimiento político. Según él, Harún al-Rachid habría recibido con gran honor a los embajadores del rey franco, que llegaban para depositar sobre el Sepulcro y sobre los lugares de la resurrección las ofrendas de su señor. El califa, dice, «no sólo les concedió lo que pedían sino que consintió en poner bajo la autoridad de Carlos este lugar santo y redentor»[3]. La leyenda del «Protectorado franco en Tierra Santa» nació de esta interpretación.

Esta leyenda, como es sabido, se apoderó después de dicha concepción para agrandarla y hacer de Carlomagno a la vez un peregrino y un cruzado[4]. Algunos cronistas de la primera cruzada la recordaron y no dudaron en poner en boca del papa Urbano II, la pronunciara o no, una alusión a aquel ilustre emperador, victorioso en primer lugar de los musulmanes en su propio reino. Muestran al papa lanzando un llamamiento a los cristianos del reino franco para incitarlos a seguir las huellas del glorioso Carlomagno y tomar el camino que él mismo hizo abrir hasta Constantinopla[5].

La época carolingia no sólo marcó el lejano y mítico punto de partida de una idea de cruzada aún por nacer. Constituyó ante todo un momento privilegiado en las relaciones entre la Iglesia y el Esta-

---

3. Eginhardo, *Vie de Charlemagne,* ed. y trad. L. Halphen, París, 1981 (5), p. 47. [*N. del T.:* trad. esp., *Vida de Carlomagno,* trad. Alejandra de Riquer, Madrid, 1999, pp. 79-80].

4. Véase la interpretación que le dio ya, en el siglo x, Benito de San Andrés, *Chronicon,* MGH SS, 3, pp. 710-711, quien hizo de Carlomagno un emperador-peregrino-servidor del papa al cual entregó Roma y la Pentápolis a su regreso del Sepulcro. Los *Annales Elnonenses minores,* a 771, MGH SS, 5, p. 18, hacen de Carlomagno un conquistador que dilata su Imperio hasta Jerusalén. Sobre el protectorado de Carlomagno, véase por ejemplo S. Runciman, «Charlemagne et Palestine», *English Historical Review,* 50, 1935, pp. 609-619; L. A. Vigneras, «L'abbaye de Charroux et la légende du pèlerinage de Charlemagne», *Romanic Review,* 32, 1941, pp. 121-128; R. Folz, *Le Souvenir et la légende de Charlemagne dans l'empire germanique médiéval,* París, 1950; A. Graboïs, «Charlemagne, Rome and Jerusalem», *Revue belge de philologie et d'histoire,* 59, 1981, 4, pp. 722-809.

5. Anónimo, *Gesta Francorum et aliorum Hierosolimitanorum,* ed. y trad. L. Bréhier, *Histoire anonyme de la prèmiere croisade,* París, 1964 (1925), p. 5; Roberto el Monje, *Hierosolomytana expeditio,* t. I, 1, RHC, Hist. Occ., III, p. 728.

do, las cuales condicionaron en gran medida la formación de la idea de «guerra santa». La concepción que entonces se hacían los eclesiásticos de esa relación Iglesia-Estado está ilustrada de manera notable por el célebre mosaico del Triclinium que León III hizo construir precisamente en San Juan de Letrán: muestra al emperador y al papa arrodillados y recibiendo ambos de San Pedro los atributos que simbolizan la misión de cada uno de ellos; Carlos, portador de una bandera, figura en él como el defensor de la Iglesia en el sentido muy general de sociedad cristiana, comenzando por la iglesia de ese santo patrón. El mosaico traduce la doctrina gelasiana del reparto de poderes: a la autoridad (*auctoritas*) del pontífice corresponde conducir al pueblo cristiano hacia la salvación mediante la predicación y los sacramentos; al poder real (*potestas*) incumbe la función, dentro de la sumisión a Dios y a San Pedro, de asegurar el orden interior y la paz, de proteger al clero y a las iglesias, de ayudarles en el cumplimiento de su misión de salvación, y de dilatar el Imperio a fin de alejar la amenaza de los paganos que lo rodean y ganarlos a la verdadera fe[6].

Esa concepción era también, más o menos, la de Carlomagno, quien, no obstante, insistió sobre su responsabilidad de jefe de guerra y de gobernador del Imperio. Así lo recordó al papa León III en una carta bien conocida, donde precisa la separación de los dominios y los papeles respectivos de los dos poderes:

> Es cosa nuestra, con el auxilio de la piedad divina, defender en el exterior a la santa Iglesia de Cristo contra los ataques de los paganos y las devastaciones de los infieles, y velar en el interior para que se reconozca la fe católica. Y os corresponde a vos, muy santo padre, elevando las manos a Dios, como Moisés, ayudar a nuestro ejército para que, por vuestra intercesión y don de Dios, que le guía, el pueblo cristiano tenga siempre y en todas partes la victoria sobre los enemigos de su santo nombre, y que el nombre de nuestro señor Jesucristo sea glorificado en todo el universo[7].

Esas dos misiones conjuntas resultan indispensables, pero son también, al menos en su principio, distintas, separadas. Dicho principio fue desarrollado muy a menudo por Alcuino, consejero de

---

6. Cf. Gelasio, Carta al emperador Anastasio (494), PL, 54, col. 42.
7. Carlomagno, Carta al papa León III, MGH, *Epistolae Karolini Aevi*, II, 1895, pp. 137-138. Cito aquí la traducción de Ch.-M. de la Roncière, R. Delort y M. Rouche, *L'Europe au Moyen Âge*, París, 1969, t. I, p. 186. [*N. del T.:* ofrezco la traducción de M. Á. Ladero Quesada, *Historia Universal. Edad Media*, Barcelona, 1987 (1.ª ed.), p. 284.]

Carlomagno, en numerosas cartas: el poder secular porta la espada y es el defensor natural del poder espiritual[8]; Carlos, al igual que David, es el lugarteniente de Dios en su papel de protector armado que blande la espada, permitiendo así la difusión de la fe[9].

En una carta dirigida al rey poco antes de su coronación imperial, Alcuino justificó aquella por simple necesidad: el rey es, de hecho, el único verdadero defensor de la Iglesia, entendiendo por ella la comunidad cristiana. Las otras dos autoridades legítimas, a saber, la «dignidad imperial de la segunda Roma» (el *basileus* de Constantinopla), de una parte, la «sublimidad apostólica», de la otra, están totalmente desacreditadas en la práctica: el papa León III, acusado de herejía y de corrupción, corría en aquella fecha un gran peligro de ser depuesto y mutilado por sus adversarios romanos, y el *basileus* acababa de ser despojado por los suyos, por iniciativa de su propia madre, Irene, que confiscó para ella la Corona. Sólo queda, pues, la tercera dignidad, la de la realeza franca, concedida por Dios a Carlos. Alcuino la considera superior a las otras dos:

> Viene en tercer lugar la dignidad real que nuestro Señor Jesucristo os ha reservado para que gobernéis el pueblo cristiano: prevalece sobre las otras dos dignidades, las eclipsa en sabiduría y las sobrepasa. Ahora, sólo en tí se apoyan las iglesias de Cristo [...][10].

Esa delegación de poder concedida por Dios a Carlomagno le confería el derecho, e incluso el deber, de actuar contra los paganos mediante el poder de su espada y de favorecer así las conversiones. Aunque no aprobó el uso de la violencia para obtenerla, y trató de atenuar el rigor de los capitulares sajones, Alcuino no dejó por ello de regocijarse porque la victoria de Carlos sobre los paganos sajones alimentaba la esperanza de otras victorias y conversiones en el futuro: gracias a sus campañas, la Iglesia se encuentra en paz en Europa (el término figura explícitamente en la carta, aunque aquí sólo designa una entidad geográfica), y la fe cristiana se expande. En cambio, deplora que los «malditos sarracenos» dominen aún África y Asia[11].

Así pues, la guerra conducida por el emperador con esa perspectiva es legítima, justa y, más aún, benéfica. Está revestida de los as-

---

8. Alcuino, *Epistolae,* MGH, *Epistolae* IV, *Karolini aevi* II, Ep. 17, p. 49. É. Delaruelle, *L'Idée de croisade...*, cit., pp. 11 ss.

9. Epístola 41, cit., pp. 84-85.

10. Epístola 174 (junio de 799), cit., pp. 287-289. [*N. del T.*: ofrezco aquí también la traducción de M. Á. Ladero Quesada, *op. cit.*, p. 283.]

11. Epístola 6, cit., p. 31 y Epístola 7, p. 32.

pectos sacralizados de una guerra de Religión, como pudo decirse de las campañas militares dirigidas por el rey franco contra los ávaros: antes del combate, el rey hizo rezar y ayunar a sus soldados durante tres días, y los obligó a realizar procesiones con los pies descalzos[12]. Estos aspectos volverán a encontrarse en la cruzada. Aquellas fueron a veces incluso, como se ha dicho, guerras misioneras, donde la victoria no sólo se acompañaba de la predicación del cristianismo sino también de una legislación que obligaba a la adopción de la religión católica, según atestiguan los capitulares sajones, los cuales dejaron a los vencidos esta única alternativa: la conversión o la muerte. Ese clima de guerra de Religión perduró en los cantares de gesta que, aunque fueron redactados en su forma actual casi tres siglos después, glorificaron los éxitos de los guerreros francos de la época carolingia contra los «paganos», particularmente en el sur de Francia y en España[13]. Este hecho merece una reflexión. Incluso la derrota de Roncesvalles, escasamente relatada por los anales, inspiró al poeta épico que acentuó en ella el carácter dramático y la sacralidad. Carlomagno se convirtió en el tipo del rey cristiano por excelencia, que combatía *«pur eshalcier sainte crestiënté»*. Roldán, un héroe de la fe que muere por su Dios y por su rey, un modelo de las virtudes caballerescas según la Iglesia: caballero, cruzado, mártir[14]. La evolución llegó aquí a su término. Fue entre esas dos fechas, entre 800 y 1100, pero más particularmente en el siglo XI, donde se situó la formación de la idea de guerra santa que desembocó en la cruzada y se acercó al *ŷihād*.

LOS CRISTIANOS Y LA GUERRA EN EL IMPERIO ROMANO

Ciertamente, la valoración ética de la guerra no nació en el año 800. En aquella fecha, nos encontramos ya lejos de la actitud resueltamente pacifista de la Iglesia primitiva. Una primera «revolución» tuvo lugar cinco siglos antes. La primera inflexión, decisiva, casi un súbito cambio de opinión, se produjo a principios del siglo IV cuan-

---

12. P. Riché, *Les Carolingiens. Une famille qui fit l'Europe*, París, 1983, pp. 295-296.
13. Véase en particular C. Meredith-Jones, «Vis baptizari?», *Culture*, 24, 1963, pp. 250-273; J. Flori, «La croix, la crosse et l'epée...», cit.
14. Sobre las ambiguas significaciones de ese modelo, véase J. Flori, *«Pur eshalcier sainte crestiënté...»*, cit.; J. Flori, «L'idée de croisade dans quelques chansons de geste du cycle de Guillaume d'Orange», *Medioevo Romanzo*, 21, 1997, 2-3, pp. 476-495.

do Constantino se impuso a su rival Majencio en la batalla del puente Milvio, tras haber recibido en la víspera una visión celestial prometiéndole la victoria si combatía bajo la protección de un signo manifiestamente cristiano[15]. Se puede dudar, desde luego, de la sinceridad de la «conversión» de Constantino, pero no del favor que en seguida prestó a la Iglesia. Desde entonces, con el apoyo de los emperadores cristianos, el Imperio se cristianizó y se estableció una alianza duradera entre la Iglesia y el Estado.

Los cristianos estuvieron repartidos hasta aquel momento entre dos deberes, divididos entre dos obediencias: una, cívica, para con los agentes de un poder imperial que se les presentaba como establecido por Dios para preservar el orden y la justicia y hacer respetar las leyes humanas, las cuales, sin embargo, a menudo les resultaban hostiles, a veces hasta la persecución; otra, religiosa, para con las leyes de Dios, las del reino celestial a las que aspiraban. Las ocasiones de conflicto entre esos dos deberes eran evidentemente numerosas, y el Evangelio ordenaba entonces a los fieles que, a imitación de los Apóstoles, obedecieran a Dios antes que a los hombres. Así sucedió muchas veces; por ejemplo, cuando muchos cristianos rechazaron adorar los ídolos, ofrecer sacrificios al culto imperial o aceptar el servicio militar.

Las nuevas facilidades concedidas a los cristianos tras la conversión de Constantino entrañaron un crecimiento masivo del número de adeptos, pero también, por vía de consecuencia, un debilitamiento de la intensidad de su fe y de la pureza de sus motivaciones. La intensidad de dicho fenómeno aumentó aún más cuando el Imperio romano promulgó el cristianismo como religión de Estado y se dispuso a su vez a prohibir el paganismo, a desalentar y perseguir las tendencias disidentes. En Occidente, la estrecha alianza de la Iglesia romana y el Imperio hizo que para la mayoría de los cristianos desapareciera la antigua tensión en la medida que las leyes del Estado se inspiraron en lo sucesivo en las de la Iglesia. No sin compromiso de las dos partes, lo que desembocó a veces, para los fieles más rigoristas, en un laxismo moral que consideraban reprehensible. Algunas exigencias que, hasta aquel momento, incumbían al conjunto de los fieles fueron entonces trasladadas de manera exclusiva al clero. El desarrollo del monacato, debido a su voluntad de separarse de un

---

15. Lactancio, *Sobre la muerte de los perseguidores*, 44 [N. del T.: trad. esp. y notas de R. Teja, Madrid, 1982]; Eusebio de Cesarea (?), *Vida de Constantino*, 28 [N. del T.: trad. esp. de M. Gurruchaga, Madrid, 1994]; Rufino de Aquilea, *Historia Eclesiástica*, IX, 9; trad. en M. Meslin y R.-R. Palanque, *Le Christianisme antique*, París, 1967, pp. 193 ss.

mundo considerado impuro y corrompido, puede ser interpretado en cierta medida como una protesta de la parte más intransigente de la Iglesia ante aquella relajación moral, lo que resultaba inevitable en una comunidad tan universalista.

En el ámbito de las relaciones de la Iglesia con la guerra, que constituye el objeto de nuestro estudio, dicho movimiento se tradujo en una creciente distinción entre los clérigos y los laicos. Los primeros, dispensados del servicio militar, vieron cómo se les prohibía de manera más estricta cualquier actividad que pudiera comportar el derramamiento de sangre; los segundos, por el contrario, fueron autorizados e incluso animados a tomar parte activa en la defensa armada del Imperio devenido cristiano. El ejemplo más manifiesto de ese cambio de actitud se encuentra en el canon 3 del concilio de Arlés que, en 314, inmediatamente después de la conversión imperial, condenó a quienes rehusaran el servicio militar por medio de esta frase de interpretación controvertida: «A propósito de quienes deponen las armas en tiempo de paz, se ha decidido apartarlos de la comunión»[16].

La controversia se centra en el significado de la expresión «en tiempo de paz»: ¿Hay que entender que la Iglesia habría juzgado permisible una tal «objeción de conciencia» en tiempo de guerra, cuando el riesgo de matar era grande, pero no en tiempo de paz, cuando dicho riesgo era reducido, por no decir nulo? ¿O, bien al contrario, prohibió a los cristianos cualquier rechazo del servicio militar, incluso en tiempo de paz y, por consiguiente (sobreentiéndase «con más razón»), en tiempo de guerra, cuando el Imperio estaba amenazado?

He aquí un gran debate sin esperanza de solución definitiva mientras que los prejuicios ideológicos condicionen la solución propuesta. Sea como sea, se trató de una manifiesta toma de posición de la jerarquía eclesiástica en favor de la participación de los «fieles ordinarios» en la defensa del Imperio dentro de los ejércitos. En cambio, este decreto muestra cuando menos también la persistencia de una corriente, todavía muy real, hostil a semejante participación según la antigua doctrina de la Iglesia, la cual juzgó durante mucho tiempo incompatible la profesión militar y la profesión de la fe cristiana[17].

16. Concilio de Arlés, texto y trad. en J. Gaudemet, *Conciles gaulois du IVe siècle*, París, 1977 (SC, n.º 241).

17. No es posible mencionar aquí, ni tan siquiera sumariamente, los muy numerosos trabajos que tratan de esta cuestión aún controvertida. Para todo aquello que concierne a la actitud de la Iglesia antigua, me permito remitir a la obra que preparo

SAN AGUSTÍN: ¿DE LA GUERRA SANTA A LA GUERRA JUSTA?

Bajo los efectos conjuntos de la estrecha alianza, ya evocada más arriba, de la Iglesia y el Imperio, aquella corriente pacifista no pudo sino debilitarse a continuación. Un siglo más tarde, sin embargo, subsistían todavía huellas de ella. Se aprecian bien en la actitud de San Agustín: el Imperio estaba entonces amenazado por la presión exterior de los pueblos bárbaros que rompían su unidad; asimismo, la unidad de la Iglesia estaba amenazada por diversas «herejías», en particular la de los donatistas. Agustín justificó el uso de la fuerza armada contra los unos y los otros. Los cristianos podían participar en ella, y usar sus armas, ser inducidos, por tanto, a matar, sin ser necesariamente culpables de homicidios y sin violar la ley divina.

Para ello era necesario refutar la opinión de quienes, al no esperar nada bueno de los «reinos de este mundo», continuaban depositando su esperanza en el reino de Dios por venir, buscando a veces, en su expectativa escatológica, fijar una fecha para el final de los tiempos y el advenimiento de la Nueva Jerusalén. San Agustín interpretó contra ellos las profecías de manera alegórica y espiritualista: según él, es la Iglesia la que en este mundo cumple dichas profecías. Los cristianos contemporáneos viven entonces el «tiempo de la Iglesia»; Dios reina desde ahora, de alguna manera, a través de la Iglesia, en el seno del Imperio. La Ciudad de Dios ha descendido, pues, espiritualmente sobre la tierra; aunque en verdad no se confunde con el Imperio, la Iglesia encuentra en él su expansión y su desarrollo. Conviene, por tanto, infundirle los valores cristianos, y participar en la defensa de la Iglesia (y del Imperio) contra quienes lo atacan.

En este punto, San Agustín se opuso en primer lugar a los que postulaban, según los antiguos esquemas, que la actividad militar era un mal del que los cristianos no debían participar de ninguna manera. Contra esa tendencia todavía viva en su tiempo, y contra aquellos que, en cambio, recuperaron las antiguas acusaciones de los paganos y sostenían que el cristianismo, por su indiferencia hacia el mundo, había debilitado el Imperio, San Agustín demostró que la guerra, desde luego, era siempre una desgracia, pero un mal a veces necesario para evitar una desgracia aún mayor y reparar la

desde hace muchos años, que aparecerá dentro de poco con el título: *L'Église et la guerre de saint Paul à saint Bernard*. [N. del T.: aunque se centra en un periodo de tiempo menos extenso, sobre este tema ha aparecido recientemente un libro importante de un historiador español: J. Fernández Ubiña, *Cristianos y militares. La Iglesia antigua ante el ejército y la guerra*, Granada, 2000.]

injusticia que la justificaba. Contra los «maniqueos» que condenaban como impuro el mundo material y rechazaban parcialmente el Antiguo Testamento, San Agustín afirmó la unicidad del mensaje bíblico y el valor de este mundo cuando está guiado y santificado por los principios espirituales.

A menudo se ha atribuido a San Agustín la elaboración de una doctrina de la guerra justa que luego habría evolucionado hacia la guerra santa y la cruzada. Ello sería más bien a la inversa. Pues, para probar, a pesar de la actitud pacifista de Jesús y a pesar del Evangelio, que Dios no era radicalmente hostil a la violencia armada, San Agustín invocó el Antiguo Testamento donde las «guerras del Padre Eterno» son frecuentes. Ésa era la base misma de su argumentación: una guerra puede ser santa cuando es querida por Dios y ordenada por Él. En la época de la teocracia de Israel, Dios dirigía a su pueblo en armas y le ordenaba, incluso con firmeza, que emprendiera contra los pueblos infieles que lo rodeaban una acción militar violenta, la cual, adoptada a iniciativa suya, no podía ser sino santa. Los profetas del Antiguo Testamento, hablando de parte de Dios, predicaron también a menudo el mismo tipo de mensaje guerrero. Ese ejemplo era para él determinante a la hora de establecer el hecho de que Dios no excluye de ningún modo el uso de la fuerza armada; quienes así combaten bajo las órdenes directas de Dios no son, pues, para nada culpables: ejecutan la obra de Dios, único Soberano, Juez supremo del bien y del mal.

Quedaba por inferir, según San Agustín, una lección para el tiempo presente, donde la teocracia ha llegado a su fin y donde Dios no dirige ya directamente a su pueblo: la misma palabra profética ha llegado a ser rara incluso y los falsos profetas abundan. Es el tiempo de la Iglesia, que vivifica y moraliza desde el interior la ciudad terrestre, en este caso el Imperio. En ausencia de una palabra formal e irrefutable que venga de Dios, no puede hablarse propiamente de guerra santa. Pero, a falta de guerra santa resultante de una orden expresa de Dios, o expresada de su parte por una voz profética indiscutible, ¿se pueden definir las condiciones que hacen de una operación militar una acción aceptable en la cual un cristiano puede tomar parte sin arriesgar su alma tanto como su vida? Aunque nunca estableció la doctrina, San Agustín avanzó aquí o allá varios elementos que, reunidos después de él, condujeron a la definición de la guerra justa que mucho más tarde retuvieron los canonistas[18]: debe

---

18. Acerca de la influencia de san Agustín sobre el pensamiento ulterior, en particular sobre los canonistas y la idea de guerra santa y de cruzada, véase más adelante pp. 178 ss.

ser declarada por la autoridad legítima (entiéndase el Estado, el emperador encargado del gobierno), emprendida para restablecer la justicia, defender la Patria o recuperar tierras o bienes injustamente expoliados, llevada a cabo por los soldados sin odio ni intereses personales.

Agustín dedujo de ello una lección moral práctica, que para él era mucho más importante que una teoría política o una teología de la guerra: un cristiano puede ser soldado de Cristo. La ley de Dios, que le ordena: «no matarás» no se aplica a los *milites,* ni a los magistrados ni a los verdugos; ellos se limitan a aplicar las órdenes del poder legítimo, al que corresponde la responsabilidad moral. Dios no rechaza, pues, a aquellos que, en el Estado laico, hacen uso de sus armas en un servicio ordenado y son inducidos, por su profesión, a matar. Por lo demás, si la Iglesia cristiana prohibía todas las guerras «terrenales», el Evangelio habría ordenado a todos, «arrojad las armas»; y Juan el Bautista no habría prescrito a los soldados que se contentaran con su soldada. En varias cartas y tratados, el doctor de Hipona desarrolló estos (¡débiles!) argumentos que luego fueron repetidos a porfía por todos los autores que trataron de la guerra y del homicidio[19]. Máximo de Turín resumió bastante bien la actitud de la Iglesia en esta época respecto de la responsabilidad moral personal del soldado: «No es pecado militar, sino hacerlo por afán de rapiña»[20].

DE UN IMPERIO ROMANO A OTRO

Sin embargo, en el año 800, esas nociones habían evolucionado algo. La desaparición, en Occidente, del Imperio romano y la creciente

---

19. Véase en particular Agustín, Epístola 138, *Ad Marcellinum,* PL, 33, col. 525-535; *Contra Faustum Manichaeum,* lib. XXII, c. 74-78, PL, 42, col. 447-450; *De libero arbitrio,* lib. I, c. IV, 11-13 y VI, VII, PL, 32, col. 1227-1230; Epístolas 197, 198, 199, ed. A. Goldbascher, CSEL, 57, 1911; *Quaestiones in Heptateuchum,* ed. I. Zycha, CSEL, 1895 (o PL, 34, col. 780-781); *De civitate Dei,* lib. III, c. IX, X, XI; lib. XIX, c. VII; lib. XVIII, c. LI-LIV, 2; lib. XX, c. V, 1-XX, c. XXIV, 1, ed. y trad.: *Oeuvres de saint Augustin,* París, Bibliothèque augustinienne, 1960, etc. [N. del T.: promovida por la Federación Agustiniana Española, existe una edición bilingüe de las *Obras completas de San Agustín,* publicadas por la Biblioteca de Autores Cristianos, en 41 vols.].

20. «*non enim militare delictum est, sed propter praedam militare peccatum*», Máximo de Turín (Pseudo Agustín), *Sermo* 82, PL, 57, col. 518-520; cf. PL, 33, col. 1905-1996 [N. del T.: ofrezco la traducción contenida en J. Fernández Ubiña, *Cristianos y militares...,* cit., pp. 555-556].

ruptura que, por razones a la vez políticas, lingüísticas, económicas, culturales y espirituales, separó en adelante Occidente de Oriente, hacen más difícil la definición de una guerra justa. El Imperio cristiano unitario y la autoridad imperial fueron sustituidos por reinos diversos que a veces entraban en conflicto. La ficción, mantenida por los clérigos, de una permanencia del Imperio por encima de aquella multitud de reinos no bastó para disipar la ambigüedad de la noción de autoridad legítima. La misma ambigüedad reapareció en los móviles y en el estado de ánimo de los combatientes: en los guerreros surgidos de los pueblos germánicos, el botín parecía constituir por sí mismo un móvil noble y digno, y la guerra misma tenía para ellos rasgos de sacralidad intrínseca. En sus esfuerzos para cristianizar a esos pueblos, que todavía estaban en los márgenes del Imperio, la Iglesia se vio obligada a contemporizar con sus valores, aun a riesgo de disolver un tanto los suyos en la amalgama[21]. El Cristo que se predicó a los bárbaros no fue ya el mismo Cristo que antes se había predicado a los griegos y a los romanos. Cuando los reinos bárbaros sustituyeron al Imperio romano en Occidente, la Iglesia debió transigir de nuevo con los valores y las mentalidades de los nuevos gobernantes que habían llegado a ser cristianos a su manera. El principio de una guerra justa permaneció, pero tanto su definición como su área de aplicación se oscurecieron un poco. Fue quizás por esta razón por la que nadie elaboró nunca verdaderamente su teoría después de San Agustín.

La idea de guerra santa, por el contrario, progresó, o, más exactamente, progresó la sacralidad de algunas guerras que condujeron a la formación de dicha noción. Y ello por dos razones.

Primera razón: como acabo de decir, la guerra comportaba, entre los nuevos jefes, valores sagrados que la Iglesia no pudo erradicar totalmente, los cuales adaptó para acomodarlos a su propia doctrina. Entre los germanos, hasta las mismas armas se consideraban «sagradas»: durante mucho tiempo aún, por ejemplo, se continuó jurando «por la espada», y no resulta imposible creer que la mención de reliquias contenidas en el pomo de algunas de ellas constituyó un medio de «bautizar» esa costumbre. La Iglesia cristianizó a los «bárbaros» germánicos a través de sus ritos, pero a su vez los germanos «barbarizaron» también la Iglesia tanto en su doctrina como,

---

21. Véase en particular sobre este punto F. Cardini, *Alle radici della cavalleria medievale,* Florencia, 1982, pp. 71 ss. y 131 ss.; opinión más matizada en R. Boyer, *Le Christ des Barbares,* París, 1987; yo no comparto en este punto la opinión de C. Erdmann (trad. pp. 20 ss.), según la cual la Iglesia habría reaccionado para reforzar, por el contrario, su actitud hostil a la guerra.

sobre todo, en su práctica: el sacramentalismo se desarrolló, la liturgia se extendió a múltiples actividades, incluidas las de la guerra, como se verá mejor más adelante a propósito de las bendiciones de las armas y de los guerreros[22].

Segunda razón: el creciente alejamiento de Oriente y Occidente hizo de la Iglesia —y singularmente del obispo de Roma, sin rival en esa vasta región— la única autoridad verdadera que sobrevivió a la caída del Imperio. De alguna manera (y ése es el sentido que retuvo la falsa donación de Constantino, de la que volveremos a hablar), el obispo de Roma sustituyó al emperador. La Iglesia aparecía así como el principal factor de unidad en un Imperio dislocado en cuyo renacimiento se quiso creer.

Renació, en efecto, durante un tiempo al menos, con Carlomagno. Reducido, ciertamente, por su menor amplitud geográfica; limitado por la debilidad de su administración, por la presencia de numerosas fuerzas centrífugas, nacionalistas o regionalistas, por los particularismos étnicos, por los conflictos dinásticos que no tardaron en surgir, pero también por las tentativas hegemónicas de una parte al menos de la Iglesia (tendencias atribuidas de manera injusta, como recientemente se ha demostrado, a Jonás de Orleans[23]). Dichas tendencias se activaron desde la época de Luis el Piadoso: buscaban afirmar la supremacía del poder episcopal sobre el poder real. Y aunque cesaron un poco, con el restablecimiento de la autoridad de Luis tras el concilio de Soissons (833), la idea no desapareció del todo: sería recuperada con vigor por los papas «gregorianos» en el siglo XI.

Por el momento, la autoridad de Carlomagno y de los primeros carolingios era todavía muy fuerte, y el mito de la unidad imperial muy poderoso. Aquella reencontrada unidad, en la que quisieron creer los letrados, restableció el prestigio de la idea de guerra justa, ordenada por el emperador y realizada por sus tropas, pero en ella se insinúan algunos rasgos de sacralidad en la medida que el emperador, lugarteniente de Dios, defendía simultáneamente al Imperio de Occidente y a la Iglesia romana que era su principal factor de

---

22. Véase más adelante pp. 123 ss. Sobre la sacralidad de las armas entre los pueblos paganos nórdicos y su influencia sobre la religiosidad medieval, véase el excelente estudio de H. R. E. Davidson, *The Sword in Anglo-Saxon England. Its Archeology and Literature,* Woodbridge, 1992 (2.ª ed.); véase también, de manera más general, F. Cardini, *Alle radici della cavalarria medievale,* cit.

23. E. Magnou Nortier, «La tentative de subversion de l'État sous Louis le Pieux et l'oeuvre des falsificateurs», *Le Moyen Âge,* 1999, 2, pp. 331-365, y 3-4, pp. 615-641.

unidad. Ello contribuyó a convertir las campañas militares de Carlomagno en guerras dotadas de una fuerte connotación religiosa, las cuales pudieron ser incluso (como se ha dicho) guerras misioneras, pero no guerras santas. En efecto, más que el adversario al que se combate o los fines que persigue, lo que crea la guerra santa es, según me parece a mí, el grado de implicación (supuesto) de Dios en su iniciativa y en su desarrollo. Ahora bien, el renacimiento mismo de la noción de Imperio hizo de Carlomagno el único iniciador verdadero de las campañas que condujo a su manera. Su lucha en el exterior contra los paganos y en el interior para la protección de la Iglesia —y principalmente de Roma— acrecentó, sin embargo, la dignidad de su combate por el Imperio y sacralizó un poco más su autoridad, por lo demás establecida directamente, en su principio.

En todo caso, esos dos aspectos de lucha contra los «paganos», de una parte, y de protección del papa, de la otra, estuvieron en el origen mismo de la dinastía carolingia y del rápido ascenso de su prestigio. Conviene no olvidarlo: la victoria obtenida en 732 por Carlos Martel en Poitiers, por limitada que fuera en el plano de las realidades militares, no dejó de tener una gran resonancia en toda Europa, cuya noción contribuyó a engendrar, frente a los invasores extranjeros, en este caso árabes. Es, en efecto, en un texto redactado por un cristiano anónimo de Córdoba a mediados del siglo VIII, en aquella España recién conquistada por los musulmanes, donde se encuentra por vez primera la expresión «los europeos» para designar la pertenencia a una comunidad humana cuya dimensión religiosa parece añadirse aquí a la de una entidad geográfica o cultural: alaba, en efecto, la victoria de los «europeos» sobre los «árabes»[24]. Esta noción se reforzó aún más con la formación del Imperio carolingio, cuyos eruditos, comenzando por Alcuino, quisieron hacer a la vez un renacimiento del Imperio romano y del reino teocrático de Israel. La denominación «nuevo David» aplicada a Carlomagno da fe de ello. Desde entonces, la guerra contra las «naciones» paganas que lo rodeaban y amenazaban se convirtió en una necesidad; por esa razón, se vio un poco santificada.

La protección de las iglesias, y en particular la de Roma, añadió a la acción guerrera de los reyes francos un segundo rasgo de sacra-

---

24. *Anonyme de Cordoue. Chronique rimée des derniers rois de Tolède et de la conquête de l'Espagne par les Arabes*, ed. J. Tailhan, París, 1885, pp. 38 ss. [N. del T.: este texto se conoce también como *Continuatio Hispana, Anónimo latino* o *Crónica Mozárabe*; existe una edición bilingüe: *Crónica mozárabe de 754*, ed. crítica y trad. J. E. López Pereira, Zaragoza, 1980: el relato citado se puede leer en las páginas 98-101.]

lización. Éste se derivó no sólo de la misión de asegurar, como se ha dicho, la paz de los fieles y la libertad de las iglesias, sino más bien, quizás, de defender los intereses materiales del papa. Este nuevo aspecto apareció precisamente con el progreso de la dinastía carolingia, en el momento que se anudó la alianza entre ella y el Papado. El «golpe de Estado» que permitió el despojo de la dinastía merovingia y el ascenso al trono de Pipino el Breve se produjo, en efecto, gracias al apoyo decisivo del mismo papa y de su legado Bonifacio: la consagración reiterada de Pipino y de su familia contribuyó ampliamente a facilitar dicho cambio de dinastía y a legitimarlo ante los católicos. El «pago con la misma moneda» de aquel servicio prestado por el Papado fue la solicitud de «restitución» a la Santa Sede de los territorios que reivindicaba en nombre de la pretendida «donación de Constantino» por la cual este emperador, antes de abandonar Roma para trasladar su capital a Constantinopla, habría hecho en esos términos al papa Silvestre esta muy sorprendente concesión:

> Y para que la dignidad pontificia no sea inferior, sino que sea tomada con una dignidad y gloria mayores que las del Imperio terrenal, concedemos al susodicho pontífice Silvestre, papa universal, y dejamos y establecemos en su poder, por decreto imperial, como posesiones de derecho de la santa Iglesia romana, no sólo nuestro palacio [de Letrán] [...], sino también la ciudad de Roma y todas las provincias, distritos y ciudades de Italia y de Occidente[25].

Este documento, falsificado de pies a cabeza a mediados del siglo VIII, fue presentado a Pipino poco tiempo después de que fuera compuesto por la curia pontificia para incitar al rey a acrecentar los primeros dominios del patrimonio de San Pedro[26]. Pipino pagó su deuda concediendo solamente al papa el exarcado de Rávena. Pero la alianza entre Roma y el nuevo poder franco se reforzó todavía

---

25. Falsa donación de Constantino, texto en K. Zeumer, «Der älteste Text des Constitutum Constantini», *Festgabe für R. von Gneist,* 1888, pp. 47 ss.; cito aquí la traducción de M. Pacaut, *La Théocratie,* París, 1957, p. 231 [N. del T.: ofrezco la trad. esp. de M. Artola, *Textos fundamentales para la historia,* Madrid, 1968, pp. 47-48, ahora recuperada en R. Navarro-Valls y R. Palomino, *Estado y Religión. Textos para una reflexión crítica,* Barcelona, 2000, pp. 48-50]; sobre la influencia de este texto, véase N. Huyghebaert, «Une légende de fondation: *Le Constitutum Constantini», Le Moyen Âge,* 85, 1979, pp. 177-209; y H. Fufrmann, «*Constitutum Constantini*», *Theologisches Ralenzyklopädie,* 8, 1981, pp. 196-202.

26. Véase sobre este punto L. Levillain, «La dynastie carolingienne et les origines de l'État pontifical», BEC, t. 94, París, 1933; P. Partner, *The Lands of St Peter,* Londres, 1972, pp. 1-110.

más cuando los dos hijos de Pipino, Carlos y Carlomán, fueron consagrados a su vez por el papa y nombrados por él «patricio de los romanos», lo que los convertía en defensores titulados de Roma.

En el momento de las intervenciones de Carlomagno en el norte de Italia, a instancias del papa Adriano, que se encontraba amenazado por los reyes lombardos, el papa renovó sus peticiones de «restitución» de los territorios italianos. Pero Carlomagno tampoco obedeció esta vez. Al contrario, tomó para sí mismo la corona lombarda y se mostró resuelto a gobernar directamente Italia. Por esa razón, no dejó de convertirse, aún más que antes, en el *defensor* de Roma y del papa.

La falsa donación de Constantino no cumplió, pues, el papel que de ella esperaban los pontífices. Hacia el año 1000, el emperador Otón III, que, sin embargo, estaba muy próximo a la Santa Sede, la rechazó sin ambages como falsa[27], aunque concedió, a pesar de todo, varios condados al papa Silvestre II; pero tuvo el cuidado de recalcar que dicha concesión era fruto de su propia iniciativa y que la sacaba de sus propios bienes. El Imperio otónida, heredero del Imperio carolingio, también consideró a Italia y Roma como dependientes del emperador, que era su defensor natural.

La sacralización de las guerras dirigidas contra los «paganos», de una parte, y para la protección de Roma y de la Iglesia, de la otra, había alcanzado, pues, desde antes del año 1000, y ya incluso en la época carolingia, un nivel nada despreciable. Este último aspecto es perceptible en los diferentes llamamientos de los papas a los reyes francos, defensores de la iglesia de San Pedro. No otro es el sentido que hay que conceder a las cartas que Esteban II dirigió, ya en 755, a los reyes Pipino, Carlos y Carlomán portadores del título de «patricio de los romanos», el cual implicaba deberes: el papa les pidió que acudieran a socorrerle contra el rey lombardo Astolfo que discutía y amenazaba el patrimonio de San Pedro. Reclamó dicha ayuda militar «para la protección de la santa Iglesia», «en servicio de San Pedro», y añadió que la misma les procuraría «una recompensa para su alma», sin precisar, no obstante, la naturaleza de dicha recompensa[28]. Dos años más tarde, Pablo I lanzó a su vez un llamamiento del mismo tipo, solicitando socorro contra los lombardos al rey Pipino en tanto que *defensor Ecclesiae:* el rey franco era, en efecto, el primer defensor del papa, después de Dios y de San Pedro:

---

27. Otón III, *Diplomata regum et imperatorum Germaniae*, MGH, II, p. 819.

28. Esteban II, Cartas a los reyes Pipino, Carlos y Carlomán (755), MGH, *Epistolae* III *(Merowingici et Karolini aevi* I), Ep. 6, pp. 488-490.

ellos sabrán, sugiere el papa sin más precisión, procurar al rey recompensas celestiales[29]. Ya hemos visto cómo Carlomagno fue en ese dominio un protector eficaz, pero también un jefe dominador. A este respecto, conviene hacer dos observaciones relativas a aquel periodo de la época carolingia.

La primera concierne a la separación de los poderes: fue el emperador, que encarnaba el poder «civil», y no el papa o el poder sacerdotal, quien tomó la iniciativa de la guerra, quien la declaró y quien la dirigió. La Iglesia quedó acantonada en su papel espiritual, el de la oración.

La segunda se refiere al papel del Papado: cuando se sintió amenazado, pidió auxilio al poder imperial, único poseedor de la espada material, por la doble razón de protector del Imperio del que Roma era la antigua capital prestigiosa, y de la iglesia de San Pedro, sede de la autoridad eclesiástica universal en Occidente.

Las guerras así emprendidas por el emperador eran, pues, consideradas como eminentemente legítimas, teñidas de religión y de sacralidad: sin embargo, no eran guerras santas.

LA DEFENSA DE ROMA

No obstante, el debilitamiento del Imperio, en la medida que hizo más vulnerables las iglesias y el Papado, iba a reforzar ese carácter de sacralidad. Así ocurrió, desde el siglo IX, con motivo de los combates emprendidos a la vez para la protección de la iglesia de Roma y contra los paganos, los cuales reunían de esa manera los dos factores de sacralidad antes mencionados, y que hasta entonces habían estado separados. El Imperio, en efecto, se vio de nuevo amenazado por «paganos»: sarracenos por el Sur, húngaros por el Este, normandos por todas las partes donde había costas y ríos. Roma incluso no escapó a ellos, y solicitó ayuda.

Dicha amenaza, aunque es bien conocida, exige también algunas observaciones. Los historiadores actuales tienen probablemente razón para minimizar el impacto real de aquella «segunda oleada de invasiones» sobre la economía, la política y la sociedad: no todo fue destruido, y la invasión no fue ni masiva ni general, los incendios y las matanzas fueron puntuales, la despoblación limitada, y los pilla-

---

29. Pablo I, Carta n.º 13 al rey Pipino, MGH, *Epistolae* III *(Merowingici et Karolini aevi* I), pp. 508-510; la misma evocación, menos precisa aún, en su Carta n.º 19, *ibid.,* pp. 519-520.

jes de los normandos, por ejemplo, quizás tuvieron un efecto benéfico al reponer en el circuito económico las riquezas atesoradas en las criptas[30]. La amenaza no fue probablemente lo bastante amplia y general como para entrañar, según se creía antes, una mutación social, el nacimiento del feudalismo, el predominio del castillo, única protección de las poblaciones atemorizadas que llegaban a trocar su libertad a cambio de la seguridad de las murallas y de las armas señoriales. Pero ello no empece que dichas invasiones cumplieran un papel importante en el plano ideológico. Ciertamente, como se subraya con toda razón, los principales blancos de los saqueadores eran los monasterios y las iglesias. Pero eran también, precisamente, los principales centros de cultura, los lugares donde se forjaban las ideologías, donde se concentraban los medios para difundirlas. Al exagerar la amplitud de los incendios, de los pillajes y de las matanzas, bastante reales por lo demás, los monjes crearon, a la medida del mundo de la época, el equivalente de una psicosis mediática. Contribuyeron a dramatizar la situación, a demonizar esos adversarios «paganos» y, al mismo tiempo, a sacralizar un poco más la guerra emprendida contra ellos. Las «misas contra los paganos», que en algunas ocasiones fueron denominadas de manera precisa («contra los daneses», por ejemplo, o «contra la calamidad de los normandos», etc.), prueban a la vez ese «temor» y esa sacralización de los ejércitos reales que luchaban contra ellos[31]. Ciertamente, aquí se trataba todavía ante todo de la defensa del Imperio «romano» contra sus enemigos, pero el calificativo de «paganos» para designar al adversario acentuó el carácter religioso del enfrentamiento, y convirtió asimismo la batalla en un «juicio de Dios»: la victoria confirmaba la veracidad de la fe cristiana.

30. Véanse sobre estos puntos las opiniones a veces divergentes de L. Musset, *Les Invasions. Le Second Assaut contre l'Europe chrétienne (VIIe-XIe siècle)*, París, 1965 [N. del T.: trad. esp.: *Las Invasiones. El segundo asalto contra la Europa cristiana*, Barcelona, 1968]; A. d'Haenens, *Les Invasions normandes, une catastrophe?*, París, 1970; R. Doehaerd, *Le Haut Moyen Âge occidental. Économies et sociétés*, París, 1971 [N. del T.: trad. esp., *Occidente durante la Alta Edad Media. Economías y sociedades*, Barcelona, 1974]. Un balance en R. Boyer, «Les Vikings: des guerriers ou des commerçants?, R. Boyer (dir.), *Les Vikings et leur civilisation. Problèmes actuels*, París, 1976, pp. 211-240.

31. Véase la *Missa pro regibus in die belli contra paganos* del misal de Angulema (BN, ms. lat. 816), en P. Cagin, *Le Sacramentaire gélasien d'Angoulême (VIIIe siècle)*, Angulema, 1918, p. 167; véanse también las oraciones del misal gelasiano editado por H. A. Wilson, *The Gelasian Sacramentary*, «sacramentarium gelasianum reginense», Londres, 1894, pp. 272-276, y los otros textos mencionados por C. Erdmann, *op. cit.*, pp. 93 ss.; sobre su interpretación, véase J. Flori, *L'Idéologie du glaive. Préhistoire de la chevalerie*, Ginebra, 1983, pp. 84 ss.

Se dio un paso más en la sacralidad de determinadas guerras cuando algunos «paganos», a la sazón musulmanes, desembarcaron en las costas italianas y llegaron a amenazar de nuevo Roma. Los árabes, en efecto, pusieron pie en Sicilia desde 827 y después en Apulia; se hicieron con el control de los mares y se dedicaron a realizar incursiones de pillaje en las costas de Cerdeña y del Lacio. En 846, una de aquellas correrías los condujo hasta la ciudad donde saquearon la iglesia de San Pedro. El patrimonio pontificio se vio amenazado, una vez más, pero en aquella ocasión por «no cristianos», es decir, por «paganos». Según su costumbre, el papa llamó en su ayuda a los ejércitos del rey franco.

Entonces, por tanto, se reunieron varios factores de sacralidad, y el papa León IV no dudó en afirmar que no serían negados los reinos celestiales a todos aquellos que murieran en un combate semejante. Precisó las razones en un texto muy importante que ha llegado hasta nosotros bajo dos formas muy ligeramente diferentes, que aquí anotamos como a y b. Pueden traducirse de la siguiente manera:

> a: En efecto, el Todopoderoso sabe que si uno de vosotros llega a morir, habrá muerto por la verdad de la fe, la salvación de la Patria y la defensa de los cristianos[32].
> b: En efecto, el Todopoderoso sabe que si uno de vosotros llega a morir, habrá muerto por la verdad de la fe, la salvación de su alma y la defensa de la Patria de los cristianos[33].

La segunda versión va un poco más lejos que la primera. Haría claramente de la expedición una empresa piadosa, capaz de procurar al guerrero que la emprendiera la salvación de su alma. No estaríamos lejos entonces de una guerra que reporta la remisión de los pecados, uno de los rasgos constitutivos de la guerra santa y más tarde de la cruzada. Esta versión afirmaría igualmente la existencia de una «Patria de los cristianos», concepto que nació sin duda en esa época pero cuya formulación me parece aquí demasiado precisa. Más vale, pues, privilegiar, por prudencia, la primera versión, la cual tampoco es menos digna de interés: afirma, en efecto, que el reino celestial (en otros términos, la vida eterna en el «paraíso») será asegurado a quienes mueran en un combate librado por la protección de Roma, puesto que dicho combate es triplemente sacraliza-

---

32. León IV, *Ep. I*, «ad exercitum Francorum», PL, 115, col. 655-657.
33. Íd., ibid., MGH, *Epistolae V (Karolini Aevi* III), Berlín, 1899, pp. 601.

do, en una sabia amalgama que une los valores de la antigua Roma (morir por la Patria), los de la moral universal y cristiana (la protección de sus hermanos, los cristianos) y los de la religión (la defensa de la fe amenazada por los paganos). Aunque aquí no se trata de la remisión de los pecados ni de la indulgencia a los vivos, la promesa de un lugar en el paraíso adquirida por la muerte en combate para la salvaguarda de Roma no deja de probar un alto grado de sacralización de la guerra dirigida por el Papado.

Volvemos a encontrar caracteres idénticos algunos años más tarde, bajo el papa Juan VIII, en 878-879. El pontífice romano seguía estando aún en posición de pedigüeño frente a Carlos el Calvo, pero nos encontramos ya en la época donde se efectuó un doble movimiento: el prestigio del papado se encontraba, de manera provisional, en pleno auge desde Nicolás I; en cambio, el del emperador declinaba a causa de las fuerzas centrífugas antes evocadas: la unidad política se había quebrado, las devastaciones de los normandos y de los sarracenos habían debilitado el prestigio imperial, las rivalidades dinásticas y las tendencias regionalistas escindían el Imperio en reinos rivales, pronto en principados, multiplicando así las ocasiones de conflictos armados, que oscurecían al mismo tiempo la noción de guerra justa, ya de por sí vaga. La «revolución feudal» se puso en marcha, al menos en el plano político. Más que nunca, la religión se erigió en el principal, si no en el único, factor de unidad en Occidente. Roma era su corazón, y el papa se esforzó por hacer del patrimonio de San Pedro el símbolo y la quintaesencia de toda la cristiandad, de la Patria común a todos los cristianos. Se ha observado con razón que Juan VIII empleó a menudo la palaba *Patria* para designar Roma, y con más frecuencia aún para designar el dominio pontificio[34]. La defensa de las tierras de San Pedro fue asimilada así a la de toda la cristiandad que ellas resumían. Y esta vez el enemigo seguía siendo todavía el sarraceno.

El papa encontró en ello la ocasión para estigmatizar la naturaleza y el comportamiento de dichos pueblos a fin de estimular al emperador para que fuera a socorrerle. Lo hizo en varias cartas. En la que remitió a Carlos el Calvo, en noviembre de 876, comparó la amenaza de los sarracenos a una invasión de saltamontes y describió sus daños: esos «hijos de la esclava» (descendientes de Agar) osan oprimir a los descendientes legítimos, hijos de la alianza; esos «enemigos de la cruz de Cristo» devastan la región romana, incendian las ciudades y los pueblos y masacran a sus habitantes. La carta se cierra

---

34. É. Delaruelle, *L'Idée de croisade,* cit., p. 28.

con un llamamiento de ayuda, pero no incluye ninguna promesa de orden espiritual[35]. En la misma fecha, escribió también a los obispos del reino de Carlos para describirles los daños de los sarracenos, esos «hijos de la fornicación», que han encontrado aliados entre los «cristianos de nombre solamente», y que matan y cautivan a los fieles de Cristo, inclusive a los obispos, destruyen las iglesias y los altares, y masacran a los servidores de Dios. Les pedía que hicieran todo lo posible para que el emperador, que es el defensor, el patrón y el procurador de la iglesia de Roma, llegara sin demora a socorrerla contra todos sus enemigos, «paganos e infieles»[36].

Algunas semanas más tarde, viendo que no llegaba ninguna ayuda militar, el papa renovó su llamamiento, siempre sin ninguna promesa, precisando, no obstante, que los sarracenos saqueaban la Sabina y devastaban los santuarios. Es menester, decía, que el glorioso emperador libere esta tierra, pues, si se perdía, el Imperio se vería envilecido y esa pérdida engendraría la de toda la cristiandad[37]. En este punto tenemos la impresión de que el papa se comporta como un conde que señala al emperador los peligros que pesan sobre la región del Imperio que está a su cargo. Se observará, sin embargo, la asociación que de nuevo se hace entre el Imperio y la cristiandad, y el papel «ejemplar» que Roma desempeña en dicha asociación. El papa repitió el mismo tema tres días después para advertir al emperador que los sarracenos se encontraban ya muy cerca de Roma y devastaban las tierras pertenecientes a San Pedro, siempre sin ningún tipo de promesas[38].

Pero la ayuda esperada no llegaba, y el papa actuó por su propia cuenta, como político. El 17 de abril de 877, escribió al obispo de Benevento para que se esforzara en deshacer el acuerdo concluido entre los napolitanos, esos «falsos cristianos», y los sarracenos «enemigos del nombre de Cristo»[39]. El mismo día, lanzó un llamamiento al Imperio Bizantino, dueño legítimo del sur de Italia, para pedirle

---

35. Juan VIII, Carta n.º 22, al emperador Carlos el Calvo (15 de noviembre de 876), MGH, *Epistolae* VII, pp. 19-20.
36. «*Unde et eum adversus omnes hostes ecclesiae non solum defensorem, sed et patronum et advocatum nostrum existere proposuimus ut* [...]; Juan VIII, Carta n.º 36, A los obispos y arzobispos del reino de Carlos el Calvo (noviembre de 876), MGH, *Epistolae* VII, pp. 35-36.
37. Juan VIII, Carta n.º 31, al emperador Carlos el Calvo (10 de febrero de 877), MGH, *Epistolae* VII, pp. 29-30.
38. *Id.*, Carta n.º 32, al emperador Carlos el Calvo (13 de febrero de 877), MGH, *Epistolae* VII, pp. 31-32.
39. *Id.*, Carta n.º 46, al obispo de Benevento (17 de abril de 877), MGH, *Epistolae* VII, p. 44.

que liberara, mediante una flota y un ejército, las costas de Benevento saqueadas por los sarracenos. En mayo de 877, se dirigió de nuevo a su protector titulado, el emperador Carlos el Calvo, para rogarle que viniera por fin a socorrer la santa iglesia de Roma y «toda la Patria»[40].

Al año siguiente se dirigió al nuevo emperador Luis el Tartamudo, y a todos los obispos, para que el emperador llegara con su ejército para la defensa, la liberación y la exaltación de la santa Iglesia romana, cabeza de todas las iglesias, como antes de él hicieron sus predecesores, los cuales no fueron soldados en vano[41].

¿UNA «INDULGENCIA» DE GUERRA SANTA?

Hasta entonces, Juan no había evocado más que deberes, los del emperador en tanto que defensor de la Patria, protector de los cristianos, procurador de la iglesia de Roma. Ninguna otra tonalidad espiritual había conseguido santificar más la guerra emprendida. Esta dimensión reapareció con fuerza en la respuesta que dirigió poco después a los mismos obispos del reino de Luis. Éstos le habían planteado una cuestión precisa: ¿quienes mueran en un combate semejante pueden esperar el perdón de sus pecados? La respuesta del papa merece una atención particular:

> Vuestra venerable fraternidad ha tratado de saber, a través de una pregunta discreta, si quienes, por la defensa de la santa Iglesia de Dios, por el amparo de la religión cristiana y del Estado [*rei publicae*], han sucumbido recientemente en combate o puedan sucumbir en el futuro, podrán obtener el perdón de sus pecados [*indulgentiam... delictorum*]. Confiando en la justa benevolencia de Cristo Nuestro Dios, nos atrevemos a responder que quienes caen en el campo de batalla, mediando en ellos el amor a la religión católica, entrarán en el descanso de la vida eterna al guerrear valientemente contra los paganos y los infieles, pues el Señor se dignó decir a través de su profeta: «Cualquiera que sea la hora en la que se arrepienta, yo no me acordaré más de todas sus iniquidades», y el buen ladrón, en la cruz, mereció el paraíso sólo por su confesión de fe [...]. Desde nuestra humildad, y por la intercesión del bienaventurado apóstol Pedro, a quien pertenece el poder de atar y desatar en el

---

40. *Id.*, Carta n.º 56, al emperador Carlos el Calvo (mayo de 877), MGH, *Epistolae* VII, pp. 51-52.
41. *Id.*, Carta n.º 115, a los obispos y al emperador Luis (agosto de 878), MGH, *Epistolae* VII, pp. 165-166.

cielo y en la tierra, tanto como sea posible hacer, nosotros los absolvemos y los encomendamos a Dios mediante nuestras oraciones[42].

Esta respuesta se ha interpretado muchas veces como una proclamación de la indulgencia; los soldados obtendrían el perdón de sus pecados como premio a su combate contra los paganos y los «infieles» (por este término hay que entender probablemente aquellos que el papa había designado precedentemente así, a saber, los «cristianos de nombre solamente» que, como los napolitanos, habían pactado con los sarracenos en Italia meridional). La guerra sería, pues, considerada como una acción piadosa de efecto redentor, como una penitencia que anula la culpabilidad de los pecados confesados. Tendríamos así una verdadera «bula de cruzada» por adelantado. Algunos autores se han atrevido incluso a decir que la promesa de Juan VIII superó a la de Urbano II[43]. Sin llegar a tanto, Delaruelle subrayó el valor de la indulgencia concedida aquí al combate propiamente dicho y reprochó vivamente a Erdmann el haber minimizado, por su deseo de vincular la cruzada a la reforma eclesiástica del siglo XI, la fuerza de textos anteriores como éste.

¿Fue éste verdaderamente el caso? ¿Se trató allí de una «indulgencia» real, y la desaparición de los pecados fue concedida a los soldados por el hecho mismo de combatir en aquella «guerra santa»? Antes de centrar nuestra atención en la respuesta del papa, conviene examinar primero la cuestión planteada por los obispos: se inquietaron por la suerte de los guerreros que habían caído y caerían en aquel combate por la iglesia de Roma. Ahora bien, dichos guerreros, por el solo hecho de ejercer su «oficio», estaban manchados de pecados: pudieron cometer un homicidio, y estaban entonces por ello obligados a la penitencia, aun cuando hubieran matado en una guerra «pública» del rey (en otros términos, en una «guerra justa»): los penitenciales de aquel tiempo prescribían en tal caso de treinta a cuarenta días de ayuno[44]. O también, en otras ocasiones,

---

42. *Íd.*, Carta n.º 150, a todos los obispos del reino de Luis el Tartamudo, MGH, *Epistolarum* VII, p. 126. Cito aquí la traducción de É. Delaruelle, *op. cit.*, pp. 38-41.
43. A. Hatem, *Les Poèmes épiques des croisades*, París, 1932, pp. 38 ss.
44. El mínimo era cuarenta días de ayuno para un soldado que mata en una guerra, según el penitencial de Beda (siglo VII). Trad. C. Vogel, *Le Pécheur et la pénitence au Moyen Âge*, París, 1969, pp. 73 ss.; treinta días según el canon 60 del penitencial de Meersebourg, que precisa: *«qui occiderit hominem in publico bello cum regne, XXX dies peneteat»*, cf. *Paenitentalia minora Franciae et Italiae saec. VIII-IX*, Turnhout, ed. R. Kotje, L. Lörntgen, U. Spengler-Reffgen, 1994 (CCCM, n.º 156); pero cinco años de penitencia para aquél que mata por orden del príncipe,

por orden de su príncipe o en guerras menos claramente públicas emprendidas por su servicio. Contrariamente a lo que entonces creían algunos, quienes trataban de negar toda responsabilidad en un caso semejante, los penitenciales afirman que sí hay homicidio y pecado, que necesitaba una penitencia durante cinco años, dado que los que así actúan jamás tienen la conciencia limpia: además de la obediencia, ¿no se mezcla entre sus móviles el deseo de agradar a su jefe? ¿La esperanza de recibir alguna recompensa? ¿Un interés personal? Los soldados también pueden ser culpables de otros pecados ligados a un oficio peligroso para las almas (rapiñas, pillajes, etc.), o bajo el peso de penitencias por otras faltas confesadas. Antes incluso pudieron haber empleado violencias parecidas contra la Iglesia, como se verá a través de numerosos ejemplos en los capítulos siguientes, e incluso combatido contra ella. ¿Pueden, desde ese momento, contemplar sin temor ir a arriesgar su vida, tras haberse arrepentido de esas faltas pasadas, sin haber cumplido las penitencias prescritas? Morirán entonces en pecado, y serán condenados al infierno, a pesar de combatir por la causa del papa, de San Pedro, de la Iglesia, lo que sería paradójico.

Es en este sentido, me parece a mí, cómo hay que comprender la pregunta de los obispos. Y en esta perspectiva se comprende mejor entonces, en la respuesta del papa, la referencia (a menudo silenciada) al caso bien conocido de arrepentimientos «tardíos» y, sin embargo, considerados por Dios como suficientes: los obreros de la undécima hora, el ladrón en la cruz, quien por su sola confesión de fe antes de morir (en ausencia, por tanto, de cualquier «penitencia» u obra de reparación) obtuvo, no obstante, el paraíso. Por eso el papa pudo afirmar, confiando en la gran piedad de Dios, que quienes murieran allí, combatiendo a los enemigos de Roma, paganos y falsos cristianos, para defender la Iglesia, el Estado, la religión, obtendrían el perdón de sus pecados aunque no hubieran cumplido su penitencia, y podrían así, como el ladrón en la cruz, entrar en el paraíso si guardaban en su corazón la fe cristiana. A pesar de sus antiguos pecados confesados, pero expiados; a pesar del homicidio que pudieran cometer en el combate. El papa, que, en nombre de San Pedro, tiene el poder de ligar y desligar, los absolvió de sus pecados y los encomendó a Dios.

incluso en una guerra santa (pero probablemente fuera de una guerra «pública»), según Rábano Mauro, MGH, *Epist.* V, p. 463, cap. XV, citando el concilio de Ancira, puesto que los móviles del soldado pueden estar entonces manchados de impureza: avaricia, codicia, deseo de agradar a su señor, etc.

Si esta interpretación es correcta, como yo creo, no nos encontramos aquí ante una «bula de cruzada» anticipada que haría de la guerra contra los musulmanes (y los falsos cristianos infieles, no lo olvidemos) el acto piadoso capaz de entrañar por sí solo la desaparición de los pecados. Ni ante una «indulgencia» en el sentido posterior del término, ni incluso ante una «absolución general» como piensa J. A. Brundage[45], sino ante un texto por el cual el papa, considerando que la guerra allí emprendida era justa y útil a Roma, a la Iglesia, al Estado, a Dios, en ningún caso podía aportar mácula alguna a quienes participaran en ella. Ellos han elegido la buena causa, y Dios perdona sus extravíos pasados, San Pedro borra sus pecados incluso aunque no los hubiesen expiado todavía. La guerra no fue considerada aquí como «santa» hasta el punto de procurar el perdón de los pecados, la indulgencia o el paraíso. Sin embargo, era lo bastante justa y sacralizada, al tratarse de la protección de Roma, como para no penalizar a quien se comprometiera en ella y corriera el riesgo de morir culpable de pecados. Nada de eso sucederá.

En la mejor hipótesis, quizás podría decirse que el combate así emprendido era lo suficientemente «santo» como para que les sirviera de penitencia si llegaban a morir sin haberla podido cumplir. Por lo que respecta a quienes continuaran viviendo, su caso no fue abordado. Para ellos, la expedición no servía de penitencia, como sería el caso en Clermont. Por consiguiente, este texto no estableció formalmente el principio de una «guerra santa» capaz de procurar la salvación a los que en ella encuentran la muerte, ni incluso el de una guerra lo bastante «piadosa» como para que sirviera a todos de penitencia.

Sin haber interpretado este texto de esta manera, Erdmann podría, pues, tener mucha razón contra Delaruelle al afirmar: «Apenas hay aquí más que en el texto de León IV»[46]. En él se vuelve a encontrar la alusión a los valores que moralizan esa guerra: la Patria, la comunidad cristiana, la religión, la Iglesia, Roma. Constituye un jalón no menos importante en la elaboración de la noción de guerra santa, si no fuera por la ambigüedad de los términos empleados y el lazo que establecen en los espíritus, por la yuxtaposición de temas, entre la guerra por la Iglesia y el acceso al paraíso. Realcemos, en fin, que los elementos fundamentales sobre los que reposa la sacrali-

---

45. J. A. Brundage, *Medieval Canon. Law and the Crusaders*, cit., pp. 22 ss.
46. É. Delaruelle, *op. cit.*, pp. 30 ss.; C. Erdmann, *op. cit.*, pp. 27 ss.; A. Noth, *Heiliger Krieg und heiliger Kampf in Islam und Christentum*, Bonn, 1966, pp. 30 ss., tampoco observa mayor novedad en la actitud de Juan VIII.

zación de esa guerra son una vez más la defensa de Roma y la lucha contra sus enemigos demonizados, en particular los «paganos» y sus aliados, los «falsos cristianos».

EL IMPERIO ROMANO GERMÁNICO

La idea de Imperio romano cristiano sobrevivió a la dislocación del Imperio carolingio. El Imperio otónida recuperó su ideología, pero en un nivel inferior. La ficción de un Imperio único apenas se mantuvo ante los hechos, a saber, el ascenso de los reinos y de los principados. Sin embargo, fue en nombre del Imperio cómo los otónidas emprendieron sus guerras contra sus vecinos. Pero, comoquiera que la mayor parte de ellos eran todavía paganos, las campañas otónidas se vieron así reconocidas por la Iglesia. Cuando fueron defensivas, el emperador cumplió su misión de proteger a las iglesias y al pueblo contra los enemigos del nombre cristiano, como, por lo demás, decían en la misma época las bendiciones de la consagración de los reyes francos que empezaron a imponerse bajo la influencia del pontifical romano-germánico, así como las oraciones sobre los ejércitos reales que se ponían en campaña contra los paganos.

El prestigio de Otón I le vino ante todo de su decisiva victoria sobre los paganos húngaros en Lechfeld, en 955, y después sobre los eslavos. Pero en adelante dichas guerras no fueron solamente defensivas. El Imperio otónida inició su propia «dilatación» hacia el Este, y el aspecto misionero de las conquistas recobró el honor: la conquista proporcionó la ocasión de introducir, tras el ejército de los guerreros, el de los misioneros que predicaban y convertían a los paganos a la «verdadera fe». El peligro, bastante real, de convertir mediante la fuerza no nos concierne aquí directamente: ello conduciría, sin embargo, a ciertos eclesiásticos del entorno de Otón II, como Bruno de Querfurt, a desarrollar la idea (rechazada por la Iglesia) de una guerra misionera que uniera a todos los reyes cristianos contra los paganos, sobre la base del «obligadles a entrar»[47]. Sin llegar a tanto, es probable que los eclesiásticos hubieran aceptado sin dificultad el paso de la posición defensiva a la posición ofensiva. No había en ello motivo para la ruptura ideológica, contrariamente a lo que afirman Erdmann y los historiadores que hacen hincapié en la dimensión esencialmente defensiva de la noción de guerra justa en la teoría agustiniana. Ahora bien, esa dimensión apenas fue evo-

---

47. Véase sobre este punto la exposición de C. Erdmann, *op. cit.*, pp. 107 ss.

cada por San Agustín, quien recalcó más la justicia de la causa a defender con las armas y la autoridad legítima de quien toma la iniciativa de recurrir a ellas. Tal distinción implicaría, de otra parte, el reconocimiento de la existencia de fronteras precisas más allá de las cuales el combate dejaría de ser defensivo para tornarse ofensivo. Está claro que dichas condiciones no se daban. No hubo, por tanto, ruptura ideológica en el momento que el Imperio dejó de defenderse y comenzó a incrementar su influencia gracias a la victoria sobre pueblos paganos.

La idea de conversión aumentó su legitimidad, pero no resultaba absolutamente necesaria. La sacralización del combate contra los paganos podía adquirirse por otros muchos medios. Uno de ellos (utilizado también, por lo demás, a propósito de los adversarios cristianos del Imperio) consistió en satanizar al enemigo describiendo el horror inhumano de su comportamiento. Lo que antes se ha dicho respecto de los normandos puede aplicarse también a los húngaros y a los eslavos, tanto antes como después de su conversión, lo cual subraya bastante bien que se trataba de un medio de propaganda destinado a justificar la guerra de conquista[48]. Por otra parte, el combate de Otón estuvo también santificado por la presencia a su lado de santos protectores: San Miguel figuró en los estandartes de los emperadores Otón y Enrique II en su lucha contra los húngaros, y las bendiciones de las banderas de los ejércitos reales invocaron en la misma época la asistencia del arcángel al frente de las legiones celestiales[49]. Más tarde volveremos a insistir en esa forma de valoración que entonces fue general en Occidente.

EL CLERO Y LA GUERRA

Esa progresiva sacralización de las guerras llevadas a cabo contra los presuntos enemigos de la Iglesia no estuvo acompañada, antes al contrario, de una autorización para que los clérigos pudieran participar en ellas.

---

48. Véase, por ejemplo, Thietmar de Merseburgo, *Chronicon,* IX, 2, ed. Kurze, p. 240, a propósito de los polacos.
49. Widukind de Corvey, *Res gestarum Saxonicarum,* I, p. 38, y III, pp. 40-44, Leipzig, ed. Kehr, 1904 (además ed. Hirsch y H. E. Lohmann, 1935 y 1989); *Benedictio vexilli* del misal de Corbie (finales del siglo X), texto en C. Erdmann, *Die entstehung...,* cit., p. 333, y en J. Flori, *L'Essor de la chevalerie, XIe-XIIe siècle,* Ginebra, 1986, p. 378 (S. 23).

La rehabilitación de la autoridad pontificia, con Nicolás I, acentuó incluso ese rasgo: mientras que Carlomagno esperaba de sus obispos y de sus condes que le proporcionaran contingentes armados y que muchos obispos, a semejanza del Turpín del *Cantar de Roldán,* combatieran espada en mano, Nicolás I afirmó con rotundidad la separación de las dos *militiae.* En 865, por ejemplo, reprochó a los reyes Luis el Germánico y Carlos el Calvo haber retenido a los obispos, con los otros «fieles», para vigilar a los piratas normandos, lo cual les impidió acudir al sínodo romano. Opone claramente los *milites Christi* (el clero) a los *milites saeculi* (los laicos). Los primeros no deben mezclarse en las cosas del siglo; eso es asunto de los segundos[50]. En otras cartas, recuerda esta distinción: los *milites Christi,* los clérigos, no deben ni llevar armas ni acudir al combate, incluso contra los paganos. El obispo no debe, en verdad, abandonar su iglesia y ha de resistir, pero no mediante la violencia armada; así, un clérigo que mata un pagano, aun para defenderse, debe abandonar su orden, pues los clérigos sólo deben defenderse como Cristo[51]. Los penitentes, por el contrario, que no deberían llevar armas, están autorizados para usarlas contra los paganos[52].

El concilio de Fráncfort del Meno, en 794, afirmó ya esta prohibición hecha a los clérigos de derramar sangre cualesquiera que fuesen las circunstancias, recuperando así una norma recordada antes en el concilio de Mâcon I en 581, y más recientemente en Verberie en 752, en Aquisgrán en 789 y 802, y repetida en muchos otros concilios carolingios: los clérigos deben rezar por la victoria del emperador sobre los bárbaros, y solicitar la intercesión de la Virgen María, de San Pedro y de todos los santos para que él triunfe con la ayuda de Dios sobre los enemigos del nombre cristiano; pero no deben participar en los combates. Afirmaba también, en el mismo texto, que mediante la victoria del emperador, las naciones vencidas pueden conocer al verdadero Dios, y alcanzar la verdad de la fe[53].

Nada puede resumir mejor, incluidas sus contradicciones, la actitud de la Iglesia en la época carolingia: la guerra dirigida por el

---

50. Nicolás I, Carta n.º 38 (abril de 865), MGH, *Epistolae* VI, Berlín, 1925, p. 306.
51. Íd., Carta n.º 104, *ibid.,* pp. 612-613.
52. Íd., Carta n.º 139, *ibid.,* p. 659.
53. *Concilio de Fráncfort* (794), MGH, *Concilia,* II, pp. 141-142; véase también MGH, *Capitularia* I, 1883, p. 73; *Les Canons des conciles mérovingiens,* texto y trad. J. Gaudemet y B. Basevant, París, 1989, t. I, p. 431; Ch. Hefele y H. Leclercq, *Histoire des conciles,* t. III, 2, París, 1910, pp. 919 y 1.032.

emperador es religiosa y misionera, pero los clérigos deben abstenerse absolutamente de ella. Es asunto del emperador, defensor del Imperio, protector de la fe, procurador de la iglesia de Roma. Tal fue al menos la postura teórica de la Iglesia, su ideología, que es la única que aquí nos importa. Pues, en la práctica, los clérigos no siempre se contentaron con acompañar a los ejércitos en tanto que capellanes y confesores, para celebrar la misa y llevar las reliquias, como les autorizó en 742 el concilio de Austrasia[54]. La implicación de la Iglesia en el siglo no le permitía respetar tan fácilmente esas prescripciones. Las iglesias, en efecto, tenían importantes bienes raíces. Eran señoríos eclesiásticos, como había señoríos laicos, y los obispados ocupaban a veces el lugar de los condados. Como tales, debían prestar el servicio militar exigido por el emperador. Éste reclamó en algunas ocasiones la presencia física, en el campo de batalla, de los obispos y de los abades de los monasterios. Ello ocurrió así tanto en el reino de «Francia occidental» como en el Imperio germánico, donde los obispados fueron muy poderosos. Por esa razón, muchos prelados participaron en batallas, o pagaron para proporcionar una compensación, y algunos incluso encontraron la muerte en ellas como combatientes[55]. Esos señoríos eclesiásticos despertaron también las codicias, y debieron asegurar, localmente, su protección. Como la iglesia de Roma, pero en un grado menor, las iglesias sufrieron los conflictos exteriores y los disturbios interiores de lo que se denomina la «sociedad feudal». La Iglesia aspiró a la paz de Dios, pero por lo general sólo podía alcanzarla mediante la violencia, por la guerra, que fue inducida a sacralizar de una nueva manera.

---

54. *Concilio de Austrasia* (742), trad. C. Vogel, *Le Pécheur et la pénitence au Moyen Âge*, cit., p. 192; texto latino y traducción de Ch. Hefele y H. Leclercq, *op. cit.*, t. III, p. 822.

55. Según F. Prinz, *Klerus und Krieg im Mittelalter. Untersuchung zur Rolle der Kirche beim Aufbau der Königsherrschaft*, Stuttgart, 1971, se conoce una decena de obispos alemanes muertos en combate entre 866 y 908; véase también F. Prinz, «Primi stadi della "militia Christi" altomedievale», *Militia Christi e crocciata nei secoli XI y XII* (Mendola,1989), Milán, 1992, pp. 46-63.

Capítulo III

¿DE LA PAZ DE DIOS A LA CRUZADA?

Cuando el Imperio carolingio se dislocó, la Iglesia, privada de la firme protección real, debió empuñar las riendas de su propio destino. Representó entonces la única fuerza moral, el único freno a la violencia desembridada de los señores feudales y de sus caballeros en aquel periodo «de anarquía feudal». Para limitar las guerras privadas y las múltiples exacciones a que dieron lugar en aquel «siglo de hierro» que fue el siglo X, particularmente en Francia, la Iglesia habría suscitado entonces, mediante las instituciones de paz proclamadas en un clima de terror, la espera del fin del mundo hacia el año 1000, tratado de sustraer a los hombres sin armas, los *inermes*, de aquellas violencias guerreras de los caballeros *(milites)*, y luego, poco tiempo después, colocar la guerra fuera de la ley en unos determinados periodos, sacralizados, que la Iglesia trató de alargar progresivamente. La lucha que, en favor de la paz, así emprendió la Iglesia por el bien de toda la comunidad cristiana pronto la habría conducido a suscitar ligas de paz destinadas a combatir con las armas a los autores de los disturbios, sacralizando de esa manera algunas guerras y algunos guerreros, los caballeros, que, mediante juramento, se comprometían en aquel combate moral. La cruzada sería así, en cierta medida, el resultado de dicho movimiento de paz.

Tal es, sumariamente esbozada, la antigua interpretación de la paz de Dios. Como vamos a ver, conviene retocarla en muchos puntos. La sacralización de algunas guerras no dejó de ser real en la paz de Dios, pero adquirió otros rasgos, tomó otros caminos y respondió a otros móviles.

¿UNA «PAZ DE DIOS» EN UNA EDAD DE HIERRO?
LA INTERPRETACIÓN TRADICIONAL

La concepción jacobina de la historia, hasta hace poco aún dominante, ligaba la civilización al poder estatal centralizado. Así interpretada, la historia alternaba sus periodos de progreso, de paz y de prosperidad cuando el poder central era fuerte (bajo el Imperio romano, después carolingio), y sus periodos de declive, de retorno al «salvajismo», cuando éste se debilitaba o cuando se instauraban entidades políticas más reducidas (reinos bárbaros tras la caída del Imperio romano; feudalidad tras la gloriosa época carolingia). Desde Hitler y Stalin, todo el mundo sabe que un poder político y administrativo fuerte y centralizado es casi siempre sinónimo de dictadura, de estancamiento, y no de progreso. Los historiadores saben también que el Imperio carolingio, por ejemplo y a pesar de su voluntad centralizadora, adolecía de una sub-administración real y que los disturbios de la llamada época «feudal» comenzaron mucho antes de la disgregación política del Imperio.

Por otra parte, como se admite hoy día, es muy probable que se haya recalcado hasta el exceso la decadencia política, moral y cultural de los tiempos postcarolingios, sobre todo del siglo x, al que todavía se le califica a menudo como «siglo de hierro». Aquellos «tiempos oscuros», situados en el corazón de una «Edad Media» de suyo denigrada con mucha frecuencia como un periodo de barbarie y de ignorancia (a pesar de las muy numerosas invenciones y progresos técnicos que entonces vieron la luz), han sido descritos demasiado sistemáticamente en términos de declive[1]: un periodo en el que habrían reinado la anarquía, la arbitrariedad, la violencia, las guerras privadas; un periodo sin Estado, sin reglas, ni leyes ni justicia. El tiempo de los príncipes que habían llegado a ser independientes, liberados del poder central, que imponían por la fuerza sus propias leyes y explotaban al pueblo; pronto también el de los señores, que actuaban a su antojo, jefes absolutos en sus castellanías. En las proximidades del año 1000, sobre todo en Francia, y de manera particular en las regiones alejadas de un poder real de suyo muy debilitado localmente, aquella «anarquía feudal» habría dado curso libre a la arbitrariedad señorial, entregado un pueblo, aterrorizado además por el temor al final de los tiempos (¡los muy famosos «terrores del año mil»!), a la violencia desembridada de los señores y de los caba-

---

1. Buen balance de esta cuestión en P. Riché, *Les Grandeurs de l'an mille*, París, 1999.

lleros que les habrían reducido a la servidumbre. Al no tener ya por encima de ellos ninguna ley ni ningún poder capaz de obligarles a la moderación, los señores y los caballeros habrían hecho más pesado su poder despótico sobre el pueblo.

Fue entonces cuando la Iglesia, constatando la incapacidad de los reyes para imponer la paz, habría tomado el relevo y proclamado la paz de Dios, y después la tregua de Dios, instituciones que estuvieron destinadas a limitar las guerras privadas, a imponer reglas a dichos conflictos feudales, a sustraer de la violencia de los caballeros al pequeño pueblo desarmado, los *inermes,* que eran incapaces de defenderse. Desde finales del siglo X (Charroux, 989) en presencia de las reliquias de los santos y bajo la presión popular canalizada por la Iglesia, los señores se habrían comprometido en las asambleas de paz, mediante juramento y bajo pena de excomunión, a no atacar, matar, robar, o despojar a los *inermes*. Esto es lo que habitualmente se denomina la «paz de Dios», cuya finalidad fue sustraer a los hombres de las violencias de los caballeros. Un poco más tarde (Elna, 1027), la Iglesia habría tratado de liberar algunos periodos de tiempo de la furia guerrera, para preservar así, en el océano de los desórdenes, algunas burbujas de orden y de paz, restringiendo cada vez más los periodos en los que podía ejercerse la fuerza brutal de las armas: esto es lo que se denomina la «tregua de Dios». Limitada en un principio a las principales fiestas litúrgicas, pronto se extendió, en recuerdo de la Pasión de Cristo, desde la tarde del jueves hasta la mañana del lunes. Después, la Iglesia habría controlado todavía más la situación al instituir y dirigir algunas milicias populares, en las cuales algunos historiadores veían los ancestros de las comunas, para castigar mediante la fuerza a los caballeros autores de los disturbios y obligarles a respetar la paz (Bourges, 1038). En fin, en 1054, al decretar en Narbona que «que quienquiera que mata a un cristiano derrama indudablemente la sangre de Cristo», la Iglesia habría querido hacer de la paz un principio general, extenderla al conjunto del mundo cristiano. Tomando consciencia del hecho de que no podía erradicar totalmente la violencia caballeresca y la guerra, habría acabado por cristianizar la caballería y le habría ofrecido un exutorio para desviarla hacia el exterior, contra los «infieles»: el combate, ilícito contra los cristianos, podría llegar a ser meritorio contra los enemigos de la cristiandad. La paz de Dios conducía así a la cruzada.

LOS RETOQUES NECESARIOS

La sumaria descripción que precede sólo es una caricatura. Mezcla en un único relato esquemático algunos elementos procedentes a veces de tesis hace tiempo refutadas, pero cuyas ideas principales todavía subsisten, otros elementos recientemente puestos en duda y que deben ser abandonados o corregidos, y otros, por último, que, criticados tal vez sin razón, merecerían mantenerse; omite también, de manera voluntaria, algunos rasgos que, conocidos generalmente, han sido, no obstante, olvidados en demasía y deben ser subrayados. Aquellos que conciernen de forma más directa a nuestro tema lo serán en las páginas siguientes, en las cuales se tratará de rectificar el cuadro esquemático arriba esbozado.

En efecto, dicho cuadro debe retocarse a la luz de algunos trabajos recientes. Ha sido atacado de manera muy radical por D. Barthélemy en algunos artículos virulentos, y de manera más acabada todavía en una hermosa síntesis[2]. A pesar de los excesos de sus formulaciones y de su propensión demasiado sistemática a arrojar al cubo de la basura de la historia los trabajos de sus predecesores, resulta obligado darle la razón a menudo, no en todos los puntos, pero sí en muchos de ellos. Su cuestionamiento es estimulante y obliga a considerar con seriedad varias modificaciones, incluso aunque ellas mismas sugieran a su vez algunas críticas y reservas.

—Primer retoque necesario, admitido desde hace tiempo, pero casi siempre omitido: los «terrores del año mil» no constituyeron el telón de fondo sobre el cual la Iglesia llegaría a bordar el motivo de la paz de Dios[3]. Dependiendo demasiado de ciertos «fragmentos escogidos» tomados de Raúl Glaber y Ademaro de Chabannes, el gran Michelet lo afirmaba en páginas llenas de un sombrío lirismo. Michelet enumera en ellas peste, mal de los ardientes, inclemencias, hambre que empujaba a los pobres a arrancar raíces, a dedicarse a la antropofagia con sus propios hijos[4]. El único refugio era la Iglesia,

---

2. D. Barthélemy, «La paix de Dieu dans son contexte (989-1041)», *Cahiers de Civilisation Médiévale*, 40, 1997, pp. 3-35; D. Barthélemy, *L'An mil et la paix de Dieu; la France chrétienne et féodale, 980-1060*, París, 1999 [N. del T.: trad. esp.: *El año mil y la paz de Dios*, en preparación por la Editorial Universidad de Granada y el Servei de Publicacions de la Universitat de València].
3. Un buen balance en S. Gougenheim, *Les Fausses Terreurs de l'an mil. Attente de la fin des temps ou approfondissement de la foi?*, París, 1999.
4. Véase sobre este punto P. Bonnassie, «Consommation d'aliments immondes et cannibalisme de survie dans l'Occident du Haut Moyen Âge», *Annales ESC*, 1989, p. 1035-1056 [N. del T.: trad. esp.: «Consumo de alimentos inmundos y canibalismo

hacia la cual terminaron por dirigirse finalmente los hombres. Las donaciones se multiplicaron y los preámbulos de los documentos, al recordar que «la noche del mundo se aproxima», testimoniarían este temor. Donaciones y manumisiones no bastaron para calmar la angustia de los señores: se arrepentían buscando la salvación en el claustro: «aspiraban a despojarse de la espada, del tahalí, de todos los signos de la milicia del siglo; se refugiaban entre los monjes y bajo su hábito». Por lo que respecta a aquellos que permanecieron en el siglo, se enmendaron y renunciaron a sus fechorías. Así nació el movimiento de la paz de Dios, iniciado por la Iglesia: «Envainaron la espada, temblorosos ellos mismos bajo la espada de Dios. Ya no era el esfuerzo de batirse, ni de hacer la guerra por esta tierra maldita lo que iba a abandonarse»[5].

La tonalidad de estas páginas las hace inmortales. Su valor histórico es más discutible. Nada es verdaderamente falso, pero todo está en ellas exagerado, desmesurado. Michelet concentró aquí en un corto periodo de tiempo elementos que se encuentran a lo largo de la historia medieval: calamidades, hambres, temor del Juicio final, recurso a la Iglesia, donaciones, refugio en el monasterio, caballeros que toman el hábito en el artículo de la muerte, todo eso existió en todas las épocas y no solamente en las cercanías del año mil. No es seguro, por otra parte, que la perspectiva del final de los tiempos haya suscitado nunca más terror que esperanza. La espera escatológica fue una constante de la esperanza cristiana, y nada permite creer, tampoco el testimonio de Raúl Glaber, que se exasperara hasta ese punto en la proximidad del año 1000, o incluso de 1033, milenario de la muerte de Cristo.

Todo esto se admite en la actualidad, y la tesis ha sido abandonada. Tal vez demasiado. Pues ahora se tiende, por reacción, a suprimir totalmente esa dimensión escatológica de la paz de Dios, dimensión que permaneció muy presente a lo largo de la Edad Media, a pesar de la influencia de San Agustín. R. Landes ha demostrado que esa espera, siempre latente, conoció, al capricho de los sistemas de computación cronológica, muchas alternativas, periodos «fríos» y picos cálidos, incluso ardientes, según las circunstancias y los hechos de la historia que se consideraban significativos[6]. Abbon de Fleu-

---

de supervivencia en el Occidente de la Alta Edad Media», en P. Bonnassie, *Del esclavismo al feudalismo en Europa occidental,* Barcelona, 1992, pp. 76-104].

5. J. Michelet, *Histoire de France,* libro IV, París, 1869 (Cito la edición aparecida con el título *Le Moyen Âge,* París, 1981, p. 229 ss.).

6. R. Landes, «Lest the Millenium be fulfilled: Apocalyptic Expectations and the Patern of Western Chronography, 100-800 ce», en W. Verbeke, D. Verhelts, y A.

ry, al combatir dicha espera, atestigua a su pesar un cierto recrudecimiento de tales creencias en la proximidad del año mil:

> «Por lo que respecta al fin del mundo, yo he oído durante mi adolescencia predicar a los fieles, en la catedral de París, que el Anticristo se presentaría apenas cumplidos los 1.000 años y que el juicio universal tendría lugar poco después. A esa predicación, yo me opuse con todo el talento del que era capaz, apoyándome en el Apocalipsis, los Evangelios, el libro de Daniel. En fin, Ricardo, mi abad de feliz memoria, también encontró las palabras justas para responder a ese error que se propagaba a propósito del fin del mundo; ello le valió una carta de los loreneses a la cual me hizo responder. En efecto, por casi todo el mundo se había extendido el rumor que cuando la Anunciación cayera en un Viernes Santo, ese día ocurriría sin discusión posible el fin del mundo»[7].

Tan poco razonable sería, pues, eliminar totalmente esta dimensión, según se tiende a hacer a veces[8], como concentrarse en ella al modo de Michelet y de quienes sostienen la tesis de los «terrores del año mil». Esta dimensión vuelve a encontrarse a finales del siglo XI en el contexto de la primera cruzada. Nuestra época tampoco está exenta, y los temores y profecías absurdas que, complacientemente difundidas por los periodistas, se hacen hoy en la proximidad del año 2000 no se han escatimado en Francia, que se pretende cartesiana y tierra de razón: la credulidad estúpida y laica solamente ha reemplazado a la creencia simplista y religiosa. ¡El progreso me parece escaso!

—Segundo retoque, admitido también desde hace tiempo: contrariamente a lo que habían creído Sémichon y Luchaire, la paz de

---

Welkenhuysen, *The Use and Abuse of Eschatology in the Middle Ages,* Lovaina, 1988, p. 137-211; R. Landes, «Sur les traces du Millenium: la *via Negativa*», *Le Moyen Âge,* 98, 1992, p. 356-377 y 99, 1993, pp. 5-26; R. Landes, «Radulphus Glaber and the Dawn of the New Millenium: Eschatology, History and the Year 1000», *Revue Mabillon,* n.º especial, 7, 1996, p. 137-211; véase también D. F. Callahan, «Adémar of Chabannes, Apocalyticism and the Peace Council of Limoges of 1031», *Revue Bénédictine,* 101, 1991, pp. 32-49.

7. Abbon de Fleury, *Apologeticus ad Hugonem et Rodbertum reges Francorum,* PL, 139, col. 471-472 (cito aquí la traducción de P. Contamine, J. Delort, M. de la Roncière, M. Rouche, *L'Europe au Moyen Âge,* t. II: *fin IXe-XIIIe siècle,* cit., pp. 339 ss.).

8. En particular bajo la influencia de B. McGinn, *Visions of the End. Apocalyptic Traditions in the Middle Ages,* Nueva York, 1979; B. McGinn, *Apocalypticism in the Western Tradition,* Londres, Variorum, 1994; véase el debate sobre este punto en W. Verbeke, D. Verlhest y A. Welkenhuysen, *The Use and Abuse os Escatology in the Middle Ages,* cit., y R. Emmerson y B. McGinn, *The Apocalypse in the Middle Ages,* Londres, 1992. Una visión más equilibrada en C. Carozzi, *Apocalypse et salut dans le christianisme ancien et médiéval,* cit.

Dios no tuvo ni la fuerza ni las intenciones populares y antiseñoriales del movimiento comunal que se desarrollaría un siglo más tarde[9]. Las primeras asambleas de paz unieron la Iglesia a la alta aristocracia de Aquitania y no estuvieron dirigidas contra ella. No fueron el resultado de un clima social de naturaleza revolucionaria, y es sin duda abusivo concluir, de la presencia de reliquias y de monjes entre las muchedumbres, una alianza, incluso «objetiva», de la Iglesia y el pueblo[10]. No conviene, sin embargo, negar o minimizar la presión popular suscitada por los sufrimientos muy reales de los campesinos sometidos a exacciones diversas, sobre las cuales volveremos, y que fueron las primeras víctimas de las guerras privadas promovidas por el interés o la venganza, la *faida*[11].

—Tercer retoque necesario, bastante admitido por lo general hoy: no se debe exagerar, como antes se hacía, para la época carolingia, la oposición entre un Imperio germánico que, gracias a un poder central (imperial) que seguía siendo fuerte, habría sabido mantener el orden, y un dominio occidental «francés», donde la debilidad, incluso la ausencia, del rey habría permitido, por el contrario, todas las desviaciones feudales con su cortejo de desórdenes. El advenimiento de Hugo Capeto no marcó ni una ruptura ni un punto de estiaje de la autoridad pública; aquel rey elegido no fue tan débil como se dice, y el diálogo famoso: «¿Quién te ha hecho conde? — ¿Quién te ha hecho rey?» no debe considerarse como la traducción de una desintegración feudal generalizada, ni de una ausencia total del derecho[12]. Resulta, por tanto, excesivo conectar la aparición de la paz de Dios a la única ausencia supuesta del poder central.

---

9. E. Sémichon, *La Paix et la trêve de Dieu,* París, 1857; A. Luchaire, *Les Premiers Capétiens,* París, 1911.

10. Para una exposición de estas tesis, véase L. C. Mckinney, «The People and Public Opinion in the XIth Century Peace Movement», *Speculum,* 5, 1930, pp. 191-206; B. Töpfer, *Volk und Kirche zur Zeit der beginnenden Gottesfriedensbewegung in Frankreich,* Berlín, 1957; T. Head y R. Landes, *The Peace of God. Social Violence and Religious Response in France around the Year 1000,* Ithaca-Londres, 1992.

11. P. Bonnassie, «Les paysans du royaume franc au temp d'Hugues Capet et de Robert le Pieux (987-1031)», en M. Parisse, X. Barral i Altet, *Le Roi de France et son royaume autour de l'an mil,* París, 1992, pp. 123-126 [N. del T.: trad. esp.: «Los campesinos del reino franco en tiempos de Hugo Capeto y de Roberto el Piadoso (987-1031)», en P. Bonnassie, *Del esclavismo al feudalismo en Europa occidental,* cit., pp. 136-165].

12. L. Theis, *L'Héritage des Charles, de la mort de Charlemagne aux environs de l'an mil,* París, 1990, pp. 137 ss.; L. Theis, *L'Avènement d'Hugues Capet,* París, 1984; P. Geary, «Vivre en conflit dans une France san État: typologie des mécanismes de règlement des conflits (1050-1200)», *Annales ESC,* 41, 1986, pp. 1107-1133.

—Este retoque se acerca aquí a otro, más controvertido, al cual me adhiero parcialmente. Resulta de la reciente polémica de la «mutación feudal» que la mayor parte de los historiadores sitúan en los alrededores del año mil, bajo la influencia de la interpretación magistral que G. Duby hacía de la documentación de Cluny relativa a la región de Mâcon, y que confirmaban la mayoría de las veces sus propios estudios regionales[13]. Sumariamente puede resumirse así: la desintegración de la unidad política del Imperio carolingio dio origen en primer lugar, en los siglos IX y X, a los grandes principados territoriales[14]. Pero el movimiento no se detuvo en ese estadio. Continuó a nivel de los castellanos que, en las cercanías del año 1000, se emanciparon de la autoridad condal. Dichas castellanías se convirtieron en las células fundamentales de la sociedad feudal cuya estructura revolucionaron. En efecto, en el seno de aquellas unidades, los castellanos usurparon a su vez las prerrogativas públicas e hicieron recaer sobre el campesinado de los alrededores, fuera o no alodial, una dominación fundada sobre el poder de sus murallas y de las armas de sus guerreros, los *milites*. El señorío banal se añadió al señorío territorial y llegó a primar sobre él, sometiendo los hombres a su poder. Las antiguas instituciones judiciales desaparecieron en beneficio de la justicia señorial. Las «costumbres» señoriales se instalaron y adquirieron fuerza de ley. Las condiciones de los libres y de los no-libres se aproximaron y llegaron a fundirse en una nueva dependencia, una nueva servidumbre. En el seno de la castellanía, en efecto, la distinción se estableció en adelante entre aquellos que estaban sometidos a las costumbres, a las «exacciones» señoriales, y aquellos otros que estaban exentos de ellas porque contribuían a tomarlas, entre los *inermes* y los *milites*. Así apareció en el primer plano de la escena una nueva clase social, la caballería, que aspiró a

13. G. Duby, «Recherches sur l'évolution des institutions judicaires pendant le Xe et le XIe siècle dans le sud de la Bourgogne», en *Le Moyen Âge*, 52, 1946, pp. 149-194 y 53, 1947, pp. 15-38; G. Duby, *La Société aux XIe et XIIe siècles dans la région mâconnaisse*, París, 1953 (2.ª ed. 1971); G. Duby, «Les laïcs et la paix de Dieu», en *I laici nella «societas christiana» dei secoli XI e XII (Atti della terza settimana internazionale di studio, Mendola, 21-27 agosto, 1965)*, Milán, 1968, pp. 448-469; J.-F. Lemarignier, «La dislocation du *pagus* et le problème des *consuetudines*», *Mélanges L. Halphen*, París, 1951, pp. 401-410; J.-F. Lemarignier, *Structures politiques et religieuses dans la France du Haut Moyen Âge (Recueils d'articles rassemblés par ses disciples)*, Ruán, 1995.
14. J. Dhont, *Études sur la naissance des principautés territoriales en France (IXe-Xe siècle)*, Brujas, 1948; J. Dhont, *Le Haut Moyen Âge, VIIIe-XIe siècle*, París, 1968, pp. 248 ss., en particular sobre la paz de Dios [N. del T.: trad. esp.: J. Dhont, *La Alta Edad Media*, Madrid, 1971, pp. 252 ss.].

la nobleza y terminó por agregarse a ella. Fue contra aquellos *milites*, responsables de los desórdenes por sus exacciones sobre los campesinos y por sus guerras privadas, cómo se alzó la paz de Dios.

La crítica de D. Barthélemy contra este esquema se apoya en varios puntos. La «revolución feudal» surgida de la desintegración política del Imperio data, subraya con razón, desde 888 y no de las proximidades del año mil. A ello, sin embargo, puede responderse que sus efectos no fueron en verdad inmediatos en el plano social; hubo de transcurrir un tiempo para que las estructuras políticas tradicionales se desvanecieran y fueran reemplazadas por otras. Eso fue más cierto todavía por lo que respecta a las estructuras sociales, fundadas en gran parte sobre actitudes ligadas a las mentalidades, que perduraron bastante después de la desaparición de los hechos que las originaron. Por lo demás, aunque D. Barthélemy tiene razón al subrayar que se ha exagerado y, sobre todo, generalizado esa «privatización del poder», la ascensión de las castellanías independientes y el declive de la autoridad condal que habrían conducido a la época de violencia y desorden más arriba descrita, no es menos cierto que tales periodos de tensión y de enfrentamientos aparecieron entonces por todas partes; pero en fechas diferentes según las regiones, cuando el poder condal no consiguió imponer su autoridad a los castellanos. No hubo, ciertamente, una ascensión general hacia una única crisis que culminaría por todas partes hacia el año 1000, pero sí crisis muy reales, generalmente unidas a conflictos dinásticos, con fechas variadas. Las mismas pudieron suscitar, localmente, disturbios que obligaron a la Iglesia a reaccionar, sobre todo si, como se verá, las iglesias locales estuvieron implicadas en aquellos conflictos. Por otra parte, la multiplicación de los castillos, que en esa época se constata casi en todas partes, tanto antes como después del año 1000, subraya muy bien cómo la lucha por el poder, cualquiera que fuera el resultado, pasó por la posesión de las fortalezas y por el control de los *milites*. Es en este punto, principalmente, donde estoy en desacuerdo con D. Barthélemy. El progreso de los *milites*, a mi entender, no fue solamente un «mito» tardíamente elaborado. Eso significaría confundir *milites* y caballería, realidad e ideología. Por *milites*, antes del año 1000, hay que entender, por lo demás y casi siempre, los guerreros, tanto peones como caballeros, y no solamente la caballería acorazada, incluso la nobleza gobernante.

Sin embargo, no es necesario pensar que los caballeros formaron una clase nuevamente aparecida que sería responsable de todos lo males, violencias, disturbios y depredaciones contra los cuales se alzó la paz de Dios, cuya influencia sobre la idea de guerra santa es indudable aun cuando convenga reexaminar sus modalidades. Yo suscribo, pues, plenamente esta frase de D. Barthélemy: «Resulta, por tanto, demasiado fácil, en los relatos de la "revolución feudal", atribuir todos los males del año mil a la ascensión, más o menos reciente, de una "clase de caballeros" mediante la cual proliferó el pecado»[15]. Y la suscribo por tres razones: 1. Los *milites,* en aquella fecha, no formaban una clase, sino una profesión, dirigida por la aristocracia (laica o eclesiástica) que los retribuía de una u otra manera; 2. No era nueva, sino que estaba en evolución, cuando no en mutación: se transformaría más tarde, después de mediados del siglo XI, y se dotaría poco a poco de una ideología que conduciría a la caballería a finales del siglo siguiente; 3. Las exacciones, en fin, no hay que atribuirlas necesariamente a una proliferación nueva de caballeros autónomos, ni tampoco a otra de castellanías independientes.

Dicho esto, aquellas exacciones, cuyo contenido examinaremos más adelante, no dejaron de cometerse «sobre el terreno» por los *milites,* los soldados armados, que actuaban directamente por sí mismos o al servicio de poderosos de quienes fueron su mano armada. El progreso de los *milites* no dependió necesariamente de la «revolución feudal». Dependió del creciente papel que desempeñaron en la vida política y social de la época. La multiplicación de los conflictos basta para explicarla, aunque ellos mismos no fueron la causa. Es muy posible, en efecto, que lo que hasta aquí se llamaba «revolución del año mil» no fuera en el fondo más que la «revelación» de una mutación político-social iniciada mucho antes.

—Último punto a examinar: ¿Fue real, en la proximidad del año 1000, la multiplicación de las violencias «caballerescas»? ¿Se trató de violencias generalizadas o limitadas? ¿Cuáles fueron sus víctimas? ¿Quién defendió a quién, de qué y contra quién? Esto constituye un punto crucial. De la respuesta a estas cuestiones depende, en efecto, toda la significación y el alcance de la paz de Dios. ¿Fue un movimiento universal por medio del cual la Iglesia intentó civilizar la sociedad, erradicar la violencia ilegítima o, al menos, circunscribirla y atenuar sus efectos sobre el conjunto de la sociedad cristiana, sustituyendo así al desfalleciente poder civil o, por lo menos, acudiendo en su ayuda, como hasta aquí se ha creído generalmente, con algunos matices? ¿O, por el contrario, como sostiene Barthélemy con sólidos argumentos, ha de admitirse la idea de que la «paz de

---

15. D. Barthélemy, *L'An mil...*, cit., p. 60.

Dios no era un gran movimiento popular, ni tampoco una idea para cambiar el mundo, sino únicamente una de las paces que competían para ayudar a su mantenimiento[16]?».

LA IGLESIA Y LA PAZ DE DIOS: PROBLEMÁTICA

De la paz de Dios a la cruzada: tal era la línea directriz trazada por A. Luchaire. Sin adherirme, dista mucho de ello, a su visión de las cosas, creí oportuno poder utilizar este título en un artículo para insistir sobre el cambio de acento que la Iglesia llevó a cabo a propósito de la acción guerrera, primero en negativo en las prescripciones de paz, luego en positivo en la predicación de la guerra santa que condujo a la cruzada[17]. Más recientemente, Cowdrey ha sido también tentado por este cómodo título[18]. El nuevo análisis de Barthélemy —quien ironiza a buen precio sobre el paradigma sugerido por dicho título— no conduce sin duda a su abandono, pero sí modifica las perspectivas y parcialmente el contenido. Los fines perseguidos por la Iglesia en la paz de Dios, y los medios por ella empleados para influir sobre la ideología de la guerra, bien podrían haber sido bastante diferentes de los que hasta aquí han sido admitidos.

La nueva interpretación propuesta por Barthélemy reposa, como la que combate, sobre interpretaciones, sobre una «visión de las cosas»; así las expresa él mismo: «por ejemplo, la convicción de que no hubo barbarie especialmente feudal y que la violencia desencadenada en los siglos X y XI fue en parte un mito y que grandes normas cristianas y feudales subyacentes precedieron y sostuvieron las legislaciones conciliares»[19]. Con los matices antes referidos, yo no puedo sino estar de acuerdo, *grosso modo,* con esta posición: está claro que las violencias guerreras no se originaron en la proximidad del año mil, y que tampoco fueron entonces ni desencadenadas ni generalizadas. Por lo menos eran reales y, sobre todo, fueron tomadas en cuenta por la Iglesia, que sin duda exageró sus excesos, quizás precisamente porque sufrió esta vez más que antes, y trató de limitarlas y sacar ventaja de esa acción pacificadora.

---

16. *Ibid.,* p. 569.
17. J. Flori, «L'Église et la guerre sainte, de la paix de Dieu à la croisade», cit.
18. H. E. J. Cowdrey, «From the Peace of God to the Firts Crusade», cit., pp. 51-61.
19. D. Barthélemy, *L'An mil...,* cit., p. 38.

Es por eso por lo que estoy más conforme aún con su segunda observación concerniente al aumento del poder de los obispos franceses en el siglo XI, y del papel que desempeñaron en las acciones de paz: «Esos obispos sintieron, hacia finales del siglo X, que había que hacer algo para reafirmar la paz pública. Ésta podía estar comprometida por la fragilidad relativa de los príncipes que perdían periódicamente el medio de controlar la proliferación de los castillos y de las guerras privadas. Pero, justamente, el desafío fue respondido en parte gracias a la contribución de los obispos»[20]. De la misma manera, me parece, se puede aceptar la idea de que esas paces de los obispos no fueron una innovación radical: se sabe desde hace tiempo que la legislación carolingia, tanto en sus capitulares como en sus concilios, se preocupaba de este tema, y yo mismo he subrayado, como otros muchos, esta filiación ideológica[21]. Puede aceptarse también la conclusión de que la paz de Dios no fue «trascendente» pero sí inmanente a la sociedad feudal. «Sumergida en su entorno, esta paz sólo podía revolucionarla.» Juramento de paz y liga de paz, ambos bajo la amenaza del anatema, y por el atractivo de una amnistía, constituyeron una auténtica novedad, pero «sólo tendieron a llevar al "enemigo público", al excomulgado, a la penitencia y al compromiso»[22]. Ese fue realmente el fin perseguido, y no una revolución de la sociedad y de las costumbres.

Mejor situada así en su contexto, a la vez local e ideológico, la paz de Dios aparece como un conjunto limitado de respuestas dadas por la jerarquía eclesiástica a los problemas que le plantearon las «exacciones» de los *milites*.

Dichas respuestas no dejaron de constituir jalones muy importantes en lo que concierne a la evolución de la actitud de la Iglesia respecto de la guerra y de los guerreros, pues contribuyeron a la formación de una ideología o, si se quiere, de una teología de la guerra. Para comprender su alcance real, conviene considerar la naturaleza de los problemas planteados y los términos precisos de la respuesta eclesiástica en cada una de las «paces» conocidas. ¿Cuáles eran, en efecto, las intenciones de la Iglesia en los decretos resultantes de las asambleas de paz? ¿Pueden desvelarse a través del análisis mismo de los textos conciliares y de las condiciones en las que se celebraron dichos concilios? ¿Cuál fue la naturaleza y la amplitud de aquellas exacciones? ¿Quién fue lesionado, y en qué?

---

20. *Ibid.*, p. 39.
21. J. Flori, *L'Idéologie du glaive, préhistoire de la chevalerie*, cit., pp. 68 ss.
22. D. Barthélemy, *op. cit.*, p. 40.

Los términos empleados por los textos parecen denunciar violencias endémicas en un contexto de anarquía feudal cuya generalidad no se acepta hoy día. Ahora bien, dichas violencias, señalémoslo, se ejercieron esencialmente contra las propiedades de las iglesias. Además, como ha observado E. Magnou-Nortier, el vocabulario que designa a quienes las cometieron no era nuevo: las mismas palabras *raptores, pervasores, usurpatores, oppressores ecclesiarum et pauperum, rapaces, depraedatores,* figuraban ya en los textos carolingios; no designan a caballeros saqueadores, sino a todos aquellos que quisieron disputar las ofrendas y donaciones hechas a las iglesias, que no respetaban, que no respetaron sus inmunidades y sus bienes y, de una manera más general, a todos los laicos que atacaron el patrimonio eclesiástico[23]. Si así era, el fin principal de la paz de Dios no sería combatir en sí misma la guerra privada o a eventuales y supuestos bandidajes de caballeros feudales, sino más bien, como en los siglos precedentes, obligar a los laicos así designados a renunciar a los derechos que reivindicaban sobre las tierras eclesiásticas de las que a veces eran «protectores» o antiguos donadores, o sobre las tierras de las que se habían apoderado para asegurar la defensa de la región. La paz tendría, pues, como objetivo esencial recuperar el control del patrimonio eclesiástico amenazado, y no luchar contra una «anarquía feudal» hoy discutida.

Esta nueva problemática es digna de atención. Explica mejor que antes la mayor parte de los decretos de paz. No debe conducir, sin embargo, a excluir la existencia de exacciones señoriales procedentes de las guerras privadas, de las que serían víctimas no sólo los señoríos eclesiásticos, sino también los «pobres» laicos que vivían en las tierras de los guerreros implicados en aquellos conflictos feudales o en aquellas *faidas* señoriales y caballerescas. La multiplicación de los castillos y de las motas no implicó necesariamente un desorden universal, el derrumbamiento de todo un sistema social y político, pero, como reconoce D. Barthélemy, aumentó y favoreció la violencia privada, dado que la construcción de toda mota oprimió a sus vecinos[24]. Esta nueva problemática conduce, en cambio, a examinar mejor el contenido de las quejas y de los compromisos reclamados en las asambleas de paz.

---

23. E. Magnou-Nortier, «The Ennemis of the Peace: Reflections on a Vocabulary, 500-1000», en T. Head y R. Landes, *The Peace of God. Social Violence and Religious Response in France around the Year 1000*, cit., pp. 58-79.
24. D. Barthélemy, *op. cit.*, p. 258; véase también M. Bur, «Vers l'an mil, la motte, une arme pour une révolution», *L'Information historique*, 44, 1982, pp. 101-108.

LA PAZ DEL MACIZO CENTRAL

El sínodo de Laprade (975-980)

Si se cree a C. Lauranson-Rosaz, los testimonios más antiguos relativos a la paz de Dios habría que situarlos en Auvernia, más precisamente cerca del Puy[25]. Un documento proporciona su contenido; merece ser recordada aquí, pues enuncia nítidamente los fines perseguidos:

> Apenas fue elevado a la sede pontificia, y pensando firmemente en asegurar los bienes de la Iglesia que los bandidos de esta tierra tomaban por la fuerza, él [Guy, obispo del Puy] ordenó que todos, caballeros y rústicos, los de sus diócesis se reunieran conjuntamente, para que, escuchándolos, le dieran su opinión sobre cómo conseguir la paz. Tras haber pedido a sus sobrinos que reunieran sus tropas cerca del *vicus* de Brioude, rogó, pues, a todos los de su obispado, reunidos en las praderas de Saint-Germain, cerca del Puy, jurar la paz, no oprimir las cosas de la Iglesia y devolver las robadas, como conviene a los fieles cristianos. Como éstos refunfuñaran, ordenó a su ejército que viniera de noche desde Brioude, con voluntad de obligarles por la fuerza, si bien juraron la paz y entregaron prendas, y renunciaron a las tierras y castillos de Santa María [del Puy] y a los bienes de la Iglesia que habían tomado: aquello fue hecho con la ayuda de Dios[26].

Como se ve, el obispo intentó en este caso, por todos los medios, tanto a través de la paz como de la guerra, preservar o recuperar los dominios eclesiásticos expoliados por los señores laicos de la vecindad, calificados por ello de «bandidos». No fue una cuestión de paz universal, sino de protección de los bienes de la Iglesia, si era preciso mediante el uso de la fuerza armada de la que podía disponer el obispo: la de sus sobrinos o de los «obedecedores» de Brioude, quienes, por lo demás, resultan bien conocidos por otro texto

---

25. C. Lauranson-Rosaz, «Peace from the Mountain: the Auvergne Origins of the Peace of God», en T. Head y R. Landes, *The Peace of God,* cit., pp. 104-134 (texto pp. 116-117); véase, no obstante, B. S. Bachrach, «The Northern Origins of the Peace Movement at Le Puy in 975», en B. S. Bachrach, *Statebuilding in Medieval France. Studies in Early Angevin History,* Aldershot, 1995, pp. 405-421.

26. «Synode de Laprade (975-980)», *Cartulaire de l'abbaye de Saint-Chaffre du Monastier,* ed. U. Chevalier, El Puy, 1884, p. 152, documento n.º 413, trad. fr. en C. Lauranson-Rosaz, «L'Auvergne», M. Zimmermann (dir.), *Les Sociétés méridionales autour de l'an mil,* cit., p. 49.

contemporáneo[27]. Esa necesidad de la función de defensa (armada) del obispo muy bien podría estar ligada, a pesar de todo, al menos en parte, como sugiere C. Lauranson-Rosaz, al real debilitamiento, en aquellas regiones de las montañas auvernesas, del poder real y luego ducal, que está constatado desde el siglo X. No resulta indispensable, sin embargo, seguirle en su hipótesis del origen popular de las asambleas de paz que se habrían celebrado en Auvernia desde 972[28]. Carecemos de la certeza necesaria sobre los decretos que resultaron de ellas para tenerlos aquí en cuenta. El trasfondo político y social permite creer, no obstante, que los decretos adoptados un poco más tarde, en 993, en el concilio del Puy derivaron de dichas asambleas y tal vez de un sínodo precedente celebrado también en el mismo lugar. Estos decretos son muy parecidos a los de Charroux, considerado hasta ahora como el primer verdadero concilio de paz. Por eso los analizaremos ahora.

El Puy (990-994)

Aquí todavía, la mayor preocupación fue la protección del patrimonio eclesiástico. Tres artículos se vinculan muy directamente con ello:
El primero afirma la inviolabilidad de las iglesias:

> (1) «Que nadie, a partir de este momento y en el futuro, invada una iglesia.»

El segundo prohíbe a todos el embargo, tanto en el atrio de una iglesia como en el recinto fortificado, de caballos públicos o animales diversos; sólo el obispo estaba autorizado a ello.
El séptimo subraya más explícitamente el objetivo supremo del concilio:

> (7) «Que nadie ose usurpar tierras eclesiásticas episcopales, canonicales o monásticas, ni causarles perjuicio por alguna mala costumbre, salvo si la tierra ha sido adquirida en precario de mano del obispo o de la voluntad de sus hermanos.»

¡He ahí todo lo que se dice sobre la naturaleza de las «malas costumbres»!

27. «Serment des "obédienciers" de Brioude (fin du Xe-début du XIe siècle)», texto y trad. en M. Zimmermann (dir.), *Les Sociétés méridionales...*, cit., pp. 52 ss.
28. C. Lauranson-Rosaz, *L'Auvergne et ses marges (Velay, Gévaudan) du VIIIe au XIe siècle*, El Puy, 1987, pp. 354 ss.; C. Lauranson-Rosaz, «Les mauvais coutumes d'Auvergne (fin X^e-XIe siècle)», *Annales du Midi*, 102, 1990, pp. 582-583.

Otros decretos subrayan a la vez las prerrogativas clericales, la protección de la que debían gozar no sólo los bienes de las iglesias, sino también sus servidores, clérigos y monjes, dado que no podían defenderse por sí mismos a causa de la prohibición (que les fue recordada) de llevar armas. Todos estos decretos establecen una neta separación entre el mundo de los laicos y el de la Iglesia, debiendo el primero respetar al segundo. Son los decretos n.º 4, 5 y 9:

> (4) Que los clérigos no lleven las armas seculares.
>
> (5) Que nadie cause daño a los monjes ni a sus acompañantes si no llevan armas —excepto los obispos y los archidiáconos en razón de su censo—.
>
> (9) Prohibimos también que ningún laico se injiera en los derechos de sepultura o de ofrendas de la iglesia, y que ningún sacerdote acepte dinero por el bautismo, puesto que es un don del Espíritu Santo.

Seis decretos sobre nueve trataban, pues, de la protección de los bienes, personas y prerrogativas eclesiásticas[29]. Sólo los otros tres parecen tener a primera vista un alcance más general. Son los decretos n.º 3, 6 y 8:

> (3) Así como que nadie lleve a su casa cualquier cosa para construir un castillo o para asediar alguno, a no ser que se trate de su propia tierra, de su alodio, de su beneficio o de su *commanda*[30].
>
> (6) Que nadie se apodere de un campesino o de una campesina para obtener rescate (se puede traducir también por «remisión judicial»), salvo por un delito, salvo si se trata de un campesino que haya cultivado la tierra de otro, y salvo si se trata, por quienquiera que sea, de su propia tierra o de su beneficio.

---

29. Véase sobre estos puntos E. Magnou-Nortier, «La place du concile du Puy (v. 994) dans l'évolution de l'idée de paix», en *Mélanges offerts au professeur Jean Danvillier*, Toulouse, 1979, pp. 489-506.

30. [N. del T.: La *commanda* (o *comanda*) «consiste en la entrega de un cargo de administración y vigilancia sobre una heredad unido a un juramento, con poder de exigir, controlar y obligar» y «sólo se encuentra en las tierras eclesiásticas»; por consiguiente, «la persona investida de una *comanda* ejerce, por delegación del propietario y en tanto que dura esa delegación, un derecho casi soberano sobre las tierras que gestiona» (véase E. Magnou-Nortier, *La société laïque et l'Église dans la province ecclésiastique de Narbonne de la fin du VIIIᵉ à la fin du XIIᵉ siècle*, Toulouse, 1974, pp. 190-191, cit. en G. Brunel y E. Lalou (dirs.), *Sources d'histoire médiévale, IXᵉ-milieu du XIVᵉ siècle*, París, 1992, p. 30, n. 3); la «comanda», según D. Barthélemy. *op. cit.*, pp. 424, era, a fin de cuentas, el nombre con el que se conocía en Occitania la *avouerie* (procuraduría) del norte de Francia].

(8) A partir de este momento y en el futuro, que nadie ose más, a sabiendas, apoderarse de mercaderes o despojarlos de sus bienes[31].

¿Cuáles son su sentido y alcance? Las restricciones mencionadas en los artículos n.º 3 y 6 subrayan nítidamente que no se trata de interdicciones universales restringentes del derecho señorial; cualquiera, en sus propias tierras, alodio, feudo o beneficio, puede comportarse como quiera. ¿No sería también así en el caso precedente? ¿No se trataría de proteger a los campesinos y colonos *de las tierras eclesiásticas,* a los mercaderes que acudían a ellas o las atravesaban?

Anse (994)

En cuanto al decreto n.º 3, se aproxima a los que, por las mismas, fechas Odilón de Cluny hizo aceptar por el sínodo de Anse, y que proclaman la soberanía de los dominios de Cluny: prohiben, en efecto, que ningún agente del poder público, incluido el conde (de Mâcon), osara construir, en aquellos lugares o en su proximidad, castillo alguno o plaza fortificada; prohiben igualmente a todo «dignatario del siglo» y a toda «autoridad militar» apoderarse, en los pueblos dependientes de Cluny, de los hombres que allí vivían o de su ganado, bueyes, vacas, cerdos, o caballos. De ningún modo parece que se reglamentara aquí el derecho de guerra, ni que se prohibiera de manera general el botín en las guerras privadas, ni que se quisiera sustraer a los campesinos de las fechorías de una presunta caballería formada por *milites* incontrolados. Los términos empleados *(iudex publicus, aut exaccionarius, comes quoque...; saecularis dignitas, seu militaris sublimitas...)* designan con toda claridad al adversario: el poder público laico vecino y rival, el conde y sus subordinados en su función judicial y militar.

El abad de Cluny, el «rey Odilón», no defendió, pues, aquí la paz universal perturbada por caballeros emancipados convertidos en ladrones en un contexto de anarquía feudal. Defendió el señorío eclesiástico de la abadía de Cluny contra las usurpaciones de los príncipes laicos. No defendió tampoco en su conjunto al pequeño pueblo campesino contra las depredaciones señoriales: prohibió, bajo pena de excomunión, a los señores y a sus caballeros laicos

---

31. Mansi, 19, col. 271-3; trad. en G. Brunel y E. Lalou (dirs.), *Sources d'histoire médiévale,* IXe-milieu du XIVe siècle, cit., pp. 130-131; texto y trad. de C. Lauranson-Rosaz, en M. Zimmermann (dir.), *Les Sociétés méridionales autour de l'an mil,* cit., pp. 49 ss.

llevar a cabo saqueos, requisiciones, confiscaciones judiciales u otras «exacciones» (en el sentido neutro de tomas) sobre los campesinos que dependían de las tierras monásticas. El problema de saber si esas usurpaciones estaban o no justificadas, si esas «exacciones» eran o no excesivas, o si recaían entonces de manera más pesada que antes sobre el campesinado en su conjunto como consecuencia de la privatización del poder público, no fue resuelto; ni siquiera fue evocado[32].

La misma liturgia de Cluny constituyó un medio de «protección» contra los perjuicios que los señores feudales de los alrededores causaban a los monjes. Dichos atentados no deben situarse necesariamente en el contexto de un desorden feudal. Un buen número de aquellas «exacciones» fueron resultado casi con toda seguridad de conflictos «jurídicos» relativos a las donaciones que los señores laicos habían hecho anteriormente a los monjes, y cuyos descendientes (a veces los mismos donadores) impugnaron su amplitud o sus términos. Numerosos documentos cluniacenses, sobre todo entre 980 y 1030, muestran esos conflictos; quizás no prueben un recrudecimiento de la violencia, pero sí al menos un endurecimiento simétrico de las partes litigantes, apoyadas en sus respectivos y discutidos «buenos derechos».

Sea como fuere, tanto en Anse como en Auvernia, las mayores preocupaciones, si no exclusivas, de aquellos «sínodos de paz» tuvieron que ver con la defensa de los intereses de los señoríos eclesiásticos contra los de los señoríos laicos vecinos.

LA PAZ EN AQUITANIA

¿Ocurrió lo mismo en Aquitania, donde habitualmente se situaba el origen de un movimiento mediante el cual la Iglesia habría sustituido a un rey lejano y ausente, y al poder desfalleciente de la aristocracia regional?

La quietud, ciertamente, no reinó en Aquitania en aquella época[33]. Como en otras partes, los conflictos fueron numerosos allí, pero

---

32. Sínodo de Anse, *Mansi,* 19, pp. 99-102. Sobre la liturgia de Cluny, véase, más adelante, el capítulo siguiente, pp. 106 ss.

33. H. W. Goetz, «La paix de Dieu en France autour de l'an mil: fondements et objectifs, diffusion et participants», en M. Parisse, X. Barral i Altet, *Le Roi de France et son royaume autour de l'an mil,* cit., pp. 131-145; D. F. Callahan, «The Peace of God and the Cult of the Saints in Aquitaine in the Tenth and Eleven Centuries», en T. Head y R. Landes, *The Peace of God,* cit., pp. 165-183.

quizás no mucho más que en otras partes. Y sobre todo, sin salirnos de allí, muchas de las exacciones denunciadas por los eclesiásticos como bandidajes no se derivaron de los desórdenes de una anarquía feudal que empujaba a los caballeros al pillaje y al rapto, o a «golpear a su madre la Iglesia», como lo deplora Abbon de Fleury en su *Apologético*[34]. Aquellos «bandidos» fueron por lo general «expoliadores» de la Iglesia en el sentido de que disputaron o rechazaron los derechos de las iglesias sobre las tierras de las que eran herederos. Cuando no fueron sus protectores naturales.

No conviene, en cambio, querer negar a cualquier precio o limitar demasiado la amplitud de los conflictos feudales. La proliferación de castillos en esta región no constituyó de por sí un buen signo: no fueron forzosamente, en verdad, el indicio de una dislocación política y social, como pensaba A. Debord, postulando que cuanto más castillos hubo más débiles fueron los condes[35]; pero este excelente conocedor de la historia de la región tiene razón al subrayar que dichos castillos fueron objeto de codicias y disputas que revelaron el síntoma de un cierto desmoronamiento de la autoridad. Ciertamente, no todos los castillos, dista mucho de la verdad, fueron «privados» o «adulterinos» (es decir, construidos sin la autorización del conde o contra su voluntad); muchos no escaparon al control del conde, muchos no fueron levantados contra él, pero fueron numerosos los que de una y otra parte fueron codiciados, tomados, destruidos o legalizados, según que sostuvieran o disputaran la autoridad condal, lo que prueba las dificultades de ésta para mantenerse[36]. Aunque no hubo, en efecto, una «gran ola subversiva» ni una «gran crisis social», sí existieron, a pesar de todo, frecuentes tensiones entre nobles, que sufrieron los campesinos. Esto tal vez fue suficiente para suscitar esperanzas en algunos castellanos, que los indujeron a levantar el cuello, a puncionar más a sus dependientes, incluso a usurpar prerrogativas de los vecinos, laicos y eclesiásticos.

---

34. Abbon de Fleury, *Apologeticus ad Hugonem et Rodbertum reges Francorum*, cit., col. 463 ss.; sobre la interpretación de esta queja, véase D. Barthélemy, *op. cit.*, p. 277; véase también J. Flori, *L'Idéologie du glaive...*, cit., pp. 128-131.

35. A. Debord, «The Castellan Revolution and the Peace of God in Aquitaine», en T. Head y R. Landes, *The Peace of God*, cit., pp. 135-164; véase también más generalmente A. Debord, «À propos de l'utilisation des mottes castrales», *Château-Gaillard*, 11, 1983, pp. 91-99; A. Debord, *La Société laïque dans les pays de Charente, X^e-XIIe siècle*, París, 1984.

36. Véase también sobre este particular M. Garaud, *Les Châtelains du Poitou et l'avènement du régime féodal (XIe et XIIe siècles)*, Poitiers, 1967.

Fue en un clima semejante de conflictos frecuentes entre señoríos, pero no de anarquía feudal, en el que se situaron las iniciativas de la paz de Aquitania, entre 989 y 1031. Incluso Barthélemy debe convenir en ello: a pesar de sus esfuerzos, el conde no tuvo el monopolio de los castillos, ni de la guerra ni del impuesto, estuvo relativamente pasivo, como los otros príncipes del año mil, y ello bastó para que se necesitaran los esfuerzos conjugados del príncipe y de la Iglesia, sobre todo cuando ésta se encontró particularmente en el punto de mira. La paz de Dios obedeció a esta necesidad en un periodo, a pesar de todo, frecuentemente agitado por los tratos y los conflictos vasalláticos como nos revela también el *Conventum,* un poco más tarde, hacia 1030[37]. Aunque en el siglo XI no hubo una decadencia duradera de los condes, sí se dieron, tanto aquí como en la mayor parte de las otras regiones, crisis de autoridad y debilitamientos temporales, que fueron aprovechados por algunos señores belicosos y ambiciosos. Para explicar el origen de la paz de Dios no hay porqué imaginar una delicuescencia política completa, un clima de revolución popular ni una tensión escatológica intensa[38]. Basta simplemente con esos conflictos limitados.

Charroux (989)

El texto del concilio de Charroux es breve y bien conocido: el arzobispo Gombaud y los obispos reunidos, viendo «proliferar algunas costumbres pestíferas, por no haberse celebrado un concilio desde hace mucho tiempo», proclamaron lo que sigue:

> (1) Anatema contra los violadores de iglesias: quienquiera que viole una iglesia santa o le quite alguna cosa mediante la fuerza, si no procura una satisfacción, que sea anatema.
> (2) Anatema contra los saqueadores de los bienes de los pobres: quienquiera que robe a los campesinos, o a cualquier otro pobre, ovejas, bueyes, asnos, vacas, cabras, machos cabríos o puercos, salvo

---

37. *Le Conventum (vers 1030), un précurseur aquitain des premières épopées,* ed. y trad. G. Beech, Y. Chauvin y G. Pon, Ginebra, 1995; otra ed. J. Martindale, «Conventum inter Guillelmum Aquitanorum comes et Huguonem Chiliarcum», *English Historical Review,* 84, 1969, pp. 528-548; véase también G. T. Beach, «The Lord-dependant (vassal) Relationship; a Case Study from Aquitaine c. 1030», *Journal of Medieval History,* 24, 1998, pp. 1-30.

38. Lo que no excluye la posibilidad de una tensión de este tipo, aun cuando fue exagerada por Ademaro de Chabannes. Cf. R. Landes, «Between Aristrocraty and Heresy: Popular Participation in the Limousin Peace of God, 994-1033», en T. Head y R. Landes, *The Peace of God,* cit., pp. 184-218.

si fue a causa de una falta de su parte, y si no lo repara del todo, que sea anatema.

(3) Anatema contra quien cometa brutalidades contra los clérigos: quienquiera que ataque, capture o hiera a un sacerdote, a un diácono o a cualquier otro clérigo que, no provisto de armas (entiéndase por ello, escudo, espada, coraza, casco), se limita a desplazarse, o bien permanece en su casa, salvo si una investigación del ordinario demuestra que la víctima incurrió en algún delito, que este sacrílego, si no hace reparación, sea considerado como extranjero a las moradas de la Santa Iglesia de Dios[39].

La protección de las iglesias y de los clérigos estuvo una vez más en el corazón de las disposiciones. ¿Se extendía a todos los campesinos, víctimas de las acciones guerreras y de los pillajes? Es posible, pero está lejos de ser cierto: tal vez esos «pobres» designan a los «pobres de Dios» dependientes de los monjes y de los clérigos, servidores de la Iglesia, ellos mismos pobres a título personal, aunque miembros de aquellos señoríos eclesiásticos cuyos intereses algunos lesionaban aquí. Tales prescripciones y designaciones no eran nuevas: en varias ocasiones, algunas decisiones carolingias deploraron atentados parecidos. A comienzos del siglo, Abbon de Saint-Germain vio ya en las invasiones de los normandos un castigo de Dios que venía a castigar los pecados de los cristianos; de aquellos, en particular, que se atribuían los bienes eclesiásticos; cuestionó, en términos casi idénticos, a aquellos *invasores ecclesiae,* a aquellos saqueadores de las iglesias y de sus pobres *(praedones, raptores ecclesiarum et pauperum earum),* que los despojaban y se atribuían injustamente las riquezas. ¿De qué había que sorprenderse, entonces, si los paganos, a su vez, los imitaban y venían a devastar la cristiandad[40]? El concilio de Trosly, en 909, levantó un acta análoga y le dio la misma significación. Ciertamente, amplió la lista de los pecados responsables del castigo de Dios con la fornicación, el adulterio, el sacrilegio y el homicidio, pero se detuvo sobre todo en las violencias que, a pesar de los edictos episcopales, se cometían sobre los débiles, hasta el punto de que en todas partes se veían rapiñas en detrimento de los pobres y depredaciones de los bienes eclesiásticos *(rapinas pauperum depraedationes rerum ecclesiasticarum).* Esos pe-

---

39. «Concilio de Charroux», *Mansi,* 19, col. 89-90; texto latino y comentario en J.-P. Brunterc'h, *Archives de la France,* t. I: *Le Moyen Âge,* París, 1994, pp. 377-384; texto y trad. en Ph. Contamine, J. Delort, M. de La Roncière, M. Rouche, *L'Europe au Moyen Âge,* t. II: *fin IXe-fin XIIIe siècle,* cit., pp. 271-273; trad. fr. en D. Barthélemy, *L'An mil et la paix de Dieu,* cit., pp. 284-285.
40. Abbon de Saint-Germain, *Sermones quinque,* PL, 132, col. 762-778.

cados hacían que se alzara contra los culpables un grito que llegaba hasta Dios[41].

El agitado contexto de comienzos del siglo XI, ligado a las incursiones normandas, se prestaba evidentemente muy bien a una tal evocación de la culpabilidad general de los cristianos y de la «malignidad» de los tiempos. No es necesario imaginarlo en Aquitania en la época del concilio de Charroux, aunque los obispos eran considerados también, desde la época carolingia, como responsables de la paz, junto con los condes y los otros agentes del poder público. Es posible que dicha corresponsabilidad condujera a los obispos del concilio a incluir también a los débiles en general en la lista de las violencias denunciadas, que ante todo se seguían dirigiendo contra las iglesias.

Otro testimonio garantiza, por lo demás, una interpretación limitativa de los decretos de 989. Letaldo de Micy señaló, en efecto, que aquel sínodo fue convocado para condenar a quienes atentaban contra los bienes eclesiásticos; tenía como finalidad devolver al obispo de Angulema lo que le había sido injustamente arrebatado[42].

En cualquier caso hubo algunas novedades en el concilio de Charroux: por mi parte, veo principalmente tres.

—La primera: si bien no se puede postular la ausencia del poder central, el del duque de Aquitania o de sus subordinados, ni menos aún suponer que aquellas decisiones fueron adoptadas contra estos altos dignatarios, no es menos cierto que los adversarios fueron sin duda aquí, como en Puy o en Anse, poderes laicos que la autoridad política no consiguió reprimir por sí sola. ¿El primer deber de los reyes y de los príncipes territoriales no era, en efecto, la protección de las iglesias y el mantenimiento de sus privilegios, como lo recuerdan las fórmulas de bendición de las consagraciones? Ahora bien, aquí, fue la misma Iglesia quien empuñó las riendas de su propia defensa y, tal vez, la de los otros *inermes* amenazados. Esto revela, dígase lo que se diga, un cierto deslizamiento de la autoridad hacia la Iglesia, un debilitamiento de la legislación «estatal».

—La segunda es la mención de las reliquias de los santos cuyo fin era visiblemente impresionar a los participantes y dramatizar, solemnizar el acontecimiento, como, por otra parte, lo subraya Letaldo de Micy[43]:

—La tercera es la generalización del uso del anatema y de la excomunión por esta causa; sin ser realmente nueva, dicha práctica

---

41. *Acta concilii Trosleiani (909)*, PL, 132, col. 675-690.
42. Letaldo de Micy, *Delatio corporis s. Juniani in synodum Karrofensem*, PL, 137, col. 823-826.
43. La misma dramatización conseguida por la presencia de reliquias subrayada por los *Milagros de san Vorles*, AASS, *Junii* II, París, 1867, pp. 310-315.

llegó a ser el arma principal de los obispos en esas acciones de autodefensa. En ello hubo, sin discusión alguna, un rasgo de «sacralización» negativa, no de la guerra en sí misma, sino de cualquier operación, armada o no, dirigida contra la Iglesia.

En fin, subrayémoslo, los *caballeros* no fueron contemplados en tanto que clase social ni incluso en tanto que guerreros profesionales (la palabra *milites,* como se habrá observado, no había aparecido todavía en los decretos de paz), pero está claro que las acciones aquí condenadas fueron cometidas por algunos de ellos, que estaban al servicio de los depredadores denunciados. El entredicho, extensión de la excomunión, señalado por Ademaro de Chabannes, fue prescrito justamente para obligar al arrepentimiento de aquellos señores que no tuvieron en cuenta los anatemas de Charroux, y que continuaron sin respetar al personal, las propiedades o los privilegios de los señoríos eclesiásticos[44].

Poitiers (hacia 1010)

Las circunstancias y el texto del concilio celebrado en Poitiers hacia 1010 revelan con bastante claridad cómo los concilios de paz no fueron resultado de un movimiento popular antiseñorial ni de una voluntad de la Iglesia de sustituir al poder central para intentar apagar los incendios guerreros que causaban estragos en todas partes. El texto del concilio lo dice de manera expresa: fue el duque Guillermo quien convocó en Poitiers un concilio que reunió a obispos, abades y señores poseedores de un poder público (*principes*) a fin de estatuir «a propósito de los bienes que han sido expoliados desde los últimos cinco años o que lo serán en los años siguientes a este concilio, que originan conflictos en los países mismos cuyos príncipes están aquí presentes»[45].

D. Barthélemy habla a este respecto de «liga de paz» armada dirigida por la Iglesia, que se anticiparía así a la de Bourges. No se hizo, sin embargo, alusión a ello, y me parece más correcto ver en estas últimas prescripciones el anuncio de un reparto de papeles entre las dos partes, poder laico (el duque y los señores principales) y eclesiástico (los cinco obispos y los doce abades) para presionar, *cada uno con sus propios medios,* sobre aquellos que quisieran sus-

---

44. Ademaro de Chabannes, *Chronicon,* 35, ed. J. Chavanon, París, 1897 (utilizo el texto informático de la nueva edición de P. Bourgain, R. Landes, G. Pon, Turnhout, 1999, CCCM, 129).

45. «Concilio de Poitiers (1000-1013)», *Mansi,* 19, col. 265-268; trad ing. en T. Head y R. Landes, *The Peace of the God,* cit., pp. 330-331; trad. fr. en D. Barthélemy, *L'An mil et la paix de Dieux,* cit., pp. 298-299.

traerse a la justicia: poder material de coerción mediante las armas para el primero, poder espiritual de excomunión y entredicho para el segundo. El concilio atestigua, pues, un acuerdo real entre las dos aristocracias laicas y eclesiásticas para resolver las diferencias en curso. Los otros dos cánones no conciernen a la paz, sino sólo a la disciplina eclesiástica: los obispos no deben pedir regalos por los sacramentos de la penitencia o de la confirmación; los sacerdotes y los diáconos que tuvieran una mujer en su casa serían destituidos de su jerarquía.

Limoges (1031)

El objetivo de este concilio nos es indicado con claridad: se trataba de nuevo de luchar contra las expoliaciones de los bienes eclesiásticos por los laicos. El obispo Jordán de Limoges lo dijo desde su primera intervención:

> «Ved el dolor de mi corazón, oh venerables obispos y restantes ministros del Señor. Escuchad mi queja contra los poderes laicos. Mis parroquianos no dejan en paz a la Iglesia de Dios; roban los bienes del santuario, afligen a los pobres que están a mi cargo y a los ministros de la Iglesia, y conmigo, su pastor, no quieren hablar de paz.» Y los obispos con una sola voz: «Quienquiera que sea, aquél que os combate incurre en juicio y sanción; hay que separar de la comunión de la Iglesia a las gentes que osan oponerse a vos. Cualquier hombre que combate a vuestros súbditos combate contra vos; y quien os combate, es a Cristo a quien combate, pues los obispos son sus representantes. Incurren, por tanto, en una condena estricta, divina y apostólica: nuestro concilio va a castigarlos con un justo anatema, para conducirles a una penitencia»[46].

Nos encontramos de nuevo en el mismo contexto: el de las diferencias entre señores laicos y eclesiásticos a propósito de los bienes de los que estos últimos creían haber sido expoliados. ¿Se trataba, sin embargo, de pillajes, raptos, violencias guerreras ejercidas sobre poblaciones desarmadas? ¡No necesariamente! Barthélemy lo subraya muy justamente: robar un santuario, tal vez consistía sólo en detentar por herencia, desde varias generaciones, una tierra dada por él, o haber construido una iglesia privada; afligir a los pobres del obispo y a los sacerdotes, tal vez consistía sólo en pedir a

---

46. «Concilio de Limoges (1031)», *Mansi*, 19, 509 ss.; cito la traducción de D. Barthélemy, *op. cit.*, p. 371.

los habitantes de las tierras eclesiásticas las mismas tasas de «protección» que a los otros hombres e impresionarlos mediante alguna demostración de fuerza militar. Una cosa es segura en cualquier caso: Jordán habló aquí sólo del derecho de la Iglesia, y no del orden público en general. Y la asimilación de la causa del obispo a la de Cristo demuestra claramente dónde radica, en su opinión, el derecho. Gracias a este último rasgo, más incluso que por el anatema, hay una verdadera sacralización del «combate», aunque fuese jurídico y pacífico, conducido por los obispos contra los poderes laicos adversos[47].

¿Cómo obligar a «hacer las paces —es decir, a resolver pacíficamente aquellas diferencias— a esos caballeros que "saquean" los bienes del santuario mediante sus reclamaciones y sus demostraciones de poder y "oprimen" a la muchedumbre de los pobres»[48], según los términos empleados por este mismo prelado en un sermón pronunciado por dicho motivo? Conforme a las decisiones anteriores, deberían someterse al juicio de una asamblea que reunió a los obispos, abades y príncipes del Lemosín. Fue a propósito de ese futuro concilio como se lanzaron anatemas contra todos aquellos que, al acudir a aquella piadosa asamblea, llegaran a batirse de nuevo, so pretexto de arreglar así su «querella». No se trató, pues, aquí de una verdadera paz de Dios en el sentido tradicional del término, ni incluso de una tregua de Dios todavía inédita, sino tan sólo de prevenir a aquellos que acudieron al concilio: sus diferencias deberían solucionarse mediante la paz en dicha asamblea reconocida por todos, y no mediante la violencia fuera de ella, en querellas y riñas a las cuales precisamente se trataba de poner fin.

Una decisión semejante revalorizó evidentemente la jurisprudencia conciliar y sacralizó sus decisiones. Las bendiciones y maldiciones que ponen fin al dictamen del concilio lo ilustran muy bien: a aquellos que observaran esos preceptos, designados por la expresión «hijos de la paz, hijos de Dios», los obispos concedieron, de parte de los Apóstoles y, sobre todo, de San Marcial (cuya apostolicidad había sido reconocida en aquel mismo concilio), «la absolución de sus pecados y la bendición eterna»; por lo que respecta a los «sectarios del diablo» que rechazaron dicha paz, el concilio pronunció contra ellos, con solemnes gestos de apoyo, estas maldiciones bien conocidas:

---

47. D. Barthélemy, *op. cit.*, p. 371.
48. *Mansi*, 19, 529-530.

Excomulgamos a los caballeros del obispado de Limoges que han negado y niegan a su obispo firmar la paz que les requiere. ¡Malditos sean, así como aquellos que les ayudan a hacer el mal! ¡Malditas sus armas y [malditos] sus caballos! Todos ellos entrarán vivos en el infierno con Caín el fratricida, con Judas el traidor y con Datán y Abirón. Y ved todos cómo estas luces se apagan a vuestros ojos; así es como su alegría se apagará bajo la mirada de los santos ángeles. Al menos que, antes de su muerte, no hagan reparaciones y penitencia, según el juicio de su obispo. Entonces, todos los obispos y los sacerdotes que tenían en la mano cirios encendidos, los tiraron al suelo y los apagaron. Visto esto, el pueblo se estremeció profundamente en su corazón y cada uno exclamó: «¡Que la alegría se extinga así, para aquellos que se niegan a la paz y a la justicia!»[49].

Encontramos allí bendiciones que eran «recompensas espirituales». Fueron concedidas a aquellos que, señores o caballeros, obedecieron las instrucciones episcopales; las maldiciones, rudas y espectaculares, no fueron dirigidas contra todos los *milites* en tanto que clase, sino sólo contra los guerreros que se obstinaron en disputar las propiedades eclesiásticas y rechazaron someterse al juicio de los príncipes y de los prelados. Excomulgados, vieron cómo se les negaba la sepultura cristiana. Algunos milagros vinieron a confirmar a menudo las decisiones eclesiásticas: en aquella época se conocen varios casos de señores que, habiendo muerto excomulgados por la violación de la paz en el sentido antes mencionado, fueron enterrados en tierra cristiana, de noche, por sus subordinados, y en varias ocasiones: pero cada vez, el cuerpo era encontrado lejos de allí, como si fuera expulsado milagrosamente por una fuerza divina. El obispo de Cahors no se olvidó de recordar tales casos en el concilio de Limoges[50].

La Iglesia, más que nunca, se comprometió con sus armas espirituales para asegurar la salvaguarda de sus bienes materiales.

EXTENSIÓN DE LAS PACES

Las paces de Dios no se limitaron sólo a Aquitania: volvemos a encontrarlas, con algunas modificaciones, en otras regiones, comenzando por Borgoña y el valle del Ródano (Anse), antes de remontar

---

49. *Ibid.*, p. 530.
50. *Mansi*, 19, 540-541.

hacia el Norte. Sin perder sus caracteres fundamentales, se atuvieron poco a poco a nuevos matices que precisaron su extensión y sus límites.

Vienne (comienzos del siglo XI)

D. Barthélemy llama justamente la atención sobre un tema por lo general olvidado: el juramento de paz que hizo prestar el arzobispo Bucardo de Vienne, inspirado por los decretos del Puy a los que añadió numerosos artículos. En los restringidos límites de este capítulo no es posible, como es evidente, ofrecer su contenido. En la mayor parte de ellos, el jurador se comprometió a no violar las tierras y los edificios de la Iglesia, a no atentar contra sus gentes (clérigos, monjes) ni contra sus bienes ni servidores, acercándose así a los concilios de Charroux y más aún al del Puy. Uno de ellos precisó los motivos de los posibles conflictos: las «malas costumbres» (entendamos por ello los derechos y tasas impuestos sin razón a los habitantes de las tierras eclesiásticas por los señores laicos):

> Yo no introduciré malas costumbres en las tierras de los santos, las del obispado de Vienne que los canónigos tienen ahora en común o tienen ya adquiridas, las de los monjes, las de las monjas. Yo no tomaré albergues [el yantar] para la hueste o la cabalgada, si puedo evitarlo[51].

Otras, sin embargo, fueron más lejos, tratando al parecer de proteger a las poblaciones no armadas de otros señoríos:

> Yo no prenderé ni al villano ni a la villana, o a los sargentes[52], o a los mercaderes. Yo no cogeré sus dineros, ni les exigiré rescate; yo no les tomaré ni les haré perder su bien, ni destruiré sus casas a causa de la guerra de su señor. Yo no los azotaré por otro delito que por el suyo propio. Pero todo este compromiso no concierne al villano que sea caballero [*extra villanum caballarum*][53].

---

51. «Juramento de paz de Vienne», texto en G. de Manteyer, *La Paix en Viennois (Anse, 1025) et les additions à la Bible de Vienne (ms. Bern. A. 9)*, Grenoble, 1904, p. 91-98, aquí p. 95. Cito la traducción de D. Barthélemy, *op. cit.*, pp. 421 ss.
52. [N. del T.: los sargentes (del latín, *serviens, -entis*) eran, en Francia, agentes subalternos al servicio de un señor, de una ciudad, o del rey, encargados de la policía y de la ejecución de las sentencias; véase R. Fédou, *Léxico de la Edad Media*, Madrid, 1982, p. 133].
53. *Ibid.*, pp. 92-93.

Observemos de paso ila existencia de una «caballería campesina», o al menos de caballeros de origen rústico! Desde ese momento, al haber llegado a ser guerreros profesionales al servicio de su señor, esos «villanos» dejaron de estar protegidos por la paz, y fueron considerados como «buenas presas»: se podía conseguir rescate de ellos y destruir sus casas cuando se guerreaba contra su señor. Los no guerreros, por el contrario, no participaban en esos conflictos y debían ser protegidos. Del mismo modo, no deberían apoderarse de los caballos o de los mulos desherrados, en los terrenos de pasto o en el camino que llevaba a ellos, ni incendiar las casas, salvo si en ellas se encontraba un caballero de su enemigo, o si estaban junto a un castillo que era atacado. Por las mismas razones, no deberían, durante una operación militar, cortar viñas, sauces, árboles frutales (salvo en sus propias tierras); ni destruir molino o coger trigo (salvo en su propio feudo o en su alodio); no prenderían a los mercaderes y a los peregrinos (salvo delito de su parte), ni a los pescadores y cazadores, ni a quienquiera que se desplazara sin equipamiento guerrero *(sine uuarnimento)*, ni a los barqueros, todos los cuales nada tenían que ver en los conflictos en curso. El jurador no atacaría en el camino a las mujeres nobles que no fueran acompañadas de su marido, ni a su escolta, salvo si le causaban daño. En resumen, no se trataba de prohibir la guerra privada, sino de limitar sus efectos sólo a quienes estaban implicados en ella, a saber, los guerreros, excluyendo así las matanzas, raptos, destrucciones, pillajes y otros actos de violencia cometidos contra los no guerreros en las tierras del señor al que combatían.

A estas prohibiciones muy detalladas, se añadió un primer esbozo de la «tregua de Dios» que prohibía atacar incluso a los guerreros enemigos si no estaban armados, en situación belicosa:

> Desde comienzos de la Cuaresma a finales de Pascua, yo no atacaré al caballero que no lleve las armas del siglo y no le tomaré por la fuerza el bien que lleve consigo[54].

En caso de disputa sobre las tierras de las que los juradores estimaran haber sido expoliados, la causa debía ser llevada ante la justicia:

> Si yo quiero una tierra de la que he sido privado, en la que mi mujer e hijos han estado desde treinta años o más antes de este concilio, yo no romperé la paz para ir contra el hombre que la detenta. Sino que,

---

54. «...*caballarium non portantem arma secularia non assaliam...*», ibid., p. 96.

en nombre de esta paz, yo lo emplazaré ante la justicia, y si, al cabo de quince días, él no responde en derecho, entonces yo poseeré la tierra. Y si él no quiere satisfacer mi derecho, yo no romperé, sin embargo, la paz, excepto en lo que yo entiendo que es la tierra misma que me niega[55].

En otros términos, sólo se recurriría a la guerra privada si los medios pacíficos y jurídicos de llegar a un acuerdo quedaban realmente agotados. Hubo aquí un verdadero esfuerzo para limitar los conflictos armados, y para revalorizar los tratos y el recurso a la justicia. Observemos, sin embargo, las numerosas excepciones a las prohibiciones («salvo si...») y la restricción siguiente, que las resume: dichas limitaciones sólo valían para los juradores, en las tierras que no eran suyas; la hueste del obispo estaba dispensada de ellas cuando luchaba contra los violadores de aquella paz; cualquier señor podría, pues, continuar actuando como quisiera en sus propias tierras:

> Yo observaré la paz en todos estos puntos, respecto de los que las juran y las observan igualmente. Pero las tierras de mi alodio o de mi feudo, de mis franquicias, de mis comandas, quedan aparte; como cualquier tierra que yo pueda recobrar por derecho, como cualquier tierra cuya posesión disfruto. Quedan también exceptuados de ello las acciones militares que el obispo lleve a cabo contra un eventual transgresor de esta paz[56].

El juramento de Vienne pretendió, por tanto, resolver ante todo los contenciosos mediante la concertación y el diálogo, así como ampliar la jurisdicción del obispo.

Verdun-sur-le-Doubs (1019-1021)

Los decretos del concilio de Verdun-sur-le-Doubs recuperaron por lo general las cláusulas precedentes, pero dejaron de lado los artículos relativos a las tierras de la Iglesia; en esto, parece que tuvieron un alcance más general. Su objetivo fue limitar con mayor nitidez los excesos y las depredaciones de los *milites* comprometidos en las guerras privadas, cualesquiera que fuesen los motivos y las partes afectadas. Aquí no se habló del «caballero villano» (que por lo mis-

---

55. *Ibid.*, p. 96; D. Barthélemy, *op. cit.*, p. 424.
56. *Ibid.*, p. 97; D. Barthélemy, *op. cit.*, p. 426.

mo, dejó de estar protegido), sino, de manera más general, de no atacar a un caballero cuando trabajaba su campo, lo que, por otra parte, confirma la existencia, tanto en esta época como después, de caballeros de nivel bastante humilde, que han sido también revelados por la arqueología en el lago de Paladru[57]. Las restricciones de las aplicaciones de estos compromisos son casi idénticas a las de Vienne: el jurador queda dispensado en sus propias tierras, alodios, feudos o beneficios, si asedia o construye un castillo, si participa en la hueste del rey, de los condes, del arzobispo de Lyon, de los obispos mencionados al comienzo de los decretos; sin embargo, e incluso durante ese servicio de hueste (por tanto, en el marco de una guerra pública), se compromete a no violar las *sauvetés*[58] de las iglesias, excepto si se le negaba la venta de los víveres necesarios.

El juramentó obligó por siete años. Precisión final importante: sólo quedaron comprometidos quienes eran caballeros y llevaban las armas seculares, dicho de otra manera, los guerreros profesionales.

Beauvais (1023)

El juramento que propusieron Guérin de Beauvais y algunos otros obispos se inspiró muy estrechamente en el precedente. El contexto político y social de esta «paz» ha sido, sin duda, dramatizado de manera excesiva por los historiadores, siguiendo al autor de la gesta de los obispos de Cambrai que evoca un reino a punto de derrumbarse como consecuencia de la debilidad del rey y de los pecados de los hombres, donde todas las funciones se mezclan, donde han dejado de respetarse las tradiciones y la justicia: por consiguiente, aquellos obispos pensarían, dice, que el Estado encontraría una gran ayuda si se adhería a los decretos de los obispos de Borgoña.

---

57. «*Caballarium ad carrucam non assaliam, neque occidam*», «Concilio de Verdun-sur-le-Doubs», texto y trad. Ch Hefele y H. Leclercq, *Histoire des conciles*, cit., IV, 2, p. 1409; sobre los caballeros-campesinos del lago de Paladru, véase M. Colardelle y E. Verdel, *Les Habitants du lac de Paladru (Isère) dans leur environnement. La formation d'un terroir au XIe siècle*, París, 1993, y M. Colardelle y E. Verdel, *Chevaliers-paysans de l'an mil au lac de Paladru*, Musées Dauphinois, ed. Errance, 1993.

58. [N. del T.: las *sauvetés (salvamenta)* eran tierras de asilo aseguradas por la paz de Dios, y en el Sudeste de Francia se llamó así a las primeras *villenueves* creadas en los siglos XI y XII por señores eclesiásticos o abades; véase R. Fédou, *Léxico de la Edad Media*, cit., p. 133, y F.-O. Touati (dir), *Vocabulaire historique du Moyen Âge (Occident, Byzance, Islam)*, París, 1997, p. 249].

Ese contexto ha sido recientemente desdramatizado. Tal vez demasiado. Gerardo de Cambrai, como se sabe, se opuso a ese juramento, viendo en él un atentado a la autoridad real: la paz es incumbencia suya. ¿Pretexto? ¿Utopía? ¿No es evidente desde hace tiempo, dice D. Barthélemy, que la paz sólo podía ser mantenida por la acción conjunta del Rey y el Sacerdocio? Pero, precisamente, Gerardo mantuvo que dicha conjunción sólo resulta eficaz si cada uno actúa en su propia esfera, sin confundir ni mezclar los géneros. Como en tiempos de Carlomagno. Ahora bien, la paz de Dios, se quiera o no, se inmiscuyó en el terreno del orden público y sustituyó más o menos a la autoridad real o principesca a la que trató de reforzar en sus prerrogativas de policía, de orden y de justicia. ¿Acaso no había en ello un riesgo de desviación? A este respecto, el caso de Bourges es ejemplar de un intento del obispo de usurpar las prerrogativas del poder público.

LAS MILICIAS DE PAZ DE BOURGES (1038)

Las armas espirituales, en efecto, no siempre fueron suficientes, a pesar de la amenaza muy real de la excomunión o del entredicho, y del riesgo de morir privado de sepultura cristiana. Algunos señores laicos —¿fueron verdaderamente hasta tal punto impíos, o, por el contrario, estuvieron demasiado seguros de sus derechos y de la justeza de su causa?— pasaron de ellas. En Bourges, algunos años más tarde, el arzobispo Aimón (que presidió ya el concilio de Limoges) decidió emprender de manera muy oficial una acción guerrera contra los recalcitrantes, esto es, contra los violadores de los bienes eclesiásticos. Impuso a todos los participantes esta fórmula de juramento que fue el primero en pronunciar, siendo imitado después por los otros obispos:

> Yo combatiré a todos los invasores de bienes eclesiásticos, a los instigadores de los pillajes, a los opresores de los monjes, de las monjas y de los clérigos, y a todos aquellos que ataquen a nuestra santa madre la Iglesia, hasta que se arrepientan, sin dejarme ablandar por regalos ni dejarme influenciar en nada por la afinidad de los parientes y de los aliados, a fin de no salir del recto camino. Yo prometo marchar con todas mis fuerzas contra aquellos que hayan osado transgredir estas prohibiciones y no cederles en nada hasta que las tentativas de los prevaricadores sean aniquiladas[59].

59. Andrés de Fleury, *Miracula sancti Benedicti,* V, 1-2, ed. E. de Certain, París,

Tras regresar a sus diócesis, los obispos deberían hacer pronunciar este juramento a todos los fieles mayores de quince años. Los mismos ministros del culto tampoco serían exceptuados:

> deberán tomar cada vez en los santuarios de Dios las banderas del Señor para marchar con la multitud del pueblo contra los corruptores de la paz jurada.

Nos encontramos aquí en los confines de la guerra «justa» y de la guerra santa. Guerra justa, en tanto que emprendida por una causa justa, la recuperación de los bienes expoliados, la defensa de las iglesias contra quienes las expoliaban. Guerra visiblemente sacralizada por la presencia de las banderas eclesiásticas y de los sacerdotes, y «santificada» aún más por la autoridad que la predicó: la iniciativa guerrera fue manifiestamente eclesiástica, adoptada por un arzobispo en la ocasión solemne de un concilio, garantizada por todos los obispos presentes, y reforzada por un juramento prestado sobre las reliquias de los santos. Estamos muy cerca, entonces, de la guerra santa. Sólo falta la autoridad suprema y las recompensas espirituales.

Fueron, pues, campañas santificadas las que propuso Aimón de Bourges. Andrés de Fleury, que relata algunas de ellas, prorrumpe primero en alabanzas y compara los hombres así reunidos bajo las banderas de los santos patrones de las iglesias, para luchar contra los prevaricadores de los bienes eclesiásticos, a los ejércitos del pueblo elegido de la Biblia que triunfó sobre los enemigos de Dios. Un Dios, desde luego, que les dio también la victoria, casi sin combatir:

> El temor petrificó hasta tal punto el corazón de los infieles que aquella multitud del pueblo desarmado [*multitudo inermis vulgo*] los aterrorizó como si lo hubiera hecho un ejército de guerreros acorazados. Su corazón se reblandeció hasta un punto tal que, olvidando su valentía guerrera [*obliti militiae*] y desertando de sus plazas fuertes, huyeron delante de aquellas humildes cohortes rústicas, como si se tratara de ejércitos de reyes muy poderosos[60].

¿Hay que tomar al pie de la letra el relato del monje Andrés? ¿Marcharon aquellas gentes sin armas? ¿Eran todos incluso gentes del pueblo, ineptos para el combate? La continuación enseña que no, pero el monje redactor quiso subrayar así que aquellos hombres

---

1858, pp. 192 ss.; cito sustancialmente la traducción ofrecida en *Sources d'histoire médiávale...*, cit., pp. 134 ss.
60. Andrés de Fleury, *ibid.*, V, 2, p. 194.

no eran todos, la mayor parte al menos, *milites,* guerreros profesionales, como eran los que tenían «enfrente». «Desarmado», por lo demás, significa muy a menudo «sin armadura», aquella cota de malla que era muy costosa y que estaba reservada a los guerreros de elite, a los caballeros. La frase de Andrés, más gráfica que realista, subraya ante todo el papel preponderante, capital a su entender, de los sacerdotes que, marchando sin duda en procesión, con las banderas desplegadas, ante los fieles reunidos, pusieron en fuga a todos los enemigos de las iglesias a quienes el terror de Dios paralizó.

Era menester aún que aquella guerra así santificada llegara a ser justa, exenta de odio personal, de codicia, de intereses materiales, de exacciones... Ahora bien, Andrés de Fleury denuncia precisamente su culpable desviación. El orgullo, la codicia, la furia sanguinaria se deslizaron, en efecto, en el bando del obispo: él y sus gentes atribuyeron la victoria no a Dios, sino a su propia valentía, cuyos méritos inflaron. Como los guerreros profesionales del bando adverso, «consiguieron dinero» por sus hechos de armas. El mismo arzobispo, corrompido por aquel veneno de iniquidad, derramó la sangre de los inocentes, puso en venta la gracia de Dios y olvidó su función de hombre de Dios. La codicia, en adelante, lo guió: so pretexto de infracción de la paz, asedió con sus tropas de Bourges a un castillo, amenazó con condenarlo al fuego, lo incendió en efecto: 1.400 personas encontraron la muerte en él, muchas de las cuales se habían refugiado allí por temor (¡y esto es significativo!) de las depredaciones de las gentes del obispo: éstos, victoriosos, se abalanzaron sobre el castillo, saquearon, masacraron a los supervivientes, hombres, mujeres y niños, y después volvieron a sus casas, ebrios de gloria y de venganza, enriquecidos por el botín, llevando prisionero a Bourges al señor del castillo[61].

Dios no pudo dejar impune aquella desviación. La causa era justa y santa, pero había sido desnaturalizada, pervertida, mancillada. Por eso la venganza divina se abatió sobre las tropas del obispo mediante una vía, como siempre, incomprensible para los hombres: su derrota ante los guerreros de Eudes de Déols, el último rebelde a aquella «paz» que el obispo quería imponer a través de aquella inicua fuerza armada. Dios se sirvió de él para vengar la sangre inocente derramada; lo indujo a resistir al obispo. Éste, «chorreando todavía la sangre de los inocentes», reunió a sus fieles, guiados como siempre por un gran número de eclesiásticos, de «servidores de Dios». Asustados por aquella multitud, los del clan de Eudes recu-

61. *Ibid.,* V, 3, pp. 195-196.

rrieron a una estratagema: para hacer creer a sus enemigos que ellos disponían también de un gran número de guerreros (y, sobre todo, de caballeros, por definición bien entrenados, bien armados, y provistos de corazas), hicieron montar a los peones sobre asnos y los disimularon entre ellos. A partir de aquel momento parecían formar una tropa de 2.000 caballeros, profesionales de la guerra[62]. El miedo cambió así de bando. Los «milicianos» de Aimón de Bourges huyeron hacia el río Cher, donde muchos se ahogaron. ¡Juicio de Dios!

Este curioso episodio ilustra a las mil maravillas lo que diferencia la guerra impía, la guerra justa y la guerra santa, y los rasgos capitales de esta última. La guerra impía es conducida por los enemigos de Dios contra las causas justas. La guerra justa se opone a la acción inicua de los impíos y de los malhechores, y defiende la justicia. La guerra santa no debe conducirse sólo por una causa justa; debe ser promulgada directamente por Dios o, a falta de régimen teocrático, por la mediación de una autoridad santa e incontestable (en este caso un concilio, que se creía inspirado por el Espíritu Santo); se acompaña de numerosos elementos de sacralización que manifiestan su carácter de forma visible; así santificada, debe permanecer justa y santa durante su acción; la guerra conducida por los fieles debe estar a la altura moral de la causa y de la autoridad que la santifican. En caso contrario, la causa sigue siendo sagrada, pero Dios abandona a los suyos y los castiga tanto más cuanto que son así culpables de una especie de profanación, puesto que mancillan con su comportamiento una acción sacralizada, la pervierten y la desnaturalizan. Para castigarlos, Dios puede incluso servirse de los impíos a manera de azote, como ya lo hizo en la Historia Sagrada al condenar a su pueblo mediante la victoria y la opresión de los reyes infieles de Asiria y de Babilonia. O, en este caso, mediante el rebelde Eudes de Déols, violador de la paz.

---

62. *Ibid.*, V, 4, pp. 196-197. Me uno aquí a la convincente interpretación de D. Barthélemy, *op. cit.*, pp. 413 ss. Éste, prolongando la crítica de T. Head, «The Judgement of God: Andrew of Fleury's Account of the Peace League of Bourges», en T. Head y R. Landes, *The Peace of the God*, cit., pp. 219-238, atribuye la estratagema a las gentes del bando de Eudes de Déols, y no a los de Aimón, contrariamente a la interpretación de G. Duby y de R. Fossier, que yo había adoptado antes; cf. R. Fossier, «Remarques sur l'étude des conmotions sociales aux XIe et XIIe siècles», *Cahiers de Civilisation Médiévale*, XVI, 1973, pp. 45-51; G. Duby, *Les Trois Ordres ou l'imaginaire du féodalisme*, París, 1978, p. 234 [N. del T.: trad. esp.: *Los tres órdenes o lo imaginario del feudalismo*, Barcelona, 1980, pp. 250-251]; y J. Flori, *L'Essor de la chevalerie...*, cit., pp. 167-168.

LA TREGUA DE DIOS

Elna (1027)

Al igual que los concilios de paz precedentes, la asamblea celebrada en Elna prohibió atacar a un monje o a un clérigo sin armas, ni a ningún hombre acompañado de mujeres, o que acudiera a la iglesia o al concilio, así como violar las iglesias; extendió dicha protección a las casas situadas a menos de treinta pasos de lugares sagrados. Pero la novedad residió en el primer decreto que limitaba el uso legítimo de la guerra privada:

> Los obispos, los clérigos y los fieles prescribieron que ningún habitante de este condado o de este obispado pudieren atacar a cualquiera de sus enemigos desde las nueve horas del sábado hasta la primera hora del lunes, a fin de que todos pudieron rendir el honor debido al día del Señor[63].

¿Por qué un decreto semejante salió aquí a la luz, a iniciativa del obispo de Vic, Oliba? La hipótesis de Barthélemy me parece plausible: en esas regiones catalanas, dice, se mantenía aún hacia el año mil la idea de una guerra por la Patria cristiana o goda: la *reconquista*. Las incursiones llevaron a la caballería catalana u occitana hasta el corazón mismo de la España musulmana. Y allí no había domingo que guardar. Por ello, los caballeros tal vez tuvieron necesidad de que se les recordaran las normas cristianas, la costumbre que regía las guerras privadas. En otros términos, la guerra contra los musulmanes era lo bastante justa en sí misma como para que pudiera realizarse igualmente el día del Señor. Nicolás I ya lo había afirmado, en 866, a los búlgaros: en caso de necesidad, se puede combatir en cualquier tiempo, incluidos los días de fiesta más sagrados[64]. Pero las guerras privadas, las *faidas,* carecían de esos rasgos de sacralidad: debían esperar a los días menos santificados. Un concilio celebrado en Vich, quizás en 1033, retomó las mismas prescripciones y las amplió[65]. Después, la tregua de Dios se dilataría a periodos más largos aún.

---

63. «Concilio de Elna (o de Toulouges), hacia 1027», *Mansi,* 19, col. 483-484; traducción D. Barthélemy, *op. cit.,* p. 501.
64. Nicolás I, *Responsa Nicolai ad consulta Bulgarorum (hacia 866),* MGH, *Epistolae,* VI, c. 34 y c. 36, p. 581.
65. «Concilio de Vich de Ausona», *Mansi,* 19, col. 1073-1075; texto próximo,

Arlés (1037-1041)

Raimbaud de Arlés y sus sufragáneos, en compañía de Odilón de Cluny, alargaron, en efecto, la duración de la tregua de Dios al tiempo que trataron de difundirla en el espacio: pidieron a los obispos de la Galia y de Italia que promovieran aquella paz que decían inspirada por el cielo (sin que, no obstante, sea necesario pensar en una acción milagrosa):

> Aceptad y conservad, por consiguiente, la tregua de Dios [*treuga Dei*] que nosotros mismos ya hemos aceptado y mantenido [en las Galias], comoquiera que nos ha sido enviada desde el cielo por la divina misericordia; ella consiste en que, a partir del miércoles, todos los cristianos, amigos o enemigos, vecinos o extranjeros, observen una paz completa y una tregua duradera, hasta que salga el sol el lunes por la mañana[66].

Quien respetara dicha decisión sería absuelto, quien la violara sería excomulgado. Si alguien mata a un hombre durante uno de esos días de tregua, debería hacer como penitencia la lejana peregrinación de Jerusalén. Si viola la tregua de alguna otra manera, sería castigado conforme a las leyes civiles y, además, sufriría una doble penitencia eclesiástica. Sin embargo, observémoslo, combatir y castigar al violador de la tregua en cualquier tiempo jamás constituía un delito, sino una obra pía:

> Quien castigue a cualquier transgresor de esta tregua de Dios debe ser considerado como exento de toda falta, y los cristianos deben bendecirlo como si hiciera una obra de Dios[67].

He aquí una nueva etapa en la sacralización de la acción guerrera emprendida contra los enemigos de la paz y de la Iglesia.

Saint-Gilles-du-Gard (1042)

Este concilio, como las asambleas de paz, reafirmó la prohibición de violar las propiedades de los monjes y de los canónigos, las iglesias y

---

con algunas variantes, en H. Hoffmann, *Gottesfried und «Treuga Dei»*, Stuttgart, 1964, pp. 260-263.

66. «Tregua de Dios de la diócesis de Arlés», *Mansi*, 19, col. 594-596; MGH, *Constitutiones* I, pp. 596-527; trad. fr. Ch. Hefele y H. Leclercq, *Histoire des conciles*, cit., IV, 2, pp. 971-972.

67. *Ibid.*, trad. pp. 973.

las casas situadas en un radio de treinta pasos. Pero en él se mezcló también una dimensión de tregua de Dios: se prohibió, en efecto, a cualquier soldado *(miles)*, cualesquiera que fuesen su rango y las razones invocadas, llevar armas desde aquel día (4 de septiembre) hasta el de San Juan (24 de junio), salvo autorización del obispo. Encontramos aquí una nueva tentativa de subordinar toda actividad guerrera a la decisión de la autoridad de la Iglesia, junto a una reafirmación del carácter sagrado e inviolable de la propiedad eclesiástica.

Narbona (1054)

Diez obispos, numerosos abades, clérigos y nobles se reunieron en el otoño de 1054 para «confirmar y conservar la tregua, la paz y el amor, que la iglesia universal, unánime, ha instituido». Reafirmaron con fuerza las decisiones anteriores, entre ellas la prohibición de matar a un cristiano, pues «aquél que mata a un cristiano derrama, sin ninguna duda, la sangre de Cristo». Si un homicidio semejante era cometido, debería repararse según la ley. El concilio recordó que la tregua de Dios debía ser observada firmemente por todos:

> Por consiguiente, rogamos en nombre de Dios y pedimos que ningún cristiano persiga a otro cristiano por ninguna fechoría, desde el atardecer del miércoles hasta el amanecer del lunes [...]. Si alguien mata a un hombre voluntaria o conscientemente durante esta tregua, o se apodera, o toma el castillo de cualquiera o lo destruye, o si está convencido de querer hacerlo, que sea expulsado de toda asamblea de cristianos, que sea condenado al exilio perpetuo durante toda su vida[68].

La asamblea de Narbona adoptó otros muchos decretos, la mayor parte de los cuales ya habían sido promulgados con anterioridad, sobre la protección de las iglesias y de las casas situadas a menos de treinta pasos, sobre la protección de los bienes de los canónigos, de los monjes y de las monjas, «pues dichos bienes han sido donados por los fieles para uso de los clérigos»; sobre los laicos que no deben detentar tierras eclesiásticas (artículos 11 a 18). El concilio prohibió, en caso de litigio territorial o de deudas, tomar venganza por sí mismo: debería entablarse un procedimiento judicial ante el obispo y el poder público. Prohibió también pillajes y

---

68. «Concilio provincial de Narbona (1054)», *Mansi*, 19, col. 827-832, trad. en *Sources d'histoire médiévale...*, cit., p. 140, y en D. Barthélemy, *L'An mil et la paix de Dieu*, cit., pp. 506 ss.

rapiñas contra cualquier cristiano, hombre o mujer. Incluso fue prohibido apoderarse de caballeros con el único fin de exigir rescate, ni de los jumentos (salvo si estaban montados por un hombre armado), ni de los bienes de los mercaderes y de los *oratores*. En tiempo de guerra, no se talarían olivos en territorio adverso, ni se robarían sus frutos, ni se robarían los rebaños de corderos, ni se heriría ni se despojaría a los pastores y pastoras. En resumen, atacarían a los guerreros del bando enemigo, pero no a las poblaciones desarmadas, a los animales ni a la tierra. Todos los violadores de aquella paz serían excluidos de la Iglesia y privados de los sacramentos.

Los decretos de Narbona no fueron, es cierto, muy innovadores. Fueron el resultado de una evolución cuyas principales etapas acabamos de recordar. Antes de Narbona se encuentran rasgos más notables y significativos. Sin embargo, al asimilar a todos los cristianos al cuerpo de Cristo, tradujeron una voluntad de generalizar las medidas contra los malhechores de la guerra privada en el seno de la cristiandad. Fechorías cuyas principales víctimas fueron las propiedades eclesiásticas; en cuanto a los violadores, eran evidentemente guerreros que, mediante la fuerza, lesionaron sus intereses en beneficio de sus jefes, señores laicos.

El problema de fondo era éste: había que «liberar las iglesias» de aquel dominio laico que originaba conflictos y procesos, y que conducía con frecuencia a los prelados a hacer también la guerra reclutando *milites*. Conocemos un caso ejemplar en la época, precisamente, de dicho concilio: en 1059, el vizconde Berenguer de Narbona se querelló contra su arzobispo: para emanciparse de la tutela laica del vizconde, el arzobispo había reclutado *milites* y guerreado al frente de ellos; en 1043, sin embargo, ganado por el deseo de paz, había renunciado, en el concilio de Arlés, al uso de la fuerza, lanzando el anatema contra aquellos que violaran la paz de Dios, aunque fuesen de su propio bando. Ahora bien, poco después, se había «armado» como un caballero *(qui non multo post acceptis armis ut miles)* para guerrear. Hélo aquí, por tanto, violador de su propia tregua, al frente de sus guerreros *(milites)*. Más aún: utilizó las multas cobradas a los violadores de la paz (multas lucrativas que debían repartirse las dos partes: ¡10.000 sueldos!), para reclutar y pagar a *milites* mercenarios que mataron a uno de los vasallos del vizconde y llegaron tranquilamente a ponerse bajo la protección del obispo.

¡El vizconde, un laico, denunció, pues, el no respeto de la paz de Dios por el obispo que la había iniciado y jurado! ¿Acaso porque él mismo fue uno de aquellos «expoliadores» de los bienes eclesiásticos? ¿O bien porque el obispo abusó de la paz para atacarlo? La paz de Dios, decididamente, parece que fue casi siempre un instrumento destinado sobre todo a proteger los intereses materiales de la Iglesia y para acrecentar su jurisdicción, y, por consiguiente, sus rentas: la paz de Dios, como acabamos de ver, fue rentable por las multas que proporcionó.

CONCLUSIÓN

La paz de Dios no fue, por tanto, como durante mucho tiempo se ha creído, aquel gran movimiento político-social universal mediante el cual la Iglesia, al constatar el declive de la autoridad real y la inercia del poder central, tomaba el relevo del poder público desfalleciente para tratar de salvar lo que fuera posible en una sociedad feudal anárquica. A través de aquellos concilios, la Iglesia quiso esencialmente proteger sus propiedades de las usurpaciones de los señoríos laicos, liberarse de su influencia que juzgó ilegítima. Actuando así, lanzó el oprobio y el anatema sobre aquellos que empuñaron las armas contra sus intereses, pero valorizó, en cambio, a aquellos que combatieron por defenderla. Yo suscribo, pues, plenamente la siguiente conclusión del más reciente análisis de la paz de Dios: «este desarrollo de las cosas atestigua que el ideal de la Iglesia del siglo XI no fue la abolición de toda guerra. Fue más bien la alternancia entre una tregua colocada bajo su control y una guerra propia y justa sobre la cual su ética tuvo una cierta ascendencia»[69].

Muchos historiadores han subrayado el debilitamiento del «movimiento de paz» después de 1100. Para algunos, sería recuperado por el poder central, principesco o monárquico, cuando éste recobró vigor, en el reino de Francia, comenzando por Normandía; la tregua de Dios, entonces, se mudó en la paz del rey[70]. A pesar de la relativa desconexión, aquí subrayada, entre el «movimiento de paz» y la «debilidad del poder central en una Francia sin Estado», esta interpretación no es del todo falsa: la tregua de Dios persiguió, en efecto, limitar las guerras privadas, llevadas a cabo por motivos de venganza o por interés; la misma Iglesia, por lo demás, estaba a menudo concernida por tales conflictos. Excluyó de sus prohibicio-

69. D. Barthélemy, *op. cit.*, p. 524.
70. A. Graboïs, «De la trêve de Dieu à la paix du roi; étude sur les transformations de mouvement de paix au XIIe siècle», en *Mélanges R. Crozet,* Poitiers, 1966, pp. 585-596. Dicha transformación fue manifiesta en el caso ejemplar de la Sicilia normanda, bajo Roger II, como bien lo demuestra J.-M. Martin, *Italies normandes,* París, 1994, pp. 163-167.

nes a la hueste real o condal, la acción armada de los príncipes cuyas guerras la ponían menos directamente en peligro. Dirigidas por los poseedores del poder público, fueron reputadas como justas. Los conflictos feudales no lo eran en su opinión, a causa de los fines y de los medios de la guerra, a causa, sobre todo, del hecho de que los señoríos eclesiásticos eran por lo general sus principales víctimas. Dichas guerras no eran justas «en sí», y la violencia ejercida contra los que se entregaban a ellas podía incluso ser a veces tenida por «santa», o en todo caso santificada, como hemos visto a propósito de Bourges.

Mediante la paz de Dios, la Iglesia no trató de prohibir la guerra y de promover la paz: «moralizó» la paz y la guerra en función de sus objetivos y de sus intereses; fue precisamente por eso por lo que la paz de Dios constituyó una etapa preparatoria importante de la formación de la idea de cruzada.

Capítulo IV

LA VIOLENCIA SAGRADA DE LOS SANTOS

La actitud doctrinal de la Iglesia hacia la guerra, que en un primer momento fue vigorosamente condenada, evolucionó muy pronto bajo la presión de las circunstancias políticas cuando el Imperio romano devino cristiano, bajo Constantino, y luego durante el intento de reconstitución del Imperio carolingio. La lenta desintegración de este último no entrañó, en verdad, la anarquía feudal evocada de manera complaciente por los historiadores hasta una fecha reciente. Sin embargo, contribuyó a aumentar localmente la inseguridad padecida por el clero y, sobre todo, por los monjes, expuestos más que otros tanto a los pillajes de los invasores como a las codicias de los señores laicos. Las instituciones de paz, como hemos visto, respondieron en parte a esa necesidad de protección de las iglesias; aun cuando haya que relativizar su alcance, la paz de Dios y la tregua de Dios contribuyeron, en el plano ideológico, a sacralizar algunas operaciones guerreras, aquellas que condujeron los defensores de los establecimientos eclesiásticos contra sus expoliadores laicos.

El ejemplo, por lo demás, ¿no venía de arriba? En los relatos de los monjes, resultantes de su mentalidad religiosa, los santos patronos de los monasterios se encargan ellos mismos de la protección de sus dominios, bienes y personal, tanto clérigos como laicos. A veces actúan con una gran violencia, ya sea personalmente o por mediación de sus reliquias o de sus estatuas, y sus intervenciones contribuyen también a la sacralización de las acciones violentas emprendidas por el interés de las iglesias. Por esa misma razón, participaron en la formación del concepto de guerra santa: si se me permite decirlo, la violencia de los santos sacralizó la violencia dirigida contra los enemigos de la Iglesia.

Sus intervenciones revistieron múltiples formas cuya importancia, significado y evolución serán subrayados en los dos capítulos siguientes.

EL PODER CRECIENTE DE LOS SANTOS

Los siglos X y XI estuvieron caracterizados, en el ámbito de la espiritualidad, por un notable desarrollo del culto de los santos y de sus reliquias, y por la creciente estima de las peregrinaciones que, en parte, fue resultado de ello[1]. Esos restos sagrados se conservaban en preciosos relicarios que atraían a los peregrinos y se utilizaban en numerosas circunstancias, dando lugar a solemnes procesiones[2]. Éstas ofrecían otras tantas ocasiones al santo para manifestar su poder y a la comunidad religiosa de la que era patrón para recibir honor, reverencia, ofrendas y donaciones.

En las regiones donde apareció la paz de Dios, dichos relicarios adoptaron a menudo la forma exterior de estatuas, fenómeno nuevo que contrarió la conciencia religiosa de algunos eclesiásticos. Vieron en primer lugar, con toda razón sin duda, un resabio de religiosidad pagana asimilable a la idolatría, dado que la veneración de la muchedumbre se dirigía a la estatua misma[3]. La representación demasiado «concreta» del santo era a su entender una iniciativa peligrosa para la pureza de la fe y reprehensible por este motivo. Bernardo de Angers lo afirma con rotundidad: puesto que el culto supremo sólo se debe a Dios, le parece inconveniente y absurdo (salvo para representar a Cristo en la cruz) fabricar estatuas para

---

1. Véase sobre este punto P. Brown, *Le Culte des saints. Son essor et sa fonction dans la chrétienté latine* (trad. fr. por A. Rousselle), París, 1984, cuya interpretación tranquilizadora y optimista, sin embargo, yo no comparto; sobre el culto de las reliquias, véase A. Grabar, *Martyrium. Recherche sur le culte des reliques et l'art chrétien antique,* París, 1943-1946 (2 vol.); N. Hermann-Masquard, *Les Reliques des saints. Formation coutumière d'un droit,* París, 1975.
2. P.-A. Sigal, «Les voyages de reliques aux XIe et XIIe siècles», *Voyage, quête, pèlerinage,* Aix-en-Provence, 1976, pp. 75-104.
3. Decimos bien resabio, resurgencia o latencia de una idolatría de tipo pagano y no continuidad histórica con el paganismo. Ello no postula en modo alguno una oposición entre religión «culta» y «religión popular»; las estatuas relicarios fueron *populares,* aunque nacieron por iniciativa de la iglesia aristocrática. Véase a este respecto J. Hubert y M.-C. Hubert, «Pieté populaire ou paganisme? Les statues reliquaires de l'Europe carolingienne», en *Christianizzazione ed organizzazione ecclesiastica delle campagne nell'alto medioevo: expansione e resistenze (Settimane di studio del Centro italiano di studi sull'alto medioevo (10-16 aprile 1980),* 28, Spoleto, 1982, t. I, pp. 235-268.

recordar a los fieles la memoria de los santos; la escritura o el fresco deben bastar para ello. En el fresco, que entonces se usaba en las iglesias, vio probablemente un simple soporte figurado de la enseñanza religiosa, y no un objeto destinado al culto, como ocurría con las estatuas relicarios. Según él, la veneración de la estatua dependía, pues, de la superstición; peor aún, era, dice, «un resto del culto rendido a los dioses, o más bien al demonio»[4]. Sin embargo, al constatar el fervor de la muchedumbre y los milagros realizados por la santa a través de su estatua, no tardó en hacer su autocrítica y reconoció haber errado en su intransigencia doctrinal. Su concepción, confiesa, era demasiado rígida, demasiado intelectual. Hizo demagogia religiosa: la estima popular reencontrada gracias a este culto y la garantía que aportó la santa hicieron para él las veces de la demostración de su conformidad a la santa doctrina. Para aportar la prueba de ello, cuenta la historia de un clérigo que, como él, «considerándose más sabio que los otros», había disuadido al pueblo para que dejara de dirigir sus oraciones ante la estatua de Santa Fe de Conques «cometiendo así un grave atentado contra el honor de la santa mártir». Ésta se le apareció en visión la noche siguiente y lo golpeó con un bastón. Él murió, no sin haber tenido antes tiempo de contar el suceso. Bernardo de Angers se confiesa convencido por aquella prueba «irrefutable» y concluye:

> No hay, pues, motivo para discutir la veneración debida a la estatua de Santa Fe, *ya que* el desgraciado que inspiró la censura sobre ella fue tratado como si hubiera blasfemado contra la misma santa[5].

Este razonamiento sumario y algo sorprendente ilustra muy bien la mentalidad religiosa de la época, incluso entre los clérigos[6]. Nadie puso en duda la existencia ni el poder del santo, que se podía manifestar como quisiera. Sus reliquias eran sagradas, como él. Su asimilación al santo resultaba evidente, puesto que eran sus restos

---

4. Bernardo de Angers, *Liber miraculorum sancte fidei*, I, 13, ed. A. Bouillet, París, 1897; cito la traducción de A. Bouillet y L. Servière, *Sainte Foy, vierge et martyre*, Rodez, 1900, aquí p. 473.
5. *Ibid.*, p. 474; véase también II, 12 (trad. p. 523).
6. Guiberto de Nogent, *De pignoribus sanctorum*, ed. J. Huygens, CCCM, Turnhout, 1993, se muestra, sin embargo, bastante reticente respecto de dicho culto popular que, no obstante, tolera, denunciando eso sí sus riesgos y sus excesos, y prefiriendo en su lugar manifestaciones de fe más interiores y más sanas. Véase sobre este punto C. Morris, «A Critique of Popular Religion: Guibert de Nogent on the Relics of the Saints», en J. Cuming y D. Baker, *Popular Belief and Practice*, Cambridge, 1972, pp. 55-60.

«auténticos». La única dificultad en este caso procedía de la identificación de la santa a su estatua, fenómeno nuevo para Bernardo. Pero esa estrecha asimilación le parecía legitimada por la misma santa; ella garantizó el fervor popular, dado que castigó a quienes dudaron de ello. El milagro, por tanto, hizo para él las veces de una legitimación doctrinal: en lo sucesivo, la veneración de la estatua, no tendría, en consecuencia, nada que ver, a su entender, con la adoración culpable de los ídolos paganos, que eran del todo incapaces (?) de tales milagros. Sin embargo, podemos preguntarnos si, en semejante caso, los milagros de dichos ídolos no serían atribuidos simplemente a los poderes demoníacos, lo que oblitera un poco más el valor ya de por sí débil de su razonamiento. Fiel entusiasta y crédulo de la santa en lo sucesivo, Bernardo de Angers se dedicó a partir de entonces a buscar, cerca de los monjes ancianos sobre todo, testimonios relativos a sus milagros, precisamente con esa intención de demostrar el poder de la santa, tanto de su estatua como de sus reliquias; unas reliquias que poseían los monjes de Conques desde que uno de los suyos consiguió hurtarlas al monasterio de Agen donde antes eran veneradas; práctica bastante extendida entonces[7].

Este libro, redactado por Bernardo entre 1013 y 1020, y luego por un continuador hasta 1050, ilustra muy bien de qué manera se percibía en aquella época la acción del santo en la vida cotidiana. Se prestaba juramento sobre sus reliquias, se las hacía comparecer en las asambleas para solemnizar o garantizar sus decisiones[8], se las sacaba en procesión para conjurar males diversos, calamidades naturales o peligros de origen humano, se esperaba protección de ellas, ayuda, intervención favorable, liberación, curación, por una especie de contrato que ligaba al santo a aquellos que le rezaban, le concedían ofrendas o, mejor aún, le servían en sus santuarios. Por su poder manifestado de ordinario a través de sus reliquias o de sus estatuas, el santo socorre a los afligidos, restablece la justicia, libera prisioneros, pero también castiga a los culpables, sobre todo a los

---

7. Véase sobre este punto H. Sylvestre, «Commerce et vol de reliques au Moyen Âge», *Revue belgue de philologie et d'histoire*, 30, 1952, pp. 721-739; P. J. Geary, *Furta sacra: Thefts of Relics in the Central Middle Ages*, Princeton, 1978.

8. Por ejemplo, en Coley y en Limoges en 994; cf. «*Sancti Viviani episcopi translatio in coenobium Figiacense et ejusdem ibidem miracula*», *Analecta Bollandiana*, t. 8, 1889, trad, parcial en P. Bonnassie, «L'espace toulousain», cit., y en D. Barthélemy, *op. cit.*, pp. 307 ss.; véase también E. Bozoky, «L'iniatitve et la participation du pouvoir laïc dans les translations de reliques au Haut Moyen Âge, esquisse typologique», *Sources, travaux historiques*, n.º 51-52, pp. 39-57.

impíos, a aquellos que habían blasfemado su nombre, no le habían rendido el culto y la reverencia que le eran debidos, o habían atentado contra su honor, su reputación, su poder, cometiendo así sacrilegio. Ahora bien, el santo era el patrón de una comunidad religiosa, iglesia o monasterio. Por una nueva asimilación, la del santo a su *familia,* a la comunidad que lo honraba y lo servía, cualquier atentado a las personas y a los bienes de dicha comunidad lesionaba al santo patrón e insultaba su honra.

Esa cadena de asimilaciones condujo evidentemente a una sacralización de la acción, a veces violenta, ejercida en pro de dichas comunidades religiosas, y por eso concierne a nuestro tema. El santo mismo, en efecto, no se contenta con aliviar las miserias de los hombres que creían en él. Para impresionar a sus adversarios, aterrorizar a los impíos o simplemente vengarse, hace también uso de la fuerza y no duda en herir a sus enemigos, e incluso en matarlos, sacralizando así, en determinados casos, el uso de la violencia. Podemos hablar entonces de violencia sagrada de los santos. Esa forma de religiosidad constituyó una etapa importante en la formación de la idea de guerra santa.

LOS MILAGROS DE LOS SANTOS

El notable estudio de P.-A. Sigal, que se apoya en varios miles de milagros señalados en los siglos XI y XII, nos permite ofrecer un análisis de aquel fenómeno a la vez cualitativo y cuantitativo[9]. De los 3.318 milagros realizados por santos después de su muerte, 2.038 (más del 61 por ciento) consistieron en curaciones diversas y resurrecciones. Esta proporción aumenta hasta el 77 por ciento para los milagros cuyo objeto fueron gentes del pueblo menudo. Eso es lo que buscaban particularmente todos los peregrinos que acudían a los santuarios. Vienen a continuación, en orden decreciente, los milagros de castigo (12,6 por ciento de media, pero más del 34 por ciento para o, más bien, contra la aristocracia), luego las intervenciones favorables (6,9 por ciento), las protecciones de peligros (5,8 por ciento), las visiones (5 por ciento), las liberaciones de prisioneros (4,6 por ciento de media, pero más del 10 por ciento para la aristocracia) y los milagros gratuitos destinados únicamente a la glorificación del santo (3,4 por ciento).

---

9. P.-A. Sigal, *L'Homme et le miracle dans la France médiévale (XIe-XIIe siècle),* París, 1985; véase en particular pp. 265 ss.

LA GUERRA SANTA

Las curaciones y las visiones no nos conciernen aquí de manera directa, como tampoco las «intervenciones favorables», que, por lo general, consisten en volver a encontrar objetos perdidos gracias al santo; dichos milagros se refieren a menudo a hechos tan nimios que Bernardo de Angers los denomina «los juegos de Santa Fe»; manifiestan el interés de los poderes celestiales por los pequeños deseos cotidianos del pueblo menudo[10].

Más importantes para nuestro tema son los milagros de protección de peligros diversos. En esta categoría entran las intervenciones del santo para salvar vidas en peligro por ahogamientos, incendios, derrumbamientos, pero también en el momento de ataques a mano armada o en combates: en estos dos últimos casos, los clérigos y, sobre todo, los caballeros ocupan un lugar mucho más importante que en los milagros de curación, cuyos principales beneficiarios, como hemos visto, son las masas populares.

Esto es más cierto todavía para los milagros de liberación de prisioneros. Los caballeros constituyen el principal objeto de ellos (en el 30,08 por ciento de los casos), pero también los clérigos y los campesinos víctimas de las exacciones señoriales. Una advertencia de P.-A. Sigal debe retener aquí nuestra atención: los milagros de liberación de prisioneros fueron, dice, mucho más numerosos en el siglo XI que en el siglo XII (casi dos veces más), fenómeno que, según él, ha de ponerse en relación con las guerras privadas de aquel periodo turbulento, las cuales disminuyeron en el siglo siguiente. El siglo XI no fue, en verdad, un siglo de anarquía general, pero tampoco conviene minimizar la amplitud de los disturbios y de los conflictos feudales. Los santos actuaron, a veces de manera violenta, para oponerse a aquellas violencias, sobre todo —e incluso casi siempre— cuando se ejercían contra él y los suyos. Esto refuerza nuestras conclusiones del capítulo precedente.

LA VIOLENCIA DE SANTA FE

Bernardo de Angers y sus continuadores, antes de 1050, apuntan varios casos de liberaciones que reflejan las costumbres de aquel tiempo en las regiones donde nació la «paz de Dios». Así, la santa intervino en favor de un caballero que fue hecho prisionero por un señor de Auvernia para conseguir rescate de él, «según el frecuente abuso de nuestro tiempo», como observa el autor. Liberó también a

---

10. Bernardo de Angers, *op. cit.*, I, 18, pp. 155-156.

un campesino albigense llamado Régimbaud que acudía en peregrinación cerca de ella, y había sido capturado por su enemigo —¡un cura!— que lo había aherrojado, y después lo había liberado bajo palabra a fin de que pudiera cumplir su peregrinación. El caballero acudió entonces a Conques y solicitó allí la ayuda de Santa Fe, y después volvió a constituirse prisionero. La santa no lo olvidó: castigó al cura con un mal tan horrible que se arrepintió, liberó al cautivo y decidió ir a expiar su falta mediante una peregrinación a Jerusalén[11]. Un milagro semejante es a la vez de liberación de cautivos, de protección de peregrinos y de glorificación de la santa.

Los milagros de glorificación son generalmente actos gratuitos que tienen como objeto imponer respeto hacia las reliquias de un santo, realzar su prestigio, imponer su voluntad: sin embargo, algunos de ellos conciernen a nuestro tema en tanto que pueden conducir al santo a demostraciones de poder que incluyen el uso de la fuerza; así, el santo reclama y arrebata, a menudo con violencia o al menos con amenazas, los objetos preciosos (alhajas sobre todo) que codiciaba y que se tardaba en ofrecérselos; a veces se puede hablar de verdadero chantaje[12]. Estos milagros pueden clasificarse entonces en una categoría que podría llamarse «milagros de intimidación», muy próximos a los milagros de venganza de los cuales trataremos más adelante. Bernardo de Angers y sus continuadores ofrecen numerosos ejemplos. Así, como hemos visto, Santa Fe golpeó e hizo perecer a un clérigo que dudaba de los poderes milagrosos de su estatua; hizo perecer también de muerte violenta a un hombre codicioso que esperaba que su estatua se quebrara para apropiarse de sus joyas; de manera más cruel aún, hizo perecer con dolores atroces a una criada que continuaba trabajando mientras que la estatua de la santa pasaba en procesión delante de la casa donde servía[13]. ¡No se bromea con el respeto debido a las reliquias!

Los milagros de venganza propiamente dichos son aún más reveladores de la adopción de la violencia por santos que, sin embargo, llegaron a serlo por haberla sufrido antes sin replicar. Subrayemos su frecuencia, particularmente para el siglo XI: tras las curaciones, fueron de lejos los primeros motivos de su intervención. Los santos castigaban, por otra parte, con mayor frecuencia y rudeza los atentados cometidos contra su honor, contra sus derechos e intereses materiales (por tanto, contra los de la comunidad que los

---

11. *Ibid.*, IV, 7 y III, 24 (trad. pp. 552 y 564).
12. *Ibid.*, I, 17; I, 18; I, 19; I, 21; II, 10, etc.
13. *Ibid.*, I, 13; I, 14; I, 15.

servía) que los que iban contra la moral cristiana o incluso contra la ley divina. En algunos casos, los dos motivos se mezclan y no se sabe cuál de ellos constituye el móvil principal de la acción: así ocurre cuando, mediante un castigo preventivo, Santa Fe hizo perecer a un caballero que tenía la intención de matar a un peregrino que acudía a ella en Conques[14]. ¿Qué castigó más con esa muerte, el intento de asesinato o el atentado perpetrado a su peregrinación? Se puede hacer la misma observación cuando la santa mató a un caballero excomulgado, violador de los bienes del monasterio de Santa Fe, que premeditaba la muerte de uno de sus monjes[15].

En la mayor parte de los casos, sin embargo, la duda no está permitida[16]: la venganza del santo se ejerce ante todo contra quienes atentaban contra los bienes materiales de la comunidad monástica de la que era patrón y verdadero propietario, y con la cual se identificaba plenamente. En el vasto corpus estudiado por P.-A. Sigal son muy frecuentes esas intervenciones de los santos; se dirigen por lo general contra señores feudales para castigarlos y, si era posible, disuadirlos de dedicarse a los pillajes y usurpaciones de tierras, saqueos de cosechas, robos de animales y otras exacciones. Dichas intervenciones constituyeron, junto a las maldiciones proferidas contra los agresores, uno de los mejores medios de defensa de que disponían los monjes y los clérigos. Para provocar la reacción del santo, los monjes practicaban el «clamor», ritual litúrgico que comportaba la apelación a la ayuda contra los opresores, recitación de una fórmula de maldición, de salmos y oraciones, acompañadas a veces del repique de campanas[17]. La queja litúrgica del consuetudinario cluniacense, hacia 1030, pronunciada ante las reliquias de los santos, pero dirigida a Jesús, procede de la misma técnica. El sacerdote recita allí una oración cuyo contenido nos ofrece el «Libro del camino». He aquí un extracto significativo:

> Nosotros venimos a ti, Señor Jesús; prosternados, elevamos hacia ti nuestro clamor. Pues hombres inicuos y llenos de orgullo [*super-*

---

14. *Ibid.*, I, 10.
15. *Ibid.*, I, 5.
16. Sobre los milagros de castigo en general, véase E. Bozoky, «Le miracle de châtiment au haut Moyen Âge et à l'époque féodale», en P. Cazier y J.-M. Delmaire, *Violence et Religion*, Lille, 1998, pp. 151-168.
17. L. K. Little, «Formules monastiques de malédiction aux IXe et Xe siècles», *Revue Mabillon*, 58, 1975, pp. 377-399; L. K. Little, «La morphologie des malédictions monastiques», *Annales ESC*, 34, 1979, pp. 43-60; L. K. Little, *Benedictine Maledictions. Liturgical Cursing in Romanesque France*, Ithaca-Londres, 1993.

bia], confiando en sus propias fuerzas, se han levantado por doquier contra nosotros. Ellos invaden, saquean y devastan las tierras de este santuario, que es tuyo, y las de las iglesias que de él dependen. A tus pobres, que las cultivan, los hacen vivir en el dolor, el hambre, la indigencia, e incluso los atormentan y hacen perecer mediante la espada. Saquean nuestros bienes, con los cuales debemos vivir entregados a tu santo servicio y que santas almas han legado a este santuario para obtener su salvación, y nos los arrebatan incluso de manera violenta. Esta iglesia, Señor, que es tuya, que tú has fundado en tiempos antiguos, y que tú has construido en honor de la gloriosa y bienaventurada siempre Virgen María, está abrumada de tristeza. No hay nadie que la sostenga y libere, si no tú, nuestro Dios. Levántate, pues, Señor Jesús, ven en nuestro auxilio, reconfórtanos, ayúdanos, combate a quienes nos atacan, quebranta el orgullo de quienes nos abaten, a nosotros y a tu santuario[18].

El llamamiento a la acción violenta es aquí manifiesto. El ritual cluniacense precisa que, tras haber proferido ese «clamor», el sacerdote recita en silencio la oración *«Libera nos, quaesumus Domine»*, después de que las reliquias hayan sido devueltas a su sitio habitual. El gestual era a veces más rudo hacia el santo, que era fustigado y, por así decirlo, conminado a intervenir mediante la ceremonia llamada «humillación» de sus reliquias[19]. Ella atestigua el aspecto contractual del pacto concluido entre el santo y sus fieles. La veneración de éstos hacia el santo y sus reliquias debía estar acompañada a su vez de la protección del santo hacia sus adoradores. Para suscitar su reacción y hacerle sentir de alguna manera más íntimamente los daños y perjuicios sufridos por aquéllos, se colocaban las reliquias del santo en una posición para él tan humillante que, en cierto modo, quedaba obligado a actuar para no perder prestigio. Evidentemente, esa «política de lo peor» comportaba riesgos: los únicos que se atrevían a practicarla con impunidad eran aquéllos cuya fidelidad hacia el santo no podía ser puesta en duda. No se trataba, en efecto, de menospreciar al santo, sino sólo de picarle en su amor propio, en su sentido del honor.

Bernardo de Angers ofrece un ejemplo popular al describir el procedimiento familiar empleado hacia Santa Fe por un monje de

---

18. Texto editado por P. Dinter, «*Liber tramitis aevi Odilonis abbatis*», Siegburg, 1980, en K. Hallinger (dir.), *Corpus Consuetudinum Monasticarum,* 10, pp. 245-246. Véase también Barbara H. Rosenwein, «Feudal War and Monastic Peace: Cluniac Liturgy as Ritual Agression», *Viator,* 2, 1971, pp. 129-157.

19. Cf. P. J. Geary, «La coercition des saints dans la pratique religieuse médiévale», en *La Culture populaire au Moyen Âge (4ᵉ colloque de l'Institut d'études médiévales de l'Université de Montréal),* 1977, pp. 149-177.

Conques, de quien no condena, antes al contrario, su ingenua piedad. Cuando los enemigos, expoliadores armados de la abadía, eran demasiado numerosos y desalentaban así a los «buenos» defensores de su causa, aquel monje no dudaba en amenazar a la estatua de la santa. Se comportaba de ese modo como los sarracenos épicos hacia las estatuas de «sus dioses» en los cantares de gesta, fuertemente inspirados por las mentalidades religiosas cristianas populares del siglo XI[20]:

> Llegaba al extremo de amenazar a Santa Fe con quebrar su estatua o precipitarla al río o a un pozo, si no castigaba cuanto antes a los criminales agresores. Ese piadoso arrebato no le impedía dirigir a la santa las más humildes y apremiantes súplicas. Yo creo que fue Dios mismo quien le había inspirado esta forma ingenua de oración[21].

Dicha práctica no fue algo aislado: también San Bibiano respondió de manera favorable a una provocación del mismo estilo, más moderada pero también más maliciosa. Le fue hecha por un caballero que acompañaba, en la asamblea de paz de Limoges, la procesión de las reliquias de San Bibiano, el cual se hizo ilustre, en el camino, por numerosos milagros que le hicieron triunfar sobre todos los otros santos. Llovía, arreciando cada vez más, y el caballero, como los otros participantes en aquella marcha-procesión, se sentía molesto por el aguacero. Para proteger la estatua del santo, se puso entonces sobre su cabeza un abrigo a modo de gorro; esto hizo germinar una idea provocadora en el cerebro del caballero:

> uno de los *milites* del cortejo, llamado Hictor, dijo en tono de broma al abad Géraud: «Quitemos este gorro de la cabeza de San Bibiano, y veamos si, al soportar mal su propio desagrado y compadeciendo el nuestro, es capaz de conseguir una escampada que nos

---

20. Cf. C. Meredith-Jones, «The Conventional Saracen of the Song of Geste», *Speculum*, 1942, pp. 201-225; Y. Pellat y Ch. Pellat, «L'idée de Dieu chez les "Sarrasins" des chansons de geste», *Studia Islamica*, 22, 1965, pp. 5-42; P. Bancour, *Les Musulmans dans les chansons de geste du cycle du roi*, Aix-Marseille, 1982, p. 406 ss.; N. Daniel, *Heroes and Saracens, An Interpretation of the Chansons de Geste*, Edimburgo, 1984, pp. 155 ss.; M. Bennet, «Firts Crusaders Images of Muslims: the Influence of Vernacular Poetry?», *Forum for Modern Language Studies*, 22, 2, 1986, pp. 101-122; J. Flori, «La caricature de l'islam dans l'Occident médiéval: origine et signification de quelques stéréotypes concernant l'islam», *Aevum*, 1992, 2, pp. 245-256.

21. Bernardo de Angers, *op. cit.*, I, 26, p. 67; trad. 486. D. Barthélemy, *op. cit.*, p. 109, subraya con razón que, en el fondo, se trata aquí de una versión «iletrada» de la liturgia cluniacense del clamor y de la humillación de las reliquias.

libre de esta odiosa lluvia.» El abad atendió inmediatamente esta sugerencia. En seguida, por efecto de un milagro divino, el confesor de Cristo, despojado de su sombrero, hizo cesar la lluvia, liberándose así y liberando a los que lo escoltaban de la molestia que ella les ocasionaba[22].

Oraciones, ritos litúrgicos, procesiones, encantamientos, ceremonias y provocaciones de ese género no eran, en el fondo, sino formas diversas destinadas a suscitar el desencadenamiento del poder protector o vengador del santo, defensor de sus santuarios y, por eso mismo, de sus párrocos y servidores, de sus tierras y de sus campesinos, de sus bienes y riquezas de todo tipo. En una palabra, el santo debía proteger su señorío terrenal de las codicias que despertaba entre sus enemigos y sus vecinos.

Bernardo de Angers señala muchos casos de tales intervenciones. Estaban destinados, evidentemente, a suscitar el temor y a desalentar a los laicos que disputaban los derechos de la abadía, usurpando sus derechos o intentando poner impuestos a sus habitantes. El santo viene entonces a añadir de motu propio un castigo físico, generalmente la muerte, a la sanción de excomunión pronunciada por los sínodos de paz contra dichos violadores. Así se ve a Santa Fe quitar la vida a un caballero depredador de sus bienes, paralizar y luego matar a una noble dama que había hecho cultivar por sus servidores una tierra contigua a la suya y que pertenecía a la santa, o trucidar, después de dos días de crueles sufrimientos, a otro caballero que había robado el vino de los monjes en un pueblo que asimismo le pertenecía[23]. Como en las asambleas de paz, ella se preocupó de los conflictos que, en Auvernia, oponían entre sí a los señores de los alrededores; en el transcurso de una de esas guerras, los «soldados *(milites)* llevaban el hierro y las llamas a las moradas y a los refugios de los campesinos». Los dominios de la santa podían resultar afectados. En efecto, al pasar por allí, unos soldados robaron dos gansos a unos campesinos que pertenecían a los dominios de la santa. Ésta se vengó en seguida mediante un incendio. El autor precisa los motivos de esa venganza: no estuvo suscitada por los asesinatos y depredaciones previas de los caballeros, sino por el robo de los dos gansos cometido en su aldea[24].

---

22. «*Sancti Viviani episcopi translatio...*», *Analecta Bollandiana,* t. 8, 1889, trad. en M. Zimmermann (dir.), *Les Sociétés...,* cit., pp. 141 ss.
23. Bernardo de Angers, *op. cit.,* I, 6; I, 12; III, 16.
24. *Ibid.,* III, 13, trad. p. 542.

La preservación de los bienes eclesiásticos constituía, pues, el centro de las preocupaciones de Santa Fe y más aún, sin duda, de los monjes que propalaban esos relatos de milagros. Bernardo de Angers no disimula esa intención cuando cuenta un prodigio realizado por la estatua de la santa que había sido traída para aterrorizar a quienes ponían en duda sus derechos, asimilados al Anticristo: un torbellino hizo perecer al blasfemador, a su esposa y a cinco de sus servidores. Su comentario revela sin ambigüedad los móviles de su relato, muy próximos a los de las asambleas de paz:

> [este relato] será también un motivo de espanto para los violadores de la santa Iglesia de Dios o bien para quienes han invadido injustamente las posesiones de los santos y gozan de ellas como si fuesen suyas legítimamente. En nuestra época, en efecto, son muchos los que, mereciendo ser llamados Anticristo, tienen la audacia, en su ciega codicia, de usurpar los derechos de la Iglesia y de no manifestar ningún respeto a los ministros sagrados, de abrumarlos con injurias y malos tratos, e incluso de darles muerte[25].

Bernardo de Angers no fue el único que testimonió una intención semejante, ni el sur de Francia la única región donde los santos debieron actuar para proteger sus dominios de las codicias laicas. El autor de los *Milagros de San Emerano,* en tierras del Imperio, muestra también al santo como vengador de los monjes, y lo explica: ha incluido tales relatos en sus textos a fin de que aquéllos que invaden las propiedades eclesiásticas *(invasores ecclesiasticarum rerum)* sean advertidos y lleguen así al arrepentimiento[26]. Por esos castigos, manifestaciones de la justicia inmanente en la que ellos necesitaban creer[27], los eclesiásticos trataron de intimidar a los que disputaban sus derechos sobre algunos dominios o habitantes. Se llevaba entonces la estatua o las reliquias del santo a las tierras disputadas, para que hiciera justicia o, más exactamente, para que estableciera el derecho de los monjes, es decir, el suyo. En este caso era, pues, de manera manifiesta juez y parte.

Santa Fe actuó también aquí de forma poderosa. Bernardo de Angers cuenta cómo su estatua fue llevada en procesión por los lugares de una donación disputada por los herederos del donador. Explica así el método y sus fines:

25. *Ibid.,* I, 11, trad. p. 467.
26. Arnoldo de San Emerano, MGH SS, 4, II, p. 570.
27. P. Rousset, «La croyance en la justice immanente à l'époque féodale», *Le Moyen Âge,* 1948, pp. 225-248.

Cuando una de las tierras de Santa Fe es injustamente invadida, de la manera que sea, por usurpadores, los monjes conducen allí solemnemente la estatua de su santa patrona, en testimonio de la reivindicación de sus lesionados derechos[28].

Los monjes procedieron de ese modo a propósito de una tierra de la santa en el Quercy. Los colonos, prevaliéndose de una larga posesión, pretendían ser sus legítimos propietarios. Los monjes decidieron transportar a esos lugares la estatua de oro de la santa, que contenía la cabeza de su venerada patrona; ella estableció sus derechos. Al día siguiente se la transportó a otra tierra que un caballero llamado Rainfroi tenía usurpada desde hacía mucho tiempo: aquí también, convencido por un milagro, el caballero cedió y abandonó cualquier pretensión sobre las tierras usurpadas[29]. La intimidación, pues, parecía a veces eficaz.

Los santos no sólo debieron luchar contra colonos olvidadizos de su condición o contra caballeros laicos prevaricadores; en ocasiones fueron incitados a intervenir contra los mismos que tenían la misión de proteger sus dominios, a saber, los procuradores de los monasterios o los «defensores» de abadías o iglesias, los cuales también los oprimían y saqueaban, o contra algunos obispos y abades rivales, como hemos visto en el capítulo precedente. Bernardo de Angers relata un milagro realizado por la santa en la época en que la abadía estaba sometida «a la dirección del abad Hugo, o, mejor dicho, desolada por su tiranía». A su muerte, le sucedieron sus tres hermanos; tenían un tío, Bégon, obispo de Clermont, que gozó de los castillos y posesiones del monasterio, pero no por eso dejó de incitar a sus sobrinos «a que, mediante su tiranía, devastaran más bien la abadía que estaba sometida a su autoridad antes que protegerla». Ahora bien, uno de los dos hermanos, también llamado Hugo, herido en un combate, fue hecho prisionero y metido en un calabozo del castillo de Gourdon; para pagar su rescate, su tío el obispo, al frente de una poderosa tropa de sus vasallos, se dirigió a toda prisa hacia Conques con la intención de saquear el tesoro de Santa Fe. Se apoderó de objetos sagrados, pero el mulo que los transportaba cayó por un barranco sin que él ni los utensilios sagrados sufrieran el menor daño: primer milagro de intimidación, sin uso de la violencia. Entonces se devolvió el tesoro a Conques. Pero los saqueadores quisieron repetir, y esta vez la santa desbarató radicalmente sus planes por una solución definitiva: mató en su calabozo al

---

28. Bernardo de Angers, *op. cit.*, II, 4, trad. 506.
29. *Ibid.*, III, 14.

prisionero y lo anunció en estos términos, mediante una visión, a un monje de Conques llamado Esteban: «Vengo, dijo ella, del castillo de Gourdon, donde he dado muerte a Hugo, para cuyo rescate se robaron ayer los ornamentos de mi tesoro». Anunció que haría perecer igualmente a los tres hombres poderosos que se disponían a perjudicarla. De hecho, se supo poco después la muerte del abad Hugo, en su calabozo, luego las del obispo Bégon y del hermano de Hugo, Pedro, que se dirigía a Jerusalén con una gran cantidad de oro robado al tesoro de Santa Fe (murió en el mar a causa de una tempestad), en fin, la del conde Raimundo de Rouergue, quien, aunque antiguo bienhechor de la abadía a la cual había hecho numerosas donaciones en Conques, proyectaba demoler el pueblo de la colina que estaba por encima del monasterio y construir en su lugar un castillo: también murió durante el camino a Jerusalén, castigado a causa de aquel acto hostil[30]. La santa, como se ve, defendió poderosamente su tesoro y los intereses de su señorío.

LA VIOLENCIA DE SAN BENITO

San Benito fue tal vez menos vindicativo que Santa Fe, pero no protegió menos su honra, sus monjes y sus propiedades. El relato de sus milagros, que se desplegaron en un largo periodo (desde 820 a 1114, desgraciadamente con una interrupción de casi un siglo entre 878 y 965), permiten un ilustrador análisis estadístico. Se constata así que los milagros del santo ligados a la defensa de los bienes de la abadía, ya sea para protegerla de los expoliadores y de los saqueadores, ya sea para vengarse de sus fechorías, ocupan, como en el caso de Santa Fe, un lugar considerable, pero variable según las épocas y los autores. En el primer libro, redactado por Adrevaldo entre 820 y 878, dichos relatos de milagros ocupan el 12,8 por ciento de los parágrafos; la proporción aumenta a más del 34 por ciento en los libros II y III redactados por Aimón, en las proximidades del año mil, entre 965 y 1008. Alcanza incluso el 47 por ciento en el primero de sus dos libros. Dicha proporción desciende al 22,7 por ciento en Andrés de Fleury, que escribió antes de 1043. Por lo demás, decrece en él de manera muy regular al hilo de los libros IV, V, VI y VII. En Raúl Tortaire, que escribió antes de 1114, dicho porcentaje representa sólo el 18,7 por ciento. Aunque conviene tener en cuenta, en semejantes análisis estadísticos, la personalidad propia de sus autores,

---

30. *Ibid.*, II, 5, trad. p. 511.

ello no impide pensar que dichas cifras recalcan, como las primeras asambleas de paz, una presión creciente, en torno al año mil y un poco después, de los señores laicos sobre las propiedades eclesiásticas, presión que disminuyó al cabo del tiempo en la proximidad del siglo XII. Resulta difícil no poner en relación estos hechos con una determinada realidad de los disturbios de la época «feudal» de la primera mitad del siglo XI (cf. el gráfico).

El análisis cualitativo resalta de manera muy clara el interés del santo por la defensa, en ocasiones violenta, de sus intereses temporales.

Adrevaldo recoge relativamente pocos milagros de este tipo. En verdad, menciona mucho las depredaciones a las que se dedicó el conde Eudes en las tierras de San Benito, y las oraciones para acabar con ellas, que los monjes dirigían a las reliquias del santo, así como la reconfortante aparición del santo a uno de los monjes para anunciarle su próxima liberación: de hecho, Eudes fue vencido y muerto poco después, pero aquella muerte no fue atribuida directamente al santo; sólo le resultó benéfica. El santo castigó de forma severa (caída del caballo que entrañó la muerte) a un juez demasiado favorable a la parte adversa que lo había corrompido; pero, en este caso, dicha parte adversa no fue un señor laico; fue el procurador de otro monasterio. El procurador de San Benito pudo así recuperar sus tierras expoliadas. Del mismo modo, el santo intervino para proteger a su procurador contra el de Saint-Denis de Orleans: ambos se enfrentaron armados con la porra y el escudo, en duelo judicial, después de haber jurado. Aquí también, el conflicto opuso a dos iglesias por intermedio de sus respectivos procuradores[31]. Los señoríos eclesiásticos no sólo sufrieron atentados de los laicos.

Milagros contra los expoliadores de los bienes del santo
Porcentaje de menciones de milagros en autores sucesivos

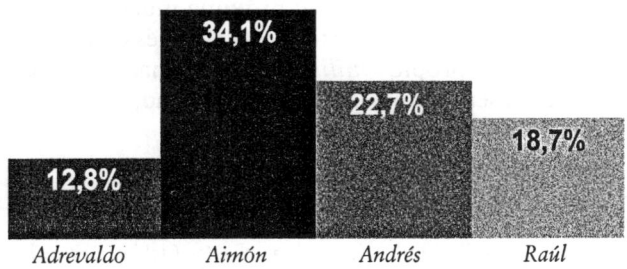

31. Adrevaldo de Fleury, *Miracula sancti Benedicti*, cit., I, 20, pp. 47 ss.; I, 21, p. 50; I, 24, pp. 55 ss.; I, 25, pp. 56-57.

En cambio, San Benito castigó con rudeza a un soldado saqueador de sus tierras: iba a golpear con su espada a una vaca perteneciente al santo cuando éste detuvo su brazo, que quedó paralizado por ligaduras inextricables. En otra ocasión, en un dominio que poseía San Benito en Aquitania, un tal Esteban, *vir plebis, haud ignobilis*, pretendió poseer una parte de aquellas tierras y plantó una viña. Desde lo alto de su caballo miró con desdén al monje que allí había sido enviado para defender los intereses de la abadía, y juró «por su espada» (i) que San Benito no tendría jamás ningún poder sobre su viña. Fue derribado de su montura y murió poco después[32]. Las depredaciones laicas fueron aquí escasas: una vaca, una viña... y, por lo general, la disputa procedió de otras iglesias, de otros monasterios, de otros santos, contra los cuales San Benito debió afirmar su preeminencia.

En Aimón, el santo interviene también en conflictos que oponían a sus monjes con otros establecimientos eclesiásticos. Poco antes de 989, los vasallos del obispo Arnoldo de Orleans se habían apoderado de una viña que pertenecía a San Benito. Los monjes decidieron entonces llevar con ellos las reliquias del santo e ir al lugar, con esa protección, para vengarse; no podían hacer otra cosa, pues, observa Aimón, aquel obispo disponía de un gran poder secular y resistía a los mismos reyes. Además, su ciencia teológica era tal que tampoco se le podía inquietar en este plano. Sólo la protección de las reliquias podía entonces proteger a los monjes en aquellas tierras disputadas[33]. Sin embargo, éste es el único caso mencionado en su primer libro.

No obstante, en Aimón aumenta de forma notable el lote de los milagros violentos dirigidos contra los laicos expoliadores de sus bienes. San Benito intervino así contra los saqueadores normandos: se apareció al jefe de los que habían violado su abadía de Fleury, le golpeó con su bastón y le predijo su próxima muerte; asustado, dicho jefe se retiró y murió, en efecto, poco después en un combate[34]; intervino contra los propios *milites* de su monasterio, los cuales, aunque estaban «asentados»[35] en tierras del abad, expoliaban tam-

---

32. *Ibid.*, I, 27, pp. 62-63; I, 38, p. 81.
33. Aimón de Fleury, *Miracula sancti Benedicti*, cit., II, 19, pp. 123-125.
34. *Ibid.*, II, 2, pp. 96-100.
35. [*N. del T.*: Jean Flori utiliza la palabra «chasés» (del latín *casati*), cuya traducción literal sería «casados», pero esta palabra, a pesar de que algunos medievalistas la utilizan como tal, no se corresponde con ninguno de los significados del verbo casar; el *chasement* (del lat. *casa*) consistía en establecer a un campesino sobre una tierra o a un vasallo en su feudo (cf. F.-O. Touati, *op. cit.*, p. 61). Los reinos hispano-

bién sus bienes, como aquel *miles* sin escrúpulo y blasfemador que el santo hizo perecer ahogado, mientras comía una pera, después de haber jurado que los saquearía todavía más en el futuro[36]; todavía golpeó con su bastón, en la segunda mitad del siglo X, a otro vasallo de su propia iglesia, un castellano de Sully, que había recibido del abad Ricardo algunos dominios eclesiásticos en beneficio, pero deseaba más e intentaba apoderarse de ellos; a los hermanos que le recordaron su juramento de fidelidad, el castellano respondió que él continuaría actuando del mismo modo y que proyectaba nuevos pillajes. El santo se le apareció una noche, con hábito de monje, y lo golpeó con su bastón; arrepentido, murió poco después[37]. El santo se preocupó igualmente por el bien de las gentes menudas de su dominio; castigó a un caballero *(eques,* y no *miles)* que, haciendo etapa con su escudero en un pueblo que pertenecía a los monjes, entró en la casa de una viuda con objeto de coger avena para su caballo. Éste lo precipitó al suelo de donde fue incorporado con múltiples fracturas[38].

El segundo libro de Aimón presenta asimismo varios casos de este género: un hombre que disputaba a San Benito la propiedad de una tierra y proponía mantener un duelo judicial por este motivo, al punto fue derribado de su caballo y murió antes del anochecer. Otro, citado por la justicia, afirmó que probaría su derecho antes de quince días, pero fue matado el mismo día por un golpe de lanza; un procurador infiel, que defendía pero también saqueaba las tierras de la abadía, fue mordido por un perro y murió después de haber decidido incrementar más aún sus rapiñas en detrimento del santo[39]. Éste, por lo demás, intervino de manera aún más directa en algunos combates, como veremos en el capítulo siguiente.

Andrés de Fleury, continuador de Aimón, señala a su vez numerosas intervenciones violentas contra los depredadores de los bienes del santo. A veces fueron muy rudas: un guerrero *(miles)* que había atravesado las tierras del monasterio nuevamente sembradas se vio

---

cristianos también conocieron la práctica del «casamiento» y, como tal, los *casatos* o *casati*, que podían ser siervos rurales dependientes, campesinos dependientes o incluso campesinos libres (cf., sobre esta cuestión, el comentario y la bibliografía que hace y recuerda J. M.ª Salrach Maes, *La formación del campesinado en el Occidente antiguo y medieval. Análisis de los cambios en las condiciones de trabajo desde la Roma clásica al feudalismo,* Madrid, 1997, pp. 98-99)].

36. *Ibid.,* II, 5, pp. 104-105.
37. *Ibid.,* II, 7, pp. 107-109.
38. *Ibid.,* II, 14, pp. 116-117.
39. Andrés de Fleury, *Miracula sancti Benedicti,* cit., III, 11, pp. 153-154; III, 16, p. 163; III, 13, p. 159.

lanzado, como consecuencia de la venganza divina *(divina ultio)*, por un torbellino al río, de donde fue sacado medio muerto; un castellano, que saqueaba las tierras del monasterio, fue herido mortalmente por aquella misma venganza divina, al igual que otro caballero que, después de haber donado una tierra a San Benito, disputó luego la propiedad a los monjes[40]. Más tarde, San Benito volvió ciego a Godofredo, conde de Bourges, que disputaba a los monjes la propiedad de un bosque y pretendía defender sus derechos en un duelo judicial; golpeó a un caballero expoliador de sus bienes que pretendía que Dios no se mezclara en las querellas internas de sus servidores; al punto, fue derribado de su caballo; conducido a la iglesia del santo, confesó sus pecados, se arrepintió y devolvió a San Benito los bienes disputados. Después, el santo castigó rudamente a un procurador del monasterio que también lo expoliaba sin escrúpulo, y arrojó al agua (donde se ahogó) a un caballero que iba a robar gansos en tierras que pertenecían a los monjes, en Germigny[41]. Como puede verse, en casi todos esos casos de venganza evocados por Aimón, se trataba de castigar a los laicos, por lo general señores vecinos, incluso vasallos o procuradores del monasterio, que intentaron contra derecho (ese al menos fue el punto de vista de los monjes) apropiarse de sus bienes. Estamos aquí en la problemática de las asambleas de paz.

En Raúl Tortaire, continuador de Andrés, los milagros de venganza son menos frecuentes, pero todos conciernen precisamente a tales causas, las cuales no habían desaparecido, pues, en la segunda mitad del siglo XI. En él, sin embargo, el aspecto «milagroso» se manifiesta con menor nitidez. El redactor se contenta con sugerir que la muerte de tal o cual violador o usurpador de los bienes del monasterio fue un castigo debido a dicha falta: ese fue el caso del conde Eudes, saqueador del bien de los «pobres» de San Benito, de Godofredo Rufus, un caballero que se había apoderado del ganado perteneciente a los monjes, que fue matado por su enemigo con un golpe de espada; de Alberico de Châtillon, violador de los bienes de la iglesia, y excomulgado por ello, pero que no hizo caso, y fue mortalmente alcanzado por una flecha en una batalla; o todavía, una vez más, el de un procurador del monasterio que se aprovechaba de su privilegiada posición de «defensor» de los bienes del santo para usar la violencia en sus tierras y saquearlas en su provecho; fue matado

---

40. *Ibid.*, IV, 2, pp. 177-178; IV, 4 y IV, 5, p. 180.
41. *Ibid.*, V, 7, pp. 203-205; V, 10, pp. 207-208; VI, pp. 221-223; VI, 12, p. 237.

por su enemigo con un golpe de lanza; el de su hermano, llamado Séguin, también depredador de los bienes del santo, etc.[42]. Las codicias de los señores laicos hacia los bienes eclesiásticos no cesaron tanto como podría creerse después de la generalización de la paz de Dios, sino que, por el contrario, atestiguan la necesidad constante de la Iglesia de defenderse de los atentados de los señores laicos de la vecindad. La protección del santo vino, por consiguiente, a paliar a la vez tanto el desfallecimiento del poder público como el de las asambleas de paz. Algunos enemigos de las iglesias parecían no tener cura. Ellos eran los culpables. Andrés de Fleury, por ejemplo, evoca aquellas bandas de guerreros, a los que llama *praedones, satellites,* caballeros y peones *(equites et pedites),* los cuales, confiando en su número, saqueaban un poco por todas partes las tierras de San Benito, atreviéndose incluso a hacerse acompañar de juglares y músicos, quienes, al celebrar sus «hazañas», los empujaban más a semejantes acciones maléficas. Todos fueron castigados por el cielo, y muchos se ahogaron en el río[43].

La defensa de los intereses materiales de las iglesias y de los monasterios fue, pues, con mucho la primera preocupación de los obispos y de los monjes (a veces rivales), tanto en las asambleas de paz como en los juramentos, liturgias, procesiones de reliquias o relatos de milagros de santos. Con un éxito mitigado. Para convencerse de ello basta comparar el texto de los obedecedores de Brioude, que data de finales del siglo X, con algunos documentos redactados un siglo más tarde por algunos caballeros que emprendieron la cruzada. Tanto unos como otros abandonaron por piedad bienes eclesiásticos expoliados, renunciaron a disputas de propiedades eclesiásticas, o dejaron de practicar «malas costumbres». Los primeros afirmaron bajo juramento lo siguiente:

> Por lo que respecta a lo que he confiscado a la comunidad de San Julián hasta la misa de San Juan en el mes de junio, yo lo liberaré o bien lo restituiré y concederé con el producto de la cosecha [...]. No tomaré más que lo que me ha sido concedido por el conjunto de los canónigos, y abandono las malas costumbres que hasta este día he practicado en la tierra de San Julián; en adelante no las practicaré más ni aceptaré que ningún hombre las practique con mi conocimiento[44].

---

42. *Ibid.,* VIII, 1, p. 277; VIII, 4, pp. 280-281; VIII, 15, pp. 296-298; VIII, 6, p. 283; VIII, 16, pp. 299-300.
43. Raúl Tortaire, *Miracula sancti Benedicti,* cit., VIII, 36, pp. 336-337 ss.
44. «Serment des "obédenciers" de Brioude...», cit., pp. 52 ss. (cf. nota 27, p. 73)

LA GUERRA SANTA

Hacia 1035, un señor llamado Bernardo hizo saber mediante una escritura que se arrepentía de haber disputado, sin ningún motivo, los derechos de los monjes de Cluny: imploró su perdón (el texto emplea la palabra *indulgentia*) y renunció a ello:

> Yo dejo y abandono todas las malas e injustas costumbres que reivindicaba en la iglesia de Saint-Gengoux, así como en su atrio y en su cementerio [...]. En cuanto a los dos mansos que mi abuela Adelaida donó a San Pedro [...] y a los dos mansos que tiene Duran, en Saint-Gengoux, si yo tengo algún derecho sobre ellos, lo cedo y transfiero todo a Dios y a San Pedro. Si yo he osado retener alguna cosa de manera injusta, hago penitencia por ello, la devuelvo, la abandono, la restituyo públicamente; y que ninguno de mis herederos haga reclamación de ello y perjuicio a los monjes[45].

¿Fue escuchado? El documento refleja, en todo caso, el riesgo de ver a su vez discutidas semejantes renuncias por reivindicaciones de derechos y costumbres calificadas de «injustas» por los monjes y por el penitente, a consecuencia de circunstancias personales cuya naturaleza ignoramos a menudo.

En vísperas de la cruzada, numerosos señores y caballeros, convictos de las mismas exacciones, decidieron renunciar a ellas antes de partir hacia Jerusalén a fin de expiar sus pecados. Un documento de Velay, región en la que quizás surgió la paz de Dios un siglo antes, cuenta cómo cuatro hermanos, señores del Mézenc, que detentaban «injustamente» una iglesia perteneciente a Saint-Chaffre, renunciaron a su posesión antes de partir a la cruzada e hicieron penitencia de sus fechorías[46]. Nivel de Fréteval, por su parte, confesó sus pasadas exacciones en estos términos:

> Yo he asolado muy rudamente la tierra del Santo Padre, a saber, Emprainville y las localidades de los alrededores, del modo que ha llegado ser habitual, apoderándome en ellas de los bienes de sus habitantes [...]. Tal era la brutal naturaleza de dicha costumbre. Cada vez que me embargaba la ferocidad caballeresca, tenía la costumbre de descender hacia los mencionados lugares, llevando conmigo una tropa de mis caballeros y una multitud de mis dependientes, y con-

---

45. *Recueil des chartes de l'abbaye de Cluny*, ed. A. Bernard y A. Bruel, París, 1876-1903 (6 vols.), vol. 4, escritura n.º 2905. Cito aquí la traducción de D. Barthélemy, *op. cit.*, p. 95.

46. *Cartulaire de l'abbaye de Saint-Chaffre du Monastier*, cit., escritura n.º 241.

tra natura me apoderaba de los bienes de las gentes del Santo Padre para alimentar a mis caballeros[47].

Así, desde antes del año mil, y a lo largo de todo el siglo XI, hasta el llamamiento de Clermont y más allá, resonaron los ecos de aquel conflicto capital que opuso, sobre todo entre sí, a los señoríos laicos y eclesiásticos. El asunto no era ciertamente nuevo: Hincmaro de Reims deploraba ya las acciones no de los *milites* en general, sino de los *raptores* de iglesias que, so pretexto de requisiciones y contribuciones para la defensa armada de la región, exigían más allá de lo que estaba permitido, abusaban de su poder y, después de haber tomado todo cuanto necesitaban en materia de víveres y bebidas, amenazaban con saquear las iglesias si no se «rescataban»: método de extorsión y de rescate basado en prácticas inicialmente legítimas, abusivas con creces. Pero él pedía al emperador Carlos el Calvo que recibiera dichas quejas y reprimiera dichos abusos: es deber del rey prohibir lo que desagrada a Dios[48]. La situación parece que se agravó a partir de entonces.

Aquel conflicto fue a la vez más limitado y más amplio de lo que se cree. Más limitado, porque las rapiñas, los pillajes, la inseguridad no estuvieron extendidas de manera tan general como antes se creía. Los monjes, a fin de cuentas, que constituyen nuestra principal fuente de información, se mostraron evidentemente muy proclives a conmoverse cuando dichas rapiñas les concernían, y a exagerarlas; por otra parte, ya hemos visto cómo los santos castigaban con mucha rudeza a veces expoliaciones, a fin de cuentas, modestas. No conviene, pues, exagerarlas ni generalizarlas. Más amplio, porque los señoríos eclesiásticos no fueron objeto únicamente de hurtos o rapiñas individuales u ocasionales, sino de disputas que versaban sobre sus tierras, bienes o personas, sobre dominios y siervos donados con las parcelas que servían por señores laicos cuyos herederos discutieron, con razón o sin ella, su amplitud o su existencia. ¿Hemos de considerar dichos pillajes como hechos atribuibles al desorden de las costumbres «caballerescas», o más bien hemos de ver en ellos ante todo la manifestación irritada de reivindicaciones legítimas o pretendidas como tales?

El conflicto descansó también —y, tal vez, sobre todo— en el derecho de juzgar, imponer cargas, tomar, o, a la inversa, en el de

---

47. *Cartulaire de l'abbaye de Saint-Père de Chartres,* ed. M. Guérard, París, 1840 (2 vols.), escritura n.º 36 (t. 2, p. 428).
48. Hincmaro de Reims, *De coercendis militum rapinis (Ad Carolum Calvum regem),* PL, 125, col. 953-956.

escapar a los derechos e impuestos que los señores laicos trataron de imponer a los habitantes de las tierras eclesiásticas. Los monjes se mostraron entonces dispuestos, con razón o sin ella, a denunciar esas «malas costumbres» que, por oposición a las buenas, se les escapaban[49]. Los señoríos laicos y eclesiásticos estuvieron en este punto imbricados e implicados en las prácticas económicas de la feudalidad que el prestigio y la autoridad de la Iglesia padecían.

Para recobrar dicho prestigio, le fue necesario purificarse internamente, separarse del mundo. Sólo pudo hacerlo de dos maneras: o bien espiritualizando su acción y renunciando a la dimensión material de su dominio y de su poder; casi nadie pensó en ello. O bien liberándose, tanto en lo espiritual como en lo material, de la influencia de los poderes laicos, al tomar ella misma el control de ese poder material para domarlo y utilizarlo conforme a su propósito. Ésta fue la vía escogida por la llamada reforma gregoriana[50]. Toda la acción de los papas reformadores, en particular la de Gregorio VII, tendió precisamente a obtener esa «liberación» de las iglesias de manos de los laicos en el interior, y de los infieles en el exterior[51].

Los dos tipos de señoríos, parecidos en numerosos aspectos, no eran, sin embargo, idénticos. Diferían principalmente por la dimensión militar. Frente a los señores laicos que disponían del brazo armado de sus caballeros, los monjes y los clérigos —a los cuales la Iglesia ordenó cada vez con mayor firmeza que renunciaran a llevar armas— apenas podían encomendarse sólo a los emperadores y a los reyes, ciertamente defensores naturales de las iglesias, pero cuyo poder no era el que había sido. Se vieron en la necesidad de volverse hacia los príncipes más próximos, hacia los señores de la vecindad, procuradores, defensores, protectores, quienes por lo general eran ellos mismos también rapaces y expoliadores; les resultó imprescindible reclutar *milites ecclesiae,* guerreros mercenarios o vasallos de-

---

49. É. Magnou-Nortier, «The Ennemis of the Peace...», cit., y «Les mauvais coutumes en Auvergne, Bourgogne méridionale, Languedoc et Provence au XIe siècle: un moyen d'analyse sociale», *Structures féodales et féodalisme dans l'Occident méditerranéen (Xe-XIIIe siècle)*, Roma, 1980, pp. 135-172 [*N. del T.:* este libro está traducido parcialmente al español: *Estructuras feudales y feudalismo en el mundo mediterráneo,* estudio preliminar de R. Pastor, Barcelona, 1984], a comparar con C. Lauranson-Rosaz, «Les mauvaises coutumes d'Auvergne (fin X^e-XIe siècle)», cit., pp. 557-586.

50. A. Fiche y A. Dumas, *L'Église au pouvoir des laïques, 888-1057* (t. VII de la *Histoire de l'Église* de A. Fiche y V. Martin), París, 1940 [*N. del T.:* trad. esp.:, *El orden feudal,* Valencia, 1975; el conjunto de esta obra ha sido traducida al español bajo la dirección de J. M.ª Javierre].

51. Véase más adelante pp. 185 ss.

fensores de sus establecimientos, iglesias, monasterios y dominios diversos; en una palabra, añadir la espada material a las imprecaciones, a las maldiciones de la liturgia, así como a la protección, no obstante violenta, de los santos. Para liberarse de la influencia de los laicos, de sus pretensiones, disputas, expoliaciones, usurpaciones o pillajes, hubieron de unir, al arma espiritual del anatema y al bastón vengativo de los santos, la espada material de los guerreros armados. *Milites* contra *milites*.

Los santos, solicitados, protegieron desde lo alto del cielo a esos campeones armados de las iglesias; se mezclaron a veces con los combatientes, sacralizando así un poco más sus guerras.

Capítulo V

DE LOS SANTOS GUERREROS A LOS GUERREROS SANTOS

La formación de la idea de guerra santa que condujo a la cruzada debió mucho al acercamiento progresivo, en las mentalidades religiosas, de los dos estados, de los dos modelos de vida durante mucho tiempo considerados como antinómicos: el del santo y el del guerrero. Dicho acercamiento estuvo ilustrado, en el siglo X y más aún en el siglo XI, por numerosos y significativos indicios convergentes: la ayuda creciente de los santos militares, la sacralización progresiva, mediante la liturgia, de la acción guerrera de los reyes, luego de los procuradores en su función de protección de la «Patria» y de las iglesias, la santificación de algunas guerras mediante oraciones, bendiciones de armas y banderas y otros símbolos guerreros, la protección de los santos y el socorro de los ejércitos celestiales, la aparición de la noción de martirio de los guerreros muertos en combate por esa justa causa, y a veces incluso la participación directa de los bienaventurados en los combates sobre los campos de batalla al lado de los guerreros que, por su muerte gloriosa, podrían reunirse con ellos en el paraíso. El súmmum de esa fusión del santo y del héroe guerrero se alcanzó en el transcurso de la primera cruzada. Nos encontramos entonces al término de una evolución cuyas grandes líneas el presente capítulo trata de evocar de manera sumaria.

LOS SANTOS MILITARES

A comienzos del siglo XII, es decir, al final de nuestra investigación, Geroldo de Avranches, clérigo piadoso y letrado, se esforzó por convertir a los barones y a los caballeros a una mejor manera de vivir. Les citó, según nos dice Orderico Vital, un ejemplo a imitar, los combates emprendidos por los santos guerreros *(sanctorum militum)* del Antiguo Testamento y los de la gesta reciente de los cristianos:

> Les narraba la historia edificante de Demetrio y de Jorge, de Teodoro y de Sebastián, de la legión tebana y de su jefe Mauricio, de Eustaquio, el comandante en jefe de los ejércitos y de sus compañeros, los cuales ganaron la corona del martirio en el cielo. Les hablaba también del santo campeón Guillermo [*de sancto athleta Guillelmo*], quien, después de haber servido mucho tiempo con las armas [*post longan militiam*], renunció al mundo y combatió gloriosamente por el Señor [*gloriose militauit Domino*] bajo la regla monástica. Fueron muchos los que sacaron provecho de sus exhortaciones: los arrancaba del océano del mundo para conducirlos al puerto seguro de la vida regular[1].

De este texto, con vocabulario a la vez militar y monástico, se pueden extraer algunas enseñanzas capitales: para el monje Orderico Vital (y tal vez para Geroldo de Avranches) la cima de la vida cristiana sólo se puede alcanzar bajo el hábito. Guillermo, el santo campeón de Dios, héroe de la lucha armada contra los sarracenos en Francia y en España, siente la necesidad de cambiar de *militia;* de abandonar el combate armado para llevar a cabo en adelante otra lucha puramente espiritual. He aquí el reflejo de una concepción tradicional en la Iglesia medieval, que todavía perduraba: para ganar el cielo, hay que salir del mundo. Los cantares de gesta, como es sabido, adoptan la ideología contraria, hacen de Roldán y Bibiano guerreros mártires y muestran a Guillermo, decepcionado por la actitud de los monjes, rechazando el monasterio para combatir de nuevo a los «paganos»[2]. Los ejemplos que ofrece Geroldo están,

---

1. Orderico Vital, *Historia Eclesiástica,* VI, 2, ed. y trad. M. Chibnal, *The ecclesiastical History of Orderic Vitalis,* Oxford, 1965-1978, t. 3, p. 216.
2. Véase sobre todo *Le Moniage Guillaume,* ed. W. Cloeta, París, 1906, v. 640 ss.; sobre la tradición relativa a Guillermo, véase V. Saxer, «Le culte et la légende hagiographique de saint Guillaume de Gellone», *Mélanges René Louis,* Saint-Pèresous-Vezelay, 1982, t. I, pp. 565-589. Sobre las leyendas relativas a Guillermo y su crédito en el siglo XI, véase R. R. Bezzola, *Les Origines et la formation de la littérature courtoise en Occident,* París, 1954-1963, t. II; *La Société féodale et la transformation de la littérature de cour,* París, 1960, pp. 494 ss. Sobre la ideología religiosa en los cantares de gesta, véase J. Flori «La notion de chevalerie dans les chansons de geste du XIIe siècle. Étude historique du vocabulaire», en *Le Moyen Âge,* 81, 1975, 2, pp. 211-244 y 3/4, pp. 407-444 [*N. del T.*: de la primera parte de este trabajo existe trad.

pues, muy teñidos de ideología monástica; estuvieron destinados ante todo a glorificar la «vida apostólica», y no la del caballero, incluso cuando combate por Dios. La cadencia del texto lo subraya: muchos barones y caballeros, convencidos, abandonaron las aguas tumultuosas del siglo para ganar el puerto saludable del monasterio[3]. Nada lo impedía: el combate por Dios puede procurar también las palmas del martirio, como lo muestran los casos de los «santos militares» citados por Geroldo. Entonces se estaba convencido de ello, al menos en los medios laicos. Pero nos encontramos aquí, es verdad, algunos años después de la cruzada, al término de una evolución cuyas modalidades estudia este capítulo.

Subsiste, no obstante, una pizca de ambigüedad en los ejemplos citados por Geroldo y Orderico. En efecto, ¿cómo ganaron esos santos las palmas del martirio? ¿Usando sus armas o, por el contrario, rechazando servirse de ellas? El caso de San Mauricio y de su legión tebana resulta particularmente esclarecedor en este punto, dado que aquellos soldados romanos que llegaron a ser mártires lo fueron precisamente por haberse negado a matar por orden de un emperador pagano, pero también por haber usado sus armas para defenderse ellos mismos de quienes querían hacer ejecutar aquella orden imperial[4]. Por tanto, como la mayor parte de los santos, fueron beatificados no por haber combatido con la espada, sino, antes al contrario, por haber rehusado hacerlo, pereciendo por ello. Nada revela mejor la amplitud de la evolución de las mentalidades respecto a la acción guerrera que esa inversión de funciones.

Los primeros santos honrados por la Iglesia fueron, en efecto, confesores y mártires que, confiando sólo en su fe, rehusaron dejarse impresionar por la fuerza armada de sus perseguidores paganos y perdieron la vida por la espada sin defenderse jamás[5]. Ese fue el

esp.: «La noción de caballería en los cantares de gesta del siglo XII. Estudio histórico del vocabulario», en V. Cirlot (ed.), *Epopeya e Historia,* Barcelona, 1985, pp. 119-146].

3. Sobre estos héroes que llegaron a ser santos mediante la conversión en el monasterio, véase, por ejemplo, L. J. Engels, «"Matière de France" dans l'hagiographie médiolatine: les saints chevaliers convertis», en H. Van Dijk y W. Noomen, *Aspects de l'épopée romane: mentalités, idéologies, intertextualités,* Groninga, 1995, pp. 363-371.

4. Euquerio de Lyon, *Passio Agaunensium Martyrum,* PL, 50, col. 827-832; el ejemplo de la legión tebana, por lo demás, se volvió a veces contra la tesis gregoriana del uso de las armas. Véase sobre este punto Géroh de Reichersberg, *Liber de Aedificio Dei,* PL, 194, col. 1301-1302; *Contra decretum Hildebrandi,* MGH, *Libelli de Lite* II, pp. 282-283.

5. La significación ideológica de estos hechos históricos indiscutibles es minimizada en demasía por J. Fontaine, «Le culte des martyrs militaires et son expression

caso, por ejemplo, de los mártires de Tánger, de los mártires escilitanos, de San Martín de Tours, de San Sebastián, de San Simón y de otros muchos[6]. Conviene insistir en ello: los «santos militares» llegaron a ser santos al dejar de ser militares o al rechazar la conscripción; la mayor parte de ellos, por lo demás, no tuvieron mucho ver con el ejército, pero su muerte, infligida por espadas paganas, permitió poco a poco su adopción como santos protectores de los ejércitos cristianos que luchaban contra los paganos, particularmente en Oriente, antes de hacer de ellos más tarde, por recuperación corporativista, los santos patronos de la caballería.

La mayor parte de esos santos militares, de origen oriental, fueron venerados en el Imperio bizantino como protectores de los ejércitos imperiales. Desde el siglo VII fueron representados en sus banderas[7]. Estos hechos bien conocidos deben incitarnos a la prudencia a propósito de la noción de «guerra santa», la cual sería, como se ha dicho, una especificidad de Occidente totalmente desconocida en la cristiandad oriental[8]. Se ofrece generalmente como prueba de ello el fracaso del emperador Nicéforo Focas en su tentativa de hacer garantizar por la Iglesia la doctrina del martirio de los guerreros muertos en combate. La respuesta del Patriarca y de los obispos ilustra muy bien las razones doctrinales y canónicas de dicho rechazo:

¿Cómo podrían ser tenidos por mártires, o iguales a los mártires, aquellos que han matado o han sido matados en la guerra, cuando los santos cánones los someten a penitencia apartándolos durante tres años de la santa y venerable comunión[9]?.

poétique au XIe siècle: l'idéal évangelique de la non violence dans la christianisme théodosien», en *Ecclesia orans, Mélanges A. Hamman,* 1980, pp. 141-171.
 6. Véase, por ejemplo: «Trois passions de martyrs africains: sainte Máxime, Typasius, Fabius vexifer», en *Analecta Bollandiana,* t. 9, 1890, pp. 110-134; *Acta Sebastiani,* AASS, *Januarii* II, p. 629; *Vita sancti Simoni,* AASS, *Septembris* VIII, pp. 744-750; véase también A. Hamman, *La Geste du sang,* París, 1951 (trad. fr. de las Actas de los mártires [N. del T.: trad. esp.: *Actas de los mártires,* texto bilingüe, con introducciones y notas por D. Ruiz Bueno, Madrid, [3]1974]); P. Monceaux, *La Vraie Légende dorée,* París, 1928.
 7. Sobre este origen, véase H. Delehaye, *La Légende grecque des saints militaires,* París, 1909.
 8. Véase sobre este punto P. Lemerle, «Byzance et la croisade», en *Relazioni del X congresso internazionale di scienze storiche,* III, Florencia, 1955, pp. 595-612; A. Ducellier, *Le Miroir de l'islam. Musulmans et chrétiens d'Orient au Moyen Âge (VIIe-XIe siècle),* París, 1971.
 9. Traducción de A. Ducellier, *op. cit.,* p. 248.

Según A. Ducellier, «al rechazar cualquier indulgencia específica por las violencias cometidas en la guerra, fue el principio mismo de la guerra santa lo que los cánones cortaron de raíz: en Bizancio nunca tuvo mérito alguno, y sobre todo beneficio espiritual, derramar la sangre»[10].

Podemos preguntarnos, sin embargo, si esa afirmación de una ausencia total de la idea de guerra santa no descansa sobre una confusión entre las ideas de cruzada y «guerra santa», de una parte, y, de la otra, sobre una definición de la guerra santa demasiado exclusivamente fundada en la única noción de privilegios espirituales concedidos por la Iglesia a los participantes: «indulgencia» para los vivos, paraíso o palmas del martirio para los muertos.

A pesar de ese rechazo radical a elevar los guerreros muertos al rango de los mártires de la fe, el texto que lo expresa es, por lo demás, muy significativo en sí mismo. En primer lugar, por el hecho mismo de que la cuestión doctrinal hubiera podido ser planteada así de manera precoz, desde mediados del siglo X. Ese no fue aún el caso en Occidente: la idea del martirio de los guerreros se desarrolló sobre todo después de esa fecha, en los espíritus laicos o religiosos próximos a los medios guerreros, sin expresión eclesiástica clara antes del siglo XI, y sin garantía doctrinal autorizada antes de finales de este siglo, es decir, en la época que se elaboró la idea de cruzada. Después, por la razones profundas de dicho rechazo. Estuvo unido esencialmente a la negación, vinculada a la noción de pureza litúrgica, de mezclar el clero en las actividades militares profanas, a la coherencia ligada a la crítica ya antigua de esa misma doctrina de la guerra meritoria (*ŷihād*) en el vecino enemigo musulmán y, más aún quizás, al lugar preponderante que en el plano político y religioso ocupó el emperador, verdadero lugarteniente de Dios en la tierra. La guerra emprendida por el emperador no dejaba de ser sagrada, pero lo era en sí misma, como el resto de sus acciones, sin consagración ni sanción clerical. Hay que añadir, por lo demás, que ese rechazo de la guerra meritoria (pues es preferible aquí esta expresión a la de «guerra santa») no fue general en Oriente y que las iglesias armenias, por ejemplo, no la compartieron[11].

---

10. A. Ducellier, *Chrétiens d'Orient et Islam au Moyen Âge, VIIe-XVe siècle*, París, 1996, pp. 193 ss.
11. J. H. Forse, «Armenians and the Firts Crusade», *Journal of Medieval History*, 17, 1, 1991, pp. 13-21; G. Dedeyan, «Idéologie de croisade et idéologie chevaleresque chez les Arméniens de Cilicie», en *Les Armes et la toge; Mélanges offerts à André Martel*, Montpellier, 1997; G. Dedeyan, «Les Arméniens et la croisade», en M. Rey-Delqué, *Les Croisades...*, cit., pp. 77-84.

Aunque la guerra emprendida contra los enemigos del Imperio bizantino (en particular «los paganos») no fue considerada meritoria por la Iglesia, no por ello dejó de estar apoyada por los poderes celestiales, y por los santos militares principalmente, tales como Demetrio, Teodoro, Mercurio y, sobre todo, Jorge, santo protector del Imperio desde el siglo VIII, patrón de los ejércitos bizantinos en el siglo XI, el más conocido de todos en Occidente, donde pasó por ser el campeón de la cristiandad contra el islam. Raúl Glaber, a mediados del siglo XI, vio en él «aquél cuyo poder ha aterrorizado largo tiempo a los sarracenos»[12]. Fue, por tanto, de manera muy natural cómo en 1063 San Jorge apoyó activamente el combate de reconquista de los normandos contra los musulmanes de Sicilia, antes territorio bizantino. Condujo sus ejércitos disfrazado de caballero revestido con armas espléndidas, a lomos de un caballo blanco, sosteniendo en la mano una lanza provista de un estandarte *(vexillum)* blanco y coronada con una cruz reluciente[13].

En cuanto a Mercurio, santo mártir decapitado en 250, su función militar es aún más dudosa. Lo que no fue óbice para que en Oriente, y luego en Occidente, se le considerara como un santo militar. Bernardo de Angers, para justificar los ardores guerreros desplegados por un prior de Conques para la defensa de las tierras de la abadía, invoca su edificante ejemplo. Cuando rezaba ante el altar de Mercurio, San Basilio habría tenido, una centena de años después de la muerte del santo que lo honraba, la visión de Cristo ordenando a San Mercurio que fuera a matar con su lanza al emperador Juliano (el Apóstata). Mercurio marchó a ello y Basilio lo vio regresar poco después diciendo: «Señor, vuestras órdenes han sido ejecutadas, el emperador Juliano ha muerto». Bernardo de Angers comenta así el episodio:

> ¿Acaso no leemos que la apostasía del césar Juliano fue castigada por el mártir San Mercurio, ya muerto, el cual taladró a dicho emperador con su lanza? Aquél que resucitó a este santo para castigar a su enemigo bien ha podido armar a nuestro monje para la defensa de su iglesia[14].

---

12. Raúl Glaber, *Historiae*, III, 7, 24, ed. M. Prou, *Raoul Glaber, les cinq livres de ses Histoires*, París, 1886; otra ed. J. France, Oxford, 1989, p. 134.
13. Godofredo Malaterra, *De rebus gestis Rogerii Calabriae et Siciliae comitis et Roberti Guiscardi ducis fratris eius*, II, 33, ed. E. Pontieri, Bolonia, RIS, V, 1, 1924, p. 44.
14. Bernardo de Angers, *op. cit.*, I, trad. pp. 486-487.

La lección está clara a su entender: existen violencias justas y sagradas porque los santos del paraíso se entregan a ellas por orden de Dios. Aquel prior guerrero, prosigue Bernardo, no se expuso, por tanto, a ninguna penitencia, como tampoco David cuando guerreaba contra los filisteos. Pues al actuar de esa manera, como él, dicho prior fue el verdadero defensor y el protector armado *(propugnator)* de Dios contra los hijos de Bélial, a saber... los expoliadores de la abadía de Conques.

San Mauricio, jefe de las legiones tebanas, llegó a ser rápidamente, a su vez, un patrón de las actividades guerreras en Occidente. En 1023, por ejemplo, el emperador Otón III se alió con Boleslao, a quien coronó; le envió un clavo de la Santa Cruz y le donó la lanza de San Mauricio, verdadero símbolo y testimonio de victoria *(pro vexillo triomphali*[15]*)*.

Por otra parte, la adopción de los santos militares por algunos «jefes de Estado» les confirió desde muy pronto una dimensión política. San Mauricio, por ejemplo, llegó a ser el protector titulado del Imperio germánico. Durante el conflicto entre el emperador Enrique IV y el papa Gregorio VII, San Mauricio intervino en persona, si creemos a Benzo de Alba, al frente de las legiones celestiales para socorrer a las tropas del emperador y del antipapa contra los normandos de Gregorio[16]. Existe aquí, sin ninguna duda, un intento de aquel partidario del Imperio de replicar por este medio a la excesiva sacralización de la guerra emprendida por el Papado contra el Imperio, como luego veremos. San Dionisio, por su parte, protegió a la corona de Francia, San Martín a la de Hungría y Santiago a los reyes españoles de la *reconquista*. Aseguró la victoria de los cristianos españoles en Clavijo y, en 1064, en Coimbra, el rey Fernando I combatió y triunfó sobre los musulmanes mientras que Santiago, el soldado de Cristo *(miles Christi)*, no cesó de intervenir a su favor. Montado sobre un caballo blanco, se apareció a un peregrino para anunciarle que el rey entraría en la ciudad al día siguiente[17].

Hay que conceder también un lugar importante, en la sacralización de algunas guerras, al arcángel San Miguel, cuyo santuario so-

---

15. *Chronica Polonorum*, II, 18-20, MGH SS, p, 452. Véase también de Ademaro de Chabannes, *Chronicon*, III, 31 y III, 33, cit., y las eruditas notas de G. Pon e Y. Chauvin sobre este tema, en su reciente edición y traducción de este texto.
16. Benzo de Alba, *Ad Henricum IV Imperatorem*, II, 18, MGH SS, 11, pp. 620-621. Véase sobre este punto H. E. J. Cowdrey, *Popes...*, cit., X, 38.
17. *Historia Silense*, ed. Pérez de Urbel, Madrid, 1959, pp. 191-192. Véase sobre este punto el análisis de B. Palacios Martín, «Investidura de armas de los reyes españoles en los siglos XII y XIII», *Gladius*, n.º especial, 1988, pp. 174 ss.

bre el monte Gargano era venerado sobre todo por los normandos desde el siglo X, de quienes llegó a ser uno de sus principales protectores celestiales[18]. Fue invocado también por otros, en particular en los combates contra los «paganos»: hacia 1041, Andrés de Fleury cuenta cómo cuatro condes catalanes se enfrentaron contra las frecuentes incursiones de los sarracenos: con 500 guerreros, proyectaron atacar el campo enemigo, ¡que disponía de 20.000 hombres! El temor los embargó entonces, pero Bernardo de Besalú les pronunció un auténtico discurso de «guerra santa» prometiéndoles la ayuda celestial: ¿por qué habrían de temer al enemigo, si la Virgen María, San Miguel y San Pedro combatirían a su lado? La madre de Cristo abatiría con sus propias manos a 5.000 enemigos, San Miguel y San Pedro harían lo mismo; los cristianos podrían vencer perfectamente a los 5.000 últimos, con la ayuda del cielo. Ellos triunfaron, en efecto, y aquella victoria de los santos y de los cristianos fue, por lo demás, inmediatamente comunicada en visión por la Virgen María a un clérigo del monte Gargano, en Sicilia[19].

Puede parecer sorprendente ver transformada así a la dulce Virgen María en santo militar que aporta su ayuda activa a los combatientes. Hay que ver en ello, me parece, la prueba de la implicación directa, tanto en los combates como en las otras formas de acción, de los santos patronos de las iglesias y de los señoríos eclesiásticos que participaron en esas actividades guerreras[20]. En la primera cruzada, el obispo del Puy llevó consigo la bandera de la iglesia de Santa María, que representaba a la Virgen. Ella se convirtió así en protectora de los ejércitos cristianos y sería después una de las santas patronas de la caballería.

No fue el único caso de santa belicosa. Ya lo hemos constatado a propósito de Santa Fe. Ella intervino también en los combates contra los sarracenos en España, cuando sus intereses estuvieron en peligro. Presionados por las incursiones de los sarracenos, los habitantes de un pueblo de la diócesis de Vich, en Cataluña, cuya iglesia

---

18. Cf. A. Petrucci, «Aspetti del culto e pellegrinaggio di s. Michele Arcangelo sul Monte Gargano», en *Convegni del Centro di Studi sulla Spiritualità Medioevale*, 4, Todi, 1963, pp. 145-180. J. P. Rohland, *Der Erzengel Muchael, Artz und Feldherr*, Leyden, 1977. Según Benito de San Andrés, *Chronicon*, MGH SS, 3, pp. 710-711, Carlomagno habría realizado una visita a ese lugar de peregrinación antes de ir a Jerusalén.

19. Andrés de Fleury, *Miracula sancti Benedicti*, cit., IV, 10 y IV, 11, pp. 189-190.

20. Me acerco aquí a la opinión expresada por F. Cardini, *Alle radici della cavalleria medievale*, cit., p. 240.

estaba dedicada a Santa Fe, decidieron, si damos crédito a Bernardo de Angers, situarse bajo la más estrecha protección de la santa mediante la donación de su pueblo a su monasterio de Conques: se comprometieron a pagarle un tributo anual en oro para la construcción de la basílica y a entregarle la décima parte de todo el botín que arrancaran a los sarracenos. Los monjes, encantados, les hicieron llevar un estandarte de la santa: les ayudaría a vencer a los sarracenos. Tranquilizados por dicho estandarte, los habitantes se precipitaron sobre sus enemigos, haciéndolos trizas y regresando triunfantes y cargados de botín, cuyo diezmo entregaron inmediatamente a Santa Fe, conforme a su promesa[21]. La guerra sacralizada, como se ve, a pesar de que fuera llevada a cabo por los santos y contra los «paganos», no estuvo exenta de intereses materiales. Este rasgo volverá a encontrarse en cualquier guerra santa, y probablemente también en la cruzada.

En todo caso, ¿fue sacralizada porque los enemigos eran paganos, o bien porque se trataba de preservar los intereses de la Iglesia o, más exactamente, de las iglesias, de los dominios del santo patrón, incluso de su prestigio? Santa Fe había concedido su estandarte a un caballero que había hecho una donación al monasterio: gracias a aquel estandarte protector, resultó victorioso de su enemigo a quien hizo trizas lanzando su grito de guerra: «Santa Fe, socorro»[22]; los dos protagonistas eran cristianos, pero uno era fiel de la santa, y el otro, al combatir contra él, se declaró al mismo tiempo su enemigo. La cosa fue más nítida todavía en el caso ya evocado de aquel prior de Conques, antiguo caballero, que conservaba en la cabecera de su cama sus *adoubs*[23] (su antiguo equipamiento de guerrero profesional), que usaba contra los expoliadores de la abadía. Juzgaba tan útil y tan piadosa esa acción guerrera que llegaba al extremo de prometer las recompensas del martirio a quienes llegaran a morir en tales combates, más meritorios a su entender que la lucha contra los infieles:

> Cuando sobrevenía algún ataque, algún pillaje de los malhechores [*pervasores*], él mismo se encargaba de la función de defensor [*offi-*

---

21. Bernardo de Angers, *Liber miraculorum sancte fidis*, IV, 6, cit., pp. 182-185, trad. p. 562. Sobre el papel de Conques, de Cluny y de los normandos, a través de los cantos, danzas, vidas de santos y epopeyas, en la santificación de los guerreros, véanse, con una cierta prudencia, las observaciones de R. Lafont, «Le tueur martyr: "saint Roland"», *Pris-ma*, 31, 2000, pp. 101-115.
22. Bernardo de Angers, *op. cit.*, III, 18, pp. 158-159, trad. p. 546.
23. [*N. del T.*: en cursiva en el original].

cio defensoris] y conducía personalmente la tropa armada. Reanimaba los ánimos desfallecientes, y prometía atrevidamente las recompensas de la victoria o bien las de las glorias del martirio; aseguraba incluso que se tenía el deber de combatir a aquellos falsos cristianos que atacan la ley cristiana y abandonan a Dios, mucho más que a los mismos paganos, quienes, por su parte, jamás lo han conocido[24].

Bernardo de Angers no condena esta opinión del prior. La aprueba incluso con absoluta nitidez. Prueba, si ello es necesario, de que mucho antes de la cruzada (Bernardo escribió antes de 1020) estaba ya ampliamente extendida la idea de que la guerra contra los «paganos» era lo bastante meritoria como para procurar las palmas del martirio. La beatificación de algunos reyes guerreros que murieron combatiendo a los paganos, como San Edmundo o San Olaf, da testimonio en la misma época de esa idea recibida[25]. Prueba también de que, para muchos, el combate armado por la protección de las iglesias y de los bienes eclesiásticos no era menos meritorio. La liturgia tendió también a demostrarlo.

DE LOS REYES A LOS PROCURADORES: LA SACRALIZACIÓN LITÚRGICA DE LOS DEFENSORES DE IGLESIAS

La ideología real de protección de iglesias

Es a los reyes, investidos por Dios de la misión de gobernar a su pueblo, a quienes incumbe la función «sagrada» de proteger a las poblaciones desarmadas, y sobre todo al clero y a las iglesias. Ese deber era recordado solemnemente al monarca durante las ceremonias de la consagración, en particular en el momento de la entrega al rey de la espada que simboliza su poder de justicia, de coerción y de protección armada. Los reyes se describen en ellas como santificados en el ejercicio de su misión, que consiste en actuar por el bien, usando la benevolencia hacia los buenos y asegurándoles su protección, pero también en castigar a los malos, a los malhechores, a los herejes y a los falsos cristianos, y a todos aquellos que causen daño a las iglesias y al pueblo de Dios. Esto es lo que afirma ya, casi palabra por palabra, una bendición pronunciada durante la entrega de la espada al rey en

---

24. Bernardo de Angers, *op. cit.*, I, 26, pp. 66-67.
25. Véase más adelante, pp. 149 ss.

un añalejo de coronación de la primera mitad del siglo XI[26]. Volvemos a encontrarla a finales del siglo X en el añalejo de investidura real de Sens, con una ligera modificación en la expresión del deber del rey, que aquí consiste en mantener el «estatuto» de las iglesias[27], y con algunas variantes menores en el añalejo de G. de Ratold de Corbie (973)[28].

Parecidas recomendaciones se expresan de otra forma en el instante de la entrega por el obispo de la espada real en el añalejo de Stavelot (hacia 936), donde el texto enuncia claramente la misión real de «defender las iglesias», de «proteger a la santa Iglesia y a sus fieles», de «combatir y destruir a los falsos fieles y a los enemigos del nombre cristiano», «de ayudar y proteger a las viudas y a los huérfanos», etc.[29]. Esta fórmula se introdujo, entre 950 y 960, en el ritual de bendición del rey del pontifical romano-germánico y se expandió a través de él[30]. Esas oraciones y bendiciones pronunciadas en las ceremonias de la consagración fueron deslizándose luego al nivel de los príncipes, después al de los procuradores, antes de fusionarse con otras fórmulas de origen más humilde para formar los rituales de investidura de caballeros, como he demostrado en otro lugar[31]. El reconocimiento ideológico de la función que en ellos se señala fue deslizándose del mismo modo desde los reyes a los príncipes territoriales, después a los procuradores y defensores de iglesias, antes de constituir uno de los fundamentos de la ideología caballeresca, en el transcurso del siglo XII, es decir, más allá de los límites cronológicos de este libro.

No obstante, las fórmulas precedentes, ligadas sobre todo a la entrega de la espada, resultan ambiguas en la medida que la espada real, e incluso principesca, no solo simboliza la función guerrera del

26. Texto en P. Schramm, *Kaiser, Könige und Päpste*, Stuttgart, 1968-1971, t. II, p. 78. Sobre el compromiso real en este sentido, véase M. David, «Le serment du sacre du IXe au XVe siècle», *Revue du Moyen Âge Latine*, t. 6, Estrasburgo, 1950, pp. 5-272; y E. A. R. Brown, «"Franks, Burgundians, and Aquitanians" and the Royal Coronation Ceremony in France», *Transactions of the American Philosophical Society*, vol. 82, 7, 1992.
27. *Ibid.*, 2, p. 222.
28. *Ibid.*, p. 246.
29. *Gladii traditio de l'ordo de Stavelot (vers 936)*, texto en C. Erdmann, Königs- un Kaiserskrönung im ottonischen Pontificale, *Forschungen zur politischen Ideenwelt des Frühmittelalters*, 1951, pp. 87-89.
30. «Ordo ad regem benedicendum du *pontifical romano-germanique*», C. Vogel y R. Elze, *Le Pontifical romano-germanique du Xe siècle*, t. II, Vaticano, 1963, pp. 255-256.
31. No puedo aquí sino remitir a J. Flori, «Chevalerie et liturgie; remise des armes et vocabulaire chevaleresque dans les sources liturgiques du IXe au XIVe siècle», cit., y J. Flori, *L'Essor de la chevalerie...*, cit., pp. 81-113.

gobernante que la recibe, sino también, y tal vez incluso más, su función de justicia y su derecho a gobernar, a reinar[32]. Por el contrario, la función militar se vio concernida de manera más directa y exclusiva en las oraciones que se pronunciaban por los ejércitos reales que se ponían en campaña, o por sus banderas levantadas contra los enemigos de la Patria, sobre todo cuando se trataba de paganos. Antes del siglo X, tales bendiciones fueron raras y estuvieron muy poco cargadas de elementos ideológicos[33]. Éste es todavía el caso, por ejemplo, de una oración por las armas del pontifical de Egberto, que sólo pide la protección de Dios sobre el rey y sus ejércitos cuando marchan a combatir a sus enemigos[34]. Fueron más frecuentes y explícitas a partir del siglo X. Encontramos entonces múltiples misas y fórmulas de bendiciones «para los tiempos de guerra», que reclaman la protección divina para quienes van a combatir «contra los enemigos de la Iglesia». Algunos de los manuscritos que nos las han transmitido precisan a veces la naturaleza de esos adversarios: son esencialmente los paganos, en particular los normandos o los daneses[35]. Otras, como la bendición para las banderas de guerra del pontifical romano-germánico, piden a Dios que santifique «esta bandera preparada para la guerra a fin de que suscite el temor de las naciones enemigas y rebeldes y aterrorice a los enemigos del pueblo cristiano»[36]. Esta forma de sacralización del combate mediante la petición de asistencia divina se acerca a la que se expresaba también en las cinco fórmulas de bendición de la espada que se entregaba a los guerreros que entraban en la *militia,* término éste que, en aquella fecha, designaba ante todo el ejército, con una connotación de servicio público: dicha *benedictio ensis noviter succincti,* del pontifical romano-germánico ruega a Dios que bendiga la espada que le es entregada a fin de que sea eficaz «para proteger y defender

---

32. Cf. J. Flori, «Les origines de l'adoubement chevaleresque: étude des remises d'armes dans les chroniques et annales latines du IXe au XIIIe siècle», en *Traditio,* 35, 1979, 1, pp. 209-272, y J. Flori, *L'Essor de la chevalerie...,* cit., pp. 43-80; críticas a veces pertinentes de esta posición en D. Barthélemy, «Note sur l'adoubement dans la France des XIe et XIIe siècles», en *Les Âges de la vie au Moyen Âge,* París, 1992, pp. 108-117.

33. Véase sobre este punto M. McCormick, «The Liturgy of War in the Early Middle Age: Crisis, Litanies, and the Carolingians Monarchy», *Viator,* 15, 1984, pp. 1-23.

34. «*Benedictio armorum (Xe siècle)»,* ed. W. Greenwell, *The Pontifical of Egbert, Archbishop of York,* Surtees Society, vol. 27, 1853, pp. 131-132.

35. Véase sobre este punto J. Flori, *L'Essor de la chevalerie...,* cit., p. 85.

36. «*Benedictio vexilli bellici* du *Pontifical romano-germanique»,* en C. Vogel y R. Elze, *Le Pontifical romano-germanique du XIe siècle,* cit., p. 378.

a las iglesias, a las viudas, a los huérfanos y a todos los servidores de Dios de las fechorías de los paganos»[37].

La asistencia de los santos no es invocada en estas fórmulas litúrgicas antes del siglo XI. La esperada sacralización celestial procedía hasta entonces sólo de Dios y, en algunos raros casos, de los ángeles, entre los cuales el arcángel San Miguel, jefe de los ejércitos celestiales, parece establecer un lazo de unión entre los ángeles y los santos. Así ocurre por primera vez, al menos por lo que yo conozco, en una bendición del misal de Corbie, hacia 980: la defensa de las iglesias se recuerda en él junto a una oración que pide la ayuda de las legiones celestiales dirigidas por el arcángel San Miguel. La sacralización de los combatientes se encuentra también aquí reforzada mediante una alusión a la protección divina antaño concedida a Abraham para permitirle, a pesar de sus escasas fuerzas, que venciera a las tropas de varios reyes paganos, y por otra referencia a los triunfos de David conseguidos gracias al poder divino[38].

Es, pues, en el Antiguo Testamento donde la ideología de la guerra santa tomó sus modelos de «guerreros santificados». Así conocemos, por un manuscrito de comienzos del siglo XI, una «oración por el ejército» que lo asimila al pueblo de Israel amenazado por sus enemigos en el momento de la salida de Egipto, pero salvado por la intervención de la nube divina y por los ángeles[39], y algunas oraciones pronunciadas por jefes de guerra en la Inglaterra de antes de 1066, en las que piden a Dios que, por Su poder *(virtus)*, dicho jefe y sus hombres combatan bien y que sus enemigos sucumban ante él como Goliat ante David, los filisteos ante Israel, los amalecitas ante Moisés y los cananeos ante Josué. Dichas oraciones contienen frases bastante próximas a las fórmulas de bendición real y tal vez estuvieron destinadas a los príncipes o jefes de guerra que defendían el reino de los daneses[40].

Las liturgias relativas a los defensores de iglesias

Algunas de las fórmulas precedentes fueron reutilizadas, en el siglo XI, tanto para los protectores de iglesias como para los reyes. Resulta tentador, e incluso legítimo, discernir aquí el indicio de una cierta defi-

---

37. *Ibid.,* p. 379.
38. «*Benedictio vexilli* du sacramentaire de Corbie», texto en C. Erdmann, *Die Entstehung...,* cit.
39. «*Oratio pro exercito*», texto en C. Vogel y R. Elze, *op. cit.,* t. III, p. 380.
40. Texto en B. J. Muir, *A Pre-Conquest Englich Prayer Book,* Henry Bradshaw Society, n.º 103, Woodbridge, n.º 6, p. 21; n.º 11, p. 29 y n.º 12, p. 30, 1988.

ciencia del poder real para asumir esa misión que le correspondía por derecho. Repitámoslo: a falta de anarquía feudal, el siglo que rodeó el año mil estuvo completamente marcado por disturbios reales de los que las iglesias fueron las primeras víctimas, en todo caso aquellas de las que mejor conocemos los peligros que las amenazaban, gracias a los escritos de los monjes. Para asegurar su defensa, no sólo frente a los enemigos de la «Patria», sino también y sobre todo de las codicias de los señoríos rivales, principalmente laicos, de los que ya hemos hablado antes, los establecimientos eclesiásticos, iglesias y monasterios, debieron asumir a menudo su propia protección armada.

Al menos desde la época carolingia, y a pesar de la prohibición hecha a los clérigos de llevar armas —prohibición que, como hemos visto, fue frecuentemente recordada por los concilios— los obispados y los grandes monasterios dispusieron de fuerzas armadas cuyo servicio militar, por lo demás, exigió el emperador[41]. Como todos los grandes propietarios territoriales, las iglesias tuvieron igualmente vasallos, encargados, entre otras cosas, de servirles con las armas; la práctica de la concesión de un feudo a cambio de la prestación de servicios militares puede considerarse incluso como el verdadero fundamento del sistema feudal[42]. Todavía a mediados del siglo X, y mucho más allá, numerosos guerreros vivían en los dominios de las grandes iglesias, y siempre se consideró que los guerreros de las iglesias estaban al servicio del rey.

Por otra parte, para asumir las funciones «profanas» que se consideraban incompatibles con la condición clerical o monástica, aquellos establecimientos eclesiásticos estuvieron representados cada vez con mayor frecuencia por príncipes o señores de la vecindad, los procuradores *(advocati),* quienes asumieron asimismo su protección armada. Existió por tanto, de forma paralela a la de los señoríos laicos, toda una red jerarquizada de soldados de iglesias *(milites ecclesiae),* vasallos, dependientes o mercenarios reclutados por el procurador o por el archidiácono de algunas grandes iglesias, para asegurar a los establecimientos eclesiásticos una «protección» que a veces, como hemos visto, se tornó en explotación.

Dichas funciones fueron lo bastante lucrativas como para permitir un rápido ascenso social y político de quienes fueron investi-

---

41. Véase por ejemplo para Saint-Riquier, Th. Evergates, «Historiography and Sociology in Early Feudal Society: the Case of Hariulf and the *milites* of Saint-Riquier», *Viator,* 6, 1975, pp. 35-49.

42. Véase sobre este punto las observaciones pertinentes, aunque a veces demasiado radicales, de S. Reynolds, *Fiefs and Vassals,* Oxford UP, 1994, en particular pp. 165 ss.

dos de ellas. Así ocurrió sobre todo en el norte de Francia y en las tierras del Imperio donde los condes, que muy frecuentemente fueron también abades laicos en los siglos IX y X, consiguieron conservar la procuraduría, mientras que conocemos también, sobre todo en el siglo XI, numerosos procuradores que, por este medio, accedieron al título condal; así, en la segunda mitad del siglo XI, el conde de Verdún llegó a ser procurador de la abadía de Mouzon, pero, en 1050, el procurador de Saint-Riquier se convirtió en conde de Ponthieu, un procurador del obispo de Verdún llegó a ser conde de Clermont, un descendiente de la familia de los Roucy, que ejerció, desde 947, la función hereditaria de «defensor» de la iglesia de Reims, dirigió en expedición, poco antes de la cruzada, la *militia* de dicha iglesia, etc.[43]. Bajo la forma estricta de la procuraduría, el fenómeno adquirió una considerable amplitud en una zona comprendida entre el Sena y Turingia, pero apareció también en las regiones meridionales bajo una forma menos codificada.

Gregorio de Catino, a finales del siglo XI, admitió sin ambages las razones que obligaron a la Iglesia a actuar así: las propiedades eclesiásticas, afirma, se han desarrollado de tal manera que las iglesias han debido vincularse, mediante un juramento de fidelidad, a guerreros (*milites*) o condes para defenderlas[44]. La protección militar llegó a ser, desde antes del año mil, la razón principal de las concesiones de dominios por la Iglesia. Así ocurrió incluso en Roma donde, en aquella fecha, el papa Silvestre II otorgó al conde Daifero y a sus hijos un condado a cambio de servicios militares, que sustituyeron a un censo mal percibido y poco remunerador. Un documento lo precisa:

> Nos juzgamos bueno que, en razón de este (nuevo) modo de imposición, los vasallos sirvan en tiempos de paz con la obediencia y en tiempo de guerra con las armas, por la honra y la salvación de la santa Iglesia romana[45].

---

43. Véase, por ejemplo, Flodoardo, *Historia Remensis ecclesiae*, MGH SS, 13, pp. 483, 578 y 585; P. Demouy, «L'église de Reims et la croisade aux XIe-XIIe siècles», en Y. Bellanger y D. Quéruel, *Les Champenois et la Croisade...*, cit., pp. 19-38; M. Bur, *La Formation du comté de Champagne, vers 950-vers 1150*, Nancy, 1977, pp. 127 ss.; M. Parisse, *La Noblesse lorraine, XIe-XIIIe siècle*, París-Lille, 1976, p. 374; una visión de conjunto en R. Fossier, *Enfance de l'Europe*, París, PUF, 1982, pp. 374 ss. y 418 ss. [N. del T.: trad. esp.: *La infancia de Europa, siglos XI-XII. Aspectos económicos y sociales. 1/ El hombre y su espacio*, Barcelona, 1984, pp. 259 ss. y 293 ss.].

44. Gregorio de Catino, *Orthodoxa defensio imperialis*, MGH, *Libelli de lite* II, pp. 539 ss.

45. Silvestre II, *Carta al conde Daifero* (26 de diciembre de 1000), PL, 139, col. 276-277.

Volveremos en el próximo capítulo al caso de la iglesia de Roma. Por ejemplar que sea, no fue algo aislado, y conocemos casi por todas partes de Occidente tales concesiones de feudos a señores que se convirtieron en procuradores de obispados o monasterios. El reclutamiento de procuradores, defensores o vasallos de iglesias daba lugar, como en el de los vasallos laicos, a una ceremonia de investidura. Al tratarse de bienes de Iglesia, inalienables porque teóricamente pertenecían a los santos, esas investiduras estaban revestidas de una dimensión religiosa particular. Eran oficiadas, en tanto que representante de la autoridad eclesiástica de la diócesis, por el obispo, quien entregaba al nuevo defensor los símbolos de su función. No es sorprendente, en estas condiciones, que los rituales de investidura de tales personajes fueran particularmente ricos en bendiciones de muy marcado carácter ideológico y religioso. La sacralización de su función estuvo asegurada por oraciones que pedían para ellos la bendición de Dios y la protección de los santos, en particular la del santo patrón cuya bandera llevaba en lo sucesivo el guerrero reclutado.

El azar de la conservación nos ha preservado uno de estos rituales litúrgicos en un manuscrito conservado en Colonia: se trata de un ritual de la iglesia de Cambrai (provincia eclesiástica de Reims), que data de la segunda mitad del siglo XI; hasta hace poco se creía destinado a la investidura de los caballeros, pero, como creo haber demostrado en otro lugar, es un ritual de investidura de procurador o de defensor de iglesia[46]. En él se encuentran reunidas numerosas bendiciones hasta entonces utilizadas para los reyes y que fácilmente podían ser aplicadas, con mínimas correcciones, a dichos personajes precisamente porque ellos cumplían la función, antaño real, de protección de las iglesias. Por este motivo, estas fórmulas merecen una atención particular.

Ese es el caso, en dicho ritual, de la primera bendición de la bandera, que recupera la oración mencionada más arriba[47], de dos liturgias reales anteriores, modificadas para aplicarse a un guerrero de menor rango, y de algunas otras bendiciones del mismo origen, truncadas para la ocasión. El ritual recupera también, con algunos mínimos retoques, la invocación del misal de Corbie destinado a

---

46. Nueva edición y estudio de este añalejo en J. Flori, «À propos de l'adoubement des chevaliers au XIe siècle: le prétendu pontifical de Reims et l'ordo *ad armandum* de Cambrai», *Frühmittelalterliche Studien*, 19, 1985, pp. 330-349, y J. Flori, *L'Essor de la chevalerie...*, cit., pp. 102 ss. y 377 ss.

47. Mínimos retoques a la *Benedictio vexilli bellici* del *pontifical romano-germanique* mencionado más arriba.

reclamar la asistencia del arcángel San Miguel y de las legiones celestiales, y la alusión a la ayuda concedida por Dios a Abraham y David. A estos elementos de sacralización se añaden otras fórmulas de origen desconocido, como la bendición de la lanza (antes de que en ella se ate la bandera): este «instrumento militar» es sacralizado por una alusión a la lanza que, sostenida por un soldado, atravesó antaño el costado de Cristo con consentimiento de Dios, para asegurar así nuestra salvación.

Esa referencia al instrumento de la Pasión puede sorprender a propósito de un guerrero protector de iglesia. La lanza que encontraron los cruzados en 1098, después de una visión, en el suelo de la catedral de Antioquía, jugó un papel considerable en la decisiva batalla que se libró contra los ejércitos musulmanes de Kerbogha. Más adelante volveremos sobre ello[48]. La virtud protectora contra los peligros de la guerra por mediación de una reliquia procedente de un instrumento de la Pasión no fue una innovación de la cruzada. El emperador Constantino habría utilizado ya una parte de los clavos de la crucifixión para hacerse confeccionar un casco y un freno, prenda de su victoria militar sobre los enemigos del Imperio cristiano[49]. Por lo que respecta a la Santa Lanza, estuvo más directamente asociada a la acción guerrera de los emperadores germánicos. La encontramos mencionada en 1001 cuando, según Thangmar, Otón III (el «nuevo Constantino») debió combatir una rebelión de los romanos contra Silvestre II y contra el emperador: antes del combate, el obispo de Hildesheim, que acompañó a Otón, se ocupó de santificar a los guerreros y el combate que iban a emprender: confesó a los soldados de Otón, les administró el «santo viático» y cogió la Santa Lanza; el obispo se erigió así en el portaestandarte de las tropas imperiales *(signifer)* y ocupó la primera fila de los combatientes, sosteniendo siempre la lanza en su mano e incitando a los enemigos a la paz y a la concordia: éstos terminaron por ceder y prestaron juramento de fidelidad al emperador[50]. Subrayemos de paso que en 1001, como en 1098, fue un clérigo (aquí un obispo) quien portó la(s) Santa(s) Lanza(s) en una batalla, y que los enemigos fueron en este caso cristianos rebelados contra la autoridad imperial y pontifical, y no «paganos» rebeldes a la autoridad divina.

---

48. Véase pp. 339 ss.
49. G. Dagron, *Naissance d'une capitale. Constantinople et ses institutions de 330 à 451,* París, 1974, p. 408; E. Bozoky (como nota 8, p. 102, p. 43.
50. Thangmar, *Vita Bernwardi episcopi Hildesheimensis,* c. 24, MGH SS, 4, p. 770.

La alusión a la Santa Lanza, en la bendición litúrgica que analizamos, no fue, por tanto, una innovación real. Aquí, sin embargo, sólo se trata de una comparación, de una referencia teológica. Jugando con esa asimilación verbal, el oficiante ruega que dicha lanza, que se entrega al guerrero para que emprenda otro combate saludable, sea para él el signo de una protección divina comparable a la que otros guerreros recibieron también en la historia sagrada. El texto cita a Gedeón, Saúl y David, prototipos de los combatientes por la buena causa, la del pueblo de Dios.

El escudo saludable del caballero es también objeto de dos bendiciones en el momento de su entrega por el obispo. La ceremonia prosigue luego con una oración, muy importante para nuestro propósito, que ruega a Dios su protección a través de los mártires y de los santos militares, los cuales se asocian así a la misión del protector, como lo habían sido, en una bendición precedente, los «héroes de la fe» del Antiguo Testamento, Gedeón, Saúl y David:

> Señor Dios, tú que reduces a nada las guerras, y que eres el sostén y el protector de todos aquellos que en ti confían, responde favorablemente a nuestra invocación; por los méritos de tus santos mártires y soldados Mauricio, Sebastián, Jorge, concede a este hombre la victoria sobre sus enemigos y sálvale por tu única gracia, tú que te has dignado rescatar a la humanidad al precio de la muy preciada sangre de tu Hijo, que vive cerca de ti[51].

En fin, la ceremonia concluye con una nueva alusión bíblica a la protección milagrosa de Dios sobre los guerreros que combaten por su causa.

Como se ve, este ritual de investidura reúne y concentra, como resulta natural para un defensor de iglesia reclutado a tal efecto, numerosísimos elementos éticos y litúrgicos que recuerdan a la vez los deberes de su cargo, le ofrecen como modelo los más valerosos guerreros del pueblo de Israel y requieren para él la protección de Dios y la de los santos militares. Resulta casi imposible poder imaginar factores más amplios de sacralización de una misión guerrera destinada directamente, en este caso, a la defensa de los intereses eclesiásticos.

Una sacralización semejante, contrariamente a lo que antes se creía, no implica para nada, sino más bien al contrario tal vez, la de

---

51. Texto en J. Flori, «À propos de l'adoubement...» (cf. nota 45, p. 137), y en J. Flori, *L'Essor de la chevalerie...*, cit., p. 381.

la caballería en tanto que tal o la de los caballeros en su conjunto: la caballería no está, por naturaleza, al servicio de la Iglesia[52]. Por tres razones al menos. La primera es que no poseemos ningún testimonio para esta fecha de una tal sacralización litúrgica de la investidura. Los rituales más antiguos de investidura de caballeros son muy posteriores: datan de finales del siglo XII y los primeros elementos constitutivos de dichos rituales no son anteriores al siglo XII. El desarrollo de las ceremonias litúrgicas de la investidura se sitúa sobre todo en el siglo XIII, e incluso en el siglo XIV[53]. La segunda es que el reclutamiento de aquellos procuradores y defensores particulares estaba destinado precisamente a contrarrestar las ambiciones y las tentativas llevadas a cabo por señores laicos que también actuaban con sus propios caballeros o guerreros *(milites)*. La tercera es que la Iglesia parece que trató en un primer momento de poner caballeros a su servicio para sustraerlos a la *militia* del siglo (como luego veremos a propósito de los fieles de las iglesias o del papa, y más tarde aún por la cruzada), antes de tomar nota de aquel fracaso y de intentar entonces infundir sus propios ideales en la caballería mediante la liturgia de la investidura[54]. El presente ritual de investidura de un defensor de iglesia en modo alguno realza la caballería, sino sólo a los guerreros reclutados por las iglesias para servir sus intereses. Así sacralizados, usando armas benditas y beneficiándose de la protección de los santos militares, pero también del santo patrón cuya bandera portan, debían poner evidentemente su espada al servicio de aquellas iglesias de las que habían recibido una retribución en forma de beneficios precarios, feudos, dominios o remuneraciones de cualquier especie.

Era también a ellos, o a los «campeones» que ellos designaban, a quien correspondía la tarea de combatir en los duelos judiciales que a veces constituyeron el último medio de establecer el derecho en los procesos que enfrentaban a los establecimientos eclesiásticos con otros señoríos. Poseemos algunos textos de bendición de armas uti-

52. Yo me distancio totalmente en este punto de la opinión común de É. Delaruelle, *op. cit.*, p. 55, y de C. Erdmann, *op. cit.* (trad.), pp. 57 ss. y 86 ss. Véase sobre este particular J. Flori, «Du nouveau sur l'adoubement des chevaliers (XIe-XIIe siècles)», *Le Moyen Âge*, 91, 1985, pp. 201-226.
53. J. Flori, *L'Essor de la chevalerie...*, cit., pp. 319 ss.; J. Flori, *Chevaliers et Chevalerie au Moyen Âge*, París, 1998, pp. 203 ss. [N. del T.: trad. esp.: *Caballeros y caballería en la Edad Media*, Barcelona, 2001, pp. 203 ss.].
54. J. Flori, «Croisade et Chevalerie; convergence idéologique ou rupture?» (cf. nota 26, p. 27); J. Flori, «Église et chevalerie au XIIe siècle», en D. Buschinger y W. Spiewok, *Les Ordres militaires au Moyen Âge* (Wodan, n.º 67), 1996, pp. 47-69.

lizados para la circunstancia (a saber, la porra y el escudo) y del campeón que las portaría, con una alusión bíblica al combate victorioso de David contra Goliat[55].

Sabemos, sin embargo, por múltiples quejas, que dichos «defensores» se comportaban a veces más como expoliadores que como protectores. Hincmaro de Reims denunciaba ya como prevaricadores a aquellos hombres que, habiendo recibido de las iglesias un salario para asegurar su defensa, las expoliaban y no cumplían su cometido[56]. Ya hemos visto algunos ejemplos de ello a propósito de los milagros de Santa Fe o de San Benito, dirigidos precisamente contra aquellos procuradores infieles que eran calificados de saqueadores por los textos eclesiásticos[57]. Por otra parte, esas depredaciones adquirieron a menudo la forma de «malas costumbres», de impuestos excesivos o inducidos, como ocurre, entre otros casos, en un texto de 1067 que menciona a un procurador que fue obligado a abandonar las «costumbres injustas» que había tomado el hábito de imponer más allá de las que le autorizaba su procuraduría: requisaba «injustamente», mediante violencia, caballos para partir en expedición guerrera por su propia cuenta[58]. Las exacciones de carácter militar, *«pro defensione»*, en el marco de las procuradurías eclesiásticas, son lo bastante numerosas y lo bastante conocidas, en el siglo XI, como para que sea necesario insistir aquí sobre ellas[59].

BAJO LAS BANDERAS DE LOS SANTOS

Las banderas eclesiásticas, cuya presencia acabamos de subrayar en las bendiciones litúrgicas, contribuyeron evidentemente a la justificación moral y a la santificación de los combates llevados a cabo por los guerreros que se alinearon detrás de ellas. Las páginas preceden-

55. Véase por ejemplo la *Benedictio super hominem pugnaturum* editada por H. A. Wilson, *The Pontifical of Magdalen College*, Londres, 1910, pp. 207-209, y J. Flori, *L'Essor de la chevalerie...*, cit., pp. 382-383. Contrariamente a lo que afirma D. Barthélemy, *La Société dans le comté de Vendôme de l'an mil au XIVᵉ siècle*, París, 1993, p. 434, yo también estoy bastante convencido de que este texto estuvo destinado a los campeones de duelo judicial.
56. Hincmaro de Reims, *Pro Ecclesiae libertatum defensione*, PL, 125, col. 1051.
57. Cf. *supra* pp. 104 ss. y 112 ss. Véase también *Miracula sancti Benedicti*, cit., II, 7, pp. 107-109; III, 5, pp. 135-142; III, 13, p. 159; VI, 3, pp. 221-223.
58. J. Tardif, *Monuments Historiques. Cartons des rois*, París, 1866, n.º 286, pp. 177-178, trad. en *Sources d'histoire médiévale...*, cit., pp. 211 ss.
59. Véase por ejemplo los numerosos casos mencionados por M. Bur, *La Formation du comté de Champagne, vers 950-vers 1150*, cit., pp. 343 ss. y 366 ss.

tes han ofrecido varios testimonios de la protección divina sobre tales guerreros, procuradores de monasterios, vasallos de iglesias o guerreros que defendieron sus intereses. La bandera de Santa Fe, por ejemplo, aseguró la victoria a los guerreros que la portaban en el combate[60]. Las milicias de Bourges combatieron bajo la protección de las banderas de San Esteban, que los clérigos se encargaron de ir a buscar a su santuario[61].

El estandarte de San Benito no fue menos protector. Aimón de Fleury cuenta cómo, en la época del abad Ricardo (963-979), ciento cuarenta hombres armados *(armati)* se habían dedicado a saquear los dominios de la abadía, llevándose rebaños. El procurador de aquellos dominios devastados era Giraudo, vizconde de Limoges. En su ausencia, sus soldados *(commilitones)* se sintieron colectivamente obligados —«bajo la inspiración divina», precisa el autor— a oponerse a los saqueadores: fueron a buscar entonces al monasterio del Sault el estandarte *(vexillum)* del santo confesor cuya ayuda esperaban; su presencia desterró cualquier temor en los cuarenta «jóvenes» que fueron a enfrentarse a los depredadores. Invocando a San Benito con grandes gritos, cayeron sobre ellos y los pusieron en fuga. El autor precisa que apenas si hubo efusión de sangre, pues el temor al santo patrón se apoderó de los adversarios; los vencedores regresaron a sus casas cargados de botín después de haber hecho prisioneros a los más nobles de sus adversarios[62]; cuenta inmediatamente después cómo aquel mismo procurador, el vizconde de Limoges, protegido por el santo, había triunfado sobre otro de sus enemigos. Más tarde, en cambio, Ademaro, vizconde de Limoges y procurador de San Benito, no dudó en invadir las propiedades del santo. Éste, a través de una visión, prometió la victoria a uno de los guerreros estipendiados del monasterio, que habían permanecido fieles. Se lanzaron al asalto contra los «invasores» lanzando como grito de guerra el nombre de «San Benito», y resultaron victoriosos gracias a él[63].

La bandera de este santo triunfó también en Italia para proteger su casa madre de Montecasino. La crónica relata cómo, a mediados del siglo XI, un conde lombardo llamado Gaimar fue instituido, por el abad, «defensor» del monasterio, al estilo de los procuradores de

---

60. *Miracula sancte fidis,* cit., III, 18, pp. 158-159 (trad. p. 546); IV, 6, pp. 182-185 (trad. p. 562).
61. Andrés de Fleury, *Miracula sancti Benedicti,* cit., V, 1-5, cf. *supra* pp. 89 ss.
62. *Ibid.,* II, 15, pp. 117-118.
63. *Ibid.,* III, 5, pp. 135-142.

allende los montes, frente a los normandos que lo amenazaban: recibió un caballo, armas y una bandera, y triunfó gracias a esta ayuda. El santo ejerció poco después un terrible «juicio de Dios» sobre la persona del jefe de los invasores y sobre sus guerreros normandos, ciento cincuenta de los cuales fueron encontrados muertos[64].

En Francia, San Martín se mostró igualmente todopoderoso y protector: en 1044, los dos hijos de Eudes de Blois, Teobaldo III y Esteban II, amenazaron en Tours, con un gran ejército, al conde de Anjou Godofredo Martel. Godofredo trató de obtener entonces, con éxito, los favores y el estandarte del santo, cuyo perdón debió ganarse primero, pues también había sido expoliador de bienes eclesiásticos:

> Godofredo, cuando lo supo, imploró la asistencia de San Martín, y prometió restituir humildemente todo cuanto había arrebatado de manera violenta a las posesiones del bienaventurado confesor y de otros santos. Luego se le entregó su estandarte [*sigillum*]; lo ató a su lanza y marchó con una caballería y una numerosa infantería [*exercitu equitum peditumque*] al encuentro de los asaltantes; pero, en el momento en que iban a llegar a las manos, se extendió un terror tal en el ejército de los dos hermanos que todos se sintieron como maniatados y asimismo inutilizados para combatir [...]. Nadie puede dudar de que la ayuda de San Martín concedió la victoria sobre sus enemigos a aquél que piadosamente la había invocado. Por lo demás, algunos de los fugitivos contaban que, cuando se entabló el combate, todos los guerreros [*milites*] de Godofredo, tanto caballeros como infantes [*tam equites quam pedites*], parecían revestidos con ropas de una blancura resplandeciente. Ocurría, en efecto, que los hijos de Eudes saqueaban los bienes de los pobres [*pauperes*] de aquel santo confesor para conceder a sus hombres soldadas suplementarias. Aquello fue para todos que lo supieron un motivo formidable de estupor, cuando se supo que más de 1.700 hombres armados habían sido hechos prisioneros en el combate sin efusión de sangre[65].

Godofredo triunfó milagrosamente en Saint-Martin-le-Beau: de los dos males, el santo escogió, pues, el menor y concedió su ayuda a los guerreros de Godofredo, arrepentido y menos saqueador de los «pobres de Dios», es decir, de los monjes. El santo y las legiones celestiales no fueron percibidos de manera directa en la batalla, pero

---

64. León Marsicano, *Chronica Monasterii Casinensis*, II, 74-74, ed. H. Hoffmann, Hannover, 1980 (véase también MGH SS, 7, p. 681).
65. Raúl Glaber, *op. cit.*, V, 19, ed. M. Prou, p. 129; cito aquí la traducción de E. Pognon, *Raoul Glabre, les Histoires,* París, 1947, p. 140.

la mención de los vencedores revestidos de ropas blancas incita a una asimilación de este tipo. Erdmann, por consiguiente, tiene toda la razón al afirmar que, de forma simbólica, la donación de la bandera de un santo constituía una declaración de la «santidad» de la guerra emprendida por aquel que la portaba[66]. Fue incluso, según creo, uno de los principales factores de sacralización de la guerra y de los guerreros, o más precisamente de algunas guerras y de algunos guerreros, si a ello se añaden algunos otros símbolos religiosos, como el signo de la cruz, que también se asoció a actividades militares así santificadas y prometidas al éxito. Lo volveremos a encontrar, magnificado, en la cruzada.

BAJO EL SIGNO DE LA CRUZ

Constantino fue en este aspecto el modelo indiscutible, incluso aunque no conozcamos con certeza la naturaleza del signo que, según se dice, el emperador habría hecho pintar, después de su visión, sobre los escudos de sus soldados.

Sin embargo, fue ante todo un signo de pertenencia, una declaración de fe, una prenda de salvación eterna más que de protección militar. Lo encontramos sobre todo evocado con este sentido en la alta Edad Media, y aún en el siglo XI. Los monjes que enarbolaban el estandarte de la cruz perecían sin combatir, pero ganaban así las palmas del martirio. Fue con ese sentido cómo, poco después del año mil, se relató el martirio glorioso de los monjes de Lérins, ocurrido muchos años antes: el relato emplea para ello términos muy «militares», pero los monjes fueron masacrados sin combatir por «la raza nefasta de los sarracenos» que ejercían sobre la Provenza cristiana un incomprensible «juicio de Dios»; murieron como los confesores de los primeros tiempos del cristianismo, y por eso fueron acogidos en el paraíso por legiones de ángeles. El santo abad Porcario había sido advertido por una visión de la llegada de los «paganos». Aquel valiente campeón de Dios exhortó entonces a los monjes a no intentar una huida por lo demás imposible, sino a sufrir heroicamente la muerte:

> Como el atleta de Dios [*athletas Dei*] se vio así agobiado, héroe muy valiente, se lamentó por ver un crimen tan grave: sus compañeros huir por el ala derecha, una tropa antes invencible ceder sin comba-

---
66. C. Erdmann, *op. cit.*, trad. p. 51.

tir. Entonces clavó en la tierra el estandarte de la Santa Cruz [*vexillum sancte crucis*] que, como buen jefe, tenía costumbre de llevar en primera fila, y estimuló los ardores con estas penetrantes palabras: «¡Oh!, dijo, muy valientes soldados [*fortissimi milites*], ¡oh! combatientes muy adiestrados en el combate divino [*instructissimi divini prelii bellatores*], ¿a dónde corréis?

Podría parecer un discurso de guerra santa, pero se trata, por el contrario, del combate espiritual que consiste en resistir sin combatir: animados por aquellas exhortaciones, los monjes se recuperaron y, mientras que las puertas del cielo se abrían para ellos, avanzaron hacia el campo enemigo, como rebaño condenado al sacrificio salvador, al que así se le abrían las puertas del reino celestial:

> Por esta razón, repletos de entusiasmo y seguros de su victoria, avanzaron [...] hacia los campamentos enemigos, todos engalanados, todos revestidos de hábitos blancos, como si hubiesen sido reconocidos ya antes de la creación del mundo por Jesucristo, el cordero inmaculado y sin tacha. ¡Qué alegría excitó entonces a la asamblea de los ángeles que venían al encuentro de tan grandes tropas de bienaventurados mártires! Nadie puede poner en duda que toda la Jerusalén celestial exultó con una alegría inefable![67].

Arnulfo de Lieja nos describe en otra parte la muerte gloriosa de San Lamberto, quien se preparaba para la gloria del martirio (por la meditación, no por los ejercicios guerreros). Fue matado sin esbozar el menor gesto de defensa por violadores de iglesia, y alentó a los monjes, «combatientes de Cristo» (*bellatores Christi*) a hacer lo mismo: todos murieron como mártires, «a la antigua usanza», podría decirse. Nos describe también al obispo Waso, hacia 1017, en ese papel de *bellator Christi*, combatiente pacífico, armado con la cruz de Cristo para oponerse a los saqueadores de los bienes eclesiásticos: por ello, se revistió con armas espirituales, la coraza de la justicia, la espada del espíritu, asió a modo de lanza la cruz de Cristo, como San Martín: «Protegido no por un escudo ni por un casco, sino por la cruz de Cristo, seré salvado en medio de mis enemigos». Como Gregorio y como Judas Macabeo, se lanzó en medio de los combatientes portando la cruz de Cristo, dispuesto a dar su vida por sus ovejas: llenos de un piadoso terror por esa vista, los saqueadores

---

67. Syr, *Vita sancti Maioli*, AASS, Maii 2, pp. 669-670; nueva edición en D. Iogna-Prat, *Agni immaculati. Recherches sur les sources hagiographiques relatives à saint Maïeul de Cluny (954-994)*, París, 1988, pp. 178-182; trad. M. Zimmermann (dir.) (cf. nota 11, p. 65), pp. 423 ss.

huyeron[68]. La cruz es, pues, aquí todavía signo sagrado de paz, y el combate es de orden espiritual, interior, no violento, aunque se opone pacíficamente a los promotores de disturbios, saqueadores u otros enemigos de la Iglesia.

Sin embargo, la cruz se asoció a veces a las reliquias, para sacralizar más la acción, en ocasiones violenta, de los santos. Así ocurrió cuando Santa Fe castigó a un caballero llamado Sigert, del castillo de Conques, expoliador de los bienes de la abadía y que a veces golpeaba y hería a los monjes. Éstos expusieron entonces en el lugar la estatua de la santa, con la cruz:

> Además, retirando de su cartucho el estandarte de la cruz del Señor, expusieron en la plaza pública la cruz con los relicarios y la estatua de la santa mártir, y exhortaron a la asamblea de los fieles para que obtuvieran, mediante la intercesión de Santa Fe, el castigo de aquel odioso tirano y la preservación de la herencia del Señor frente al furor de aquel monstruo[69].

Lo consiguieron: fue atacado por un mal horroroso, entregado a los tormentos del infierno, y tres de sus hijos perecieron con él.

Más guerrero aún era el uso de la cruz en los ejércitos, al lado de banderas santas y reliquias. Abbon de Saint-Germain, antes de 897, atestigua su presencia en los combates habidos durante el asedio de París por los normandos. Entre los combatientes *(belligeri)*, señala, además, a un conde (Eudes) y a un abad (Ebles), más valiente que los otros, un abad guerrero que, sin su excesiva codicia y su libertinaje, hubiera sido apto para todo pues se distinguía asimismo en el estudio de las bellas letras. Santa Genoveva intervino también, pero de manera menos sensible. En cambio, San Germán combatió personalmente en medio de los guerreros, respondiendo así a las oraciones del «ejército del Señor»:

> Más he aquí a Germán, Germán digno de los homenajes de todo el universo. No tardó en satisfacer sus deseos y se presentó con su propio cuerpo para socorrerlos, justo allí donde la lucha era más viva. Entregó por fuerza a la muerte a los portaestandartes de los daneses y a otros también, en gran número, y los repelió al mismo tiempo lejos de la ciudad y del puente. La guarnición de la gran torre percibió con sus ojos a su señor y se regocijó por ello[70].

---

68. Arnulfo de Lieja, *Gesta episcoporum Leodiensium,* c. 7. MGH SS, p. 194, y c. 56, p. 223.
69. *Miracula sancte fidis,* cit., III, 17, pp. 157-158, trad. p. 545.
70. Abbon de Saint-Germain, *Bella Parisiaco Urbis,* II, versos 273 ss., ed. y trad.

Los cristianos, apunta el autor, consiguieron la victoria «gracias a la virtud de la Santa Cruz y por los méritos de San Germán»[71].

No resulta, pues, sorprendente volver a encontrar el mismo uso de la cruz en los combates que en España se emprendieron contra los musulmanes. Así, en una noticia del 18 de noviembre de 1058, el conde Ramón Berenguer I se nos presenta, poco después de la toma de Barcelona, como vencedor de los musulmanes, llevando delante de sus tropas la cruz victoriosa, al modo de Constantino: después de haber expulsado a los «paganos pestíferos», el conde se convirtió en el «defensor y la muralla del pueblo cristiano» *(propugnator et murus christiani populi)*. «Con la ayuda de Cristo, los paganos, adversarios de los cristianos, llegaron a ser sus tributarios». De la misma forma que la cruz dio antaño la victoria a Constantino, ahora permitió también tomar Tarragona[72]. Después volveremos sobre estos aspectos de «guerra santa» emprendida contra los paganos en España.

La cruz no sólo protegía de los paganos. El conde Alain de Cornualles, gravemente enfermo, vio en su delirio descender una cruz de oro desde el cielo hacia su boca; curado, hizo construir, a sugerencia del papa, el monasterio de Sainte-Croix de Quimperlé en septiembre de 1029. En adelante, guerreó «protegido por el signo de dicha cruz»[73].

El signo de la cruz santificaba también a aquellos que combatían por la causa de una iglesia, como la de Milán. Para defender su ciudad, atacada en 1039 por los partidarios del emperador Conrado II, el obispo Ariberto, que era el señor de ella, reunió a todos los hombres capaces de portar armas y los exhortó al combate mediante un verdadero discurso de guerra santa, afirmando que la muerte de quienes llegaran a perecer por asegurar la libertad de aquel dominio de San Ambrosio les resultaría tan provechosa como la de los santos[74]. Fue en aquella ocasión cuando el señor obispo hizo construir

---

H. Waquet, *La Siège de Paris par les Normands, poème du IXe siècle,* París, 1964, p. 87 [N. del T.: existe una trad. esp., que no sigo, en Saint-Germain y Guillermo de Poitiers, *Testimonios del mundo de los vikingos,* Barcelona, 1986, pp. 62-63].

71. *Ibid.*, p. 89. [N. del T.: trad. esp., p. 63].

72. Petrus de Marca, *Marca hispanica sive limes hispanicus,* París, 1688, apéndice n.º 248 (18-XI-1058), trad. M. Aurell, *Les Noces du comte. Mariage et politique en Catalogne (785-1213),* París, 1994, p. 266 [N. del T.: trad. cat.: *Les noces del comte: matrimoni i poder a Catalunya (785-1213),* Barcelona, 1998].

73. *Cartulaire de l'abbaye de Sainte-Croix de Quimperlé,* ed. L. Maitre y P. de Berthoud, París, 1896, pp. 93 y 101.

74. Landulfo Senior, *Historia Mediolanensis,* II, 32; PL, 147, col. 891.

un carro de guerra, el famoso *carroccio* que luego iba a presidir la guerras de los milaneses[75], sirviendo a la vez como enseña y como símbolo de protección divina. Arnulfo de Milán nos ofrece una precisa descripción de él: sobre dicho carro se alzaba un gran mástil que llevaba en su cima una esfera dorada, y de donde pendían dos piezas de tela blanquísima. En medio había una cruz sobre la cual estaba representado el Salvador, quien, con los brazos abiertos, velaba por su ejército. Así, continúa diciendo, los combatientes, tranquilizados por aquella vista, serían estimulados cualesquiera que fuesen las dificultades que encontraran en la batalla[76].

La cruz aparece esta vez, deliberadamente, como un signo de guerra santa. Mejor aún que las banderas de San Esteban que protegían las milicias de Bourges, aquel *carroccio* afirmaba, mediante el signo de la cruz, la suprema sacralización del combate emprendido por las milicias que unían a nobles y plebeyos para luchar por la libertad de la iglesia de Milán. Ahora bien, el adversario, subrayémoslo, no fue aquí sarraceno, ni sajón, ni húngaro, sino los hombres del cristianísimo soberano del Imperio germánico.

GUERREROS, SANTOS Y MÁRTIRES

El signo de la cruz permitió una sacralización que se extendió por toda la cristiandad, cuya noción comenzó a afirmarse en el siglo XI[77]. Ese uso fue adaptado sobre todo a los combates contra los paganos. Godofredo de Monmouth, hacia 1138, imaginó así la arenga que se hizo a los guerreros que fueron a combatir contra los sajones paganos:

> ¡Soldados! [...] que habéis recibido de vuestros padres la fe cristiana [...]. El que muere por sus hermanos se ofrece a Dios como una hostia viva y no duda en seguir a Cristo, que consintió en dar la vida por sus hermanos. Si alguno de vosotros sucumbe en la batalla, su

---

75. Cf. H. E. J. Cowdrey, «Archbishop Aribert II of Milan», *History*, 51, 1966, pp. 1-15, recuperado en H. E. J. Cowdrey, *Popes...*, cit.
76. Arnulfo de Milán, *Gesta archiepiscoporum Mediolanensium*, § 16, MGH SS, 8, p. 16.
77. Véase sobre este punto P. Rousset, «La notion de chrétienté aux XIe et XIIe siècles», *Le Moyen Âge*, 1963, pp. 193-203; P. Rousset, «Raoul Glaber, interprète de la pensée commune au XIe siècle», *Revue d'Histoire de l'Église de France*, 36, 1950, pp. 5-24; J. France, «War and Christendom in the Thougt of Rodulfus Glaber», *Studia Monastica*, 30, 1988, pp. 105-120.

propia muerte le servirá de penitencia y absolución de todos sus pecados, siempre que muera con ese espíritu[78].

He aquí un discurso que, compuesto después de la primera cruzada, refleja bien su «espíritu». Pero existen antecedentes previos al llamamiento de 1095 que piden a los guerreros llevar sobre ellos el signo de la cruz que iba a designarlos. Ya hemos encontrado huellas de ellos, desde el siglo XI, a propósito de la defensa de Roma. El fenómeno se intensificó en el siglo XI, como vamos a ver, siempre en relación a Roma. Ello expresa de manera indiscutible una evolución de las mentalidades religiosas. Los mártires fueron siempre aquellos que murieron por la fe, matados por enemigos de la cruz, ya fueran paganos o falsos cristianos, pero ahora, y en tanto que combatientes, con la espada en la mano. Incluso pueden ser beatificados.

Ese fue casi el caso de San Edmundo, rey guerrero que llegó a ser santo, matado por los daneses en Inglaterra después de haber sido vencido en el campo de batalla. Abbon de Fleury, poco antes del año 1000, nos lo muestra como un héroe de la fe, pero también como un guerrero provisto de todas las virtudes de la caballería. Para combatir a los daneses, invasores paganos de Inglaterra, descritos como salvajes antropófagos sectarios del Anticristo, que mataban a los hombres, violaban a las mujeres y raptaban a los niños, las poblaciones llamaron a Edmundo. Sus vasallos *(satellites)* fueron vencidos, pero él rehusó huir o someterse. No quiso ser un cobarde, quiso permanecer con Cristo, después de haber renunciado a Satanás. Como Cristo, prefirió morir defendiendo la libertad, «pues es glorioso morir por otro». Al igual que Cristo ante Pilatos, el rey fue conducido ante su vencedor, y acribillado con flechas a imitación de San Sebastián. Como este último, «el rey mártir entró en la corte celestial, pertrechado con las palmas de la victoria y con la corona de la justicia»[79]. Edmundo murió como rey guerrero cristiano, pero no con las armas en la mano. Del mismo modo, el rey Knut IV, gran guerrero y convertidor, fue beatificado por haber sido matado en 1086 por sus enemigos, que lo cercaron; pero el rey, instruido con el ejemplo de los santos, se preparó para el martirio; se refugió en la

---

78. Godofredo de Monmouth, *Historia regum Britanniae*, ed. N. Wright, *The «Historia regum Britanniae» of Geoffrey of Monmouth I* (Bern Burgerbibliotek, ms. 568), Cambridge, 1984, trad. E. Baumgartner e I. Short, *La Geste du roi Arthur*, París, 1993, p. 274 [N. del T.: sigo la trad. esp.: Geoffrey de Monmouth, *Historia de los reyes de Britania*, trad. de L. Alberto de Cuenca, Madrid, 1984, pp. 149-150].

79. Abbon de Fleury, *Vita sancti Aedmundi*, PL, 139, col. 507-520, en particular p. 514.

iglesia, depuso las armas para no morir con ellas, se confesó, y fue matado por una lanza que fue lanzada contra él como una jabalina a través de una ventana abierta[80].

El rey Olaf de Noruega, que fue beatificado en su país poco tiempo después de su muerte sobrevenida en combate, en 1030, movido por las poblaciones que permanecían paganas, fue por el contrario un verdadero guerrero y murió como tal. Es descrito por las fuentes más antiguas, según los términos de R. Boyer, como «un bruto colérico y caprichoso, testarudo como un héroe de saga islandesa, la lengua muy suelta y el orgullo quisquilloso hasta la insolencia [...]; que gustaba castigar, imperioso, y que no obraba sino a su antojo [...]; que actuaba, según su propio testimonio, más por medio de la tiranía y la vehemencia que mediante la justicia [...]; rudo e imperioso, despiadado y vengativo, duro y codicioso, iracundo y pendenciero»; y además mujeriego y ergotista. Aunque se hizo cristiano y fue bautizado en Ruán, conservó esos rasgos.

Sin embargo, devino santo para su pueblo, muy pronto después de su muerte, por razones a la vez políticas y religiosas: convirtió al cristianismo, por la fuerza de las armas, a poblaciones paganas y procuró que su «país» entrara en el mundo «moderno» de su tiempo, ganado por la tendencia hacia un poder central fuerte, contra las resistencias conservadoras paganas y anárquicas de los minúsculos señoríos clánicos, inadaptados a una época en la que las incursiones depredadoras de los vikingos terminaron por ceder el terreno a la agricultura. Un año y cinco días después de su muerte, se abrió su tumba, de donde se desprendió un olor suave: el obispo encontró sus restos incorruptos, sus mejillas estaban rosadas, sus cabellos y sus uñas habían crecido como si estuviera vivo. Desde 1032, se sucedieron milagros en su tumba; poco tiempo después, algunos escritos latinos y normánicos contaron la historia de su vida y de su muerte ejemplar: llegó a ser verdaderamente un santo[81].

¿Qué hay de extraño, en el fondo, desde el instante que, como hemos visto a comienzos de este capítulo, los santos participaron

---

80. *Passio sancti Kanuti regis et martyris, Scriptores rerum Danicarum medii aevi*, Hafniae, ed. J. Langebek, t. III, 1774, pp. 317-322 (en particular p. 320).
81. Adam de Brema, *Gesta Hammaburgensis ecclesiae pontificum*, ed. N. Schmeidler, MGH, *Scriptores rerum Germanicarum in usum scholarum*, Hannover-Leipzig, 1917 (3), II, 57, p. 117, II, 61, pp. 120-122; IV, 33, p. 267; trad. fr.: J.-B. Brunet-Jailly, *Histoire des archevêques de Hambourg*, París, 1998; véase también *La Saga de saint Olaf, tirée de la Heimskringla de Snorri Sturluson*, trad. R. Boyer, París, 1992; sobre este personaje y la interpretación de su beatificación, véase el excelente análisis de R. Boyer en la introducción a esta obra.

personalmente a veces en operaciones militares que, por eso mismo, sacralizaron? No faltan ejemplos de ello, sobre todo cuando se trataba de combatir a adversarios paganos. Así, a finales del siglo X, un relato de la batalla de Taller cuenta la aparición de San Severo, quien combatió y mató a los normandos. El duque Guillermo Sancho habló de ello en primera persona:

> El pérfido pueblo de los normandos, salido de su país, ha invadido nuestras regiones con la esperanza de despoblar y robar las tierras que Dios me ha confiado por derecho hereditario. Para arrancarlas de las manos de estos bandidos, he implorado la ayuda divina, arrodillándome ante la tumba del bienaventurado mártir Severo, a quien el rey Adriano había sometido antiguamente el país. Del mismo modo he prometido edificar una pequeña iglesia y un magnífico y célebre monasterio dedicado a Cristo y a San Severo, si toda la patria que depende de mi poder era liberada gracias a mi victoria. Después de haber formulado este voto, he atacado a la temible muchedumbre y este mismo y glorioso mártir que yo había invocado me otorgó su ayuda y apareció sobre un caballo blanco, revestido de una brillante armadura [*cum equo albo armisque ornatus*]. Él envió a millares de bandidos al tártaro. A la postre, obtuvimos la victoria final, y tras convocar a los *milites* que poseían el santo santuario, les rogué que me lo vendieran a cambio de un buen precio[82].

La lucha contra los normandos desempeñó, sin duda alguna, un papel importante en la santificación precoz de las guerras. ¿Pudo estar ello ligado al hecho de que se dedicaron sobre todo a saquear las iglesias y los monasterios, ricos en tesoros amonedables? San Benito también intervino personalmente contra ellos, combatiendo con hábito de monje entre los soldados. El episodio, relatado como muy tarde hacia el año mil, sucedió hacia 878, bajo el abad Hugo de Fleury. Éste combatió armado contra los normandos y abatió a muchos de ellos con sus propias manos, «por el poder de San Benito». Pero una nueva invasión llegó a amenazar el monasterio mientras que el abad Hugo se encontraba en Borgoña. Los defensores de la abadía se desolaron, pues eran poco numerosos. El conde de Auxerre los reconfortó prometiéndoles que el mismo San Benito intervendría. Combatieron; triunfaron. Después de la victoria, el jefe de aquellos valientes guerreros atestiguó cómo había constatado personalmente el cumplimiento de la promesa:

---

82. Texto y trad. en R. Mussot-Goulard, en M. Zimmermann (dir.) (cf. nota 11, p. 65), p. 319.

Yo, yo he visto a San Benito. Me ha protegido a lo largo de todo el combate; sujetando con su mano izquierda las riendas de mi caballo, me ha guiado y preservado; en su mano derecha llevaba una porra con la que ha abatido y muerto a numerosos enemigos[83].

En 915, respondiendo a la llamada del papa Juan VIII a los santos patronos de la iglesia de Roma, San Pedro y San Pablo aparecieron a su vez para apoyar a los guerreros, griegos y latinos unidos, que protegían la iglesia de Roma de las depredaciones de los infieles. Los fieles aseguraron haberlos visto: ellos procuraron que los cristianos resultaran victoriosos y que ninguno de los paganos consiguiera escapar[84].

Tales combates fueron santificados, pues, por la presencia misma de los bienaventurados que participaron en ellos de manera activa. ¿Santificación derivada de la demonización del adversario, o de la sacralización de la causa defendida? En la mayor parte de los casos anteriormente citados, se trataba de combates contra los paganos. A comienzos del siglo X, en un sermón *«ad milites»*, Abbon de Saint-Germain explicaba que los males con los que los normandos abrumaban a los cristianos de Francia se debían a la proliferación de sus propios pecados, sobre todo a causa de sus rapiñas y de su expolio de los bienes de los pobres. Los incitó a modificar su conducta y a resistir valerosamente, sin temer a aquellos paganos:

¡Oh Francia, guárdate de ti misma! No consintáis que vuestros enemigos crezcan y se multipliquen, sino que por el contrario, como lo exige la Sagrada Escritura, combatid por vuestra Patria sin tener miedo a morir en la guerra de Dios [*bello Dei*]; si en ella encontráis la muerte, os convertiréis en santos mártires con toda seguridad[85].

---

83. Añadido de Adelerio a Adrevaldo de Fleury, *Miracula sancti Benedicti*, I, c. 41, pp. 86-89. En la edición de los MGH SS, XV, 1, pp. 498 ss., estos dos capítulos (40 y 41) se titulan «Addimentum auct. Adelerio». Aimón, II, c. 1, p. 94, alude a dicha batalla (sin hablar de la aparición) y atribuye la victoria a la ayuda manifiesta de San Benito al pequeño ejército, como puede saberse, dice, según los escritos de Adelerio. Este añadido, pues, es anterior a 1005.
84. Liutprando de Cremona, *Antapadosis*, ed. J. Becker, «Die Werke Liudprans von Cremona», MGH *Scriptores rerum Germanicarum in usum scholarum*, Hannover, 1915 (3.ª ed.), II, 54, p. 62.
85. Abbon de Saint-Germain, *Sermo 6*, «*Adversus raptores bonorum alienorum*» [también llamado *«sermo ad milites»* (p. 64)], ed. U. Önnefors, *Abbo von Saint-Germain-des-Prés' 22 Predigten, Kritische Ausgabe und Kommentar*, Frankfurt-Berna-Nueva York-Nancy (Lateinische Sprache und Literatur des mittelalters, Bd. 16), 1985, pp. 94 ss.

Por lo demás, prosigue, nadie puede morir antes de la hora fijada por Dios. «Entrad, pues, con confianza en esta guerra del Señor Dios *(in bellum Domini Dei)*»; y, al realizar esta «guerra de Dios» *(bellum Dei)*, gritad «*Christus vincit, Christus regnat, Christus imperat*», lo cual hará huir al diablo y a sus paganos detrás de él. Esa triple aclamación de los *laudes,* aplicada aquí a un combate contra paganos, se ha encontrado a veces grabada en hojas de espadas, como es el caso de la llamada espada de San Mauricio, probablemente forjada hacia 1050, y que fue utilizada para la coronación de Otón IV en 1198. Otras hojas llevaron inscripciones del mismo estilo: es probable que sirvieran de talismán, pero no dejan de atestiguar una neta sacralización de la función guerrera; quizás estuvieron ligadas a las bendiciones de las armas de las que hemos hablado más arriba[86].

Volvemos a encontrar, por otra parte, esa asimilación con los mártires de la fe en aquellos que mueren por defender «la Patria y Cristo» frente a enemigos eventualmente cristianos. Así ocurre, poco después del año 1000, en unos anales que glorifican el combate de los alemanes, y en particular de los soldados de San Mauricio (de Magdeburgo), contra sus enemigos polacos: habían muerto siguiendo a Cristo, por la defensa de su patria, de sus casas, de sus hermanos, y ahora estaban vivos en el cielo[87]. A finales del siglo XI, el canonista Yvo de Chartres (quien, sin embargo, en opinión de todos, no fue partidario de la cruzada), afirmó, apoyándose en las antiguas declaraciones del papa León IV, que el reino celestial se promete a aquellos que mueren por la salvación de la Patria, la verdad de la fe y la defensa de los cristianos[88].

Los cantares de gesta en francés antiguo, compuestos probablemente por clérigos pero destinados a un público de laicos, principalmente de caballeros, lo comprendieron así. A pesar de lo impreciso que resulta su datación, debemos situar por desgracia su redacción, al menos bajo su forma actual, después de la primera cruzada[89]. Pero es

---

86. R. E. Oakeshott, *Records of the Medieval Sword,* Woodbridge, 1991, pp. 56 ss.
87. *Annales Quedlindburgenses,* 1009-1012, MGH SS, 3, 80-81.
88. Yvo de Chartres, *Decretum,* PL, 161, c. 87, col. 720.
89. Sobre este tan debatido problema de la datación y del público de los cantares de gesta, véase por ejemplo: R. Louis, «L'épopée française est Carolingienne», en *Coloquios de Roncesvalles,* 1955, Zaragoza, 1956, pp. 327-460; P. le Gentil, «À propos de l'origine des chansons de geste; le problème de l'auteur», *ibid.,* pp. 113-121; M. de Riquer, *Les Chansons de geste françaises,* París, 1957 (2.ª ed.) [N. del T.: ed. esp.: *Los cantares de gesta franceses: sus problemas, su relación con España,* Madrid, 1952]; R. Menéndez Pidal, *La Chanson de Roland et la tradition épique des Francs,* París, 1960 (2.ª ed.) [N. del T.: ed. esp.: *La Chanson de Roland y el neotradicionalismo (Orígenes de la épica románica),* Madrid, 1959]; E. Siciliano, *Les Chan-*

muy probable, sobre todo por lo que se refiere a los más antiguos, que reflejen las mentalidades anteriores a 1095. Ese es el caso particularmente del *Cantar de Roldán,* que, en su forma actual, presenta a este respecto la misma amalgama, y cuya primera redacción, tal vez occitana, se remonta sin duda a los años 1080, y estaba probablemente más centrado en la santificación de los guerreros que combatían por la *reconquista* emprendida por los reyes de Navarra[90]. La versión anglo-normanda llevó a cabo una recuperación ideológica: Roldán murió como mártir porque sucumbió bajo el peso de los sarracenos, pero también porque defendió la «Patria» cristiana y «francesa», más precisamente aún el reino de Carlos, su tío y su señor[91]. Existe aquí una extraordinaria fusión de valores sacralizados y que, por una parte, explica el éxito de la cruzada. Cuando confiesa y bendice a Roldán y a sus compañeros antes de la batalla de Roncesvalles, el arzobispo Turpín expresa, pues, una concepción que, como hemos visto, no era nueva antes del llamamiento de Urbano II:

> Señores barones, Carlos nos ha dejado aquí, debemos morir por nuestro señor. ¡Ayudad a mantener la cristiandad! [...] Si morís, seréis santos mártires y tendréis un sitio en lo más alto del Paraíso[92].

En pleno combate, Turpín reitera su promesa:

> Pero os aseguro firmemente que tenéis abierto el santo paraíso y allí os sentaréis con los Inocentes[93].

Esta promesa fue cumplida; tras su muerte, el alma de Roldán fue conducida al paraíso:

sons de geste et l'épopée, Mythes, histoires, poèmes (trad. fr.), París, 1970; M. Delbouille, «D'où venait la chanson de geste», *Cahiers de Civilisation Médiévale*, 1972, 3, pp. 205-221; P. Zumthor, «La chanson de geste: état de la question», en *Mélanges de langue et de litterature du Moyen Âge offerts à Teruo Sato*, Nagoya, 1973, I, pp. 97-112; H. E. Keller, «La chanson de geste et son public», en *Mélanges J. Wathlelet-Willem*, Lieja, 1978, pp. 257-285, etc.
90. Véase sobre este punto, con algunas precauciones, R. Lafont, «Le tueur martyr: "saint Roland"», cit.
91. Véase sobre este punto U. Schöming, «Nationales Epos oder epische Nation? Zu einem Problem der Chanson de Geste», *Romanistisches Jahrbuch*, 34, 1983, pp. 97-100; D. A. Trotter, «*Por eshalcier sainte crestïenté*», *French Studies Bulletin*, 7, 1983, pp. 1-3; J. Flori, «*Pur eshalcier sainte crestïenté...*», cit.; J. Flori, «L'idée de croisade dans quelques chansons de geste du cycle de Guillaume d'Orange», cit.
92. *La Chanson de Roland*, v. 1132-1138, ed. y trad. J, Dufournet, París, 1993, p. 151 [*N. del T.:* sigo la trad. esp. de Isabel de Riquer, *Cantar de Roldán*, Madrid, 1999, p. 135].
93. *Ibid.*, v. 1521-1523, p. 181 [*N. del T.:* trad. esp., pp. 146-147].

Dios le ha enviado a su ángel Querubín y a San Miguel del Peligro del Mar: junto con ellos vino San Gabriel y llevan al paraíso el alma del conde[94].

Todos los elementos examinados en este capítulo contribuyeron, junto a otros, a la formación de la doctrina del martirio de los guerreros que morían en lo que debemos llamar «guerras santas» o, al menos, guerras eminentemente sacralizadas puesto que, de una parte, eran apoyadas por los santos, al participar personalmente en ellas combatiendo con los guerreros en unos enfrentamientos que a veces fueron calificados como «guerras de Dios», y porque, de otra parte, los combatientes que en ellas encontraron la muerte con la espada en la mano fueron asimilados por lo general a los mártires de la fe, hasta el punto de ser beatificados. Se estableció así una corriente entre los santos «belicosos» y los guerreros «santificados» que en ocasiones los acercó hasta fundirlos. No debemos sorprendernos, por tanto, al ver cómo algunos cronistas, que participaron en la primera cruzada, aportaron su testimonio ocular, o al menos directo, de la intervención milagrosa de algunos santos militares y legiones celestiales en la decisiva batalla de Antioquía, en 1098, frente a los ejércitos musulmanes de Kerbogha.

En estas condiciones sorprende que algunos historiadores discutan todavía la existencia, antes de la cruzada, de esa noción de martirio de los guerreros muertos por la causa de Dios[95]. Estamos aquí en presencia de combates emprendidos contra infieles asimilados a paganos, y al término de una evolución de las mentalidades religiosas que se aceleró en la segunda mitad del siglo XI. A ello contribuyeron mucho las menciones de guerreros glorificados y santificados por haber combatido no sólo a paganos, sino también a cristianos, por cuenta de las iglesias, ante todo por la iglesia de Roma, por el Papado. San Pedro, el «portero del paraíso», era evidentemente el mejor situado para conceder recompensas espirituales a aquellos que combatieran bajo su *vexillum sancti Petri*, más sacralizado que las banderas de los otros santos de Occidente que hasta aquí hemos recordado.

---

94. *Ibid.*, v. 2392-2396, p. 246 [*N. del T.*: trad. esp., p. 176].
95. Posición moderada en H. E. J. Cowdrey, «Martyrdom and the Firts Crusade», *Crusade an Settlement*, cit., pp. 47-56; radical en J. Riley-Smith, «Death on the Firts Crusade», cit., pp. 14-31. Véase la refutación de sus argumentos en J. Flori, «Mort et martyre des guerriers ver 1100; l'exemple de la première croisade», cit., y en J. Flori, *Pierre l'Ermite et la première ccroisade*, cit., pp. 135 ss. y 216 ss.

Capítulo VI

BAJO LA BANDERA DE SAN PEDRO

La defensa de las iglesias y de los monasterios condujo, como ya hemos visto, a un doble fenómeno de sacralización de las acciones violentas emprendidas con esa intención. El primero, en un movimiento descendente, resultó de la intervención personal del santo concernido cuando se encargó de sus propios intereses, castigando mediante su poder celestial a los adversarios de los establecimientos eclesiásticos que le estaban dedicados, llegando a veces hasta combatir a la cabeza de sus defensores. El segundo, en un movimiento ascendente, realzó a los guerreros que estaban destinados a esa tarea de protección armada y santificó el cumplimiento de su misión. Esta sacralización ascendente se vio evidentemente facilitada cuando los adversarios, saqueadores o depredadores, no eran cristianos: entonces pudieron ser demonizados, asimilados a los sectarios del Anticristo o a los paganos perseguidores de la Antigüedad cristiana. Dicha identificación, audaz pero frecuente, santificó al mismo tiempo a los que lucharon contra ellos y permitió, si llegaban a morir a sus manos en tales combates, su asimilación a los antiguos mártires de la fe. Y ello a pesar de la total oposición de dos formas de resistencia, espiritual y no violenta en un caso, material y armada en el otro.

Este último fenómeno es sobre todo evidente en los cantares de gesta, los cuales expresan las mentalidades religiosas de los laicos del siglo XI mucho mejor sin duda que las otras fuentes de inspiración exclusivamente eclesiástica, en verdad monástica[1]. Por desgra-

---

1. Véase, sobre este fenómeno, E. R. Curtius, «Der Kreuzzugsgedanke und das altfranzösische Epos», en *Gesammelte Aufsätze zur romanischen Philologie*, Berna,

cia, los cantares de gesta que han llegado hasta nosotros (a excepción quizás del *Cantar de Roldán*) fueron compuestos, en la forma que actualmente conocemos, después de la cruzada. Constituyen, en consecuencia, testimonios preciosos de la idea de guerra santa cuando llega a su fin, pero no pueden utilizarse sin riesgo para describir su formación, a la cual, sin embargo, contribuyeron de manera muy probable, y luego la difundieron ampliamente[2].

Asimismo debe subrayarse otro elemento, fundamental, que facilitó la intensidad y la extensión de dicha sacralización. Se trata de la afirmación creciente de la autoridad pontificia en Occidente, que se acrecentó en la segunda mitad del siglo XI y adquirió tanto formas políticas como religiosas en una época en la que, en Occidente, esos dos dominios estuvieron estrechamente imbricados. Ello se manifestó también a través de un doble movimiento. El primero, vertical, venía ya de antiguo: hizo hincapié sobre la primacía de San Pedro en el colegio de los Apóstoles y en la jerarquía de los santos, así como sobre la del obispo de Roma, quien, según la tradición apostólica, fue designado para sucederle. De ello se desprendía la sacralidad de la Santa Sede y de su acción. El segundo, horizontal, era resultado del anterior y extendió su zona de aplicación: condujo a una creciente asimilación entre la iglesia de Roma y la Iglesia, entre el Papado y la cristiandad. Desde entonces, todos los adversarios del Papado y de las reformas que llevó a cabo, sobre todo después de 1050, fueron considerados como enemigos de la Iglesia que tenían un proyecto común con el Anticristo. Podemos entonces preguntarnos con razón si la santificación de los combates emprendidos por la causa pontificia procedió de la demonización de sus adversarios o de la sacralización del Papado[3].

El presente capítulo está dedicado a estudiar algunos ejemplos significativos de aquellos dos fenómenos a propósito de las acciones guerreras emprendidas en Occidente, y de manera particular en Ita-

---

1960, pp. 98-105; M. de Combarieu du Grès, *L'Idéal humain et l'expérience morale chez les héros des chansons de geste, des origines à 1250*, Aix-en-Provence-Marsella, 1979, pp. 56 ss.; J. Bray, «The Mohammetan and Idolatry», en *Persecution and Toleration (Studies in Church History*, 21), 1984, pp. 89-98; N. Daniel, *Heroes and Saracens...*, cit.; G. J. Brault, «Le portrait des Sarrasins dans les chansons de geste, image projective?», en *Au carrefour des routes d'Europe: la chanson de geste (Senefiance*, 21), 1987, pp. 301-311.

2. Véase sobre este punto M. Bennet, «First Crusaders' of Muslims...», cit.; J. Flori, «L'idée de croisade dans quelques chansons de geste du cycle de Guillaume d'Orange», cit.

3. J. Flori, «Guerre sainte et rétributions spirituelles dans la seconde moitié du XIe siècle: lutte contre l'islam ou pour la papauté?», cit.

lia, por la causa de la Santa Sede y contra adversarios cristianos, fuera de la acción decisiva de Gregorio VII, que será examinada más adelante.

EL *VEXILLUM* DE SAN PEDRO

La bandera de los santos simbolizó, como ya hemos visto, la protección celestial de los guerreros que se alinearon detrás de ella y contribuyó a la santificación de los combates que llevaron a cabo. Estableció también un lazo de obediencia o, al menos, de servicio de dichos guerreros hacia el santo cuya bandera portaban, es decir, hacia la iglesia o el monasterio que se la había concedido. Lo mismo sucedió, o más aún quizás, con la bandera de San Pedro, el famoso *vexillum sancti Petri* cuya naturaleza y significación los historiadores han tratado de precisar desde hace mucho tiempo.

Según Erdmann, cuyo estudio no ha sido cogido en falta en este punto, no conocemos alusión alguna a una bandera guerrera pontificia antes del siglo XI[4]. La mención más antigua y segura data de 1043, pero fue relatada por Bruno de Segni a finales del siglo XI: el emperador Enrique III (llamado aquí por error Conrado II) habría pedido al papa que le diera «de parte de San Pedro» una bandera (*vexillum*) como presagio de victoria contra los húngaros con los que se disponía a enfrentarse. El papa León IX se la habría hecho llegar, pero precisando que debería ser enarbolada por sus enviados, a fin de que la victoria fuera atribuida al apóstol y no al rey[5]. Esta mención nos puede hacer dudar de la naturaleza de aquel *vexillum:* ¿fue *una* bandera bendita, o fue *la* bandera de la Santa Sede? Comoquiera que fuera, no tuvo en este caso un sentido propiamente vasallático y no implicó tampoco una subordinación real. ¿Evocó un patronazgo que implicaba servicio? Es posible, pues el emperador era también el defensor y el procurador de la iglesia de San Pedro. Por esa razón gozaba, por parte de este último, de una protección particular, sobre todo contra los «paganos». Si tal era el caso, habría aquí una primera manifestación de la identificación entre la iglesia de Roma y la cristiandad. San Pedro apoya cualquier acción destinada a proteger o a «dilatar» la «santa cristiandad».

---

4. C. Erdmann, «Kaiserliche und päpstliche Fahnen in hohen Mittelalter», en *Quellen und Forschungen aus italienischen Archiven und Bibliotheken,* 25, 1933-1934, pp. 1 ss.; C. Erdmann, *The Origins...,* cit., pp. 182 ss.
5. Bonizo de Sutri, *Liber ad amicum,* c. 5, MGH, *Libelli de lite* I, p. 583.

Volvemos a encontrar otra mención un poco más tarde, en 1053, en el momento de la batalla que opuso, en Cividale, a los normandos de Roberto Guiscardo a las tropas pontificias: éstas, según Amado de Montecasino, enarbolaban un «gonfalón» del que no se sabe nada[6]. Dichas tropas, compuestas por italianos y alemanes, habían sido reclutadas para la defensa de los dominios pontificios; desempeñaron un papel comparable al del procurador de las iglesias de Francia antes mencionadas. Resulta, por tanto, muy verosímil que aquel «gonfalón» fuera la bandera de San Pedro, a quien aquellos guerreros servían bien como voluntarios o como mercenarios. Este mismo sentido es evidente en el relato que Orderico Vital hace de los orígenes de la presencia normanda en el sur de Italia: relata, en efecto, la manera con que un caballero normando llamado Drogón fue acogido por el duque de Salerno, seguido pronto de otros muchos normandos, hijos de Tancredo de Hauteville, que se hicieron mercenarios del duque contra los sarracenos y sometieron Campania y Calabria en 1064. Entre ellos menciona a Guillermo de Montreuil, quien poco después llegó a ser jefe de la *militia* romana y portó el *vexillum sancti Petri*[7]. Según Bernoldo de San Blas, los «fieles de San Pedro» se enfrentaron a los sajones del emperador Enrique IV en 1086 confiando en los méritos de la Santa Cruz, pues habían erigido en un carro una cruz muy alta, de la cual pendía una bandera roja (*rubro vexillo decoratam*); pero nada prueba que se tratará de la bandera de San Pedro[8].

La sacralización del combate no fue menos evidente. Lo mismo ocurrió cuando el papa Víctor III, hasta entonces abad de Montecasino, otorgó el perdón de sus pecados a unos contingentes cristianos procedentes de diversas regiones de Italia, para que fueran a combatir a los sarracenos en «África» (actual Túnez), y les concedió el *vexillum sancti Petri*[9]. Se trató aquí de una campaña de reconquista cristiana por cuenta del Papado, que adquirió tintes de guerra santa, próxima a la vez a la *reconquista* y a la cruzada, sobre la cual volveremos más tarde[10].

---

6. Amado de Montecasino, *Hystoire de li Normant,* III, 36, ed. E. Bartholomaeis, Roma, 1935.
7. Orderico Vital, *Historia Eclesiástica*, cit., III, t. II, p. 58.
8. Bernoldo de San Blas, *Chronicon,* a. 1086, cit., p. 444 (o PL, 148, col. 1365-1454).
9. León Marsicano, *op. cit.*, III, p. 453.
10. Cf. pp. 289 ss.; sobre el papel de Víctor III, antiguamente abad Desiderio de Montecasino, véase H. E. J. Cowdrey, *The Age of Abbot Desiderius...*, cit.

El significado de la concesión del *vexillum* a Guillermo el Conquistador, en 1066, ha sido también muy discutido. Ignoramos sobre todo si la célebre tapicería de Bayeux llamada «de la reina Matilde»[11], que fue ejecutada hacia 1085, ofrece una reproducción fiable de dicho *vexillum:* en varias escenas aparece representado un banderín en el que predomina el amarillo o el dorado, y marcado con una cruz. Ana Comneno habla, en efecto, de un «estandarte de oro de San Pedro» que el papa había concedido a Hugo el Grande, hermano del rey de Francia, para la primera cruzada[12]. Ciertamente, como observa Erdmann, en el momento del embarque de sus tropas el duque Guillermo portaba una bandera que no parecía marcada ni por la cruz ni por ningún otro signo. En cambio, el signo de la cruz fue orgullosamente enarbolado en la cima del mástil del navío ducal; y si los dos caballeros que desembarcaron para adelantarse hacia Hastings portaban también banderines de tres puntas sin signo distintivo, volvemos a encontrar de manera muy clara la bandera dorada[13] de tres puntas y marcada con una cruz en otra escena, aquella en la que Roberto de Mortain ordena que se construyeran baluartes para hacer un «castillo» (*castellum*[14]); reaparece también más adelante, en manos del duque, cuando éste fue informado de los movimientos del ejército de Haroldo, luego cuando se dispuso, portando siempre el *vexillum,* a subir a caballo para marchar contra él; y todavía en el momento de la cabalgada hacia el campo de batalla, en compañía de otra bandera redondeada donde figura un pájaro; entonces el duque no lleva ya la bandera, sino su bastón de mando ducal, y después, a continuación, una lanza.

11. Véase sobre este punto F. M. Stenton, *The Bayeux Tapestry,* Londres, 1957; N. P. Brooks y H. E. Walker, «The Authority and Interpretation of the Bayeux Tapestry», en R. A. Brown, *Proceedings of the Battle Conference on Anglo-Norman Studies,* I, 1978, pp. 1-33; H. E. J. Cowdrey, «Toward an Interpretation of the Bayeux Tapestry», *Anglo-Norman Studies,* 10, 1987, pp. 49-65.

12. Ana Comneno, *Alexiade,* X, 7, 3, ed. y trad. B. Leib, París, 1967 (2.ª ed.), t. 2, pp. 213-215 [N. del T.: trad. esp.: Ana Comneno, *La Alexiada,* estudio preliminar y trad. de E. Díaz Rolando, Sevilla, 1989, p. 413]; M. Bull, «The Capetian Monarchy and the Early Crusade Movement: Hugh of Vermandois and Louis VII», *Nottingham Medieval Studies,* 40, 1996, pp. 25-46, considera plausible dicha concesión.

13. Contrariamente a lo que indica C. Erdmann, *op. cit.,* p. 200, yo no veo una indicación precisa del color dorado de la bandera ni en Amado de Montecasino ni en León Marsicano, *op. cit.,* III, 74.

14. Sobre el significado de esta expresión en el siglo XI, véase A. Debord, «*Castrum et Castellum* chez Adémar de Chabannes», *Archéologie Médiévale,* 9, 1979, pp. 97-109; de manera más particular, en los cronistas normandos, véase J. Flori, «Châteaux et forteresses aux XIe et XIIe siècles. Étude sur le vocabulaire des historiens des ducs de Normandie», *Le Moyen Âge,* 103, 1997, 2, pp. 261-273.

¿Qué sentido hay que dar a esa concesión de una bandera de San Pedro a Guillermo? Guillermo de Poitiers, hacia 1073, vio en ello ante todo el signo de la aprobación pontificia de la empresa del duque normando, y una garantía de protección:

> Después de haber solicitado la aprobación de este papa al que había expuesto la empresa que preparaba, el duque recibió por su benevolencia un estandarte (*vexillum*), signo de la protección de San Pedro, detrás del cual podría marchar más confiado y más seguro contra su adversario[15].

Este fue también el sentido principal que Orderico Vital recordó medio siglo más tarde; precisa que se trataba exactamente del *vexillum sancti Petri* y no sólo de un banderín cualquiera enviado por el papa. Además, en Orderico Vital, Guillermo se muestra deferente hacia el papa y actúa sólo después del parecer del soberano pontífice, y como por orden suya, contra el perjuro (Haroldo) que había prometido, mediante juramento sobre las reliquias y el Evangelio, devolver el reino a Guillermo, según la voluntad de Eduardo:

> El papa, habiendo tenido conocimiento de todo lo que concernía a este asunto, se decidió en favor de la justa causa del duque, ordenándole que tomara con atrevimiento las armas contra el perjuro y le hizo llegar el estandarte del apóstol San Pedro (*vexillum sancti Petri*) por cuyos méritos sería protegido de cualquier peligro[16].

Esa concesión del *vexillum* garantizó moralmente la justa razón de la empresa; sin embargo, no llegó a ser una verdadera guerra santa, en el pensamiento mismo de Guillermo y de los normandos, pues las motivaciones de los intereses materiales de los combatientes desempeñaron en ella un papel demasiado evidente; además, los guerreros de Haroldo combatieron siguiendo las órdenes de su jefe y para defender su patria. Por otra parte, la iniciativa guerrera partió aquí de forma manifiesta del duque de Normandía. Esto es tal vez lo que explica que los guerreros victoriosos de Hastings se vieran obligados a hacer penitencia, al igual que en todos los otros casos de guerras «públicas», es decir, prescritas no por Dios sino por una autoridad temporal, profana aunque legítima. Por cada hombre matado en aquella «gran batalla», el guerrero debió cumplir un año

---

15. Guillermo de Poitiers, *Gesta Guillelmi ducis,* II, 3, ed. y trad. R. Foreville, *Histoire de Guillaume le Conquérant,* París, 1952, pp. 154-155.
16. Orderico Vital, *Historia Eclesiástica,* cit., III, t. I, p. 142.

de penitencia, tres años si mató al vencido sin necesidad, cuarenta días solamente si no supo que el adversario herido en el combate resultó muerto a causa del golpe recibido (ese fue también el caso de los arqueros); en cuanto a los clérigos armados que participaron en la batalla, cuando ello les estaba prohibido, serían castigados según las reglas canónicas de su país[17].

Un poco más tarde, Guillermo de Malmesbury dedujo de la concesión del *vexillum* la conclusión de que el papa, mediante ese signo, había conferido el reino de Inglaterra a Guillermo, a quien de alguna forma le habría dado la posesión de él[18]. Wace precisa aún más esa noción de vasallaje hacia la Santa Sede. Para él, a causa de aquel perjuro, Dios quiso dar el reino de Inglaterra al duque para que lo tuviera de San Pedro. Por eso, dice, el papa le otorgó el reino y le envió su gonfalón y su anillo. Así, el duque pudo emprender con audacia la conquista de Inglaterra, que en adelante tuvo de la Santa Sede[19].

¿Hay que ver en ello una tentativa de afirmación de un vasallaje real del reino de Inglaterra hacia la Santa Sede? El asunto ha sido muy discutido[20]. Sin embargo, no resulta imposible. Fue de ese modo, según parece, como quiso entenderlo más tarde Gregorio VII a juzgar por la muy firme negativa con la que Guillermo el Conquistador contradijo una doble solicitud del papa, que sólo conocemos por esta respuesta:

> Tu legado, Huberto, padre venerable, ha venido a verme de tu parte para recordarme que preste juramento de fidelidad (*fidelitatem facerem*) a ti y a tus sucesores, y que piense además en la suma de

---

17. D. Whitelock, M. Brett y C. N. L. Brooke, *Councils and Synods with other Documents relating to the English Church*, I, 2. ed. Oxford, 1981, n.º 88, pp. 581-584. Agradezco aquí a M. Brett el haberme proporcionado amablemente este texto. Véase sobre este punto H. E. J. Cowdrey, «Bishop Ermenfrid of Sion and the Penitential Ordinance Following the Battle of Hastings», *The Journal of Ecclesiastical History*, 20, 1969, pp. 225-242.

18. Guillermo de Malmesbury, *Gesta rerum Anglorum*, III, § 238, ed. W. Stubbs, RS, Londres, 1877-1889, o PL, 179, col. 959-1389. Véase sobre este punto A. Fliche, *La Réforme grégorienne et la réconquête chrétienne (1057-1123)* (t. VIII de la *Histoire de l'Église* de A. Fliche y V. Martin), París, 1950 (2.ª ed.) p. 42. [N. del T.: trad. esp.: *Reforma gregoriana y reconquista*, Valencia, 1976, p. 32].

19. Wace, *Le Roman de Rou*, v. 6295 ss., ed. A. J. Holden, París, t. II, 1971.

20. Véase I. S. Robinson, *The Papacy, 1073-1198, Continuity and Innovation*, Cambridge, 1990, pp. 307 ss.; posición más matizada de H. E. J. Cowdrey, «Pope Gregory VII and the Anglo-Norman Church and Kingdom», *Studi Gregoriani*, 9, 1972, pp. 79-114 (recuperado en *Popes...*, IX), y más recientemente, del mismo autor, *Pope Gregory VII (1073-1085)*, Oxford, 1988, pp. 459-467 y 609-652.

dinero que mis predecesores acostumbraban enviar a la Iglesia romana. Admito lo segundo, pero no acepto lo primero. Yo no he querido ni quiero jurarte fidelidad porque jamás lo he prometido, y, por otra parte, no veo que mis predecesores lo hayan hecho nunca a los tuyos[21].

Veremos más adelante cómo Gregorio VII, mediante el empleo voluntario de un vocabulario con muy marcada resonancia feudal, cultivaba en su correspondencia una ambigüedad real que permitía una interpretación favorable a la supremacía pontificia, sobre la base posible (si no probable, por más que se haya dicho) de la falsa donación de Constantino, por la cual el papa se imaginaba que el emperador le había concedido Italia y las provincias occidentales con las islas de ellas dependientes[22]. La hipótesis no desmentida de Erdmann, que aproximaba el *vexillum* de San Pedro a la bandera imperial, me parece que iba en este sentido. Los papas «naturalizaron» de alguna manera, anexaron dicha bandera para hacer de ella el *vexillum* romano; fue concedida por el soberano pontífice en tanto que representante del poder imperial, no como un delegado, sino como un sucesor. En esa concepción, el papa desempeñó el papel del obispo y el emperador el del procurador, defensor laico. El mosaico de Letrán, en el que se ve a San Pedro concediendo su bandera a Carlomagno, ilustra esta doctrina del reino de San Pedro, a la que, por otra parte, pudo inspirar. Gregorio VII se limitó a ampliarla en su concepción teocrática fundada en la primacía absoluta de San Pedro, de quien era vicario en la Santa Sede.

Para dar cuenta de aquella tentativa hegemónica, no es necesario creer que el papa exigía siempre un juramento de fidelidad vasallática según las más estrictas formas jurídicas, que implicaban un conjunto preciso de derechos y deberes recíprocos codificados y rígidos conforme a la imagen que los historiadores contemporáneos se han forjado —de manera algo abusiva y doctrinaria— de las relaciones entre los hombres, moldeados en el marco único y apremian-

---

21. Guillermo el Conquistador, *The Letters of Lanfranc, Arshbishop of Canterbury*, ed. H. Clover y M. Gibson, Oxford, 1979, n.º 38-39, pp. 128-133 y PL, 148, col. 748. La expresión *«fidelis sancti Petris»* empleada por Gregorio VII en una carta al rey Guillermo no tiene necesariamente la misma connotación. Cf. Gregorio VII, *Registrum*, VII, 23.

22. Véase pp. 194 ss. y 199 ss. Sobre dicho vocabulario, véase P. Zerbi, «Il termine *fidelitas* nelle lettere di Gregorio VII», *Studi Gregoriani*, 3, 1948, pp. 146 ss., A. Murray, «Pope Gregory VII and his Letters», *Traditio*, 22, 1966, pp. 149-202; J. Flori, «Le vocabulaire de la reconquête chrétienne dans les lettres de Grégoire VII», cit.

te del contrato feudal. Hoy sabemos que esas relaciones eran probablemente mucho más diversas y fluidas de lo que todavía se creía hace unos años. Es muy verosímil también que los papas modelaran la expresión de sus reivindicaciones según las costumbres de sus interlocutores, y que las manifestaran empleando las formas del lenguaje que, según las mentalidades de aquellos, daban a entender valores que se acercaban más o menos a la idea de supremacía que los papas querían difundir. El vasallaje en sentido estricto, con juramento y entrega del signo de la investidura, en particular de una bandera, no era sino una de las formas de esa obediencia que los papas reformadores trataron de imponer.

No obstante, el sentido vasallático es muy probable en el juramento de investidura que el papa Nicolás II solicitó a Roberto Guiscardo en el concilio de Melfi, en 1059, para los territorios que los papas podían o querían considerar como dependientes de su autoridad temporal, comprendidas las tierras del sur de Italia aún por conquistar por los normandos:

> Yo, Roberto, por la gracia de Dios y de San Pedro, duque de Apulia y de Calabria, y por ambas gracias, futuro duque de Sicilia, desde ahora y en el futuro, seré fiel a la santa Iglesia romana, a la sede apostólica y a ti, mi señor, el papa Nicolás; no participaré en ningún consejo o empresa destinados a hacerte perder la vida o los miembros o a tenerte cautivo en una injusta cautividad [...]. En todas partes ayudaré a la Iglesia romana para que conserve y adquiera los privilegios reales de San Pedro y todas sus posesiones, tanto como pueda y contra todos. Y te ayudaré a conservar con absoluta seguridad y honra la dignidad de pontífice de Roma. No trataré de invadir ni poseer la Tierra de San Pedro y su gobierno, ni decidiré causarle daño, salvo autorización confirmada de tu parte y de tus sucesores que sean elevados a la dignidad de San Pedro, y dejando aparte la tierra que tú me concedes o me concederán tus sucesores. Por lo que respecta al censo relativo a dicha tierra de San Pedro que disfruto o al de la que disfrutaré, velaré con buena fe, como así ha sido acordado, para que la santa Iglesia romana lo reciba cada año. Volveré a poner en tu poder, y seré su defensor, todas las iglesias que se encuentren bajo mi dominio, así como sus bienes, por fidelidad a la santa Iglesia romana, y no juraré fidelidad a nadie sin reservar mi fidelidad a la santa Iglesia romana [...]. Que Dios me ampare, así como estos Santos Evangelios[23].

---

23. Juramento de vasallaje de Roberto Guiscardo, *Liber Censuum de l'Église Romaine*, c. 163, ed. P. Fabre y L. Duchesne, t. I, París, 1910, p. 422, a comparar con *Registrum* VIII, 1 a, cit., t. II, pp. 414-515. Cito aquí la traducción de H. Taviani-

Este juramento fue reiterado al papa Gregorio VII, con mínimos retoques, el 29 de junio de 1080, para confirmar investiduras anteriores concedidas por los papas Nicolás II y Alejandro II. Poco después volvemos a encontrar los mismos términos en el juramento de fidelidad que Ricardo de Capua prestó al papa Gregorio VII, el 14 de septiembre de 1073, para renovar la investidura ya concedida a Ricardo en Melfi, en agosto de 1059[24]. Sin embargo, el aspecto manifiestamente vasallático de esos juramentos ha sido discutido desde hace algunos años, e incluso negado en su totalidad[25]. Se prefiere hablar de patronazgo, designación más cómoda porque resulta más vaga, más general, menos marcada políticamente, y que engloba diferentes formas de servicios reclamadas por el papa, sin tener la precisión jurídica del contrato vasallático del que se subraya que dicho juramento no casa con todos sus términos y no evoca todos los aspectos. Pero ¿podía exigirse a los papas de aquel tiempo la expresión exacta de una relación vasallática que, como hoy se sabe, no siempre fue definida de manera unívoca incluso en las regiones de Francia donde el feudalismo parecía más antiguo y mejor establecido? Al dirigirse a unos normandos, que ya estaban acostumbrados a ese tipo de relación[26], el papa muy bien pudo desear afirmar de esa manera su preeminencia y sus derechos sobre aquellos territorios que pensaba poner bajo su autoridad por múltiples razones: bien como beneficiario de la donación de Constantino, como lo afirma de nuevo con rotundidad H. Taviani-Carozzi; bien como vicario imperial según cree Robinson; o actuando como vicario de San Pedro que, según su concepción teocrática, estaba investido de autoridad sobre todos los poderes terrenales, los cuales debían obediencia y servicio a la Santa Sede, como lo creen Erdmann y, más recientemente, Cowdrey.

La soberanía [*suzeraineté*] de tipo feudal no fue, pues, para Gregorio más que uno de los modos de expresión de esa obediencia que le era debida, y que manifestó de forma diferente según el tiempo,

---

Carozzi, *La Terreur du monde, Robert Guiscard et la conquête normande en Italie*, París, 1996, p. 246. Otra traducción en Ch. Hefele y H. Leclercq, *Histoire des conciles*, cit., t. IV, p. 1188.

24. *Registrum*, 1, 21 a, a comparar con León Marsicano, cit., III, 15, MGH SS, 34; véase sobre este punto H. Taviani-Carozzi, *op. cit.*, pp. 238 ss.

25. Véase por ejemplo I. S. Robinson, *The Papacy...*, cit., p. 302, y más radicalmente aún S. Reynolds, *Fiefs and Vassals...*, cit., pp. 211-212.

26. Aunque el «feudalismo» de Italia meridional no fue importado específicamente de Normandía, hubo antecedentes locales como ha demostrado G. Giordanengo, «Les féodalités italiennes», en E. Bournazel y J.-P. Poly (dir.), *Les Féodalités*, París, PUF, 1998, pp. 211-262.

las circunstancias y los personajes a quienes la reclamó, como veremos en el próximo capítulo[27]. Sería vano, ilusorio y falaz querer introducir siempre esas exigencias en el molde del feudalismo. Pero, a la inversa, sería peligroso negar que los papas expresaran a veces dicha obediencia por medio no sólo del vocabulario feudal, como todo el mundo lo admite, sino también mediante el lazo y las obligaciones que éste implica.

Subrayémoslo en todo caso: el texto antes citado demuestra de manera muy clara cómo Roma pretendía situar a Roberto Guiscardo bajo su sujeción. El duque normando se comprometió a no perjudicar al papa, a proporcionarle ayuda militar para conservar o recuperar sus dominios de todos los señores instalados en «la tierra de San Pedro», lo que también era válido para el sur de Italia, donde Roma reivindicó aquellos territorios que estuvieran bajo dominación «extranjera» lombarda, bizantina, musulmana. La mención de los «derechos regalianos» de San Pedro afirma también, como muy bien ha demostrado H. Taviani-Carozzi, «las pretensiones romanas a ejercer el poder real o imperial, en el Occidente cristiano y, en primer lugar, sobre toda Italia, en nombre de la célebre *Donación* —apócrifa— *de Constantino*»[28].

La obediencia así reclamada, tanto aquí como en otras partes, incluyó casi siempre (y esto es lo que nos interesa) el deber de asistencia militar, aun cuando éste no se derivara estrictamente del deber vasallático como bien parece que sucedió en este caso[29]. En otras ocasiones, la concesión del *vexillum sancti Petri* contribuyó a recordar ese deber y a sacralizar las guerras emprendidas en su cumplimiento. Si creemos a Romualdo de Salerno, Roberto Guiscardo, en 1059, habría jurado fidelidad al papa Nicolás II y a sus sucesores, convirtiéndose así en su hombre ligio (*liggius homo*), después de que el papa le hubiera investido, a través de su bandera, de las tierras que había conquistado. En 1062, después de la toma de Capua por Ricardo, Alejandro II habría renovado dicha investidura *«per vexillum»*[30]. Erdmann tiene razón cuando subraya que la tardía fecha de

---

27. Véase en particular pp. 189 ss.
28. H. Taviani-Carozzi, *La Terreur du monde*, cit., p. 241.
29. Véase sobre este punto G. Picasso, «Roberto il Guiscardo *fidelis* della chiesa romana e di Gregorio VII», en *Roberto il Guiscardo tra Europa, Oriente e Mezzogiorno (Atti del Convegno internazionale di studio promosso dall'Università degli Studi della Basilicata in occasione del IX centenario della morte di Roberto il Guiscardo, Potenza-Melfi-Venosa, 19-23 ottobre 1985)*, ed. C. D. Fonseca (Università degli Studi della Basilicata, Potenza, Atti e Memorie, 4), 1990, pp. 29-38.
30. Romualdo de Salerno, *Annales*, MGH SS, 19, pp. 412 ss.

redacción de estos dos textos (finales del siglo XII) no nos autoriza a negar su contenido. En cambio, podemos discutir su interpretación demasiado puramente vasallática de la bandera. La encontramos, sin embargo, en Romualdo a propósito del juramento de Roberto, quien, en 1080, después de haber acogido con benevolencia a un tal Miguel, que pretendía el trono de Constantinopla, acudió a Salerno, cerca del papa Gregorio, para reconocerse de nuevo como su «hombre ligio» y recibir de él el *«vexillum sancti Petri»*[31].

El *Liber Pontificalis* va en la misma dirección al decir que Oberto fue investido de Apulia y Calabria *«per vexillum»* de la sede apostólica, convirtiéndose así en vasallo (o soldado) de San Pedro (*miles beati Petri*)[32]. Estos textos son demasiado tardíos para que podamos basar sobre ellos una generalización. Bonizo de Sutri, sin embargo, se expresa aproximadamente en los mismos términos desde finales del siglo XI y hace de Roberto Guiscardo el *«miles propius»* del papa debido a la concesión al normando de Apulia y Calabria[33].

Algunos textos contemporáneos de los hechos sugieren un sentido menos directamente feudal, pero igual de importante también para nuestro propósito. Cuando se enfrentó a los ejércitos del emperador Alejo en 1081, Roberto Guiscardo, según Guillermo de Apulia, se sintió primero atemorizado por su número; pero se tranquilizó y depósito su confianza en el estandarte de San Pedro, que había recibido del papa, y en los méritos de San Mateo a quien acababa de hacer construir una iglesia en Palermo[34]. Si creemos a Godofredo Malaterra, el papa habría enviado también a sus jefes, tras la victoria de los normandos sobre los sarracenos en 1063, el *vexillum* de la Santa Sede a fin de que, bajo la protección de San Pedro, combatieran con más seguridad a los sarracenos bajo el patronazgo de San Pedro y de Dios[35]. Resulta difícil no ver en la mención del envío de dicha bandera una implicación pontificia y una sacralización de los combates emprendidos contra los musulmanes por la reconquista de Sicilia[36].

---

31. Romualdo de Salerno, *ibid.*, p. 408. É. Delaruelle, *op. cit.*, p. 90, relata este episodio de manera equívoca y ambigua, como si el papa hubiese investido a dicho pretendiente entregándole su *vexillum*.
32. *Liber Pontificalis*, t. II, París, ed. L. Duchesne, 1892 (1955), p. 336.
33. Bonizo de Sutri, *Liber ad amicum*, cit., I, p. 612.
34. Guillermo de Apulia, *La Geste de Robert Guiscard*, ed. M. Mathieu, Palermo, 1961, v. 405-410, p. 226.
35. Godofredo Malaterra, *De rebus gestis Rogerii...*, cit., pp. 44-45. Véase también *Registrum* IX, 17, cit., p. 597.
36. J.-M. Martin, *Italies normandes*, cit., p. 20, niega de modo categórico el más mínimo carácter de «guerra santa» a las operaciones de Sicilia no sólo en los

Es quizás este último sentido el que sobre todo hay que retener, por ejemplo, en la entrega del *vexillum* de San Pedro al *miles* Erlembaldo, quien, de regreso de una peregrinación a Jerusalén, quiso hacerse monje y fue disuadido de ello por Arialdo de Milán. Éste lo presionó para que encabezara más bien a los guerreros que combatían por la causa de la reforma pontificia contra el clero «simoníaco» de Milán y recibió del papa el *vexillum* con la misión de combatir por la fe cristiana y de «resistir hasta dar la sangre a los herejes y enemigos de Cristo»[37]. Según Landulfo el Viejo, Arialdo habría exhortado al papa Alejandro II para que le confiriera ese *vexillum* victorioso como defensor (*defensor*) del bando de Dios, de San Pedro y de él mismo, para comprometerse con mayor confianza en la defensa de los partidarios del papa y abatir a quienes le eran rebeldes[38]. Erlembaldo combatió, sosteniendo dicho *vexillum*, al lado de Arialdo, quien, a su vez, portó la cruz. Esos dos elementos sacralizaron, evidentemente, la acción guerrera de aquellos *milites* del papa. Hubo otros sobre los cuales volveremos más adelante. Arnulfo de Milán, clérigo antipatarino, hostil a Erlembaldo, presenta los hechos de manera algo diferente. Su testimonio es tanto más convincente. Según él, Erlembaldo «se vanagloriaba de haber recibido del papa de Roma ese estandarte de guerra de San Pedro» (*bellicum sancti Petri... vexillum*); «decía que era el *vexillum sancti Petri*», subraya Arnulfo, añadiendo que una tal concesión parecía incompatible con la misión de paz que incumbía al papa[39]. He aquí un antiguo punto de vista doctrinal que los hechos contradijeron formalmente en aquella época: los papas reformadores, mediante la concesión de la bandera de San Pedro, pero también por otros muchos medios, sacralizaron más que nunca las operaciones guerreras emprendidas por la Santa Sede.

COMBATES SACRALIZADOS Y GUERREROS SANTIFICADOS POR SAN PEDRO

Como el resto de las iglesias, y en mayor medida que ellas a causa de su prestigio, de su riqueza y de su situación en una región revuelta y sujeta a numerosas codicias, la iglesia de Roma se vio en la necesi-

---

hechos (lo que admito de buen grado), sino también en la presentación que de ellas hace G. Malaterra, lo que apenas se sostiene.
37. Andrés de Strumi, *Vita sancti Arialdi*, MGH SS, 30, 2, p. 1059, 1065.
38. Landulfo Senior, *op. cit.*, III, 14-15, MGH SS, 8, p. 83.
39. Arnulfo de Milán, *op. cit.*, III, 17, y IV, 10, pp. 22 y 28, MGH SS, 8, pp. 1-31.

dad de asegurar su protección. El asunto no era nada simple en la medida que allí concurrían intereses múltiples. El pontífice romano era señor temporal efectivo de un territorio, el patrimonio de San Pedro, y trató de acrecentarlo, primero en Italia, mediante reivindicaciones fundadas cada vez más por lo general en la falsa donación de Constantino[40]. Ahora bien, la Italia central y del sur había sido antiguamente territorio bizantino antes de que su parte meridional cayera en manos musulmanas. Los conquistadores normandos —llamados primeramente como mercenarios por los príncipes griegos del sur de Italia deseosos de liberarse de la amenaza musulmana y de las codicias de sus vecinos— acometieron pronto, en la segunda mitad del siglo XI, la conquista por su propia cuenta, codiciando a veces territorios pontificios o reivindicados por la Santa Sede. Italia, incluida la región central, era considerada también por el emperador germánico como dependiente del Imperio. El fraccionamiento político aumentó todavía la confusión de intereses, al igual que las rivalidades de clanes y dinastías locales. La Santa Sede tuvo, pues, necesidad de disponer de fuerzas armadas. El emperador, tradicionalmente defensor de la Santa Sede, quedaba muy lejano y su tutela se consideraba demasiado pesada para un Papado reformador que quiso liberarse de ella. Para procurarse las tropas que necesitaba para defender sus intereses territoriales, el papa debió dirigirse a protectores más próximos, más disponibles, más eficaces y más seguros. El intento de «vasallización» de los normandos respondió a esa necesidad, pero rápidamente se reveló peligrosa a causa de la versatilidad de los normandos y de sus propias ambiciones territoriales en Italia.

Además del apoyo de aquellos protectores lejanos o dudosos, ¿cuáles eran las fuerzas militares de las que podía disponer el pontífice de Roma? En razón de su señorío directo sobre el Patrimonio de San Pedro, podía exigir el servicio militar de sus dependientes directos. Ya hemos visto antes cómo, desde Silvestre II, el Papado trató de hacer hincapié sobre dicha forma de servicio, la cual, sin embargo, seguía siendo notoriamente insuficiente[41]. A ello podía añadirse

---

40. Véase sobre este punto N. Huyghebaert, «Une légende de fondation...», cit.; H. Fuhrmann, «*Constitutum Constantini*», cit.; O. Guyotjeannin, artículos «États Pontificaux» y «Donation de Constantin», en Ph. Levillain (dir.), *Dictionnaire historique de la papauté*, París, 1994, pp. 627-632 y 581-583.

41. Véase más arriba pp. 45 ss. Podrán encontrarse numerosos indicios que van en la misma dirección en P. Toubert, *Les Structures du Latium médiéval. Le Latium méridional et la Sabine du* IXe *à la fin du* XIe *siècle*, Roma, 1973 (2 vols.), *passim*.

la prestación militar, aleatoria, de las iglesias de la Cristiandad, que a veces fue reclamada a los obispos en nombre de una jerarquía eclesiástica concebida sobre el modelo del mundo «feudal» laico[42]. El recurso a príncipes «fieles de San Pedro» que ofrecían graciosamente la ayuda de sus propios guerreros en concepto de favor prestado a San Pedro constituyó uno de los principales objetivos de Gregorio VII. Volveremos sobre ello en el capítulo siguiente. En fin, y sobre todo, quedaba el recurso a tropas asalariadas, a mercenarios, método más frecuente de lo que antes se creía y al que, por lo demás, conviene despojar de cualquier carácter peyorativo: semejantes guerreros fueron reclutados también por los príncipes laicos, y su fidelidad era casi siempre mejor que la de los vasallos[43]. Gregorio VII se hizo célebre particularmente en este aspecto, granjeándose por ello numerosas críticas[44]. Bonizo de Sutri alude claramente a algunas de esas funciones en la iglesia de San Pedro, cuando evoca el *scellarius* encargado de pagar su soldada a los guerreros estipendiados, y «el *primus defensor* que manda a los defensores que nosotros llamamos procuradores[45]».

Ese empleo de guerreros por la causa pontificia estuvo acompañado evidentemente de su reconocimiento ideológico.

LEÓN IX Y LOS MÁRTIRES DE CIVIDALE

Dicho aspecto se manifestó mucho antes de Gregorio. El papa León IX revalorizó ya la *militia* pontificia que procuró de aumentar. La utilizó en 1049 cuando, habiendo sido elevado al pontificado por el partido imperial, fue discutido en Roma por los Tusculanos, partidarios de su rival el papa Benedicto IX. Para quebrar su resistencia, invadió y arrasó el territorio de Tusculum y condenó a Benedicto y a sus partidarios por herejía (más que por haber roto la paz) en un

---

42. Véase, por ejemplo, MGH SS, 8, 420.
43. Cf. J. Boussard, «Services féodaux, milices et mercenaires dans les armées de France aux Xe et XIe siècles», en *Ordinamenti militari in Occidente nell'alto medioevo*, t. II, Spoleto, 1968, pp. 131-168; S. D. B. Brown, «Military Service and Monetary Reward in the XIth and XIIth centuries», *History*, 74, 240, 1989, pp. 20-38; M. Chibnall, «Mercenaires and the Familia Regis under Henri I», *History*, 62, 1977, pp. 15-23, recuperado en M. Strickland, *Anglo-Norman Warfare*, Woodbridge, 1992, pp. 84-92; J. Shepard, «The Uses of Franks in XIth century Byzantium», *Anglo-Norman Studies*, 15, 1993, p. 303.
44. Véase más adelante pp. 207 ss.
45. Bonizo de Sutri, *Liber de vita christiana*, VII, 16, Berlín, ed. E. Perels, 1930, p. 241.

sínodo celebrado en Letrán en 1049. El sínodo decidió hacer contra ellos un llamamiento a la *militia* romana para combatir a aquellos «hombres pérfidos»[46].

Como es sabido, el papa León IX obtuvo en 1052 del emperador Enrique II un contingente de soldados alemanes destinados a defender los intereses de la Santa Sede, entonces amenazados por los normandos, en Apulia, en unos territorios que le había concedido el emperador Enrique III; desde hacía tiempo el papa reivindicaba también como suyo Benevento, y por eso acogió favorablemente a los embajadores de esta ciudad, que llegaron a entregársela para obtener su protección contra las correrías saqueadoras de los normandos[47]. Una coalición de guerreros se alineó bajo las banderas pontificias. Una carta del papa a Constantino Monómaco, recuperada en una vida de San León, muestra claramente cómo, al reclamar la ayuda militar del emperador de Bizancio y la del emperador germánico, el papa de ninguna manera tenía la intención de renunciar a sus derechos sobre un patrimonio de San Pedro ampliado. Reafirmaba incluso con fuerza esos derechos, basados en la donación de Constantino:

> Por consiguiente, mi muy adicto hijo y emperador serenísimo, dígnate colaborar con nosotros en la rehabilitación de tu santa madre Iglesia y en la restitución de los privilegios debidos a su prestigio y en el respeto que le es debido, así como en la del patrimonio en el territorio sometido a tu poder, como claramente podrás saberlo en los escritos y actas de nuestros venerables predecesores y de los tuyos [...]. Lo que aquel hombre admirable después de Cristo confirió a esta sede, lo que él confirmó y defendió, tú, en virtud de la etimología de tu nombre, ayúdanos con constancia para recuperarlo, conservarlo y defenderlo [...]. Nuestro muy glorioso hijo Enrique proyecta actuar de la misma manera en sus territorios[48].

León IX condujo dicho ejército hacia Apulia donde se enfrentó a las tropas normandas en Cividale, el 18 de junio de 1053: los normandos vencieron gracias, tal vez, a su mejor uso de la lanza en

---

46. *Vie et miracles du pape saint Léon IX*, ed. A. Poncelet, *Analectes Bollandiana*, t. 25 (1906), pp. 277 ss.
47. Cf. Boson, «Vie du pape Léon Léon IX», en *Liber Censuum*, ed. L. Duchesne, *Liber Pontificalis*, II, pp. 354-356; cito la traducción de M. Parisse y M. Goullet, *La Vie du pape Léon IX (Brunon, évêque de Toul)*, París, 1997, pp. 146-147; véase también H. Taviani-Carozzi, *op. cit.*, p. 192.
48. León IX, *Carta al emperador Constantino Monómaco* (1054), PL, 143, col. 177 ss. *(Mansi*, 19, p. 667); texto y trad. en M. Parisse y M. Goullet, *op. cit.*, pp. 134 ss.

el combate a caballo[49]. Aquella derrota afectó sobremanera al papa, el cual, vencido, fue conducido a Benevento como huésped cautivo; regresó a Roma, con el consentimiento de los normandos, en marzo de 1054, donde murió el 19 de abril. Ese fracaso incitó a Nicolás II, algunos años más tarde, a una «revisión desgarradora» de la política pontificia, que le condujo a una alianza con los normandos y al juramento de vasallaje de 1059 ya evocado más arriba.

El punto capital, por lo que concierne a nuestro propósito, es la utilización que de esta batalla hicieron los escritores eclesiásticos para justificar el uso de la guerra por las necesidades de la Iglesia. Desde la época de León IX, encontramos indicios de reconocimiento de esos guerreros que morían con la espada en la mano. Para Bonizo de Sutri, hacia 1086, Dios mostró mediante numerosos signos que amaba a los que así habían sucumbido por la justicia en aquella guerra, considerándolos dignos de figurar entre los santos[50]. Bruno de Segni, hacia 1090, aunque deplora el papel personal del papa en aquel compromiso militar, se sorprende de la derrota de sus guerreros a quienes llama los «soldados de Cristo» (*milites Christi*) y «el ejército de los santos» (*sanctorum exercitum*). Pero, por esa razón sin duda, se alegra por su suerte, pues la muerte de sus santos resulta preciosa para Dios. Añade:

> Hay que creer muy firmemente, sin ningún tipo de duda, que todos los que mueren por la justicia se incluyen entre los mártires. El Señor los coloca entre los príncipes de su pueblo[51].

Una *Vida de León IX* cuenta con todo lujo de detalles las circunstancias de aquella batalla, mal entablada a causa de la traición de un lombardo que indicó a los normandos el mejor momento para lanzar su ataque. Los alemanes del papa combatieron valientemente y murieron como mártires, lo que, en todo caso, no impidió que el papa rezara por sus almas. Volveremos a encontrar estos dos rasgos, que algunos, sin razón, consideran incompatibles, en los relatos de la primera cruzada:

---

49. Cf. Guillermo de Apulia, *La Geste de Robert Guiscard*, cit., II, v. 148 ss., pp. 141 ss.; sobre esta batalla y su interpretación por Guillermo de Apulia, véase H. Taviani-Carozzi, «Une bataille franco-allemande en Italie: Civitate (1053)», en C. Carozzi y H. Taviani-Carozzi (dir.), *Peuples du Moyen Âge: problèmes d'identification*, Aix-en-Provence, 1996, pp. 181-211. Véase también K. B. Wolf, *Making History. The Normans and their Historians in Eleventh Century Italy*, Filadelfia, 1995.
50. Bonizo de Sutri, *Liber ad amicum*, V, cit., I, pp. 589 y 618.
51. Bruno de Segni, *Libellus de symoniacis*, II, § 5-6, MGH, *Libelli de lite*, p. 550.

En cuanto a los alemanes, combatieron valientemente, produjeron muchas víctimas en las filas enemigas, pero murieron todos por su fidelidad a Cristo y entregaron el alma como mártires. El bienaventurado papa León, viéndolos acribillados de heridas, encomendó sus almas al Señor Jesucristo, rezó por ellos y reemprendió el camino para regresar a Cividale[52].

El autor de una segunda *Vida de León IX* insiste sobre esa glorificación de los héroes muertos. Precisa que el papa, moribundo, fue reconfortado oportunamente por una visión del destino de los muertos de Cividale:

> Los he visto, en efecto, entre los mártires, y sus vestidos tenían el esplendor del oro. Todos portaban palmas con flores imperecederas, y me decían: «Ven, mora con nosotros, pues gracias a ti poseemos ahora esta gloria»[53].

Otra *Vida de León IX*, redactada hacia 1060 y atribuida antaño a un tal Wiberto, imputa al santo papa la «conversión» de los normandos por su justa causa, tras su victoria; subraya de nuevo la recompensa celestial de los guerreros que cayeron como mártires en aquella batalla, los cuales fueron admitidos en lo sucesivo entre los santos del paraíso, como lo confirmaban los milagros que se realizaron en su tumba:

> Puesto que fue por su fe en Cristo y por la liberación de un pueblo oprimido que ellos quisieron entregar santamente su vida, la gracia divina manifestó de manera clara, mediante varias revelaciones, que ellos gozaban de la felicidad eterna en el reino de los cielos. Fue así cómo se aparecieron bajo diversas formas a lo fieles de Cristo, para decirles que no había que llorar en las ceremonias fúnebres, dado que se habían unido a los santos mártires en la gloria de Dios Todopoderoso. Sus asesinos reconstruyeron sobre sus despojos una magnífica basílica y, en aquellos mismos lugares, se constituyó una comunidad de servidores de Dios, a través de los cuales la omnipotencia divina realizó milagros prodigiosos[54].

Otro texto cuenta todavía cómo el papa, habiendo emprendido contra los normandos una «guerra por la paz eclesiástica», se entris-

---

52. *Vie et miracles du pape saint Léon IX*, cit., pp. 275-297 (texto y trad. de los capítulos 2 y 5-9 en M. Parisse y M. Goullet, *op. cit.*, pp. 148 ss.)
53. *De obitu sancti Leonis IX*, PL, 143, col. 527.
54. Wiberto (Pseudo), *Vita sancti Leonis*, PL, 143, col. 500; cito aquí la traducción de M. Goullet, *La vie du pape Léon IX...*, cit.

tecía por la muerte de sus soldados y celebraba cada día una misa de difuntos por ellos. Un día se le apareció un ángel y le preguntó porqué actuaba así, consolándole en los siguientes términos:

> El ángel le dijo entonces: «no cantes por los muertos, sino canta mejor *Sancti tui, Domine,* pues preciosa es para Dios la muerte de los santos conseguida en este combate»[55].

Amado de Montecasino, contemporáneo de los hechos —pero cuyo texto sólo conocemos a través de una traducción en antiguo francés del siglo XIV— relató también esta batalla de Cividale, sin hacer la menor alusión a esas «recompensas inmediatas en el seno de Abraham», en el paraíso. En cambio, subraya un aspecto que omitieron los textos precedentes, y que refleja otro rasgo de la guerra santa que volveremos a encontrar en la *reconquista* y más aún en la cruzada, rasgo al que muy pronto se le dio el nombre de «indulgencia de la cruzada»: antes de enviarlos a la batalla, el papa reunió a sus guerreros bajo las murallas de Cividale. Después los absolvió de sus pecados y los dispensó de la penitencia que hubieran debido cumplir para obtener el perdón:

> Y el papa con el obispo salieron hacia la muralla de la Ciudad, y miró a la multitud de sus caballeros para absolverlos de sus pecados, y perdonó la penitencia que deberían hacer por sus pecados[56].

En fin, los bendijo con el signo de la cruz y les ordenó que fueran a combatir bajo la dirección de dos jefes que los instruían, alzando bien alto el gonfalón. ¿Hay que atribuir la presencia de esa frase sólo a la influencia tardía de la idea de indulgencia de cruzada, que después habría contaminado el texto cuya primitiva versión latina no ha llegado hasta nosotros? Ello no es del todo imposible, pero al menos resulta arriesgado. Según Amado, León IX había apelado de forma vana a la ayuda del emperador, del rey de Francia y de otros señores ofreciéndoles la remisión de sus pecados —algo que, como ya hemos visto, habían hecho asimismo varios de sus predecesores[57]— si le ayudaban a expulsar a los normandos de Benevento, pero prometiéndoles también remuneraciones materiales:

---

55. Anónimo Haserensis, *De episcopis Eichtetensibus,* c. 37, MGH SS, 7, p. 265.
56. Amado de Montecasino, *L'Hystoire de li Normant et la chronique de Robert Viscart,* III, 37, París, ed. M. Champollion-Figeac, 1835, p. 93, o ed. Bartholomeis, *op. cit.,* p. 154.
57. Cf. *supra* pp. 45 ss. y 50 ss.

Y les prometió darles la absolución de sus pecados y darles grandes dones, y que liberasen la tierra de la malicia de los normandos[58].

Resulta difícil admitir, como hace J. Riley-Smith, que la remisión mencionada por Amado antes de la batalla de Cividale no refleja un juicio de valor sobre aquel acto guerrero, sino que únicamente cabe en el marco general de la absolución de los soldados que iban a combatir[59]. En ella hay, evidentemente, algo más que una simple confesión precautoria (por lo demás no señalada, aunque probable) antes de acometer una acción peligrosa[60].

Conviene interpretar este episodio no a la luz de la doctrina ulterior de la indulgencia de cruzada, que sólo sería definida en la segunda mitad del siglo XII, sino según las mentalidades contemporáneas. La escena descrita por Amado es muy parecida a la de la batalla de Roncesvalles relatada por el *Cantar de Roldán,* en la cual el arzobispo Turpín, recordémoslo, prometió a los guerreros, si eran matados por los sarracenos, un lugar en el paraíso entre los elegidos en tanto que «santos mártires». Después, paralelamente a esa promesa, les pidió que confesaran sus pecados, los absolvió, y, a modo de penitencia, les solicitó que atacaran a sus enemigos: en efecto, en aquel momento era la única forma de penitencia que podían cumplir. Propiamente hablando no hubo «indulgencia», sino «conmutación de penitencia». El combate por sí solo no borra los pecados cometidos, pero está lo suficientemente sacralizado como para servir de lugar de penitencia, para obtener así la remisión de los pecados confesados y hacer al mismo tiempo posible el acceso directo al Paraíso.

La indulgencia (pero mejor valdría evitar el empleo engañoso de esta palabra anacrónica) no surtió efecto sobre los pecados, sino sobre la penitencia que los guerreros debían cumplir normalmente para obtener la desaparición de sus pecados confesados y absueltos. Los guerreros que combatían por la buena causa eran dispensados de ellos. He aquí un nuevo rasgo de «guerra santa» sobre el cual habremos de volver. Observemos también que, para Amado, las promesas de recompensas espirituales no excluían de ninguna manera las de remuneraciones materiales. Germán de Reichenau, que escri-

58. Amado de Montecasino, *op. cit.,* III, 23; véase también III, 17, pp. 138-139.
59. J. Riley-Smith, *The First Crusaders, 1095-1131,* cit., p. 320.
60. Compárese, por ejemplo, este episodio con la confesión-penitencia-absolución de los normandos antes de su batalla contra el emperador griego (18 de octubre de de 1081), cf. Godofredo Malaterra, *op. cit.,* III, 27, p. 73.

bió inmediatamente después de los hechos, ve en ello sin duda la razón de la derrota de las tropas pontificias, pero hace más bien referencia a los pillajes a los que, según él, se dedicaron algunos defensores del papa, italianos y «galos», antes de la llegada de los alemanes, que de esa manera atrajeron sobre sus tropas el oculto juicio de Dios[61].

Estos numerosos testimonios relativos a la batalla de Cividale, así como las frecuentes referencias a dicho episodio entre los canonistas para justificar el derecho de la Iglesia a usar la fuerza armada, demuestran muy bien en qué medida afectó a los espíritus, pero también hasta qué punto el Papado supo sacralizar el combate por él conducido y santificar a quienes perdieron la vida en ese tipo de guerra. Ciertamente, la demonización de los normandos, cuyas depredaciones y masacres se complacen en subrayar la mayor parte de estos textos haciendo hincapié sobre su salvajismo, está ahí sin duda por algo. Pero el hecho de que esos mismos normandos fueran descritos poco después como defensores y vasallos de la Santa Sede nos autoriza a pensar que dicha sacralización reposó ante todo sobre la idea de la justicia de la causa pontificia establecida como un principio en sí mismo.

Pedro Damiano fue uno de los pocos que no compartía estas ideas. Los santos mártires de antaño, recuerda, no mataron a nadie, ni a los herejes ni a los idólatras; sufrieron, soportaron y triunfaron a través del martirio. No está, por tanto, permitido empuñar las armas, ni siquiera para defender la fe y menos aún por bienes terrenales. A los que, precisamente, argumentaban que, por el hecho de haber usado la fuerza armada, León IX no dejaba de ser santo, Pedro Damiano responde que Gregorio I, por ejemplo, soportó a los lombardos, y que ningún papa antes de León IX había hecho uso de las armas; el hecho de que fuera tenido por santo no excluía, sin embargo, que hubiera cometido una falta: Pedro, recuerda, no obtuvo el título de príncipe de los Apóstoles por haber renegado de Cristo, ni David recibió el don de la profecía por haber tomado la mujer de otro hombre[62].

En definitiva, lo que Pedro Damiano critica aquí ante todo es la participación directa de un papa en operaciones militares. No repudia, sin embargo, el uso de la fuerza armada para la protección de la Iglesia, pero reserva esa función al poder civil. Es el emperador, que porta la espada en tanto que ministro de Dios, quien debe cumplir

---

61. Germán de Reichenau, *Chronicon*, a. 1053, MGH SS, 5, p. 132.
62. Pedro Damiano, *Epístola 9*, PL, 144, col. 311-317.

ese papel; reprocha también severamente a Enrique IV el no haberlo hecho y apela al «brazo secular» contra el antipapa Cadalo (opuesto a Alejandro II) a quien llama apóstol del Anticristo, hijo de Belial, hijo de la perdición, falso pontífice y víbora resbaladiza[63].
Se trata aquí de una concepción antigua, que estaba a punto de ser superada. Por lo demás, no dejó de estar exenta de contradicciones en Pedro Damiano, dado que él mismo felicitó a los jefes de la Pataria por haber emprendido con coraje el buen combate contra los enemigos de la Iglesia, herejes y nicolaístas, y deseó que su fiel combate les abriese las puertas de la Jerusalén celestial[64].

ALEJANDRO II Y LOS MÁRTIRES DE LA PATARIA

Tenemos, en efecto, un ejemplo particularmente significativo de la santificación de los guerreros que combatieron por la causa pontificia: el de los partidarios de la Pataria milanesa que, apoyados por los papas de la reforma que luego se llamaría gregoriana, lucharon con las armas contra los partidarios del clero milanés que ellos consideraban simoníaco y corrupto[65]. El papa Alejandro II, como hemos visto, había concedido a su jefe, Erlembaldo, el *vexillum* de San Pedro. Evidentemente, aquella concesión no hacía de él un vasallo de la Santa Sede, pero, en cambio, podía significar que, en lo sucesivo, formaría parte de los «soldados de San Pedro» (*milites sancti Petri*), lo que constituía ya un primer rasgo de sacralización. Sin embargo, el vocabulario que lo designa va más lejos aún en este sentido. Según Landulfo de Milán, quien por lo demás era hostil al partido patarino, los jefes de dicho partido lo habrían llamado para que sirviera a la Iglesia romana en unos términos que anuncian los de Urbano II en su discurso de Clermont, al exhortar a ese «soldado del mundo secular» (*miles saeculi*) a transformarse en «muy valiente soldado de Dios y de la Iglesia católica»[66]. Bertoldo lo designa «campeón de Cristo, combatiente por la justicia y por la fe, soldado del

---

63. *Id., Epistola 3*, PL, 144, col. 439-442.
64. *Id., Epistola 14*, PL, 144, col. 367 ss.
65. Sobre este episodio, véase H. J. E. Cowdrey, «The Papacy, the Patarenes and the Church of Milan», cit., pp. 25-48 (recuperado en *Popes...*, n.º IV); C. Violante, «La pataria e la militia Dei nelle fonti e nella realtà», *Militia Christi e crociata nei secoli XI e XII*, cit., pp. 103-127; J. Flori, «La préparation spirituelle de la croisade», cit.
66. «*De rei catholicae ecclesiae miles efficiaris strenuissimus*», en Landulfo Senior, *op. cit.*, III, 14, MGH SS, 8, p. 83, o PL, 147, col. 916.

rey supremo y defensor de la santa fe»[67]. Andrés de Strumi lo califica «servidor de Cristo» (*famulus Christi*) y subraya que los cristianos no deben tomar jamás las armas, salvo, precisamente, para defender la fe[68]. Bonizo de Sutri, hacia 1086, lo llama «soldado de Dios» (*miles Dei*), que combate «por la justicia» contra las maquinaciones del diablo, y que «dirige una guerra del Señor»[69] (*bellum Domini*). El 27 de septiembre de 1073, el papa Gregorio VII escribió a Erlembaldo para animarle a que tuviera confianza en Dios y en la Iglesia de Roma, y lo incitó a combatir con vigor superando los obstáculos, sabiendo que Dios restablecería la serenidad. El 13 de octubre de 1073, le pidió al obispo de Acqui que diera todo su apoyo a Erlembaldo, ese «muy valiente soldado de Cristo»[70] (*strenuissimus Christi miles*); el mismo día, dirigió una carta al obispo de Pavía para solicitarle «que ayudara con todas sus fuerzas a Erlembaldo en esta guerra de Dios que va a emprender contra los enemigos de la Iglesia»[71]. Todavía empleó la misma expresión «soldados de Cristo» en abril de 1076, tras la muerte de Erlembaldo, en una carta a Wilfredo de Milán, para designar a los patarinos que continuaron la lucha contra el clero «corrupto» de Milán fuertemente demonizado. Puede contar, le dijo, con la ayuda de San Pedro contra esos «socios del diablo», que no se ruborizan por «vivir en la servidumbre del diablo», pues está escrito que los fieles «juzgarán al diablo y a sus socios»[72].

Aquí todavía, el empleo de un vocabulario semejante refleja la impronta de una sacralización real de los guerreros que luchaban por la iglesia de Roma. *Milites Dei* o *milites Christi*, como es sabido, designaba en un principio al conjunto de los cristianos, en la época de la Iglesia primitiva. La expresión se aplicó después a los sacerdotes, y luego más especialmente a los monjes, que combatían a las fuerzas satánicas mediante la oración. *Milites Christi* designaría a los cristianos que fueron a rescatar la tumba de Cristo en las crónicas de la primera cruzada. Nos encontramos aquí, con Erlembaldo y los suyos, en presencia de un «eslabón intermedio» en la evolución que condujo a la idea de cruzada. Fue la etapa de la guerra santificada a punto de convertirse en «santa», en tanto que emprendida por los

---

67. «*miles Christi, Athleta Christi*», «*tyronem egregium pro iustitia et fide*», «*summi regis militem et sanctae fidei defensorem*», Bertoldo de Reicheneau, *Chronicon*, MGH SS, 5, pp. 305, 306, 314.
68. Andrés de Strumi, *Vita sancti Arialdi*, cit., p. 1063.
69. Bonizo de Sutri, *Liber ad amicum*, cit., I, pp. 589, 605, 618.
70. Gregorio VII, *Registrum*, I, 27, cit., pp. 44-45.
71. *Id., Registrum*, I, 28, pp. 45-46.
72. *Id., Registrum*, III, 15: Al *miles* Wilfredo de Milán (abril de 1076), p. 277.

intereses de la reforma pontificia iniciada por la iglesia de Roma, garantizada por la autoridad del papa que habla en nombre de San Pedro, dirigida por un hombre portador de su *vexillum*, y que lucha contra unos adversarios diabólicos: que no eran paganos, sino, lo que era peor en opinión de muchos, adversarios cristianos de la iglesia de Roma y, como tales, asimilados a los cismáticos y a los herejes, los peores enemigos de Dios y de Cristo[73].

En efecto, varios canonistas de finales del siglo XI justificaron más fácilmente la guerra contra esos «enemigos de Cristo» en el seno de la Iglesia que contra los paganos, acercándose en este punto a la afirmación del caballero-prior de Conques[74]. Anselmo de Lucca, hacia 1083, fue uno de los más moderados. Está prohibido, dice, combatir contra los católicos, pero no contra los herejes y los cismáticos[75]. Al contrario, los cristianos pueden y deben perseguir a estos últimos, eso sí, por amor y con amor[76]. Por eso hay que rezar al combatir, y desear la paz en su corazón, pues la guerra no es más que un medio para conseguirla[77]. Otros llegaron más lejos. Ese fue el caso, por ejemplo, de Bonizo de Sutri[78], o de Humberto de Moyenmoutier, para quien puede esperarse la conversión de los paganos, pero no la de los herejes ni la de los judíos; por eso son intolerables. Los paganos, dice, no nos atacan y si lo hacen sólo matan el cuerpo; los herejes matan el cuerpo y el alma y por eso se parecen al diablo; es, pues, legítimo combatirlos y reprimirlos[79].

Yvo de Chartres, completamente opuesto a todo tipo de violencia —hasta el punto de que prohibió a sus partidarios, en 1093, que tomaran las armas para liberarlo cuando fue capturado y apresado

---

73. Véase sobre este punto J. Gilchrist, «The Papacy and War against the "Saracens", 795-1216», *The International History Review*, C, 2, mayo 1998, pp. 173-197.
74. Véase más arriba pp. 132 ss.
75. Anselmo de Lucca, *Liber contra Wibertum*, MGH, Libelli de lite, I, p. 522.
76. Id., *Sermo de Caritate*, publicado por E. Pasztor, «Motivi dell'ecclesiologia di Anselmo di Lucca. In margine a un codice inedito», en *Bulletino dell'Istituto Storico Italiano per il Medioevo*, 77, 1965, pp. 45-105.
77. Id., *Collectio canonica*, XIII, ed. y estudio por Edith Pasztor, «Lotta per le investiture e ius belli; la posizione di Anselmo de Lucca», P. Golinelli, *Sant'Anselmo, Mantova e la lotta per le investiture*, Bolonia, 1987, pp. 405-417. En alguna ocasión se ha discutido la paternidad de los libros VIII al XIII de esta obra. Véase sobre este punto G. Fransen, «Anselme de Lucques canoniste?», *Atti del convegno Anselmiano di Lucca*; C. Violante, *Sant'Anselmo, vescovo di Lucca (1073-1086)*, Roma, 1992, pp. 134-155.
78. Bonizo de Sutri, *Liber de vita christiana*, II, 43, cit., p. 56 y *Liber ad amicum*, cit., p. 573.
79. Humberto de Moyenmoutier, *Adversus Simoniacos*, MGH, Libelli de lite I, pp. 101, 118, 151.

por el vizconde Hugo de Puisset, a iniciativa del rey de Francia, por haber condenado su unión adúltera con Bertrada de Montfort[80]—, no fue tan hostil como se dice a cualquier forma de sacralización de la guerra emprendida por la Iglesia[81]. Reafirmó que un clérigo no debe derramar la sangre de un ser humano, ya sea cristiano o pagano; sin embargo, los que matan a los excomulgados no son culpables de homicidio, y los sacerdotes tienen derecho a pronunciar la pena de muerte contra los impíos. Los jueces que persiguen y condenan a los herejes y a los cismáticos son, pues, dignos de alabanza, y no de censura, y el reino celestial se abre así a los que resulten muertos por la protección de los cristianos; los reyes deben defender la Iglesia contra los herejes, cismáticos, blasfemadores del bautismo; los que hacen la guerra por orden de Dios o de otro poder claramente legítimo de ninguna manera son homicidas, pues se comportan como «ministros de la ley». «Haz, pues, sin dudar la guerra que Dios ha ordenado», concluye, «antes que una guerra ordenada por un rey». Hay aquí, subrayémoslo, una verdadera formulación del derecho de guerra legítima establecido sobre la base de la guerra santa (ordenada por Dios) antes que de la guerra justa (ordenada por un poder civil legítimo). Por eso, continúa diciendo Yvo de Chartres, los soldados (*milites*) deben ante todo servir a Dios y a las iglesias. En cuanto a los que, combatiendo contra los paganos, matan por error y confusión a prisioneros cristianos cautivos que no han sabido distinguir de sus enemigos, deben cumplir cuarenta días de penitencia[82].

Yvo de Chartres fue más lejos todavía en otro libro; los que mueren por la fe, la defensa de la Patria y de los cristianos obtendrán recompensas celestiales; los *milites* que matan por obedecer al poder legítimo no son culpables de homicidio; más aún, si no lo hacen son culpables de deserción; esto es cierto para una orden del emperador y con mayor razón, añade, para una orden de Dios. En fin, a propósito de las guerras de reconquista en España, añade que no hay que atacar a los judíos, sino a los sarracenos, lo que justifica tanto el combate emprendido contra ellos como contra los herejes.

---

80. Yvo de Chartres, *Epistola 20*, ed. y trad. J. Leclercq, *Yves de Chartres, Correspondance*, t. I, París, 1949, pp. 86 ss.
81. Véase sobre este punto R. Sprandel, *Ivo von Chartres und seine Stellung in der Hirchengeschichte*, cit.; J. A. Brundage, «St Anselm, Ivo of Chartres and the ideology of the first crusade», cit., pp. 175-187.
82. Yvo de Chartres, *op. cit.*, PL, 161, c. 45, col. 702; c. 54, col. 706; c. 74, col. 714; c. 75, col. 714; c. 87, col. 720; c. 99, col. 722; c. 110, col. 726; c. 123, col. 727; c. 175, col. 742.

Nos encontramos aquí, es cierto, al término de la evolución doctrinal, en vísperas de la cruzada, y esa posición fue resultado precisamente de la que impuso Gregorio VII, sobre la cual volveremos en el próximo capítulo.

En la época de la Pataria, esta concepción estaba madurando en algunos espíritus menos conservadores sin duda que los canonistas, siempre retrasados respecto de las mentalidades, como todos los autores de textos jurídicos. Y así, teniendo en cuenta el vocabulario empleado y la sacralización del combate emprendido contra los «herejes» de Milán, no es sorprendente ver cómo muy pronto, tras su muerte, en 1075, Erlembaldo fue asimilado a su vez a los mártires de la fe e incluso beatificado.

Arnulfo de Milán, adversario de los patarinos, sólo menciona su fin, matado por unos caballeros milaneses[83]. Landulfo el Viejo, también hostil a Erlembaldo, añade que, después del incendio accidental de la catedral, los milaneses interpretaron aquel hecho como un castigo de Dios debido a los «excesos» de los patarinos, y varios caballeros mataron a Erlembaldo y Liutprando a quien dejaron muerto en el lugar. Entonces fue venerado como mártir por sus partidarios[84]. Andrés de Strumi los llama «mártires de Cristo»[85] (*martires Christi*). Bonizo de Sutri relata cómo el cuerpo de Erlembaldo, «martirizado por el nombre de Jesús», fue amortajado por hombres piadosos, mientras que en todo el mundo, hasta en la lejana Inglaterra, los católicos se preguntaban «cómo este hombre poderoso ha podido sucumbir, él que combatía en la guerra del Señor»[86]. Extrae ejemplo de este hecho, y de los milagros que se realizaron en su tumba, para concluir que Dios aprueba el uso de la guerra cuando los soldados de Dios han de combatir por la verdad contra la herejía.

Muy pronto, en efecto, tuvieron lugar algunos milagros en la tumba de Erlembaldo, como lo atestigua, hacia 1080, el analista de Suabia: relata con precisión cómo, en el sínodo de marzo de 1078, se realizaron varios milagros en la tumba de Erlembaldo, aquel campeón de Dios que había muerto tres años antes cuando combatía a los herejes y a los simoníacos partidarios del emperador Enrique IV y adversarios de la reforma gregoriana, y cuyo cuerpo, que fue deja-

---

83. Arnulfo de Milán, *op. cit.*, IV, 8-10, MGH SS, 8, pp. 28 ss.
84. Landulfo Senior, *op. cit.*, III, MGH SS, 8, pp. 32-100 (PL, 147, col. 805-954) y D. A. Cutolo, RIS, IV, 2A, Bolonia, 1942.
85. Andrés de Strumi, *Vita sancti Arialdi*, cit., pp. 1064 y 1065.
86. Bonizo de Sutri, *Liber ad amicum*, VII y IX, cit., I, pp. 605 y 620.

do insepulto durante tres días, irradiaba una luz sobrenatural. Unos fieles, advertidos en sueños, llegaron por fin a recoger su cuerpo y amortajaron a aquel soldado de Dios defensor de la santa fe, y los defensores de la Iglesia fueron así estimulados por aquellos signos celestiales; demostraron que, por ese combate legítimo, había sido coronado de gloria en un triunfo celestial[87].

Aquella garantía popular para la beatificación de un guerrero que combatió por la causa de la iglesia de Roma parece que fue atendida muy pronto por la curia romana. En efecto, según una noticia marginal de Landulfo el Viejo relativa al concilio de Piacenza de marzo de 1095, el papa Urbano II habría ordenado trasladar en 1090 (la fecha de 1095 parece más probable, según Cowdrey) al monasterio de Saint-Denis los restos de Erlembaldo, que fue inscrito en el catálogo de los mártires debido a la muerte de «aquel portaestandarte y protector de la Iglesia»[88] (*vexillifer Ecclesiae ac tutor*). Aquel gesto de un papa más diplomático de lo que había sido Gregorio VII reconciliaba el Papado con Milán, la cual se convirtió a partir de entonces en la campeona de la causa pontificia en Lombardía[89].

El prefecto romano Cencio, que también fue fiel del Papado en su conflicto armado con el emperador germánico y sus partidarios italianos, se benefició de una beatificación popular poco después de su muerte: Bonizo de Sutri cuenta sumariamente cómo aquel «hombre muy cristiano» fue matado a traición, cómo su cuerpo fue conducido a San Pedro de Roma y cómo Dios hizo, a través de él, numerosos milagros[90]. Bernoldo de San Blas señala de manera algo más precisa que, en 1070, aquel prefecto de la ciudad de Roma, «soldado incansable de San Pedro contra los cismáticos», fue matado por un hombre del emperador Enrique IV: en su tumba, al poco tiempo, tuvieron lugar más de veinte milagros[91]. Por su parte, Bertoldo evoca así su misión: quería hacerse monje, pero el papa se lo había prohibido, ordenándole que se convirtiera en prefecto de Roma para servir a la justicia y «militar» por Cristo. De ese modo se opuso a los malvados, condenó las rapiñas, llevó una vida de santo en tanto que guerrero de la milicia cristiana, combatiendo siempre por la fe y la justicia: en 1077, acabó sus días como mártir, matado

---

87. Bertoldo de Reicheneau, *Chronicon*, cit., p. 305.
88. Noticia sobre Erlembaldo, en PL, 143, col. 1500.
89. H. E. J. Cowdrey, «The Papacy, the Pateranes and the Church of Milan», cit., pp. 47.
90. Bonizo de Sutri, *Liber ad amicum*, cit., I, pp. 611.
91. Bernoldo de San Blas, *Chronicon*, a. 1077, cit., p. 434 (o PL, 48, col. 1375).

por un traidor, y desde lejos llegaron a su tumba, donde algunos milagros, confirmados por Gregorio VII en el sínodo de marzo de 1078, demostraron su santidad[92].

En todos los casos que hemos examinado a lo largo de este capítulo, es manifiesta la santificación de las guerras y la de los que las condujeron. Estuvo directamente unida a la defensa de los intereses pontificios, sobre todo en Italia. Los móviles materiales estuvieron presentes en todas partes, aun cuando los aspectos doctrinales se pusieron a veces por delante, de manera particular a propósito de la lucha de los papas de la Reforma contra el Imperio. Las acusaciones de herejía, de simonía, de corrupción (aunque en ocasiones estuvieron justificadas), que se imputaron a los adversarios del Papado englobaron en realidad a todos los que, de una u otra manera, se opusieron a la voluntad de emancipación de la Iglesia, y, en primer lugar, de la iglesia de Roma: se trataba de asegurar la «libertad de la Iglesia», de sustraerla de la tutela de los señores laicos, comenzando por la del emperador, y de afirmar, por el contrario, la superioridad de lo espiritual sobre lo temporal, la autoridad del papa sobre la Iglesia y sobre toda la cristiandad; de reivindicar, en una palabra, la dirección del mundo cristiano, como aún quedaría mejor de manifiesto en la actitud de Gregorio VII, el más ardiente promotor de la «teocracia» pontificia.

---

92. Bertoldo de Reicheneau, *Chronicon*, cit., pp. 304-305.

Capítulo VII

GREGORIO VII Y LA LIBERACIÓN DE LA IGLESIA

REFORMA Y LIBERTAD DE LA IGLESIA

Gregorio VII ha vinculado su nombre a la reforma eclesiástica iniciada mucho antes por León IX (1049-1054) y, sobre todo, por Nicolás II (1059-1061), proseguida por Alejandro II (1061-1073) y prolongada después de él por Urbano II (1088-1099). Existen dos razones para ello. La primera es la fuerte influencia que ejerció sobre los papas reformadores que le precedieron. Resulta poco probable que hubiera participado en las actividades guerreras de León IX, como lo acusó un cardenal del partido contrario[1], pero pudo, en todo caso, inspirarse en su ejemplo. En tanto que archidiácono de la iglesia de Roma, Hildebrando estuvo implicado con toda seguridad, durante el pontificado de Alejandro II, en el reclutamiento de *milites* destinados a defender la Santa Sede de sus vecinos. En efecto, dicho reclutamiento entraba dentro de las atribuciones ordinarias de aquella función. Por otra parte, sus adversarios le reprocharon muy rápidamente su demasiado acusado interés por dirigir la *militia sancti Petri* al estilo de un emperador, de haber incitado a Alejandro II para que confiriera a Erlembaldo el *vexillum* de San Pedro, y de haber accedido al pontificado gracias a unas tropas mercenarias que fueron reclutadas a costa del tesoro de la Iglesia[2]. No fue, sin

---

1. Benon, *Benonis et aliorum cardinalium schismaticorum contre Gregorium VII et Urbanus II scripta*, ed. K. Francke, MGH, *Libelli de lite*, II, p. 379.
2. Landulfo Senior, *op. cit.*, ed. L. C. Bethman y W. Wattembach, MGH SS, 8, p. 83; Guido de Ferrara, *Scimate Hildebrandi*, MGH, *Libelli de lite*, I, pp. 553 ss.

embargo, el primero: Alejandro II, antes que él, había accedido a la sede pontificia por la fuerza de las armas. Por tanto, fue ante todo la intensidad de la implicación personal de Hildebrando en los dominios político y militar lo que sorprendió y a veces chocó a sus contemporáneos[3].

La segunda razón es que Gregorio VII, desde su elección para el pontificado, intentó realizar la reforma de la Iglesia romana, tal como la concebía, mediante todos los medios de los que podía disponer y que le parecían legítimos para alcanzar su objetivo: la liberación de la Iglesia de todas sus trabas espirituales, morales y políticas. Trabas espirituales, mediante la lucha contra las «herejías» y los cismas, a través de los cuales, según él, Satanás intentaba dividir y desgarrar la Iglesia; trabas morales, mediante la purificación de las costumbres del clero y la erradicación del concubinato de los sacerdotes y de la simonía, corrupción aquella gracias a la cual algunos personajes considerados indignos ocupaban cargos eclesiásticos; trabas políticas que conducían, mediante el nombramiento y la investidura de los prelados, a la influencia de los reyes y de los príncipes laicos sobre dichas funciones eclesiásticas.

Desde 1059, Nicolás II había comenzado a sustraer la elección pontificia de la influencia demasiado fuerte del rey alemán en la designación de los papas al decretar que el obispo de Roma sería elegido en lo sucesivo por un colegio de cardenales, reservando, eso sí, «la honra y la reverencia» debidas al emperador germánico[4]. Para proseguir la reforma en la vía de dicha «liberación de la Iglesia» de la influencia laica, y en la de la centralización monárquica de la Iglesia que le parecía ser la condición para ello, Gregorio quería extender aquella actuación liberatoria a todas las sedes episcopales, cuyo nombramiento debería ser aprobado por el papa. Era necesario, por tanto, conseguir que los poderes laicos favorecieran el nombramiento de obispos dignos, y expulsar, por la fuerza en caso de necesidad, a los simoníacos y a los concubinarios, así como a todos los adversarios de la reforma.

Dicho programa se enfrentaba de manera muy directa a los intereses de los príncipes y de los reyes, y en particular al del emperador.

---

3. Cf. I. S. Robinson, «Gregory VII and the soldiers of Christ», *History*, 58, 1973, pp. 169-192, y más aún J. Semmler, «*Facti sunt miltes domni Ildebrandi omnibus... in stuporem*», en *Das Ritterbild in Mittelalter und Renaisance*, Düseldorf, 1985, pp. 11-35.
4. Nicolás II, *Decreto sobre la elección pontificia*, MGH, *Constitutiones et Acta publica*, t. I, pp. 538-541.

En efecto, el nombramiento y la investidura de los prelados constituía uno de los medios más eficaces para gobernar, para dominar la aristocracia o para contrapesar su influencia, y también para colocar en puestos importantes a amigos, aliados o bastardos. El conflicto que se derivó de ello, y que opuso sobre todo el reino germánico al Papado, ha sido generalmente designado en la historia con el nombre de «querella de las investiduras» o de «conflicto del Sacerdocio y el Imperio». Resulta a la vez demasiado conocido y demasiado complejo para que relatemos aquí sus peripecias[5]. Sus principales etapas fueron la deposición del «falso papa Hildebrando» por un concilio esencialmente alemán reunido en Worms en enero de 1076, pronto seguida por la excomunión de Enrique IV por un sínodo reunido por Gregorio en Roma, que, en nombre de San Pedro, lo despojó de su «derecho a gobernar» y desligó a sus súbditos de su juramento de fidelidad. El rey alemán llegó a humillarse en Canosa (enero de 1077) para obtener el «perdón» del papa y su rehabilitación como rey. Aquel perdón arrancado permitió a Enrique IV volver a controlar su nobleza, a excepción de una parte de ella que eligió un nuevo rey, Rodolfo de Suabia, apoyado por el Papado.

La guerra civil resultante comprometió todavía más al papa en la querella. Excomulgó de nuevo a Enrique IV en 1080 y nombró rey a su adversario Rodolfo, preparando incluso su coronación con una fórmula que jamás fue aplicada pero que no deja de ser interesante para nuestro propósito, dado que lo designaba como *miles sancti Petri*. Se trata aquí de una expresión ambigua *(miles,* en aquella fecha, podía significar tanto soldado como vasallo) pero que expresa con toda seguridad una relación de dependencia y un deber de protección y de servicio de dimensión militar[6]. Por su lado, Enrique IV recuperó la

---

5. Véase sobre este conflicto y sobre las ideologías respectivas de los dos partidos, A. Fliche, *La Réforme grégorienne....,* cit. [N. del T.: *Reforma gregoriana...,* cit.]; G. Tellenbach, *Libertas: Kirche und Weltordnung im Zeitalter des Investiturstreits,* Leipzig, 1936; G. B. Borino, «L'investitura laica dal decreto di Nicolo II al decreto di Gregorio VII», en *Studi Gregoriani, 5,* 1956, pp. 345-359; R. Morghen, *Gregorio VII,* Palermo, 1974 (2.ª ed.); U.-R. Blumenthal, *Der Investiturstreit,* Stuttgart, 1982 (trad. ingl.: *The Investiture Controversy: Church and Monarchy from the Ninth to the Twelfth Century,* Filadelfia, 1988); C. Morris. *The Papal Monarchy. The Western Church from 1050 to 1250,* Oxford, 1989; I. S. Robinson, *The Papacy...,* cit.; H. E. J. Cowdrey, «Pope Gregory VII», en *Medieval History,* 1, 1, 1991, pp. 23-38; M. Pacaut, «La papauté et la réforme de Grégoire VII à Urbain II», en *Il Concilio di Piacenza e le crociate (Actes du Coloque International de Piacenza),* Piacenza, 1996, pp. 39-49; H. E. J. Cowdrey, *Pope Gregory VII, 1073-1085,* cit.; I. S. Robinson, *Henri IV of Germany, 1056-1106,* Cambridge, 1999.

6. Gregorio VII, *Sacramentum eligendi regis* (Rodolfo, 1081), MGH, *Constitutiones* I, p. 559 y *Registrum,* IX, 3, p. 576.

ofensiva en Alemania y en Italia, pronunció de nuevo la deposición de Gregorio y nombró a otro papa, el arzobispo Guiberto de Rávena, que tomó el nombre de Clemente III. Victorioso en Italia, Enrique IV ocupó Roma en 1084, obtuvo la adhesión de la mayor parte de los cardenales e hizo entronizar a Clemente III en Letrán, antes de ser coronado emperador por él. Gregorio VII, abandonado por la mayor parte de sus adversarios, asediado en el castillo de Sant'Angelo, fue finalmente «liberado» por la intervención de las tropas normandas de su vasallo Roberto Guiscardo, cuyos pillajes lo desacreditaron. Fue llevado por sus comprometedores aliados a Salerno, en una semi-cautividad, donde murió el 25 de mayo de 1085. El conflicto «Sacerdocio-Imperio» prosiguió más allá de la muerte de Gregorio VII para encontrar únicamente una solución de compromiso en 1122 mediante la definición de una doble investidura laica y eclesiástica.

No obstante, limitar aquel conflicto sólo a la querella de las investiduras constituye una aproximación demasiado reductora del vasto programa de la reforma gregoriana. En el pensamiento de Gregorio VII fue únicamente uno de los aspectos de una empresa que tenía como objetivo simultáneo moralizar la sociedad y hacer reinar en ella la justicia según la voluntad de Dios, liberando la Iglesia de las trabas más arriba señaladas. Ahora bien, Gregorio no concibió aquella liberación de la Iglesia sino en el marco de una centralización de tipo monárquico. De ahí procede la afirmación de la supremacía del poder espiritual, es decir, del papa en última instancia. La iglesia de Roma era para él la cabeza y el principio de la Iglesia universal, pues ella (y sólo ella) había recibido de San Pedro el poder de atar y desatar, del mismo modo que San Pedro (y sólo él) habría recibido de Cristo aquel mismo poder.

Esa idea no era ciertamente nueva, pero Gregorio extrajo de ella todas las consecuencias, lo que se tradujo en la expresión de su pensamiento por una asimilación casi constante de las iglesias con la iglesia de Roma, de la Iglesia con el Papado, de San Pedro con el soberano pontífice que es su vicario en la tierra. Todos los que, de una u otra manera, se opusieron a la autoridad del papa en la Iglesia y a las reformas que él emprendió por su «liberación» se alinearon así deliberadamente en el bando de los enemigos de Cristo, por consiguiente de Dios, en el bando de Satanás y del Anticristo. De ello resultó evidentemente en él una visión dual, casi dualista, del mundo.

Segunda consecuencia: la liberación de la Iglesia de los poderes terrenales que tendían a corromperla, a «mundanizarla», incluso a someterla, sólo podía ser realizada por una inversión del presente, por la preeminencia de lo espiritual sobre lo temporal. Todo poder, en efecto, procedía de Dios, tanto el poder material de los reyes como la autoridad sagrada del pontífice, como decía Gelasio, en 494, en su carta al emperador Anastasio [7]. El acuerdo era, pues, necesario entre esos dos poderes: el uno (el espiritual) para iluminar y guiar al otro (el temporal), que en reciprocidad debe proteger al primero y hacer reinar según sus directrices la paz, el orden, la justicia y la fe.

Fue con la esperanza de una armonía semejante entre los dos poderes delegados por Dios como Gregorio comenzó su pontificado. Por consiguiente, no desvalorizó de entrada el poder real o imperial: éste era legítimo, incluso sagrado (de ahí la unción real e imperial) en la medida que cumplía la función definida más arriba. Esta concepción «optimista» se percibe en algunas cartas dirigidas tanto al emperador de Bizancio (9 de julio de 1073)[8] como al emperador germánico Enrique IV (7 de diciembre de 1074), en la época en que éste se mostraba en buena disposición hacia el papa, presto, según la solicitud de Gregorio, a «extirpar de [su] reino la herejía simoniaca y a corregir la enfermedad de la fornicación de los clérigos»[9]. En efecto, poco antes, y a través de una carta dotada de una gran humildad, el rey se reconoció culpable de haber pecado contra el cielo y contra el papa al apoyar a los simoníacos, al invadir y vender los bienes de la Iglesia en lugar de defenderlos[10]. En diciembre de 1074, Gregorio conservaba todavía la ilusión de una cooperación tan estrecha entre los dos poderes que se mostraba dispuesto a confiar, en su ausencia, la protección de la Iglesia a Enrique IV mientras que él mismo dirigía hacia Jerusalén un ejército reunido para socorrer a los cristianos de Oriente matados o expulsados por los turcos seljúcidas. La inversión de los poderes estuvo acompañada aquí de su confusión[11].

AUTORIDAD PONTIFICIA Y PODER REAL

La ilusión no duró mucho tiempo: Gregorio VII se percató pronto de que la libertad de la Iglesia, tal como él la concebía, exigía una inversión de los valores y de las jerarquías admitidos en el mundo

---

7. Gelasio I, PL, 54, col. 42 [N. del T.: cf., por ejemplo, la trad. esp. en E. Gallego Blanco, *Relaciones entre la Iglesia y el Estado en la Edad Media*, Madrid, 1973, p. 73, o en E. Mitre Fernández, *Iglesia y vida religiosa en la Edad Media*, Madrid, 1991, p. 99].
8. Gregorio VII, *Registrum*, I, 18, cit., pp. 29-30.
9. *Ibid.*, II, 30, pp. 163-165.
10. *Ibid.*, I, 29 a, pp. 48-49.
11. *Ibid.*, II, 31, p. 167.

aristocrático. Esa convicción le condujo a la afirmación de la primacía absoluta de lo espiritual no sólo para instruir, informar, aconsejar e iluminar a un poder real bien dispuesto, como lo afirmaba antaño Jonás de Orleáns[12], sino también para dirigirlo, conducirlo, censurarlo y reprenderlo en caso de error, castigarlo en caso de falta, someterlo, e incluso deponerlo, en caso de resistencia o de rebelión. Esta tesis fue expuesta con un rigor muy particular en sus *Dictatus Papae,* redactados en 1075. Por más que hoy se esté de acuerdo en afirmar que dicho escrito no estaba pensado para ser publicado y que su difusión fue escasa, no deja de expresar de forma abrupta una doctrina que Gregorio aplicó a veces en la práctica, cuando consideró el asunto útil o realizable, dejándola en cambio a la sombra cuando las circunstancias no lo permitían.

El texto trata ante todo de la primacía del papa dentro de la Iglesia: puesto que la Iglesia había sido fundada por Cristo (1), «sólo el pontífice romano puede ser llamado justamente universal» (2); sólo él puede deponer o absolver a los obispos (3 y 25), su legado está por encima de todos los obispos en un concilio (4), puede ordenar a quien él quiera o donde él quiera (14), «su título es único en el mundo» (11), etc.

Otros artículos subrayan la autoridad jurisdiccional y doctrinal de Roma: todas las causas mayores de las iglesias deben ser remitidas al papa (21); la Iglesia romana nunca se ha equivocado y no se equivocará jamás (22), declaración que contiene el germen de la futura definición de la infalibilidad pontificia; en consecuencia, aquél que no está de acuerdo con la Iglesia romana no puede ser considerado como católico (26), lo que plantea claramente el principio de la conformidad a la Iglesia de Roma como criterio de ortodoxia y definición de la herejía o del cisma. Su autoridad es absoluta, pues «nadie puede juzgarlo» (19). «Sus sentencias no pueden ser revocadas por nadie y sólo él puede revocar cualquier sentencia» (18). «Ningún texto ni ningún libro pueden ser considerados canónicos sin su autorización» (17). Todos estos puntos emanan, como se ha dicho, de la autoridad de San Pedro, príncipe de los Apóstoles, transmitida únicamente a sus sucesores en la sede de Roma. Gregorio extrae una conclusión audaz: el pontífice romano, si ha sido ordenado canónicamente, está santificado sin ninguna duda por los méritos de San Pedro[13].

---

12. Jonás de Orleáns, *De Institutione regia,* ed. J. Reviron, París, 1930; éd. y trad. A. Dubreucq, *Le Métier de roi (De institutione regia),* París, 1995.

13. *Registrum,* II, 55 a, pp. 202-208. Cito la traducción de M. Pacaut, *La Théocratie,* cit., pp. 236-237 [N. del T.: me baso, en lo esencial, en las traducciones de E.

Una tercera categoría de artículos plantea con mayor claridad las relaciones entre la autoridad pontificia y el poder real o imperial. Algunos de ellos son puras afirmaciones de preeminencia honorífica. Así, «sólo el papa puede usar las insignias imperiales» (8), lo que le convierte en heredero de Constantino; él es también el único que tiene el privilegio y el poder de conferir la corona imperial. Otros tienen un alcance político más nítido. Así, «le está permitido deponer a los emperadores» (12) y «el papa puede desligar a los súbditos del juramento de fidelidad prestado a los inicuos» (27). Estos dos últimos artículos fueron llevados a la práctica por Gregorio VII respecto a Enrique IV.

En efecto, la tensión entre el papa y el emperador fue en aumento a partir de aquel año de 1076. Gregorio VII tuvo entonces la ocasión de precisar el contenido de su doctrina. Según él, el poder ha sido conferido directamente por Cristo a San Pedro, y San Pedro lo ha transmitido al papa. Cualquier desobediencia al soberano pontífice constituye *ipso facto* una desobediencia a San Pedro y una rebelión contra Cristo. Por tanto, el papa posee el derecho de excomulgar a los reyes y de desligar a sus súbditos de su juramento de fidelidad; fue sobre esa base, expresada en el sínodo romano de 1076, como Gregorio VII excomulgó a Enrique IV por su apoyo a la simonía, una medida adoptada «en virtud del poder y de la autoridad de San Pedro»; Gregorio la justificó invocando «el honor y la defensa de su Iglesia»[14]. El endurecimiento de la lucha le condujo a afirmar de manera más firme todavía la superioridad de la naturaleza del poder sacerdotal en general, y sobre todo del poder pontificio, que era su cabeza. En el momento de la segunda sentencia contra Enrique IV, dictada en 1080 en nombre de los apóstoles Pedro y Pablo, y puesto que él estaba investido de su poder, Gregorio excomulgó y depuso a Enrique IV; en su lugar invistió a Rodolfo como rey de Germania. Los motivos invocados no carecen de interés:

> Pero, para que Rodolfo, a quien los alemanes han elegido rey, gobierne y proteja el reino de los alemanes, lo concedo y doy a vuestra fidelidad en vuestro nombre. Y confiando en vosotros, otorgo a todos sus seguidores la absolución de sus pecados y vuestra bendición en esta vida y en la futura. Pues, así como Enrique es justamente despojado de la dignidad real por su insolencia, desobediencia y

Gallego Blanco, *Relaciones...*, cit., pp. 109 y 111, y E. Mitre Fernández, *Iglesia y vida religiosa...*, cit., pp. 135-136].
14. *Registrum*, III, 10 a, pp. 268 ss.; véase sobre este punto I. S. Robinson, *The Papacy...*, cit., p. 403, y H. E. J. Cowdrey, *Pope Gregory...*, cit., 1998, p. 611.

falsedad, así Rodolfo recibe el poder y la dignidad de la realeza por su humildad, su obediencia y su veracidad[15].

Así, la realeza es confiscada por el papa a aquél que no ha querido o no ha sabido cumplir su misión por su desobediencia a los preceptos de la Iglesia romana. En cambio es conferida a aquel otro que, por sus virtudes, se muestra digno de ella. La elección es laica y popular, pero la consagración y la entronización, las únicas que hacen a un rey, pertenecen al papa, sobre la base de la autoridad de San Pedro.

La superior naturaleza del poder sacerdotal sobre el poder temporal se encuentra afirmada con mayor fuerza aún en la carta que Gregorio dirigió al obispo Germán de Metz el 15 de marzo de 1081. En ella refuta la objeción de los alemanes, según los cuales la sede apostólica no tendría derecho para excomulgar y deponer al rey. Su argumentación reposa íntegramente sobre la autoridad que el papa posee de Pedro, a quien Jesús dijo: «Tú eres Pedro y sobre esta Piedra construiré mi Iglesia, y el imperio de la Muerte no la vencerá», dándole las llaves del reino de los cielos y el poder de atar y desatar. Cristo confió sus ovejas a Pedro y a sus sucesores: de ningún modo los reyes fueron exceptuados de ellas. El poder pontificio, por consiguiente, procede de Arriba, directamente de Dios, a través de San Pedro. En cuanto al poder real, hunde en cambio sus raíces en el orgullo humano que impulsó a los primeros reyes y a los primeros duques, animados por el diablo, a ignorar a Dios y a querer elevarse por encima de sus iguales. Por otra parte, recuerda cómo Ambrosio, aunque no era obispo de la Iglesia universal, no dudó en excomulgar al emperador Teodosio. Gregorio saca fruto de él: «también enseña en sus escritos que el sacerdocio es muy superior al poder real, de la misma manera que el oro es más precioso que el plomo[16].

En otros términos, el poder real no alcanza su dignidad sino de manera muy indirecta y únicamente si se ejerce según las directrices de la Santa Sede, la cual sí extrae su autoridad de manera directa, conferida por San Pedro, de parte de Cristo. Encontramos el eco de esta concepción en la actitud de Gregorio respecto a los reyes y los

---

15. *Registrum*, VII, 14 a, pp. 483-487. Cito la traducción de M. Pacaut, *op. cit.*, p. 239 [*N. del T.*: trad. esp. E. Gallego Blanco, *Relaciones*..., cit., p. 173].
16. *Registrum*, VIII, 21, pp. 544-563, cita literal en la p. 544 según la traducción de M. Pacaut, *op. cit.*, p. 242 [*N. del T.*: trad. esp. E. Rodríguez Blanco, *Relaciones*..., cit., pp. 179-193, en especial p. 185]. Sobre esta argumentación, véase I. S. Robinson, *The Papacy*..., cit., pp. 379-399 y H. E. J. Cowdrey, *Pope Gregory VII*, cit., pp. 615 ss.

príncipes: sólo son dignos de su título los que se conforman a las directrices pontificias. Nos acercamos aquí a otra noción fundamental en el pensamiento de Gregorio: un rey, un príncipe, un conde, cualquier gobernante en general debe ser elegido según el siguiente criterio: debe ser útil *(utilis)* y apto *(idoneus)* en su función. Gregorio ilustra por sí mismo este principio a través del ejemplo del rey merovingio Childerico, que fue depuesto por Zacarías no tanto por sus pecados como por su incapacidad para gobernar y para cumplir su función real[17]. Esta misión es importante, muy importante incluso, pero subordinada. Los gobernantes son, por así decirlo, los brazos armados del pontífice romano que actúa según la autoridad de San Pedro para guiar al pueblo de Dios, la Iglesia, la cristiandad, hacia la paz en este mundo y hacia la salvación en el otro.

Por tanto, los malos príncipes han de ser excluidos sobre la base de criterios religiosos discernidos por el papa. Los buenos, en cambio, distinguidos según los mismos criterios, deben cumplir a toda costa su misión sin vacilar, aunque fuera para entrar en un monasterio. Por eso prohibió Gregorio a la condesa Matilde abandonar el siglo, y reprochó a Hugo de Cluny que hubiera aceptado recibir como monje al duque Hugo de Borgoña, cuando la Iglesia está tan necesitada de príncipes piadosos: acoger en la paz del claustro a un príncipe como éste, significaba privar de un protector a centenas de miles de cristianos. Siempre pueden encontrarse monjes, añade, pero difícilmente se encontrará en todo Occidente un príncipe amante de Dios como él[18].

EL PODER DE SAN PEDRO

Esa naturaleza superior del orden espiritual sobre el temporal no ha de ser entendida únicamente en el ámbito de las ideas, como se tendería a hacer en nuestra época. Para Gregorio, como para todos los hombres de aquel tiempo, los dos dominios que nosotros distinguimos se penetraban mutuamente hasta mezclarse y confundirse a veces. Por la misma razón, los dos mundos, a saber, el cielo y la tierra, el reino de Dios y los reinos terrenales, tampoco estaban separados radicalmente. Se comunicaban, se interferían entre sí, gracias a la acción de los santos de la que antes hemos hablado abundantemente. La tierra y los hombres que la habitan constituyen, pues, un cam-

---

17. *Registrum,* VIII, p. 554.
18. *Ibid.,* I, 50, pp. 76-77; VI, 17, pp. 423-242.

po de batalla, el del enfrentamiento de dos fuerzas antagónicas, las de Dios y Cristo contra las del diablo y el Anticristo. Sólo nuestro hábito, más o menos cartesiano, nos conduce a imaginar, cuando estudiamos un fenómeno, que los diversos ángulos a través de los cuales abordamos su estudio definen categorías que se convierten a nuestro entender en otras tantas entidades propias. No sucedía así en la Edad Media. Para Gregorio, la preeminencia de lo espiritual sobre lo temporal se refleja también en el plano que nosotros llamamos político[19]. Según él, el papa no es únicamente sucesor y heredero de San Pedro en el plano de la autoridad espiritual, lo es también en el de la autoridad a secas, en el de la «dominación», lo que le condujo a afirmar la legitimidad de un poder que puede calificarse de teocrático.

Dos principios básicos sirvieron de fundamento jurídico a las pretensiones pontificias en ese plano puramente temporal que será el único que consideraremos en adelante, pues contribuyó a la sacralización de las acciones emprendidas para llevarlas a buen término: el primero fue la falsa donación de Constantino (*Constitutum Constantini*) sobre la cual se apoyó el Papado para reivindicar la plena propiedad de algunos territorios. Dichas reivindicaciones se manifestaron sobre todo a comienzos del pontificado de Gregorio VII. Sin llegar a ser olvidada del todo, aquella base jurídica de las reivindicaciones cedió luego el paso a un segundo principio, más eficaz porque despertaba menos oposición: la afirmación de un patronazgo de San Pedro extendido por todo el Occidente cristiano y propuesto a los reyes y a los príncipes. Conviene precisar el sentido de este patronazgo y los intereses respectivos de la Santa Sede y de los «fieles de San Pedro» así definidos.

EL DERECHO DE PROPIEDAD DE SAN PEDRO

Como se sabe, el «*Constitutum Constantini*» sirvió en los siglos XIII y IX para fundar lo que se denomina el patrimonio de San Pedro, embrión del Estado pontificio. Aquel «núcleo duro», formado esencialmente por el antiguo ducado de Roma, apenas fue discutido, hasta finales del siglo XI, a la propiedad pontificia. Sin embargo,

---

19. Véase sobre este punto R. Schieffer, «Gregor VII und die Könige Europas», en *La Riforma Gregoriana e l'Europa (I, Congreso internazionale, Salerno, 20-25 maggio 1985, Relazioni)*, ed. A. M. Stickler et al. (Studi Gregoriani per la storia della «Libertas Ecclesiae», 13), Roma, 1989, pp. 189-211.

para asegurar su dominación efectiva, hubo que luchar contra la influencia de algunas familias aristocráticas laicas como la de los Tusculanos, evocados más arriba. Dichos dominios constituyeron el corazón del señorío, una especie de «reserva», gestionada directamente por la Santa Sede, de la cual obtuvo rentas y servicios, incluido el servicio militar.

El Papado formuló igualmente pretensiones propietarias sobre territorios más vastos, que, según él, le habían sido «restituidos» antaño sobre la base de la donación de Constantino y que luego había perdido por las vicisitudes de la historia, como la Pentápolis, la Romaña o Benevento, pero también sobre otras tierras que le deberían haber sido devueltas, sobre todo en el sur de Italia. Ese fue el caso, por ejemplo, de Apulia. El papa, como hemos visto, concedió la investidura vasallática de estas tierras a los normandos que las conquistaron, en particular a Ricardo de Capua y Roberto Guiscardo, mediante el pago de una «pensión» o censo que reconocía al papa la propiedad de los territorios concedidos y, por vía de consecuencia, la promesa de ayuda y servicio militar a la Santa Sede para aumentar y defender las «Tierras de San Pedro»[20]. Algunos historiadores discuten el carácter vasallático de estos compromisos, y Cowdrey, que lo admite, subraya, no obstante, que, en otras cartas, para obtener el servicio militar de los normandos, Gregorio VII aludió sobre todo a los beneficios que dichos normandos podrían esperar de un servicio semejante de protección y defensa de las tierras de San Pedro, y a los peligros a que se expondrían al suscitar la cólera del santo si no lo cumplían e invadían, por el contrario, sus dominios[21]. Pero este enfoque elegido por el papa no me parece en nada incompatible con un vasallaje directo. Mediante dichas alusiones, el papa incitó a sus vasallos a servir fielmente según los compromisos adquiridos con anterioridad mediante juramento, un juramento que, efectivamente, prestaron (todo el mundo coincide al menos en este punto) aunque luego no lo respetaron.

Este tipo de reivindicaciones no se limitaron sólo al sur de Italia. Aunque el papa no la mencionó de manera expresa, la «falsa donación de Constantino» pudo constituir también el fundamento de las pretensiones pontificias sobre Córcega y Cerdeña. Tanto para la una como para la otra, el papa hizo alusión a un antiguo lazo que unía

---

20. *Registrum*, I, 21 a, pp. 35-36; *ibid.*, VIII, 1 a, pp. 514-515; véase también *Liber Censuum de l'Église Romaine, op. cit.*, Cf. *supra* pp. 164 ss.
21. *Registrum*, VIII, 7, p. 525, *ibid.*, VII, 14 a, p. 481. Véase sobre este punto H. E. J. Cowdrey, *op. cit.*, p. 641.

«desde los tiempos antiguos» dichas islas a Roma, lazo relajado y a veces roto a causa de la negligencia de sus predecesores. Evocó también los beneficios que se derivarían de su respeto a la obediencia que le era debida, y las amenazas que, en cambio, pesarían sobre ellos si la rechazaban. Por lo que concierne a Córcega, Gregorio precisó en 1077 que la isla, por derecho de propiedad *(ex debito vel iuris proprietate)*, no dependía de ningún poder ni de ninguna persona, sino sólo de la Iglesia romana. Se regocijó al saber que sus habitantes habían vuelto a la justicia y la fidelidad para con San Pedro, después de haber estado sustraídos durante mucho tiempo a esos deberes por los invasores de la isla[22]. Al año siguiente recordó este hecho en una carta dirigida al obispo de Pisa: debido a la invasión de hombres impíos, Córcega ha sido arrebatada a la jurisdicción y al señorío *(a iure et dominio)* de la santa Iglesia romana, y debe ser por tanto devuelta «según las antiguas costumbres» a la dominación *(ad dominium)* de ésta[23].

Por lo que respecta a Cerdeña, en una carta escrita sólo algunos meses después de su elección, el papa evocó ya los antiguos derechos de Roma sobre la isla y los lazos rotos, luego renovados[24]. Manejó simultáneamente las promesas y las amenazas: por la salvación de su alma y la de su patria, los habitantes de la isla debían reconocer esa sujeción como buenos hijos de su madre la iglesia de Roma. Si así lo hicieran, recibirían «gloria y honor en la vida presente y futura»; si, por el contrario, rechazaban dicha obediencia, serían responsables de las desgracias que pudieran sobrevenir sobre su patria[25]. Una segunda carta, fechada en octubre de 1080, dirigida al gobernador *(judex)* de Cagliari, al tiempo que alaba la fidelidad de este *judex* hacia San Pedro, recuerda ese lazo al evocar las diversas codicias (lombardos, normandos, loreneses) que pretendieron la posesión de la isla y reclamaron la mediación del papa. Gregorio termina subrayando la protección que resultaría de aquella fidelidad *(fidelitas)*; si persistía, no sólo impediría que nadie penetrara por la fuerza en la isla, sino también que aquél que intentara hacerlo sería impedido espiritual y materialmente, y la ayuda de San Pedro no le faltaría jamás ni ahora ni en el futuro[26].

22. *Registrum*, V, 4, p. 351.
23. *Ibid.*, VI, 12, pp. 413-414.
24. Véase sobre este punto R. Turtas, «Gregorio VII e la Sardegna (1073-1085)», *Rivista di storia della Chiesa in Italia*, 46, 2, 1992, pp. 375-397.
25. *Registrum*, I, 29, pp. 46-47.
26. *Ibid.*, VIII, 10, pp. 528-530; véase también I, 41, p. 64, que evoca, en enero de 1074, el *«ius et honorem sancti Petri»*.

Ya hemos hablado antes de los esfuerzos de Gregorio VII por obtener del soberano de Inglaterra un juramento de fidelidad fundado en la antigua aceptación por Guillermo el Conquistador del pago del denario de San Pedro por dicho reino y la concesión, por Alejandro II, de su *vexillum*. Después de que Guillermo rechazara con absoluta nitidez prestarse a ese acto de vasallaje, Gregorio parece que no insistió por ese camino, buscando más bien desarrollar su amistad con aquel soberano al que llamó «muy caro hijo y fiel de San Pedro»[27], lo que, sin embargo, no le impidió, a finales del año 1083, reprochar vivamente a Guillermo que hubiera apresado a su hermanastro Eudes, obispo de Bayeux, y recordarle en aquella ocasión cuánto debe ser temido y respetado el poder sacerdotal: al mismo Constantino, dice, no se le permitió participar en el concilio de Nicea, y Ambrosio estableció que la dignidad sacerdotal prevalece sobre el poder real del mismo modo que el brillo del oro prevalece sobre el del plomo[28]. Se produjo aquí un deslizamiento muy nítido hacia el segundo principio básico, prueba, si ello es menester, de que el elemento vasallático, por útil que fuera, no fue más que uno de los medios de los que Gregorio se sirvió para afirmar su preeminencia sobre los príncipes y reyes de Occidente. Gregorio se apoyó quizás también sobre la falsa donación para afirmar los derechos de la Santa Sede sobre Bretaña. En una carta de 25 de marzo de 1078, recordó a los abades de Santa Cruz que Bretaña estaba particularmente bajo la protección y la tutela de la Santa Sede[29].

Evidentemente, la falsa donación de Constantino no podía servir de fundamento a las reivindicaciones que afectaran a territorios que nunca habían formado parte del Imperio romano. Pero, a pesar de ello, Gregorio trató de establecer su autoridad sobre aquellos territorios lejanos. Así, se regocijó de la fidelidad a San Pedro del rey de los rusos, quien habría donado su reino al príncipe de los Apóstoles[30]. Más claro todavía fue el caso de Hungría, convertida al cristianismo por su rey Esteban II hacia el año mil. Sin embargo, en una carta enviada en 1074 al rey Salomón, Gregorio afirmó que su tierra pertenecía a San Pedro como consecuencia de una donación de Esteban. No se refirió a ningún documento escrito, pero apeló, para

---

27. *Ibid.,* VII, 23, p. 500. Véase también H. E. J. Cowdrey, «Pope Gregory VII ant the Anglo-Norman Church and Kingdom», cit.
28. *Registrum,* IX, 37, pp. 630-631.
29. Texto en L. Santifaller, *Quellen und Forschungen zum Urkunden und Kanzleiwesen Papst Gregors VII; I, Quellen: Urkunden, Regesten, Facsimilla* (Studi et Testi, 190), Vaticano, 1957, n.º 153, pp. 174-176.
30. *Registrum,* II, 74, p. 236.

establecer la verdad de la donación, a la memoria de los ancianos del reino. Sus palabras son muy nítidas, y resulta sorprendente ver cómo Robinson las interpreta únicamente en términos de patronazgo, cuando la carta evoca una auténtica donación[31]:

> Pues, como tú puedes llegar a saber por los más ancianos de tu reino, el reino de Hungría es propiedad de la iglesia de Roma, concedido piadosamente antaño por el rey Esteban a San Pedro, libre de cualquier derecho y poder[32].

Además, después de su victoria, recuerda Gregorio, el emperador había depositado sobre la tumba de San Pedro la lanza y la corona, insignias del reino. Por consiguiente, el rey de Hungría depende de San Pedro y no del emperador. Por eso el papa reclamó de él el honor que le era debido, a fin de merecer el amor y la amistad de la Iglesia romana. En marzo de 1075, persistió en el mismo sentido en una carta al rey Geza, sucesor de Salomón:

> Como creo que tú sabes, el reino de Hungría, al igual que otros reinos muy renombrados, debe permanecer en un estado de plena libertad y no ser sometido a ningún otro reino que no sea la Iglesia romana, madre santa y universal, la cual no considera a sus súbditos como esclavos sino que lo recibe como hijos[33].

El papa consideró, pues, la tentativa del emperador de dominar aquel reino como una usurpación hecha en detrimento del soberano pontífice; fue impedida por un juicio divino, dijo. Aquí todavía, el papa reclamó del rey la honra debida a San Pedro, para que pudiera aprovecharse en esta vida y en la otra de la gloria y del honor, por intercesión de San Pedro.

Por tanto, esas diversas formas de obediencia de ningún modo eran excluyentes, sino que se añadían la una a la otra. El patronazgo de San Pedro, que se traducía en una protección material en este mundo y en una asistencia espiritual en el momento del Juicio, se merecía por un servicio fiel a la Santa Sede, bien como súbdito, si la tierra pertenecía de derecho a San Pedro en plena propiedad; bien como vasallo, si el territorio dependiente de San Pedro había sido concedido a un gobernador que lo regía en su nombre o si el dominio o el reino fueron «donados» a San Pedro por un acto jurídico

---

31. I. S. Robinson, *The Papacy...*, cit., pp. 306-307.
32. *Registrum*, II, 13, p. 145.
33. *Ibid.*, II, 63, p. 218.

firme o supuesto; bien como «fiel», si se trataba de un acto de devolución resultante de una devoción personal. En todos esos casos, el servicio y la honra debidos a San Pedro eran ciertamente diferentes, sobre todo en intensidad, pero siempre implicaban honra, reverencia, obediencia, asistencia financiera y militar.

Según los tiempos y las circunstancias, Gregorio hizo hincapié sobre uno u otro de dichos deberes, sobre uno u otro de los lazos de obediencia. Lo vemos, por ejemplo, en el caso del reino de Dinamarca, que nunca había formado parte tampoco del Imperio romano y que sólo se había convertido al cristianismo bajo Knut el Grande. Sin embargo, poseemos cuatro cartas de Gregorio a los soberanos daneses, tres de las cuales conciernen a nuestro propósito. La primera, fechada el 25 de enero de 1075, reclama la ayuda *(auxilium)* del rey: se trata claramente de una asistencia militar, en guerreros *(milites)*, que el papa esperaba ver llegar, dirigidos por el hijo del rey, quien portaría así el título de defensor de la cristiandad contra los impíos y los enemigos de Dios, y sería instalado en un territorio (probablemente en Dalmacia) como vasallo del papa[34]. La segunda, de 15 de abril de 1075, afirma que la autoridad del papa sobrepasa la del emperador y se felicita por la obediencia manifestada por Sven II a San Pedro; aludiendo al conflicto que lo oponía al emperador, el pontífice romano echa de menos los tiempos antiguos en que Cristo reinaba en todos los territorios que dominaba el emperador, antes de recordar de nuevo al patronazgo de San Pedro sobre el reino de Dinamarca, concedido por su predecesor Alejandro II[35]. La tercera, dirigida el 6 de noviembre de 1077 al nuevo rey Harald I, recuerda que su padre Sven siempre rindió honra y obediencia a la Santa Sede, como buen fiel de San Pedro, y espera del rey el mismo comportamiento[36]. Está claro que para esos reinos lejanos, no romanos y que acababan de salir del paganismo, el papa se refirió únicamente al patronazgo de San Pedro y a su autoridad universal, espiritual y temporal, y no al *Constitutum Constantini*.

SAN PEDRO Y ESPAÑA

Sin embargo, dicho documento apócrifo permaneció en segundo plano en la mayor parte de sus reivindicaciones, particularmente en

---

34. *Ibid.*, II, 51, pp. 192-194.
35. *Ibid.*, I, 75, pp. 237-238.
36. *Ibid.*, V, 10, pp. 361-362.

las referentes a los territorios «periféricos», o a los que, antaño romanos y cristianos, habían caído en manos de «paganos». Volveremos sobre ellas en el próximo capítulo. Sin embargo, desde ahora advertimos que, por lo que respecta a España, Gregorio afirmó alto y fuerte, desde su ascenso al pontificado, los derechos de plena propiedad de San Pedro sobre la península Ibérica[37]. Aparecen expuestos de manera concluyente en la carta que Gregorio envío, una semana después de su entronización, a los guerreros que se disponían a participar en la expedición militar dirigida por uno de sus fieles, Ebles de Roucy, yerno de su vasallo Roberto Guiscardo. En ella hace referencia a un pacto mediante el cual Ebles poseería directamente del soberano pontífice las tierras que consiguiera arrebatar a los infieles. En efecto, España pertenecía de derecho a San Pedro desde muy antiguo:

> Vosotros no ignoráis que el reino de España perteneció antiguamente de derecho a San Pedro *(proprii iuris sancti Petri fuisse)* y que aún hoy, aunque esté ocupado por los paganos, y no habiendo prescrito dicho derecho [lit. «no habiendo sido abolida la ley de la justicia»], no puede depender de ningún hombre sino sólo de la Santa Sede[38].

Por consiguiente, los participantes en la expedición debían comprometerse a reconocer de antemano los derechos de San Pedro sobre las tierras que iban a conquistar. El papa se mostró muy categórico a este respecto. En caso contrario, les prohibió entrar en España:

> Si algunos de vosotros se preparan para entrar con sus fuerzas en esas tierras, deben saber que, si toman posesión de dichas tierras ocupadas por los que ignoran a Dios, injuriarán a San Pedro. Nos no queremos dejaros en la ignorancia sobre este punto: si vosotros, por el mismo pacto, no tenéis la intención de reconocer a San Pedro sus derechos en ese reino, os prohibimos que entréis en él en virtud de nuestra autoridad apostólica, antes que ver sufrir a la Iglesia por parte de sus propios hijos las mismas injusticias de sus enemigos[39].

37. Véase sobre este punto A. García García, «Reforma Gregoriana e idea de la *militia sancti Petri* en los reinos ibéricos», en *La Riforma gregoriana e l'Europa, I: Congresso Internazionale, Salerno, 20-25 maggio 1985*, cit., pp. 241-262.
38. *Registrum*, I, 7, p. 12.
39. *Ibid.* También aquí resulta sorprendente ver cómo I. S. Robinson, *The Papacy...*, cit., pp. 300-307, considera que Gregorio habló en esta ocasión de patronazgo en términos feudales. Sin embargo, en esta fecha, se trata de la afirmación de un auténtico derecho de propiedad, como luego se demostraría. Véase también sobre este punto H. E. J. Cowdrey, *Pope Gregory VII...*, cit., pp. 468 ss. y 642 ss., y J. Flori, «Le vocabulaire de la reconquête chrétienne dans les lettres de Grégoire VII», cit.

La afirmación de ese derecho de propiedad es aún más manifiesta (y más nítida también la alusión a la «Constitución de Constantino») en una carta pastoral dirigida el 28 de junio de 1077 a todos los gobernantes de España, reyes, condes y príncipes. Gregorio recuerda en ella que el reino de España fue transmitido «por una antigua constitución» a San Pedro y a la iglesia de Roma, de pleno derecho y en plena propiedad *(in ius et proprietatem)*. Sólo, prosigue, la negligencia de sus predecesores y las tribulaciones de los tiempos pasados ocultaron este hecho: la invasión de los sarracenos interrumpió el servicio debido a San Pedro, de modo que, con el tiempo, la memoria de dicha propiedad se borró. Pero en la actualidad, continúa el papa, la divina clemencia os ha concedido la victoria, y conviene concluir la recuperación y la restitución de la justicia y el honor de San Pedro y de la sede apostólica[40].

Expresada de esta forma tan radical, dicha reivindicación de propiedad no podía esperar que los soberanos españoles la avalaran plenamente. Sin embargo, es posible que Gregorio VII se sintiera animado a presentarla después del paso dado por el rey de Aragón Sancho Ramiro, quien, en 1068, se encomendó, él y su reino, a Dios y a San Pedro, acción muy parecida a un compromiso de tipo vasallático temporal. Lo afirmó en un documento que data de los años 1088-1089, al recordar cómo, cuando tenía 25 años, acudió a Roma en peregrinación a la tumba de San Pedro. Allí, prosigue, «me puse, yo y mi reino, bajo el poder de Dios y en su poder para servirle». Añade, de manera aún más precisa, la naturaleza de aquel lazo:

> Por la salvación de mi alma, deseando agradar a Dios, he decidido en conciencia pagar a Dios y a San Pedro, príncipe de los Apóstoles, un tributo *(tributum)* por mi y por mis hijos, a saber, 500 mancusos de plata (en moneda de Jaca.) He prometido y prometo pagar dicho censo *(censum)* cada año de mi vida. Instituyo y confirmo que ello deberá ser respetado por mi y por mis sucesores[41].

---

40. *Registrum*, IV, 28, pp. 343-347, cita pp. 345-346 [*N. del T.:* trad esp. en E. Gallego Blanco, *Relaciones...*, cit., pp. 159-161].

41. P. Kehr, «Wie und wann wurde das Reich Aragon ein Lehen der römischen Kirche? Eine diplomatische Untersuchung», en *Sitzungsberichte der preussichen Akademie der Wissenschafen, Jahrgang 1928, Philosophisch-historische Klasse*, Berlín, 1928, pp. 196-223, texto p. 218, n.º III; véase también el análisis de este texto en P. Kher, *El papado y los reinos de Navarra y Aragón hasta mediados del siglo XII*, separata de *Estudios de Edad Media de la Corona de Aragón, Sección de Zaragoza*, vol. II, pp. 74-186, Zaragoza, 1946, pp. 52-53 (art. pp. 125-126). La confirmación de este documento se encuentra en otro texto de 1089 publicado por A. Durán Gudiol, *Colección diplomática de la catedral de Huesca*, 2 vols., Zaragoza, 1965-1969, doc. n.º 53.

El rey añade que sus caballeros prometieron igualmente pagar cada uno una pieza de plata de la misma moneda. Los términos empleados muestran muy bien cómo no se trato únicamente, como a veces se ha dicho, de un acto de devoción puramente personal. La promesa de pagar el tributo o el censo comprometió al rey, pero también a sus sucesores, y el compromiso atañó a la vez al monarca y a su reino. En aquella fecha, el joven rey de Aragón sufría serias dificultades para mantener la integridad de su territorio y podía encontrar ventaja al convertirse en *miles sancti Petri,* al obtener tanto el apoyo moral, diplomático y material de la Santa Sede como la protección espiritual y militar de San Pedro en su lucha contra sus vecinos. «Vasallaje» y patronazgo estuvieron aquí unidos, reforzándose uno al otro sin ser excluyentes. Aquel compromiso de tipo vasallático fue confirmado en 1095. En un documento fechado entonces, el papa Urbano II se refirió a ese acuerdo anterior, y prescribió que los sucesores del rey de Aragón debían recibir el reino de manos del papa, pagar un censo y reconocerse como vasallos y servidores de la Santa Sede[42]. Ya en 1085, Gregorio VII recordó que el rey Ramiro se había hecho, él y su reino *(se et regnum suum),* tributario de San Pedro, portador de las llaves *(beato clavigero Petro)*[43].

Evidentemente, la realidad de aquel compromiso no implicó que siempre surtiera efectos, y no es prudente deducir argumento de esas lagunas o de esos silencios para negar la realidad del hecho, para atenuar su alcance o significado. Lo mismo puede decirse, en todas partes, para todos los actos de este tipo. Por lo demás, el mismo Sancho confesó a Urbano II, en el texto mencionado más arriba, que no había practicado su compromiso de servir a San Pedro tanto como hubiera debido. La existencia de aquel acto de subordinación (combinado de todos modos a un patronazgo espiritual) tampoco implicó necesariamente que el papa se creyera siempre en el deber de recordarlo ni de imponer su voluntad en el reino con total intransigencia. Menos aún que el rey obedeciera en todo momento a las prescripciones o a los deseos del papa[44]. En una carta dirigida el 20 de marzo de 1074 a Sancho II de Aragón, Gregorio felicitó al rey por su devoción hacia la iglesia de Roma, y lo alabó por querer

---

42. D. Mansilla, *La documentación pontificia hasta Inocencio III (965-1216),* Roma, 1955, p. 53; véase también el documento publicado por P. Kehr, *Wie und Wann...,* cit., pp. 218-219, doc. IV (fechado en 1089), que hace referencia al tributo.

43. Texto en L. Santifaller, *Quellen und Forschungen...,* cit., n.º 215, pp. 258-259.

44. Véase, por ejemplo, a propósito de la sucesión del obispo Sancho a la sede de Jaca; cf. *Registrum,* II, 50, p. 191.

instaurar en su reino la liturgia romana antes que la liturgia hispánica de Toledo, de origen mozárabe y visigoda y rival de aquella. Lo felicitó también por querer renovar así los antiguos lazos de amistad y de concordia que antaño existían entre Roma y los reyes de España, sin hacer alusión a una relación particular que uniera más estrechamente Aragón a la Santa Sede[45]. Evidentemente, ello no significa que dicho lazo no existiera. Por el contrario, podría sostenerse incluso que, en el pensamiento del papa, sirvió de modelo implícito para todos los otros reyes y príncipes de España. La alusión a los antiguos lazos que antaño unieron España a Roma va más bien en ese camino. Volvemos a encontrar ese mismo lazo en una carta de Urbano II, quien, en 1091, se alegró por la «restitución» (anterior) a San Pedro del territorio de Tarragona por Berenguer II, que dio lugar a un censo anual de 15 libras de plata[46].

Pueden extraerse conclusiones idénticas a propósito de la declaración del conde Bernardo IV de Besalú, quien, durante un concilio celebrado en Gerona y Besalú, se declaró vasallo (o soldado) de San Pedro *(miles peculiaris sancti Petri)* y prometió a Roma un censo anual de 100 mancusos en concepto de su servicio armado *(militia)*. Tampoco aquí se trató únicamente de un acto de devoción personal: en efecto, comprometió, tras su muerte, a su hijo y a todos aquellos que llegaran a poseer su condado *(honor)*[47].

EL PATRONAZGO DE SAN PEDRO

Por tanto, y aunque parezca imposible, la cuestión de los «derechos de propiedad de San Pedro» sobre la península Ibérica fue firmemente planteada por Gregorio, al menos a comienzos de su pontifi-

---

45. *Ibid.*, I, 63, pp. 91-92. Sobre la importancia de aquella introducción de la liturgia romana, véase A. Ubieto Arteta, «La introducción del rito romano en Aragón y Navarra», en *Hispania Sacra*, 1, 1948, pp. 299-324; R. Elze, «Gregor VII und die römische Liturgie», en *La Riforma Gregoriana e l'Europa (I, Congresso Internazionale, Salerno, 20-25 maggio 1985. Relazioni)*, ed. A. M. Strickler *et al.* (Studi Gregoriani per la storia della «Libertas Ecclesiae»,13, Roma, 1989, pp. 179-188); R. Gonzalvez, «The persistence of the Mozarabic liturgy in Toledo after a. d. 1080», en *Santiago, Saint-Denis, and Saint Peter. The Reception of the Roman Liturgy in Leon-Castile in 1080*, Nueva York, ed. B. F. Reilly, 1985, pp. 157-185.
46. *Liber Censuum de l'Église Romaine*, cit., n.º CCXV, p. 467.
47. *Liber Feudorum maior*, n.º 501, ed. F. M. Rosell, Barcelona, 1945 (2 vols.), vol. II, p. 16; véase también P. Kehr, «Das Papstum und der katalonische Prinzipat bis Vereinigung mit Aragon», en *Abhandlungen der preussischen Akademie der Wissenschaftten, phil. hist. Klasse*, 1, Berlín, 1926, pp. 34 ss.

cado, aunque después orilló un poco esa afirmación al sostener más la dominación universal de San Pedro antes que un derecho particular de éste sobre España. Podemos apreciar tres razones para esa modificación de acento o de formulación.

La primera es de orden político o diplomático: el vasallaje directo a la Santa Sede podía ser ciertamente útil a los reyes que estaban en dificultad, como se ha dicho a propósito del rey de Aragón en 1068. Pero una insistencia demasiado precisa sobre un lazo de subordinación de tipo feudo-vasallático era poco oportuna en una región donde ese tipo de relación conservaba para muchos una coloración muy impregnada de obediencia servil. Era manifiesto, por ejemplo, que el rey Alfonso VI de León y Castilla no se plegaría a esa forma de dependencia. Ahora bien, el caso es que este rey parecía que pronto se iba a imponer sobre sus vecinos en la reconquista de las tierras musulmanas, y su apoyo era necesario para imponer la liturgia romana, fundamento indispensable para cualquier influencia pontificia ulterior. Por eso, el papa jamás evocó ante él un lazo de ese tipo, pero sí insistió en cambio sobre el patronazgo de San Pedro, que el rey necesitaba para obtener la victoria en este mundo y en el otro. En 1081, poco después de la adopción del rito romano en Castilla, Gregorio no dudó en decir que Cristo había concedido a su rey el honor y la gloria por encima de todos los reyes de España[48]. Esto no le impidió atribuir sus victorias a San Pedro ni incitar al rey a que le permaneciera fiel para triunfar sobre sus enemigos visibles e invisibles y acceder, bajo su dirección, a la vida eterna. Por otra parte, desde octubre de 1079, el papa había enviado al rey, con la bendición de San Pedro, una pequeña llave de oro para que sintiera más fuertemente, mediante esa presencia tangible, los beneficios que procura el patronazgo de San Pedro y para que su amor por él creciera cada día[49].

La segunda razón es de orden práctico y depende de un deseo de eficacia: la obediencia reclamada a los reyes pero también a los gobernantes, tanto en España como en otros lugares, podía conseguirse de manera tan eficaz y más incitativa por la noción de patronazgo de San Pedro. Como los otros santos de quienes hemos recordado su acción protectora, violenta y militar —pero mucho más aún que los demás en tanto que príncipes de los Apóstoles y portero del

---

48. *Registrum*, IX, 2, p. 572 [N. del T.: trad. esp. E. Gallego Blanco, *Relaciones...*, cit., pp. 195-197].
49. *Ibid.*, VII, 6, pp. 465-467 [N. del T.: trad. esp. E. Gallego Blanco, *Relaciones...*, cit., pp. 165-167].

paraíso—, San Pedro podía procurar numerosos beneficios, mediante su patronazgo, a quienes se encomendaran a él como fieles *(fideles)*. Comenzando por la protección física y militar de la que tenían necesidad todos los príncipes de la península contra sus enemigos musulmanes y eventualmente cristianos. A cambio de un servicio a San Pedro, esto es, a la Santa Sede, que comportaba aspectos declarativos, honoríficos, financieros e incluso militares (en forma de puesta a disposición de *milites* o de ayuda destinada a reclutarlos), dicho patronazgo procuraba a cambio al príncipe, en esta tierra, la eficaz protección temporal del más poderoso de los santos y, en la otra vida, el apoyo del portero del paraíso en el momento del Juicio. El patronazgo de San Pedro permitía igualmente a la Santa Sede usar remuneraciones espirituales para pagar servicios temporales.

La tercera es de orden político-religioso: la obediencia reclamada u obtenida de algunos reyes de España en concepto de derecho de propiedad no se aplicaba únicamente, según Gregorio, en territorios «fronterizos» como España o las islas. Se insertaba en una concepción mucho más amplia de la soberanía pontificia. Pues Cristo reina y debe reinar en todo el mundo cristiano. San Pedro, príncipe de los Apóstoles, recibió autoridad sobre toda la Iglesia, es decir, sobre la cristiandad, y su autoridad delegada al papa engloba el poder político al que supera, como hemos visto, de la misma forma que el oro prevalece sobre el plomo. De ello resulta que todos los poderes terrenales le están sometidos, incluso en los reinos mejor instituidos.

Desde ese momento cabe una doble posibilidad. O bien esos reyes reconocen dicho principio de superioridad del pontífice romano y actúan según sus directrices: son entonces buenos reyes que cumplen legítimamente la función que le ha sido confiada por Dios y conferida por la consagración y la unción sacerdotal; éstos se incluyen en el campo del bien, el de Dios, de Cristo, de la Iglesia, de San Pedro y de la Santa Sede. O bien no lo reconocen y no son entonces dignos del título de rey dado que no cumplen su función como conviene. Se incluyen, si persisten en esa vía a pesar de las amonestaciones, en el campo del mal, el de Satán y el Anticristo. El criterio es claramente aquí, como se ha dicho, el que definen las dos palabras *utilis* e *idoneus*.

Fue sobre esa base como actuó Gregorio cuando trató con reinos cuya tradición estaba bien asentada, sobre todo en Francia y en Alemania. Ello no le impidió recibir favorablemente a los que le donaron sus señoríos y se convirtieron así en fieles, pero también, en este caso, en vasallos: esos dominios constituyeron de alguna forma «fortalezas» en país «enemigo» o susceptible de llegar a serlo. Así ocurrió, por ejemplo, en el sur de Francia, donde, el 25 de agosto de 1081, el conde Beltrán II de Provenza suscribió el siguiente documento:

> Yo, Beltrán, por la gracia de Dios conde de Provenza, por la remisión de mis pecados y de los de mis parientes, ofrezco, concedo y dono todo mi condado *(honor)* a los santos apóstoles Pedro y Pablo y a mi señor el papa Gregorio VII y a todos sus sucesores, de modo que en adelante mi señor el papa Gregorio hará sin disputa lo que quiera de mi y de todo mi condado *(honor)*. Yo entrego también a mi señor el papa Gregorio y a sus sucesores todas las iglesias que están en mi posesión[50].

Algunos años más tarde, por la remisión de su alma y de la de su familia, el conde Pedro de Substantion-Melgueil donó a los apóstoles Pedro y Pablo su condado, que en adelante tendría del papa Gregorio y de sus sucesores, y pagaría cada año un censo de una onza de oro fino[51].

En estos dos últimos casos, así como en el de Ricardo de Capua, de Roberto Guiscardo, del rey de Aragón o del conde de Besalú, la formulación de las escrituras es lo bastante explícitamente vasallática como para que se pueda negar la existencia, tanto en el pensamiento del papa como en el de los signatarios, de un lazo de obediencia de ese tipo, a pesar de que muchos historiadores se muestran reticentes a admitirlo[52]. No sucedió forzosamente así con los otros lazos que Gregorio trató de anudar con los príncipes a los que designó como «fieles de San Pedro» y que, éstos sí, estuvieron claramente vinculados sólo a la noción de patronazgo del príncipe de los Apóstoles.

En otras palabras, todos aquellos de quienes acabamos de hablar, que donaron al papa, para tenerlos luego de él, sus reinos, condados, tierras o dominios por una escritura de dependencia jurídica de orden temporal fueron evidentemente, y al más alto nivel, «fieles de San Pedro». El papa esperaba de ellos, como un señor de sus hombres, ayuda y servicio, incluido el militar; pero, a la inversa, todos los *fideles sancti Petri,* consagrados a San Pedro, cuyo patro-

---

50. *Ibid.,* IX, 12 ab, p. 590.
51. Texto en C. Devic y J. Vaisette, *Histoire Générale du Languedoc,* Toulouse, 1875, vol. V: pruebas n.º 365, col. 695-696; véase también t. III, p. 446.
52. Ese es el caso, por ejemplo, de I. S. Robinson, *The Papacy...,* cit., pp. 304 ss. y más aún de S. Reynolds, *Fiefs and Vassals,* cit., pp. 211-212.

nazgo desearon, estuvieron por ello comprometidos a servirle sin quedar por ello ligados a la Santa Sede por obligaciones temporales basadas en un contrato de tipo feudal. Todos los vasallos de San Pedro fueron así sus fieles, pero no todos los *fideles sancti Petri* fueron vasallos de la Santa Sede.

GREGORIO VII Y LOS *MILITES*. EL «SERVICIO» DE SAN PEDRO

Las consideraciones precedentes eran necesarias para elucidar el punto que aquí nos concierne, a saber, la actitud de Gregorio VII respecto a los guerreros y el uso de la fuerza armada. Su proyecto de «liberación de la Iglesia» de la influencia de los poderes laicos, de «reconquista cristiana» mediante la extirpación de los herejes, cismáticos, simoníacos y concubinarios, implicaba, en efecto, enfrentamientos inevitables en el seno de la cristiandad, al igual que la defensa, *manu militari*, de las posesiones de San Pedro tanto en Italia como en otras partes; sin olvidar la reconquista de los territorios invadidos por los musulmanes de la que hablaremos en los siguientes capítulos. Para realizar dicho programa, aun en el caso de que aquel papa guerrero no hubiera sido denunciado por sus adversarios, Gregorio tenía necesidad de disponer de fuerzas armadas. Sin ser la primera, la búsqueda de apoyos temporales y militares constituyó sin duda alguna una de las principales preocupaciones de Gregorio en el transcurso de su pontificado. Ese hecho se trasluce claramente del estudio de su correspondencia, como creo haberlo demostrado en otro lugar[53].

En efecto, Gregorio tuvo necesidad de fuerzas militares. Los soldados que se reclutaban en el patrimonio de San Pedro resultaban ya notoriamente insuficientes para asegurar su defensa, y más aún para llevar a cabo un programa tan vasto. A ello hay que añadir, como hemos visto, la ayuda militar proporcionada de manera más o menos precisa y fiel en concepto de vasallaje, sobre todo por los normandos después del juramento que prestaron en fechas variables, y cuya fidelidad resultaba asimismo variable y aleatoria. Fue sobre todo contra ellos, por lo demás, como el archidiácono trató en un primer momento de reclutar guerreros. El papa también podía haber recurrido a las fuerzas armadas del protector-defensor-procurador de aquella iglesia, a saber, el mismo emperador, como antes de él lo habían hecho muchos de sus predecesores. Fue proba-

---

53. J. Flori, «Le vocabulaire de la reconquête chrétienne...», cit.

blemente a ese deber de protección armada al que Gregorio aludió en el juramento de fidelidad que quería solicitar a Rodolfo, que fue copiado, según se dice, del modelo de juramento de los vasallos del sur de Italia (incluido el de Roberto Guiscardo), pero que también pudo aproximarse a la investidura de los procuradores o *milites ecclesiae* evocados en el capítulo precedente. El rey de Germania se convertiría en *miles sancti Petri* mediante las manos del obispo[54]. En el ánimo de Gregorio, aquel servicio militar podía derivarse también de la obediencia debida a la Santa Sede por todos los gobernantes terrenales, según el principio de la superioridad del poder espiritual del que acabamos de hablar. Pero la desobediencia de algunos reyes (comenzando por el de Germania) que se alinearon en el campo de los enemigos de la Iglesia romana rompió e hizo inoperante dicho servicio, como antaño la invasión de los infieles había roto el lazo de obediencia de España con Roma. A causa de ello, fue menester por tanto establecer lazos de obediencia con los que gobernaban en un nivel menor pero que deseaban permanecer fieles a Roma, a San Pedro y a Dios.

Aquellos príncipes y aquellos señores, *fideles sancti Petri,* que se alinearon en el campo del papa, recibieron el patronazgo de San Pedro con las promesas de protección militar en esta tierra y retribuciones espirituales en la otra vida; a cambio, el papa esperó de ellos un servicio fiel, incluida la aportación de guerreros contra los «enemigos de Dios» antes mencionados. Ya lo hemos visto a propósito del rey de Dinamarca, de quien esperó recibir el envío de *milites* dirigidos por su propio hijo; Gregorio hizo igualmente un llamamiento, en nombre del patronazgo de San Pedro, a las fuerzas de príncipes laicos o eclesiásticos como el duque de Lorena, los condes de Borgoña, de Saboya, de Provenza (éste más directamente ligado a San Pedro, como hemos visto), a los obispos de Reims y de Tréveris, etc.[55] Para luchar contra todos los enemigos de la iglesia de Roma, Gregorio trató quizás de constituir una *militia sancti Petri* comparable, según Cowdrey, a la guarda varega de los emperadores bizantinos[56].

De una manera general, Gregorio reclamó de sus *fideles,* a cambio del patronazgo de San Pedro, el cumplimiento de un servicio

54. *Registrum,* IX, 3, p. 576.
55. *Ibid.,* I, 27, p. 44; I, 46, p. 70; I, 72, p. 103; I, 84, p. 119; I, 85, p. 1231; Reg. 2: 49, pp. 189-190; VIII, 5, p. 522; IX, 3, p. 574; IX, 5, p. 579, etc. Véase también Gregorio VII, *Epistolae,* ed. y trad. H. E. J. Cowdrey, «The *epistolae* Vagantes of Pope Gregory VII», Oxford, 1972, n.º 13, p. 30; véase también J. Semmler, «*Facti sunt milites domni Ildebrandi omnibus... in stuporem, op,* cit., pp. 11-35.
56. H. E. J. Cowdrey, *Pope Gregory VIII...,* cit., p. 650.

(servitium). En la correspondencia de Gregorio VII, esta palabra tiene varias connotaciones y no siempre puede precisarse su significado. Sin embargo, en muchísimos casos (casi en un caso de cada dos) menciona el servicio militar[57]. El *servitium* debido a la Santa Sede implicó muy frecuentemente la noción de contribución armada destinada a la defensa del patrimonio de San Pedro, a la protección o a la recuperación de los bienes de la Iglesia amenazados por enemigos, pero también a la reconquista de los territorios que habían caído en sus manos.

MILITES, MILITES SANCTI PETRI

La confusión de los dominios temporal y espiritual en el pensamiento de Gregorio VII se revela asimismo a través del estudio del término *milites*, que él utilizó en tres sentidos diferentes, aunque todos implican la participación en un combate. Gregorio continuó empleando esta palabra en un sentido puramente espiritual, como hacía San Pablo, para designar a los cristianos, en particular a los miembros del clero, que estaban al servicio de Cristo o del rey de los cielos, defensores de la justicia, fieles y valientes *milites Christi*[58]. Gregorio prosiguió la metáfora guerrera al precisar que dicho combate debía ser mantenido hasta la muerte y al lamentar que a menudo esos «soldados de Dios» no tuvieran, frente al peligro, el coraje y la confianza derivados de su estado, por ejemplo, ante los cismáticos o los infieles[59]. Cuando se refiere a laicos, la palabra *milites* se reviste en Gregorio de diversos sentidos según el rango del personaje, pero siempre implica el uso de las armas, el ejercicio de la profesión militar. Oficio arriesgado no sólo para esta vida, sino también para la otra. Por ello conviene elegir bien al señor al que se sirve.

Gregorio acudió a menudo a la profesión de los *milites* (guerreros en general, caballeros en particular) como ejemplo para ilustrar un tema que le era querido: esos *milites* del siglo, dice, dan a los fieles de Dios y de San Pedro lecciones en las que deberían inspirarse. Por fidelidad a su señor terrestre, a cambio de un modesto salario, de recompensas dudosas, y a riesgo de perder su vida y su alma,

---

57. Véase sobre todo *Registrum*, I, 46, p. 70; II, 3, p. 128; II, 34, p. 170; II, 72, p. 233; IV, 28, p. 346; V, 4, p. 351; V, 5, p. 353; IX, 3, p. 574; IX, 4, p. 578; IX, 11, p. 589.
58. *Ibid.*, I, 43, p. 66; II, 5, p. 133, II, 37, p. 173, III, 4, pp. 249-250; IX, 18, p. 598; IX, 21, pp. 602 ss.
59. *Ibid.*, I, 22, pp. 36-38; I, 23, pp. 39-40.

no dudan en lanzarse al combate hasta morir[60]. Los *milites* de Cristo o de San Pedro no son tan devotos. Gregorio no se olvidó, en varias ocasiones, de subrayar ese hecho, paradójico a su entender: los *milites* del siglo sirven a su señor con más fidelidad y diligencia, y a cambio de recompensas infinitamente menores que lo hacen los *milites* de San Pedro, quien, sin embargo, les promete recompensas eternas[61]. Esas remuneraciones espirituales en el más allá conducían a una revalorización indiscutible de la guerra emprendida por el papa, muy próxima a la sacralización[62]. Algunos ejemplos bastarán para subrayar su amplitud.

«SOLDADOS DE CRISTO»

El vocabulario, por sí solo, lo atestigua. Pues la palabra *miles,* en aquella época (sobre en todo en plural, *milites),* no tenía aún el sentido honorífico que tendría en el siglo siguiente cuando sería equivalente del francés *chevalier.* En la época de Gregorio, los *milites* eran únicamente soldados, y el término sólo era prestigioso en función del señor a quienes servían con las armas. El prestigio del patrón repercutía sobre sus guerreros. La denominación *Miles sancti Petri* podía seducir a los príncipes, a causa de las bendiciones y protecciones que se esperaban del primero de los Apóstoles. *Miles Christi* estaba más valorado aún. Ahora bien, ese fue el término que Gregorio empleó a veces para designar a los guerreros que combatían por su causa, por ejemplo contra los partidarios del clero «simoníaco» de la iglesia de Milán[63].

Las recompensas espirituales ofrecidas a esos *milites* que combatían por la Santa Sede derivaban naturalmente de la calidad del señor al que servían. San Pedro es el portero del paraíso, el mejor colocado de todos los santos para distribuir tales remuneraciones. En su nombre, el papa prometió que los que combatían por él podían contar con su apoyo: cuando mueran, los recibirá en la gloria eterna. Ese fue el caso para quienes lucharon en Alemania contra el

---

60. *Ibid.,* I, 43, p. 67; III, 4, p. 249 y 250; IX, 21, p. 602.
61. *Ibid.,* II, 49, p. 190.
62. Sobre esa evolución, véase J. Flori, «L'Église et la guerre sainte, de la paix de Dieu à la croisade», cit.; J. Flori, «Guerre sainte et rétributions spirituelles dans la seconde moitié du XIe siècle...», cit.
63. *Registrum,* III, 15, p. 277; I, 27, pp. 44-45; I, 28, pp. 45-46; Landulfo Senior, *op. cit.,* III, MGH SS, 8, pp. 82-85 y 96-97; Bonizo de Sutri, *Liber ad amicum,* cit., I, pp. 571-620.

rey rebelde⁶⁴, o en Francia contra el clero simoníaco⁶⁵; para quienes, como Erlembaldo y sus *milites Christi*, combatieron en Italia a los simoníacos y a los cismáticos⁶⁶; todos esos guerreros participaron en la justa guerra de Dios contra la influencia del Maligno. Ese fue igualmente el caso de los que participaron en la reconquista cristiana contra los infieles, como veremos más adelante.

Esos llamamientos frecuentes a la acción violenta contra los numerosos enemigos de la Iglesia, tanto en el interior como en el exterior de la cristiandad, se añadieron a las peticiones que Gregorio formuló a las autoridades laicas para que favorecieran el triunfo de la reforma, para que le ayudaran, por ejemplo, a la recuperación de los dominios eclesiásticos expoliados o dilapidados por los simoníacos. Así, Gregorio ordenó a un «*illustris vir*» llamado Rainiero que recuperara para la Iglesia los bienes que detentaba de manera injusta el abad simoníaco de Saint-Gaudens⁶⁷, o que ayudara al archidiácono de otra iglesia a recuperar por todos los medios *(modis... omnibus*⁶⁸*)* sus bienes que con anterioridad habían sido disipados por clérigos infieles. En este caso, pues, se trataba del restablecimiento mediante la fuerza de un derecho ultrajado o de la recuperación de bienes injustamente expoliados. Aquellas acciones guerreras eran loables pues conducían al retorno de la justicia burlada por los enemigos de Dios. Evidentemente, ese fue también el caso de las tierras arrebatadas a San Pedro por los diversos enemigos de la Iglesia.

¿Quiénes eran esos enemigos? En este punto también, el análisis del vocabulario de las cartas de Gregorio resulta revelador. En efecto, empleó en 26 ocasiones las expresiones *inimicis Dei, Christi, sancti Petri, sanctae ecclesiae*. De manera indiferente designan tres categorías de adversarios: en 11 casos sobre 26, se refieren a los adversarios «internos» de la Iglesia, miembros del clero hostiles a las reformas emprendidas por el Papado en su intento de «purificar» la Iglesia y de arrebatarla de las manos de los poderes laicos⁶⁹. Para

---

64. *Registrum*, III, 6, pp. 254-255.
65. *Ibid.*, VIII, 16: a los nobles condes Ramón y Beltrán de Saint-Gilles (23 de diciembre de 1080), p. 537.
66. Cf. *supra*, pp. 171 ss.; véase también Landulfo de San Pablo, *Historia Mediolanensis*, MGH SS, 20, pp. 24-25 y 44-45.
67. *Registrum*, II, 34, p. 170.
68. *Ibid.*, II, 38, p. 174. Véase también VIII, 16: a los nobles condes Ramón y Beltrán de Saint-Gilles (23 de diciembre de 1080).
69. Véase sobre este punto J.-F. Lemarignier, «L'exemption monastique et les origines de la réforme grégorienne», en *À Cluny, congrès scientifique*, Dijon, 1950, pp. 30 ss.; G. Ladner, «The Concept of *Ecclesia* and *Christianitas* and their Relation

referirse a ellos utilizó también otras expresiones significativas como *herejes, simoníacos, concubinarios, fornicadores,* etc. En este caso se trataba de adversarios en el plano doctrinal o moral, y no de enemigos en el sentido militar del término; respecto a ellos, el papa se sirvió de un vocabulario particularmente guerrero que estaba inspirado en San Pablo, pero considerablemente amplificado; pertrechado con el escudo de la fe y la espada de la palabra de Dios, el papa desenvainó contra ellos la espada de la excomunión y los golpeó con el anatema[70].

Gregorio no se contentó sólo con el vocabulario militar: llamó claramente contra ellos a los poderes seculares a fin de que intervinieran con la fuerza para reprimirlos y arrebatarles los bienes y derechos de la Iglesia que detentaban de manera injusta[71]. Al actuar así, contribuían a la liberación de las iglesias, a la restauración de su estatuto, a la reconquista de la *libertas ecclesiae*[72]. Por consiguiente, la lucha «espiritual» condujo de forma natural al uso de la fuerza con el fin de restablecer un estado anterior que el papa consideraba pervertido.

Más numerosos aún fueron los casos en que aquellos «enemigos» designados participaron manifiestamente en un acción violenta a la cual el papa opuso fuerzas armadas (13 casos sobre 26). Fueron por lo general guerreros laicos partidarios de los precedentes, los excomulgados, aliados del rey Enrique IV, del antipapa Guiberto, de Manasés de Reims, del clero simoníaco de Milán, etc.[73]. Esos enemigos eran internos respecto de lo que llamamos la cristiandad, pero externos respecto de la Iglesia, al estar excomulgados. Incluso los que, sin estar claramente en el campo contrario, actuaban, no obstante, contra los intereses de la Santa Sede fueron incluidos en esta categoría y amenazados de sanciones. Así, el papa no dudó en hacer decir al rey Alfonso VI, por intermedio del abad de Cluny,

---

to the Idea of Papal *"Plenitudo Potestatis"* from Gregory VII to Boniface VIII», *Miscellanea Historiae Pontificiae*, 18, Roma, 1954, pp. 49-77; C. Brooke, «Hildebrand», en C. Brooke, *Medieval Church and Society, Collected Essays*, Londres, 1971, pp. 57-68.

70. *Registrum*, I, 15, p. 25; II, 4, p. 129; 15, p. 420; VIII, 20, p. 543; IX, 35, p. 623; IX, 36, p. 629.

71. *Ibid.*, IV, 11, p. 311; IX, 5, p. 579.

72. *Ibid.*, II, 27, p. 159; V, 7, p. 356; VIII, 12, p. 532; VIII, 13, pp. 533-534, etc. Las nociones de *libertad* de la Iglesia y *obediencia* se encuentran entre las más frecuentes en la correspondencia de Gregorio VII. Para él, la libertad de las iglesias sólo podía pasar por su estrecho lazo de obediencia a Roma.

73. Véase por ejemplo *Registrum*, I, 28, p. 46; IV, 1, p. 290; IV, 23, p. 335; IV, 21, p. 338; VI, 1, 390, etc.

que lo consideraría como un enemigo de la Iglesia, y lo trataría como tal si dejaba de obedecer a sus exhortaciones[74]. Según Cowdrey, Gregorio contempló en aquel momento organizar una campaña militar tanto contra el rey de España como contra Guiberto de Rávena, en tanto que enemigos «de la religión»[75].

Gregorio empleó poco más o menos las mismas amenazas expresadas en términos idénticos a propósito del rey de Francia Felipe I. Desde su elección al pontificado, lo designó como un adversario de la reforma pues vendió y disipó los bienes de las iglesias, y los oprimió mediante su herejía simoníaca. El papa se prestó a pronunciar el entredicho sobre el reino de Francia si Felipe no se plegaba a la obediencia y nombraba para realizar funciones sagradas a personas idóneas[76]. En septiembre de 1074, en una carta a los prelados de Francia, describió los males que afligían el reino: pillajes, raptos, rescates de mercaderes y peregrinos, extorsiones diversas, venganzas privadas que se generalizaban a imitación del rey, él mismo adúltero y saqueador. El papa se mostró dispuesto a arrebatarle el reino «por todos los medios» *(modis omnibus)* si no cambiaba de conducta después de las amenazas de excomunión y entredicho que acució a los obispos para que las pronunciaran contra él. Les reprochó que no hubiesen reaccionado antes en este sentido contra su rey (o más bien, matizó, su «tirano»), cuya función debería hacer de él el defensor de las leyes y de la justicia[77].

Dos meses más tarde, ante el fracaso de dichas amenazas eclesiásticas, Gregorio contempló probablemente una acción más temporal, de dimensión militar. En una carta a Guillermo VI de Poitiers, recordó las iniquidades del rey: ha superado, dijo, en el mal a todos los otros príncipes cristianos e incluso paganos, al destruir las iglesias y saquear a mercaderes y peregrinos. Pero su resistencia era vana: el papa comparó la acción del rey a la de los emperadores paganos de la Antigüedad, quienes, mediante la fuerza, no pudieron

---

74. *Ibid.,* VIII, 2, p. 518. H. E. J. Cowdrey, «Pope Gregory VII and the Bearing of Arms», en B. Z. Keddar, J. Riley-Smith y R. Hiestand, *Montjoie: Studies in Crusade History in Honour of Hans Eberhard Mayer,* Aldershot, 1997, pp. 21-35; Gregorio VII contemplaba entonces emprender una campaña militar contra el rey de España y contra Guiberto de Rávena, en tanto que «enemigos de la religión». Observemos que Gregorio empleó poco más o menos los mismos términos a propósito del rey de Francia Felipe I; cf. *Registrum,* II, 5, pp. 130-133.
75. H. E. J. Cowdrey, «Pope Gregory VII and the Bearing of Arms», cit., pp. 21-35.
76. *Registrum,* I, 35, pp. 56-57.
77. *Ibid.,* II, 5, pp. 130-133.

vencer a la Iglesia. Incitó a los grandes del reino a unirse para demostrar al rey la inanidad de su conducta y decirle lo mucho que ella acumulaba sobre él la cólera de Dios y de San Pedro[78]. Quizás hubo ya allí un primer intento de «coalición» de los nobles de Francia contra el rey capeto.

La idea se precisó en enero de 1075 en una carta a Hugo de Cluny, en la que el papa encargó al abad que ganara para la causa de San Pedro a los grandes del reino[79]. Aquel intento de sublevación no tuvo efecto, pero no por ello deja de testimoniar cómo se aceptaba el uso de la fuerza para asegurar el triunfo de la reforma. De ello existen, por lo demás, múltiples pruebas, para el reino de Francia, en las numerosas cartas con las que Gregorio presionó a los príncipes laicos para que utilizaran todos los medios, incluida la fuerza, para expulsar de las funciones que habían usurpado a los clérigos simoníacos y para imponer nombramientos conformes a la «libertad» de la Iglesia[80]. Sin postular necesariamente una campaña militar personal del papa, aquellos términos sólo sugerían el empleo de la fuerza armada contra dichos soberanos. En todos los casos que aquí hemos mencionado, los «enemigos de la Iglesia» eran príncipes cristianos adversarios de la Santa Sede en tanto que papa o en tanto que señor temporal vecino o rival. Esos personajes no dejaron de ser designados como enemigos de Dios, y a veces demonizados como tales, lo cual sacralizó otro tanto la lucha emprendida contra ellos.

SERVIR A DIOS O AL DIABLO

Esa radical bipolarización condujo de forma natural a que el papa hiciera asimilaciones que no dejaron de tener consecuencias. Dios, Cristo, San Pedro, la Santa Sede y sus partidarios, se oponían con todos sus medios a las fuerzas del mal, las de Satanás, el Anticristo y sus secuaces. En ese combate, a la vez cósmico, ontológico y material, los hombres, sobre todo los gobernantes, no podían permanecer neutrales; debían declararse «socios de Cristo» y alinearse detrás del papa, o «socios del diablo» y unirse al campo de sus adversarios.

Al retomar por su cuenta la expresión «entregar a Satanás», me-

---

78. *Ibid.*, II, 18, pp. 150-151.
79. *Ibid.*, II, 49, pp. 188-190.
80. Véase sobre este punto los numerosos ejemplos y los análisis de H. E. J. Cowdrey, *Pope Gregory VIII...*, cit., pp. 334 ss. y pp. 342-348.

diante la cual San Pablo designaba la excomunión[81], Gregorio no dudó en calificar a los obispos que resistían a sus órdenes de «discípulos de Satanás», «inflamados del orgullo diabólico», y su reunión de «asamblea de Satanás»[82]; a Germán de Metz, expuso su concepción del poder y opuso los buenos reyes fieles a la Santa Sede, que constituyen el «cuerpo de Cristo», a los malos reyes rebeldes que el papa tiene el derecho de excomulgar, a sus partidarios que son los «lacayos del diablo, los esclavos de Satanás»: era necesario, pues, que los reyes y los príncipes eligieran claramente su campo y mostraran de quiénes eran socios, de Cristo o del Anticristo[83]. A los fieles de Alemania, recordó que quien resiste a nuestra santa madre Iglesia es un socio del Anticristo[84]. Cuando escribió a los fieles de San Pedro en Lombardía a comienzos de su pontificado (el 1 de julio de 1073), los puso en guardia contra el obispo simoníaco de Milán que ha «prostituido al diablo la Iglesia de Cristo» que le había sido confiada, y contra sus partidarios «ministros de Satanás, heraldos del Anticristo», que tratan destruir la fe cristiana[85]. Al Dogo de Venecia, que acogió a los excomulgados, le hizo partícipe de sus reproches hacia esos «lacayos del diablo, ministros o, más bien, esclavos de Satanás que los tiene cautivos»[86], etc.

La demonización de los enemigos de la Santa Sede, cualesquiera que fuesen, fue, pues, general y sistemática. La misma, según me parece, resultó no tanto de una voluntad consciente de desvalorizar al adversario y de confortar a sus propios partidarios como de una construcción mental, profundamente anclada en su espíritu, del carácter universal de aquel combate necesariamente justo que condujo la Iglesia de Dios, con la cual el papa identificó la Santa Sede, en cada una de sus empresas, espiritual o temporal e incluso militar. De esa concepción radical se derivó también lo que para nosotros es confusión entre los dominios espiritual y temporal. La acción del papa se ejerció de hecho en estos dos dominios, que él no distinguió de ninguna manera. Su misión, como responsable de la Iglesia cristiana, consistía en cuidar de ella, en preservarla de cualquier mal, en

---

81. Cf. 1 Corintios, 5-5 y 1 Timoteo, 1-20; *Registrum*, VIII, 17, p. 539; IX, 36, p. 629.
82. *Ibid.*, VIII, 5, pp. 521-522.
83. *Ibid.*, VIII, 21, p. 558.
84. *Ibid.*, IV, 24, p. 337; por la misma razón, el obispo simoníaco de Thérouanne fue presentado a los obispos de Flandes y al conde Roberto como un «socio del Anticristo» *(Registrum,* IX, 35, p. 624).
85. *Ibid.*, I, 15, pp. 23-24.
86. *Ibid.*, IV, 27, p. 342.

liberarla de sus enemigos y opresores, es decir, en establecer o restablecer en todas partes la justicia, la conformidad a la voluntad divina, en la fidelidad a Dios y a la Santa Sede[87].

Dicha liberación, como se ha vislumbrado, se realizó en diferentes ámbitos que, en el pensamiento del papa, fueron las diversas manifestaciones de una misma acción de reconquista contra el enemigo último de Dios y de la Iglesia, el diablo. Éste, desde el principio de los tiempos, estimuló a la revuelta, a la desobediencia, raíces mismas del pecado. A través del orgullo *(superbia)*, de la lujuria, de la codicia de dinero, del poder y de sus placeres, trató de corromper a los jefes del campo contrario, comenzando por los clérigos y los monjes, quienes deberían llevar a cabo el buen combate por Dios, como *milites Dei*. El combate de reconquista cristiana debía comenzar de forma natural por una eliminación del clero corrupto, verdadero ejército de traidores, infiltrado en el campo de Dios. La lucha contra el clero simoníaco y concubinario respondió a esa primera necesidad.

El diablo debilita igualmente a la Iglesia mediante el cisma. La esperanza de restablecer la concordia entre las Iglesias de Oriente y Occidente siguió estando, a pesar de las vicisitudes y los fracasos, en el centro de la política, a veces torpe y ruda, de Gregorio VII[88]; ello no impidió que el papa expresara en varias ocasiones su pesimismo y su turbación. En una carta dirigida al abad de Cluny el 22 de enero de 1075[89], deploró que la Iglesia de Oriente, por instigación del diablo, se hubiera separado de la fe católica: mientras que ese mismo y antiguo enemigo mate físicamente a los cristianos (alusión a la victoria de los turcos y a sus recientes conquistas), los matará también espiritualmente. Es también el mismo enemigo que suscita y dirige a los clérigos impuros, simoníacos, herejes, cismáticos, judíos y paganos. La continuación de la carta lo demuestra: el papa deplora, en efecto, que en Occidente apenas se encuentren obispos puros y príncipes laicos íntegros; el papa se encuentra rodeado de romanos, lombardos y normandos a quienes considera «peores que los judíos y los paganos»[90]. El clero cismático favorable a Enrique IV no resultó mejor tratado en una carta a los católicos de Alemania (fe-

---

87. Sobre la noción de fidelidad en Gregorio VII, véase P. Zerbi, «Il termine *fidelitas* nelle lettere di Gregorio VII», cit.
88. Véase sobre este punto H. E. J. Cowdrey, «The Gregorian Papacy, Byzantium and the First Crusade», cit.; H. E. J. Cowdrey, *Pope Gregory VII...*, cit., pp. 481 ss.
89. *Registrum*, II, 49, p. 189.
90. *Ibid.*

brero de 1076), en la que el papa denuncia a los blasfemos y la audacia impía de los cismáticos contra el nombre del Señor, contra San Pedro y la sede apostólica, comportamiento inaudito digno de paganos y herejes[91].

En cuanto a los paganos (término que designaba a los musulmanes, generalmente llamados *pagani* o *sarraceni*), eran los socios naturales del diablo. Luchando contra ellos se realizaba, por tanto, una obra útil. En este caso, se trataba evidentemente de una lucha armada y el combate de los soldados de Dios *(milites Dei)* adquiría entonces un aspecto de guerra legítima, incluso santificada, por las razones ya evocadas. Sabido es que los cruzados de Urbano II fueron llamados *milites Christi, exercitus Dei,* lo mismo que *peregrini,* aunque todavía se discute sobre el origen de dichas expresiones y a veces se pone en duda que Urbano II las utilizara[92]. El uso que el mismo Gregorio VII hizo del término *milites* fue, sin embargo, bastante ilustrativo de su propia concepción del papel que deberían desempeñar los guerreros laicos en el combate que Dios y la Iglesia libran aquí bajo contra las fuerzas del diablo por la reconquista cristiana.

Por todas estas razones, yo no comparto, en este punto preciso, la opinión de H. E. J. Cowdrey cuando ve una contradicción interna en el pensamiento de Gregorio VII en lo que concierne a los guerreros profesionales[93]. En efecto, retomando por su cuenta una antigua concepción, Gregorio afirmó, durante el sínodo de Roma de 1078, que algunas profesiones no pueden ejercerse sin pecado. Ese era el caso, para él, de los mercaderes y de los soldados *(milites)*. Por eso, cuando se les imponía una penitencia, había que ordenarles que abandonaran su oficio y prohibirles que llevaran armas, salvo si servían para defenderse o para defender la justicia según el consejo de los obispos[94]. Esta restricción muestra muy bien cómo allí sólo se condenó el uso privado de la fuerza armada, o, más bien aún, su uso público si resultaba contrario a los intereses o a las leyes de la Iglesia. Pero no lo era si el guerrero actuaba siguiendo las prescripciones del obispo. Nos encontramos aquí en un contexto bastante próximo al de las milicias de la paz de Dios. Un segundo decreto, emitido en

---

91. *Ibid.,* III, 6, p. 255.
92. Por ejemplo J. Riley-Smith, *The Firts Crusade and the Idea of Crusading,* cit.; a pesar de las juiciosas observaciones del mismo autor, cf. J. Riley-Smith, «The First Crusade and St Peter», en B. Z. Zedar, H. E. Mayer y R. C. Smail, *Outremer, Studies... presented to J. Prawer,* Jerusalén, 1982, pp. 41-65.
93. H. E. J. Cowdrey, «Pope Gregory and the Bearing of Arms», cit., pp. 21-35, y H. E. J. Cowdrey, *Pope Gregory,* cit., pp. 650 ss.
94. *Registrum,* VI, 5 b, p. 404; sínodo de Roma, 19 de noviembre de 1078.

el transcurso del sínodo de 7 de marzo de 1080, volvió a tratar este tema a propósito de las penitencias que deberían imponerse a los mercaderes y a los *milites*. La verdadera penitencia, dice, exige que el pecador se vuelva enteramente hacia Dios, se arrepienta de sus pecados y trate de obedecer todos los mandamientos. Está claro, prosigue el decreto, que alguien que continúa portando armas contra la justicia *(iustitiam)*, que no restituye los bienes tomados, que conserva el odio en su corazón no regresa del todo a Dios: no ha cumplido, por tanto, una verdadera penitencia[95]. En este caso todavía, la condena sólo se refiere al «mal uso» de las armas, contrario a las leyes de Dios y a los intereses de la Iglesia.

En los dos casos, subrayémoslo, dichas prescripciones siguieron, en el texto, a la excomunión de los guerreros normandos que invadieron las tierras eclesiásticas. En los dos casos también, se trata de imponer penitencias, por razones desconocidas, a mercaderes y *milites* que, en el ejercicio de su arriesgada profesión, habían cometido faltas. Un verdadero arrepentimiento debía, pues, conducirles a renunciar, durante esa penitencia, a ejercer una profesión tan peligrosa para su alma. Por lo que se refiere a los *milites,* deberían abandonar, en consecuencia, el uso de las armas, salvo si ese uso no podía ser considerado en nada como culpable, a saber, en legítima defensa y en defensa de la justicia, según las directrices de los obispos. Se trata aquí de un recelo respecto de la *militia* del mundo: pero en ningún caso respecto de los que ponían su espada al servicio de la Iglesia y de San Pedro. A éstos, por el contrario, le fueron prometidas bendiciones materiales y remuneraciones espirituales, y las palmas del martirio si llegaban a morir sirviendo al Príncipe de los Apóstoles. Pues San Pedro protege y remunera a quienes le sirven, tanto en este mundo como en el otro.

La idea de guerra santa latía detrás de todas aquellas declaraciones. No debemos sorprendernos, pues, al ver cómo, en 1074, Gregorio contempló dirigir personalmente una campaña militar cuya meta era Jerusalén y destinada a socorrer a los cristianos de Oriente atormentados por los turcos[96]. Aquel proyecto, como es sabido, nunca se realizó[97]. Los conflictos en el seno de la cristiandad eran demasiado ásperos y constantes como para que el papa pudiera contemplar luego una empresa lejana. Pero no por ello dejaba de ser el resultado lógico del pensamiento en cuanto a su función como jefe

---

95. *Ibid.,* VII, 14 a, pp. 481-482.
96. *Ibid.,* II, 31, pp. 165-168.
97. H. E. J. Cowdrey, «Pope Gregory VII's "crusading plan" of 1074», cit.

de una iglesia de Roma confundida con la Iglesia y la cristiandad entera, que tenía su poder directamente de Dios a través de San Pedro.

Sin embargo, al extender su acción guerrera a la parte oriental de la Iglesia, la operación abandonaba el orbe de San Pedro para entrar en el de Cristo, teniendo como corolario una sacralización mayor aún, pero manifestando también una cierta desconexión entre San Pedro y la acción guerrera emprendida. Al ir a rechazar a los infieles allende Jerusalén, allende la tumba de Cristo, los fieles de San Pedro, *milites sancti Petri,* se convertirían, de manera mucho más legítima que los soldados de Erlembaldo, en *milites Christi.*

Capítulo VIII

CRISTIANOS Y PAGANOS:
LA DEMONIZACIÓN DE LOS ADVERSARIOS
DE LA CRISTIANDAD HASTA EL AÑO 1000

La sacralización de la guerra, como hemos visto, fue resultado de múltiples componentes. En su mayor parte estuvieron ligados a la protección de los bienes eclesiásticos, a la defensa de los intereses de la Iglesia, y sobre todo de la Santa Sede, poco a poco asimilada a la cristiandad. Cuando el adversario a combatir fue asimilado al paganismo, enemigo tradicional de la religión cristiana, esa forma de revalorización se enriqueció aún con una nueva dimensión, procedente del carácter repulsivo del adversario demonizado. Las raíces de ello se encuentran mucho antes del año mil. Dicha dimensión iba a crecer aún más en el transcurso del siglo XI.

POITIERS (732): ¿NACIMIENTO DE LA CRISTIANDAD OCCIDENTAL?

No hace mucho, Étienne Delaruelle veía en la victoria de Carlos Martel en Poitiers el acto fundador de la unidad franca realizada gracias a la lucha contra el islam, e incluso la partida de nacimiento de la cristiandad occidental[1]. Según él, habría que datar el inicio de la Edad Media en 732. Frente al peligro árabe, decía, «el mundo cristiano tomó una nueva conciencia de su unidad». En aquel momento, el Occidente franco habría tenido frente al islam la revelación de constituir una cristiandad, cuando los duques de la Galia meridional eran reacios a cualquier idea de guerra santa y cuando la convicción de un antagonismo irreductible entre cristianos y árabes no era compartida por todos.

1. É. Delaruelle, *L'Idée de croisade...*, cit., pp. 12 ss.

En esta interpretación hay una gran parte de exageración y de aproximación, y algunos elementos verdaderos. La exageración, que roza a la vez con el anacronismo y el chovinismo, consiste en situar en Poitiers el nacimiento de una tan clara y profunda «toma de conciencia» de la unidad religiosa y cultural de toda la cristiandad frente a una entidad árabo-musulmana que entonces sería percibida como religión rival. Nada indica, en efecto, en los documentos contemporáneos, que aquella victoria contra los sarracenos estuviese revestida de coloración religiosa alguna[2]. En aquella fecha, los sarracenos fueron percibidos probablemente, en el norte de la Galia, como enemigos ordinarios, como otros invasores, a quienes había que combatir como tales. Parte de verdad, pues aquellos hechos fueron después objeto de una recuperación ideológica que transformó a los reyes francos, sobre todo a Carlomagno, en un soberano mítico, campeón de una cristiandad católica y romana, prototipo del rey cruzado que emprende una guerra santa contra los paganos y los infieles[3]. Fue en ese nivel, en el de la ideología ulterior, interpretativa de los hechos, donde se situó en Occidente el proceso de sacralización que aquí estudiamos. Pero todavía no fue percibido en Francia en la época de Carlos Martel y parece que nació en otras partes distintas al Poitou.

La idea de guerra santa resultó de dos formas de sacralización. Una, que podría llamarse «positiva», procedió de la exaltación y de la glorificación de la causa, considerada sagrada, que se defiende; la otra, que puede llamarse «negativa», provino de la demonización del campo adversario en una mentalidad religiosa de fuerte tendencia dualista. La guerra contra los paganos se prestaba particularmente bien al desarrollo de estas dos dimensiones.

La liturgia ya nos ha revelado algunas modalidades, a través especialmente de las misas por la guerra contra los paganos, de las que se conocen muchos casos en los siglos IX y X[4]. Estuvieron dirigidas sobre todo contra los normandos y los húngaros. En 861, el papa

2. Sobre la glorificación de Carlos Martel como campeón de la cristiandad contra los pérfidos sarracenos, véase por ejemplo Ademaro de Chabannes, *Chronicon*, I, 52; I, 54, cit., pp. 52 ss.; los documentos contemporáneos son menos parlanchines. Cf. Eginhardo, *Vida de Carlomagno*, cit.; Eginhardo se inspiró aquí en el continuador de Fredegario, MGH SS, 2, § 13, p. 175 y § 20, p. 178, y en la historia de los obispos de Metz, MGH SS, 2, p. 265.

3. Observemos de pasada que, según una *Vita Hludovici*, PL, 98, 899, la campaña de 778 se explica por la voluntad de Carlomagno de socorrer a una Iglesia oprimida.

4. Documentos ya señalados por C. Erdmann, trad. p. 95; véase sobre este punto J. Flori, «L'Essor...», cit., pp. 84 ss.

Nicolás I recordó que un clérigo culpable de homicidio no debía acceder a las órdenes mayores, incluso aunque hubiese matado a un pagano únicamente para defenderse, pues pertenecía a la *militia Christi,* y debía encomendarse sólo a la protección de Dios. Por consiguiente, no debía ni portar armas ni participar en los combates[5].

En cambio, la prohibición de que los penitentes llevaran armas conllevaba una notable excepción: dejaba de aplicarse cuando se trataba de defenderse de los paganos[6].

Esta distinción abrió el camino a la futura definición de la cruzada, dado que la penitencia emprendida por aquel a quien se la había impuesto no peligraba por el eventual riesgo de derramar la sangre de un pagano. En su respuesta a los búlgaros, pueblo guerrero que se había convertido muy recientemente, expuso con mayor claridad sus concepciones sobre este punto. Los guerreros búlgaros tenían hasta entonces el hábito de partir hacia el combate detrás de un «signo», la cola de un caballo, costumbre pagana; ¿por qué había que reemplazarlo? La respuesta del papa fue rotunda: por la Santa Cruz. Gracias a ella, en efecto, Moisés mató a los amalecitas, Gedeón triunfó sobre los madianitas, Jesucristo venció y abatió al diablo[7]. Segundo factor de sacralización: la guerra contra los enemigos de los cristianos puede emprenderse, en caso de necesidad, incluso durante los días sagrados, el domingo y los días de fiesta, incluida la cuaresma. Únicamente hay que rezar antes del combate, pues las batallas se ganan más por la oración que por las armas. Sin embargo, no hay que masacrar a los vencidos, hombres, mujeres y niños, después de la victoria, como hasta entonces hacían los búlgaros; en verdad, concedió el papa, ellos han actuado por ignorancia, pero es preciso que cumplan penitencia por ello. No conviene convertir a los paganos mediante la fuerza[8]. Así fueron esbozadas las grandes líneas de la legislación referente a la guerra contra los paganos. En ellas se distinguían ya algunos rasgos de sacralización debido a la religión pagana de aquellos enemigos.

Por lo general, sin embargo, los textos que las evocan apenas se paran sobre su calidad de paganos e idólatras. Están planteadas como si cayeran por su propio peso, y los autores se dedican ante todo a describir el salvajismo de su comportamiento, las amenazas que

---

5. Nicolás I, Carta n.º 104, MGH, *Epistolae* VI, Berlín, 1925, pp. 612-613 y Carta n.º 139, p. 659.
6. *Id.,* Carta n.º 139, cit., p. 659.
7. *Id., Responsa Nicolai...,* cit., c. 33, p. 580.
8. *Id.,* cit., c. 34, p. 581; c. 36, p. 581; c. 41, p. 582; c. 46, p. 585; c. 102, p. 599.

aquellos «bárbaros» hacían correr a las poblaciones cristianas y a las iglesias, por sus masacres y sus pillajes. Podemos preguntarnos, no obstante, si la evocación del salvajismo del comportamiento del adversario estaba únicamente dedicado a fortalecer la movilización contra el enemigo, como en todo conflicto, o bien si dicho salvajismo sólo era real, o al menos admitido como tal, por el simple hecho de que se trataba de paganos. En efecto, volvemos a encontrar esos rasgos en todos los textos relativos a los paganos, húngaros, normandos, sarracenos o celtas. Los guerreros que tomaban las armas contra ellos fueron doblemente sacralizados, como defensores de las iglesias, de los monasterios y de las poblaciones cristianas, y como combatientes de las tropas demonizadas del Adversario, dado que los dioses paganos eran demonios. Por eso, los santos intervenían a veces al lado de quienes les hacían frente, y los reyes que morían bajo sus golpes fueron a veces beatificados, como San Edmundo y San Olaf de Noruega[9].

El caso de los musulmanes, generalmente asimilados a los paganos en Occidente, exige una atención particular. La oleada musulmana alcanzó en primer lugar el Oriente mediterráneo, cuna del cristianismo, tierras pobladas en su mayoría por cristianos de tendencias diversas y a veces rivales. Fue allí donde el choque de la irrupción musulmana produjo sus primeros efectos. La caricatura ideológica del islam, que se generalizó en Occidente en el siglo XI en la época de la cruzada que ella favoreció, nació primero entre las poblaciones cristianas del Próximo Oriente que vivían bajo dominación musulmana, y ello desde los primeros años de la victoria de los guerreros de Alá, antes de ganar muy pronto Bizancio, y luego Occidente. Debemos, por tanto, volvernos hacia la parte oriental del Mediterráneo para observar los rasgos principales de aquella progresiva demonización que iba a conducir, al menos en Occidente, a la idea de guerra santa.

NACIMIENTO DE UNA CARICATURA: LA PERCEPCIÓN DE
LOS MUSULMANES ENTRE LOS CRISTIANOS DE ORIENTE

La rapidez de los éxitos militares árabes en Oriente se explica por varios factores: el valor de los ejércitos musulmanes, el ardor guerrero que suscitaba su fe, pero también la escasa resistencia de muchos cristianos que no pertenecían a la Iglesia griega «ortodoxa». Éstos, casi siempre mal tolerados, e incluso perseguidos por la auto-

9. Véase pp. 147 ss.

ridad bizantina, vieron en ocasiones con agrado la victoria de aquel pueblo que era tolerante hacia ellos, y de cuyo particularismo religioso y ambiciones de dominación universal aún no se habían hecho cargo[10].

La imagen de los musulmanes en la literatura cristiana oriental ha sido objeto de numerosos y excelentes estudios[11]. Me contentaré, por tanto, con extraer los rasgos principales, insistiendo sobre todo en los que vuelven a encontrarse en Occidente.

Los autores orientales más antiguos presentaron aquellas invasiones como un castigo de Dios debido a los pecados de los cristianos. Esta afirmación se encuentra ya en el patriarca Sofronio, de Jerusalén, desde 634, cuando los árabes comenzaron a invadir Palestina: en un sermón, interpreta aquella invasión de los sarracenos como «la abominación de la desolación» predicha por el profeta, y subraya las devastaciones de los sarracenos y su proyecto de conquistar todo el mundo. Vuelve a encontrarse en Máximo el Confesor, desde los primeros años de la conquista musulmana; subsiste, sin cambiar, en casi todos los escritores orientales hasta el siglo IX y más allá. Una evolución se abrió paso, sin embargo. Los primeros autores pensaban que aquel castigo sería temporal y de corta duración. Pero pronto, al prolongarse la ocupación musulmana, atribuyeron una coloración religiosa peyorativa a aquellos «enemigos» victoriosos y les concedieron un lugar en su interpretación bíblica y profética de la historia. Para castigar a su pueblo elegido, a veces de forma ruda y duradera, Dios había utilizado antaño como un azote a ciertos pueblos paganos, asirios, babilonios, egipcios. ¿No sucede hoy lo mismo?

Entonces aparecieron interpretaciones que veían en el islam el cumplimiento de las profecías apocalípticas. Así ocurre ya en un es-

---

10. Cf. C. Cahen, «Note sur l'accueil des chrétiens d'Orient à l'Islam», *Revue de l'histoire des religions,* 166, 1964, pp. 51-58; C. Cahen, *Orient et Occident au temps des croisades,* París, 1983, pp. 9-31 [N. del T.: trad. esp.: *Oriente y Occidente en tiempos de las cruzadas,* Madrid, 2001 (1.ª reimp.), pp. 15-32].
11. Sobre lo que sigue, véase A. Ducellier, *Le Miroir de l'islam...,* cit., París, 1971; A. Th. Khoury, «Apologétique byzantine contre l'islam (VIIIᵉ-XIIIᵉ siècle)», *Proche Orient Chrétien,* Jerusalén, 29, 1979, pp. 243-300; 30, 1980, pp. 132-174; 31, 1981, pp. 14-49; B. Z. Kedar, *Crusade and Mission, European Approaches toward the Muslim,* Princeton, 1984; A. Ducellier, *Chrétiens d'Orient et Islam au Moyen Âge...,* cit., pp. 50 ss.; J. V. Tolan, *Medieval Christian Perception of Islam; a Book of Essays,* Nueva York-Londres, 1996; R. G. Hoyland, *Seing Islam as Others Saw it* (Studies in Late Antiquity and Early Islam, 13), Princeton, 1997; G. R. Hawting, *The Idea of Idolatry and the Emergence of Islam. From Polemic to History,* Cambridge, 1999.

crito anónimo de comienzos de la conquista árabe, supuestamente redactado por un judío recién convertido. Para su autor, aquella conquista debía ser sin duda alguna temporal, pero, a su entender, los árabes constituían, a pesar de todo, el último poder perseguidor anunciado por el Apocalipsis, y ve en Mahoma un falso profeta, pues los profetas no vienen armados; su dominación anuncia el final de los tiempos; la cuarta bestia del Apocalipsis representó, clásicamente, el Imperio romano; desde ahora está decaído y desgarrado por las naciones; el autor ve en los dos cuernos que le sucedieron, y más aún tal vez en el pequeño cuerno, ligado al diablo, el anuncio profético de los árabes[12]. En 661, el pseudo-Sebeos vio en las cuatro bestias potencias simultáneas: el Imperio romano, la Persia sasánida, el reino del Norte de «Gog y Magog» y, en fin, la potencia árabe, la cuarta, que superará a todos los otros reinos en el mal. Esta cuarta bestia, que sale del Sur y convertirá a toda la tierra en un desierto, es el reino de Ismael, como el arcángel había explicado al profeta Daniel.

Los nuevos conquistadores fueron admitidos así desde muy pronto en la categoría de las potencias políticas universales y relativamente duraderas, cuyo poder maléfico casi precede al final de los tiempos[13]. En 692, el Apocalipsis del Pseudo-Metodio dató con precisión, en el lenguaje apocalíptico ordinario, la duración de esas tribulaciones que comenzaron con las invasiones árabes: diez semanas de años, es decir, setenta años. Hace debutar probablemente dicho periodo en 636, fecha de la invasión de su país; el final de la dominación árabe fue, por tanto, fijada setenta años más tarde, es decir, hacia 706, sólo algunos después de la composición de esta obra que expresa así una espera escatológica muy «caliente», según la definición de R. Landes[14]. La persistencia de la dominación árabe enfrió después los escritos proféticos de este tipo, pero permaneció la esperanza de una inversión de la situación política, de una reconquista por el emperador bizantino, claramente señalada en este escrito.

La percepción que se formó de los nuevos invasores hundía sus raíces en esa concepción teológica global de la historia más que en la observación de su religión, sobre la cual los escritores cristianos no sintieron de ninguna manera la necesidad de indagar. Si algunos

---

12. *Doctrina Iacobi nuper baptizati,* ed. y trad. V. Déroche, introducción y comentarios de G. Dagron, *Travaux et Mémoires,* 11, 1991, pp. 17-273.
13. Sebeos, *Histoire d'Heraclius,* trad. F. Macler, París, 1905, pp. 104 ss.
14. R. Landes, «Millenarismus absconditus», *Le Moyen Âge,* 98, 1992, pp. 356-377, y «Sur les traces du Millenium: la "via Negativa"», cit.

rasgos de dicha religión fueron mencionados a veces con una parte de veracidad, fue ante todo para alimentar esa imagen caricaturesca y hostil. Ésta apareció en el seno de una minoría trastornada ante la aculturación que, pronto, amenazó a las comunidades cristianas cuando la cultura árabo-musulmana, en un primer momento rudimentaria, se enriqueció con la aportación de las civilizaciones sometidas para forjarse una identidad propia.

Así fueron apareciendo los temas principales de una caricatura de la religión musulmana que tendió a asimilarla al paganismo y a un culto a los demonios. En un primer momento fue considerada como una simple herejía del cristianismo, como otra de las muchas que había conocido Oriente. Ese fue el caso en Máximo el Confesor y en Anastasio el Sinaita, e incluso en Juan Damasceno, a comienzos del siglo VIII. Este último, sin embargo, no ignoraba las doctrinas esenciales del islam, pues durante varios años había sido un personaje importante en la corte de Damasco. Abandonó esta ciudad hacia 725 para retirarse a un monasterio de Palestina donde redactó la mayor parte de sus obras. Una de ellas, cuya autenticidad antes se discutía pero que hoy se admite, está dedicada a las herejías cristianas[15]. Al final de ella trata del islam, que así se ve catalogado como una desviación errónea y culpable del cristianismo. Dicha actitud le permite relacionar el islam con el Anticristo. Comienza exponiendo el origen de los árabes, pueblo en un principio idólatra, y el de la nueva religión, anunciadora del Anticristo, herejía surgida de la deformación del cristianismo por un falso profeta[16]. Sin dejar de subrayar que la nueva religión de los árabes era superior a sus creencias precedentes, insinúa, sin embargo, que su nueva manera de adorar a Dios, según los preceptos de su falso profeta, no estaba exenta de idolatría, secuela de su antiguo paganismo: por eso son poco oportunos cuando acusan el comportamiento idólatra de los cristianos:

> Nos acusan también de idolatría porque nos prosternamos ante la cruz que a ellos horroriza. Nosotros decimos entonces: «¿Por qué os frotáis con esa piedra de vuestra Kaaba, y amáis la piedra hasta el punto de besarla?» Algunos de ellos dicen que fue en ella donde

---

15. Cf. la introducción de R. le Coz (nota siguiente), citada por A. Ducellier, *Chrétiens d'Orient..*, cit., p. 95, que rectifica la antigua opinión de A. Abel, «Le chapitre 101 du livre des héresies de Jean Damascène, son inauthenticité», *Studia Islamica*, 19, 1963, pp. 5-25.

16. Juan Damasceno, *Écrits sur l'islam,* ed. y trad. R. le Coz, París, 1992, pp. 211-213.

Abraham se unió a Agar, otros que ató a ella el camello antes de sacrificar a Isaac [...]. Se cuenta, por lo demás, que dicha piedra es la cabeza de Afrodita, ante la cual se prosternaban y llamaban Chabar. Y en nuestros días el rasgo de una efigie se revela todavía a los que la observan minuciosamente[17].

Juan Damasceno hizo así de Mahoma un profeta y del Corán una falsa revelación. Su escrito reviste para nosotros una gran importancia, pues es muy posible que fuera trasmitido a Occidente a comienzos del siglo IX, sobre todo a Córdoba[18].

El énfasis sobre la falsedad de la revelación fue acentuado por Teófanes el Confesor, quien redactó su *Crónica* hacia 815. Mahoma aparece descrito en ella no sólo como un falso profeta, sino también como un epiléptico que, aconsejado por un monje cristiano hereje, hizo creer en una revelación divina y difundió su doctrina heredada del judaísmo y del cristianismo, primero por medio de las mujeres, después por la fuerza de las armas[19].

La imagen negativa de los musulmanes y del islam quedó, pues, bien establecida, desde finales del siglo VIII, en los medios orientales más refractarios a la dominación musulmana. A partir del siglo XI se intensificó entre algunos cristianos rigoristas. Su voluntad de resistir a la impregnación de la cultura árabe, de conservar sus tradiciones y su fe, los condujo a una actitud «integrista» en la cual rechazo y demonización mezclaron la verdad y la fantasía, gracias a una voluntad manifiesta de denigrar la religión dominante. En ellos encontramos también la expresión de una esperanza futura de reconquista que abrió el camino a la formación de una cierta idea de guerra santa. La denuncia clásica de la violencia de los conquistadores árabes condujo entonces a la idea de una necesaria oposición guerrera a dicha violencia en el momento del intento de reconquista militar bizantina.

Ese fue el caso sobre todo de Nicetas de Bizancio, hacia 850, que recuperó y amplió los elementos precedentes. Para oponerse a la pretensión de los musulmanes de ver en Mahoma el último profeta de la revelación, se dedicó a demostrar que el Corán no es más que una falsa revelación y Mahoma un falso profeta; su religión no es únicamente una herejía, sino también una engañifa, una forma de

---

17. *Ibid.*, p. 221.
18. D. Millet-Gérard, *Chrétiens mozarabes et culture islamique dans l'Espagne des VIIIe-IXe siècles*, París, 1984, p. 153.
19. Teófanes el Confesor, *Cronografía*, PG, 108, col. 684-685; cf. A. Ducellier, *Chrétiens d'Orient...*, cit., pp. 146 ss.

paganismo e incluso de politeísmo, dado que, afirma, los musulmanes adoran en La Meca un ídolo muy antiguo esculpido a imagen de Afrodita. Jorge el Monje, poco después de 840, ponderó en este sentido: los árabes fueron engañados por ese falso profeta, conducidos por él hacia un culto a los demonios, a una religión de violencia, de inmoralidad, de perversidad, de desenfreno y de idolatría[20].

El endurecimiento de los conflictos militares entre Bizancio y sus enemigos, marcado por algunas masacres y pillajes musulmanes en ciudades bizantinas como Tesalónica en 904, estimuló aún más la caricatura rencorosa y vengadora. Juan Kameniatés, que las relató con énfasis, hizo hincapié sobre la homosexualidad y las brutalidades atribuidas a los musulmanes. El islam apareció en lo sucesivo como una religión destructora y guerrera[21].

Esos mismos reproches volverán a encontrarse en Occidente. Bajo el efecto multiplicador de la emoción y de las tensiones militares, el islam fue descrito como una religión perversa, completamente alineada en el campo del mal. Se esperaba que Dios llegaría pronto a poner fin a la dominación de los hijos de Ismael ayudando a los emperadores bizantinos en su reconquista, que marcaría el fin del castigo de Dios sobre su pueblo. La *Vida de Andrés Salos* expresa claramente dicha esperanza de victoria militar, que en su autor adquiere acentos de venganza apocalíptica:

> [Dios] volverá su rostro hacia Oriente y abatirá a los hijos de Agar. En efecto, el Señor se enfurecerá por su blasfemia, y porque su fruto es la bilis de los sodomitas y la amargura de los gomorreos. Y por eso excitará contra ellos al emperador de los romanos, y los exterminará, y hará perecer a sus hijos por el fuego[22].

Esa demonización del adversario se tradujo en algunos en un neto «progreso» de la idea de guerra santa. La encontramos esbozada ya, poco después de la conquista de Tesalónica por los árabes (904), en un manual de arte militar atribuido al emperador León VI:

> Ayudados por Dios en el combate, bien armados y bien desplegados, si los atacamos correcta y bravamente, para combatir por la salvación de nuestra alma y también por Dios mismo, nuestros pa-

---

20. Véase sobre este punto los análisis de A. Ducellier, *Chrétiens d'Orient...*, cit., pp. 161 ss.
21. Juan Kameniatés, *Sobre la toma de Tesalónica*, PG, 109, col. 557 y 589.
22. *Vida de Andrés Salos*, PG, 111, col. 856. Cito aquí la traducción de A. Ducellier, *op. cit.*, p. 179.

rientes y los restantes cristianos nuestros hermanos, si tenemos por tanto una esperanza inquebrantable en Dios, no sufriremos ningún fracaso, sino que gozaremos plenamente del fruto de la victoria sobre ellos[23].

El mejor representante de aquella idea de guerra santa siguió siendo, no obstante, el emperador Nicéforo II Focas, quien habría dirigido a sus soldados, en el momento de la reconquista de Creta, una arenga que prefiguró los llamamientos a la primera cruzada:

> Hombres, mis hermanos, soldados como yo, hinchemos nuestra alma del temor de Dios; combatamos para vengar el insulto hecho a Dios; permanezcamos firmemente en Creta frente a unos enemigos cuya arma de combate es la impiedad; guarnezcámosnos de esta fe que disipa los temores [...]. Venguemos la violación de las muchachas; al ver quebradas las santas reliquias, aflijámonos en nuestros corazones. ¡El trabajo y el peligro no existen sin recompensa! Mantengámonos firmes en la lucha contra los negadores de Cristo, y Cristo-Dios combatirá con nosotros, hará perecer a nuestros enemigos y nos entregará la ciudad de aquellos cuya arrogancia ataca a Cristo[24].

El intento de Nicéforo Focas de incluir entre los mártires a los guerreros muertos en el combate contra los musulmanes se produjo en el momento que aquel emperador guerrero emprendió, con un ejército reclutado principalmente entre los armenios, la reconquista de Cilicia y contempló la de Siria y Palestina. El Oriente cristiano esperaba entonces su liberación de la ocupación musulmana, y un espíritu de guerra santa empezaba a desarrollarse; el patriarca Juan de Jerusalén escribió incluso al emperador para pedirle que apresurara su expedición de reconquista. Aquel acto fue considerado como una traición por la población musulmana, lo que le valió ser quemado vivo[25]. Juan Tzimiscés, que también era de origen armenio, se proclamaba «campeón de Cristo», y manifestaba su intención de ir a

---

23. León VI, *Taktika Leonis*, PG, 107, col. 977. Cito aquí la traducción de A. Ducellier, *op. cit.*, p. 179.

24. PG, 109, col. 317, traducción de A. Ducellier, *op. cit.*, p. 183, quien observa cómo la misma arenga fue retomada por León Diácono en un tono aún más enfático.

25. Cf. S. Runciman, *Histoire des croisades*, vol. I: *La Première Croisade et la fondation du royaume de Jérusalem*, París, 1998, p. 52 [N. del T.: trad. esp.: *Historia de las Cruzadas. 1. La Primera Cruzada y la Fundación del Reino de Jerusalén*, Madrid, 1980 (2.ª ed.), p. 43; la original versión inglesa se publicó en 1951].

establecer el trono de Cristo en La Meca. En 974, escribió al rey de Armenia para anunciarle su intención de ir a «liberar el Santo Sepulcro de los ultrajes de los musulmanes»[26]. Juan y Nicéforo trataron, pues, de recubrir sus empresas con rasgos de guerra santa, pero no pudieron obtener del patriarca que asimilara a los mártires a los guerreros que murieran en el combate a manos de los infieles. El patriarca y los obispos se opusieron formalmente a esa solicitud afirmando con nitidez la doctrina constante de la Iglesia de Oriente, que se oponía a ello[27].

Los intentos de Nicéforo y de Juan no tuvieron futuro. Bizancio consideró preferibles los métodos pacíficos a cualquier conflicto y puso por delante la diplomacia y el prestigio. Contrariamente a la mentalidad que entonces prevalecía en Occidente, donde la proeza guerrera era tenida por virtud principal, la guerra, en Bizancio, fue considerada como un último recurso, un reconocimiento de fracaso y una ocasión de homicidio, conforme a la antigua doctrina de la Iglesia. A veces, desde luego, resultaba inevitable, impuesta por el adversario, pero incluso en ese caso se le consideraba como un pecado que necesitaba expiación y penitencia. La idea de guerra santa parecía radicalmente extraña a las mentalidades de los cristianos orientales. Se oponía de manera demasiado nítida a las tradiciones culturales y religiosas de la Iglesia bizantina como para no ser rechazada como doctrina oficial.

Esas tradiciones no existían en Occidente, donde la formación de una imagen caricaturesca del islam fue a la vez tardía y más fácil, y donde la noción de reconquista se apoderó cómodamente de la demonización del adversario para sacralizar su combate. Dicha caricatura, contrariamente a lo que en ocasiones se ha afirmado, debió más a la construcción ideológica deliberada que a la ignorancia, a la indiferencia o a la convención literaria[28].

LA IMAGEN DE LOS MUSULMANES
ENTRE LOS CRISTIANOS DE OCCIDENTE

Como acabamos de ver, la demonización de los musulmanes en Oriente se esbozó desde la invasión de los árabes. Una invasión con-

---

26. *Ibid.*, p. 55 [*N. del T.:* trad. esp., p. 45].
27. Cf. A. Ducellier, *Le Miroir de l'Islam...*, cit., p. 248. Cf. *supra*, p. 124 [ANP]
28. No comparto en este punto la tesis de N. Daniel, en *The Arabs and Medieval Europe*, Londres, 1979, y menos aún en *Islam and the West, The Making of an Image*, Edimburgo, 1980 (4.ª ed.), o en *Islam et Occident*, París, 1993.

siderada en primer lugar como un castigo en la pedagogía divina. Prosiguió entre los cristianos tolerados como «dimmíes» en los territorios conquistados por los musulmanes; estuvo destinada a servir de elemento de rechazo, para tratar de disuadir a los cristianos que abandonaran, por aculturación, sus costumbres y su fe[29]. Luego fue retomada y ampliada como arma ideológica por los cristianos que vivieron esa fe en el Imperio bizantino, pero que se sintieron amenazados por una reanudación siempre posible del impulso conquistador de los musulmanes, y que esperaban triunfar sobre él. Acompañó y estimuló las esperanzas de reconquista de los territorios perdidos, en una guerra proféticamente anunciada y de dimensiones escatológicas y apocalípticas.

Volvemos a encontrar, con un cierto retraso, esos mismos caracteres en Occidente, bien por transmisión escrita u oral de aquellas ideas procedentes de Oriente, bien porque las mismas causas producen a veces los mismos efectos. Por los demás, los dos fenómenos pudieron combinarse y reforzarse. Se manifestaron esencialmente, claro está, en las regiones que, como el Oriente mediterráneo, estuvieron en contacto directo con los musulmanes. Ese fue sobre todo el caso de Al-Ándalus, la España conquistada, y en menor medida de los territorios cristianos vecinos, Francia y sur de Italia.

Las tropas musulmanas atravesaron en 711, bajo la dirección de un general bereber, el estrecho que llevaría su nombre (Gibraltar = *montaña de Tariq*). Triunfaron fácilmente sobre un reino visigodo en crisis, franquearon los Pirineos, penetraron en Francia meridional donde fueron derrotados en 720 cerca de Toulouse por Eudes de Aquitania, y luego rechazados por Carlos Martel cerca de Poitiers; conservaron el dominio de los mares, se apoderaron de las islas Baleares, de Cerdeña, de Sicilia, saquearon las costas de Italia (incluida Roma, en 846), ocuparon las costas de Apulia y Provenza, donde conservaron bases de piratería hasta 972, en La Garde-Freinet[30].

¿Como fueron percibidos aquellos invasores en una época en la que Occidente ignoraba masivamente la lengua griega y en la que las relaciones con el Oriente bizantino llegaron a ser, como a menudo se piensa, demasiado débiles para que llegaran a él los escasos relatos orientales concernientes al islam?

---

29. Véase a este respecto K. B. Wolf, «Christian Wiews of Islam in Early Medieval Spain», en J. V. Tolan, *Medieval Christian Perception of Islam; a Book of Essays*, cit., pp. 85-108.
30. Ph. Sénac, *Provence et piraterie sarrasine*, Provenza, 1982.

Occidente sólo se interesó por los musulmanes cuando llegaron a la parte occidental del Mediterráneo. No obstante, desde su aparición en aquellas regiones, aparecen mencionados en Beda el Venerable (672-735), quien, sin embargo, estaba muy alejado de las operaciones en su monasterio de Northumberland, en los confines de Escocia. Él supo que los sarracenos habían tomado posesión de los territorios orientales y que los cristianos continuaron practicando su religión entre ellos, lo que no les hizo antipáticos a sus ojos, aunque los convirtiera, en honor de Venus, en adoradores de una estrella llamada Lucifer[31]. En cambio, observó en el año 729 la aparición de dos cometas, presagio de acontecimientos funestos. Dio de ello dos interpretaciones posibles. Una era de orden oral, sin lazo alguno con la historia de su tiempo. La otra, de orden histórico-profético, se refería a un hecho presente, la invasión de los sarracenos en la Galia:

> En el año 729 de Nuestro Señor, aparecieron dos cometas alrededor del Sol, sembrando el terror entre todos los que lo vieron. Uno de dichos cometas aparecía temprano, antes de que saliera el sol, mientras que el otro seguía, por la tarde, la puesta del sol, pareciendo presagiar así una espantosa calamidad tanto en Oriente como en Occidente. O aún, puesto que uno de los cometas precedía al día y el otro a la noche, significaban que la humanidad estaba amenazada por los demonios en ambos periodos. Aparecieron en enero, y permanecieron visibles durante unos quince días, dirigiendo su ardiente antorcha hacia el Norte como para abrazar el firmamento. En aquel momento, una horda de sarracenos devastó la Galia con horribles carnicerías; pero, después de un breve intermedio en aquella región, fueron castigados por su maldad[32].

Esa alusión a un «corto intermedio», seguido del «castigo» de los sarracenos, se refiere tal vez a la victoria de Carlos Martel ocurrida poco después, aunque la última fecha mencionada en este libro es 731. En su *Cronica maiora,* Beda anota que los musulmanes saquearon Apulia en 668 y conquistaron la provincia de África; relata su fracaso ante Constantinopla, pero anota también la invasión de Cerdeña por aquellos «bárbaros»[33]. Como todos los autores cristianos

---

31. Beda el Venerable, *Expositio actuum apostolorum,* CCSL n.º 121, ed. M. L. W. Laistner y D. Hurts, Turnhout, 1983, c. 7, línea 100.
32. Beda, *A History of the English Church and People,* V, 23, trad. L. Sherley-Price, revisada por R. E. Latham, Londres, 1978, p. 330; véase también sobre este punto J. V. Tolan, *Saracens, Islam in the Medieval European Imagination,* en prensa.
33. Beda el Venerable, *De temporum ratione liber,* ed. Ch. W. Jones, CCSL, n.º 123 B, Turnhout, 1977, c. 66, líneas 1880, 1931, 2052 y 2061.

de Oriente, Beda vio en aquellas victorias de los musulmanes un castigo de Dios que debería acabar con su conversión a la verdadera fe o con su derrota. Pero, por su parte, no estableció lazo alguno entre dicha invasión y el fin de los tiempos, quizás porque su propia convicción religiosa no lo llevaba hacia la febril espera del final de los tiempos: es sabido que, en muchos de sus escritos, se esforzó en disuadir a sus contemporáneos de cualquier especulación escatológica. Sin embargo, no dejó de terminar su libro con una evocación de la llegada del Anticristo, perseguidor de Enoc y Elías, y del día del juicio que le seguirá.

Aunque no son muy precisos, los detalles que ofrece bastan para probar que algunas informaciones relativas a los musulmanes pudieron llegar hasta él en una región tan lejana. Con mayor razón, tal vez, algunos relatos calumniadores pudieron extenderse en Occidente a través de los cristianos de España; éstos pudieron tenerlos de los numerosos viajeros judíos y cristianos que entonces circulaban por el mundo mediterráneo bajo dominación árabe.

Redactada en 741, una crónica mozárabe relata la conquista árabo-beréber de España sin particular animosidad; presenta a Mahoma en términos mesurados y neutros, haciendo de él un hombre sabio, príncipe de una tribu noble, que fue honrado después de su muerte como un profeta y un apóstol de Dios[34]. Pero en 754, otra crónica española anónima, compuesta probablemente en Córdoba, presenta la victoria de los invasores árabes en Oriente como un castigo de Dios. En España, su éxito fue debido igualmente a un juicio de Dios suscitado por los pecados morales de los Godos. La victoria de Carlos Martel sobre 'Abd al-Ramān se relata en ella, con una cierta simpatía, como la de los «europeos» que, confiando en el socorro divino, los vencieron y, por la misma razón, convencieron al emir del poder divino[35].

LOS MÁRTIRES DE CÓRDOBA

Hay que esperar, no obstante, hasta mediados del siglo IX para ver cómo aparecieron en Occidente escritos violentamente antimusulmanes. Surgieron de los medios clericales rigoristas del emirato ome-

---

34. *Chronica Byzantina-Arabica*, 1, 9 y 1, 19, ed. J. Gil, *Corpus Scriptorum Muzarabicorum*, 2 vols., Madrid, 1973.
35. Anónimo de Córdoba, *op. cit.*, o *Crónica mozárabe de 754*, ed. J. E. López Pereira, Zaragoza, 1980 [N. del T.: cf. capítulo 2, nota 24].

ya de Córdoba y quizás también en las proximidades de Sevilla. Aquellas tendencias fueron muy minoritarias en el seno de un clero y de unas comunidades cristianas que, en su conjunto, las desaprobaron. Se las relaciona con el movimiento llamado de los «mártires de Córdoba», movimiento extremista que reaccionó mediante una segregación integrista a la aculturación que se extendió por las comunidades y condujo a muchos cristianos a olvidar su lengua, sus costumbres y sus tradiciones, a fundirse en la civilización musulmana y a correr así el riesgo de «perder su alma» y su fe. La proyección cultural de la corte de Córdoba era, en verdad, particularmente influyente y varios cristianos desempeñaron funciones a veces importantes al servicio del califa. Fue para luchar contra aquella aculturación, por un repliegue sectario, como nació el movimiento que estimularon los escritos de Eulogio y de su discípulo y amigo Álvaro.

Los «mártires de Córdoba» fueron ejecutados en junio de 851 por haber acusado públicamente a Mahoma de ser un falso profeta libidinoso inspirado por el demonio y condenado al infierno[36]. Esa actitud agresiva fue desaprobada por la mayoría del clero de Córdoba, que apaciguó la tensión desde finales del año 851. Pero Eulogio, en 857, hizo la apología de aquellos mártires. En un escrito virulento, criticó radicalmente las doctrinas del islam, doctrina de demonios y del Anticristo[37]. Traza un retrato particularmente repulsivo del profeta del islam, haciendo de él un hereje, falso profeta concupiscente y codicioso, que extraía los fundamentos de su pretendida revelación de las informaciones obtenidas durante los encuentros que antes había mantenido con los cristianos:

> En efecto, nació el heresiarca Mahoma en tiempos del emperador Heraclio [...], comenzó a estar presente asiduamente en las peque-

---

36. Sobre el movimiento de los mártires de Córdoba y su interpretación, véase E. P. Colbert, *The Martyrs of Cordoba (858-859): a Study of the Sources*, Washington DC, 1962; A. Cutler, «The IXth-Century Spanish Martyr's Movement and the Origins of Western Christian Missions to the Muslim», *The Muslim World*, 55, 1965, pp. 321-334; J. Waltz, «The Significance of the Volontary Martyrs of IXth-Century Cordoba», *The Muslim World*, 60, 1970, pp. 143-159; D. Millet-Gérard, *Chrétiens mozarabes...*, cit.; K. Baxter-Wolf, «The Earliest Spanish Christian View of Islam», *Church History*, 55, 1986, 3, pp. 281-293; J. V. Tolan, «Mahomet et l'Antéchrist dans l'Espagne du IXe siècle», en D. Buschinger y W. Spiewok, *Monde oriental et monde occidental dans la culture médiévale*, cit., pp. 167-180.

37. Eulogio de Córdoba, *Liber apologeticum martyrum*, PL, 115, col. 859-862, y J. Gil, *Corpus Scriptorum Muzarabicorum*, cit., pp. 83 ss. [N. del T.: trad. esp.: «Apologético de los mártires», en *Obras completas de San Eulogio, introducción, traducción y notas* de M.ª J. Aldana García, Córdoba, 1998, pp. 191-219].

ñas asambleas de los cristianos y, puesto que era más sagaz el hijo de las tinieblas, comenzó a confiar a su memoria algunas de las conversaciones de los cristianos, y a ser el más sabio entre todos los estúpidos árabes. Y, es más, encendido por el pábilo de su sensualidad, comenzó a tener tratos con su señora, según la costumbre de los bárbaros. Y después se le apareció el espíritu de su error bajo el aspecto de un buitre y, mostrándole éste su boca áurea, le dijo que era el ángel Gabriel, y le ordenó que apareciera entre su pueblo como profeta. Y como estaba repleto del engreimiento de su soberbia, empezó a predicar inauditas doctrinas a unos animales irracionales y, casi con cierto orden lógico, les recomendó que se alejaran del culto a los ídolos y que adoraran a un Dios corpóreo en los cielos. Ordenó a los que creyeran en él empuñar las armas y, como con un nuevo celo de fe, mandó pasar a cuchillo a sus enemigos [...]. Predijo que resucitaría al tercer día [...]. Y tras entregar su alma a los infiernos, unos fieles preocupados por el milagro que él les había prometido, ordenaron preservar su cadáver con constante vigilancia [...]. Y, atraídos por su hedor, en lugar de un ángel avanzaron enseguida unos perros y devoraron su costado [...]. Ciertamente realizó también otros muchos crímenes, que no han sido escritos en este libro. Esto ha sido escrito tan sólo para que quienes lo lean conozcan qué grande fue este hombre[38].

Ahora bien, Eulogio dijo que había copiado este descortés retrato de Mahoma de un manuscrito latino, en la España cristiana del Norte, en el monasterio de Leire, durante un viaje que realizó a Pamplona entre 848 y 852. El editor de este texto, M. C. Díaz y Díaz, estima que dicho documento sería de origen leonés y que habría podido ser copiado igualmente por Juan de Sevilla antes de 852[39]. Más recientemente, sin embargo, se ha atribuido a un autor que vivió en las proximidades de Sevilla en el siglo VIII o a comienzos del siglo IX[40]. En cualquier caso, constituye la prueba de que, antes de Eulogio, existían fuertes presunciones antimusulmanas tanto en la España conquistada como también en los territorios que siguieron siendo cristianos. Eulogio las exageró y satanizó el islam haciendo de él a la vez una herejía de origen arriano y una doctrina de

---

38. *Ibid.*, p. 483. Cito aquí la traducción de D. Millet-Gérard, *op. cit.*, p. 126 [N. del T.: por mi parte he utilizado la traducción de M.ª J. Aldana García, *op. cit.*, pp. 199-200].
39. *De Mahmeth pseudo propheta*, ed. M. C. Díaz y Díaz, «Los textos antimahometanos más antiguos en códices españoles», en *Archives doctrinales et littéraires du Moyen Âge*, 1970, pp. 149-159, datación y origen, p. 150.
40. K. B. Wolf, «Christian Views of Islam in Early Medieval Spain», en J. V. Tolan, *Medieval Christian Perception of Islam*, cit., pp. 85-108, en particular pp. 93 ss.

demonios. Su extremismo lo condujo a su vez al «martirio»: fue ejecutado en 859.

Su discípulo Álvaro retomó el mismo tema, usando a veces términos que Juan Damasceno había empleado antes que él para evocar la concupiscencia del profeta (y de los musulmanes), del que hizo un heresiarca y un agente del Anticristo[41]. Pero hizo más hincapié, por otra parte, en la dimensión profética de la invasión árabe. Para él, Mahoma encarnó el pequeño cuerno descrito por el profeta Daniel en su capítulo VII, en relación con el fin de los tiempos. Sus cálculos cronológicos condujeron a Álvaro a atribuir una duración de 245 años a la dominación musulmana y a anunciar su próximo final hacia el año 870, o sea, dieciséis años después de la redacción de su libro[42].

En ninguna parte se encuentra, ni en Eulogio ni en Álvaro, un llamamiento a la resistencia armada, por lo demás inconcebible en Al-Ándalus, sino únicamente un llamamiento a la segregación, a la fidelidad militante y agresiva llevada hasta el sacrificio voluntario de su propia vida. No obstante, esa demonización del adversario, su asimilación al campo del Anticristo y el lugar que le fue asignado en el plan divino que conduce al triunfo de los fieles de Cristo al final de los tiempos (considerado aquí inminente, pero siempre aplazable en caso de que no se realizara), podía incitar después a una lucha más material, más armada, en el marco de una reconquista cristiana.

Su esbozo se entrevió en dos regiones aparentemente muy alejadas una de la otra, en Francia y en España.

LA EXPORTACIÓN DEL ESPÍRITU DE LOS MÁRTIRES DE CÓRDOBA

La reputación de los exaltados mártires de Córdoba no se limitó a algunos círculos de curas y monjes fanáticos en lo que entonces correspondía a la actual Andalucía. Eulogio y su discípulo, sostenes y

---

41. Véase sobre todo Álvaro, *Indiculus luminosus,* c. 23, PL, 121, col. 513-556, y J. Gil, *corpus Scriptorum Muzarabicorum,* cit., pp. 297 ss. [N. del T.: trad. esp. en J. Lozano Escribano y L. Anaya Acebes, *Literatura apocalíptica cristiana,* Madrid, 2002, pp. 328-329.]

42. Paulus Albarus (Álvaro), *Vita Euologi,* ed. Florez, *España Sagrada,* 10, apéndice V; e *Indiculus Luminosus,* § 21, J. Gil, *Corpus Scriptorum Muzarabicorum,* cit., pp. 294 ss. Sobre la base del salmo 90, 10, Álvaro interpretó «un tiempo» con un valor de setenta años. De la profecía de Daniel, que anunciaba una dominación del undécimo rey «por un tiempo, dos tiempos y la mitad de un tiempo», Álvaro dedujo que la dominación musulmana, suscitada por el Anticristo, debería durar 70 + (70 × 2) + 35, o sea, 245 años. [*N. del T.:* trad. esp. en J. Lozano Escribano y L. Anaya Acebes, *op. cit.,* p. 324-326, quienes traducen «tiempo, tiempos y mitad de tiempo»].

panegiristas de aquellos extremistas, mantuvieron numerosos contactos con los territorios que seguían siendo cristianos. Su reputación y su espíritu de violenta oposición a un mundo musulmán satanizado se transmitieron igualmente a Francia mediante la translación de las reliquias de tres de dichos mártires durante el reinado de Carlos el Calvo.

A decir verdad, Carlos quería obtener en un principio las reliquias de un mártir «tradicional», las de San Vicente, víctima de los paganos bajo el Imperio romano. A tal efecto, en 858, había enviado a Valencia dos monjes de Saint-Germain-des-Près, Aimón y Usuardo. No pudieron obtenerlas: pero, en Valencia, se les relató el muy reciente martirio de los cristianos de Córdoba. Llegaron a esta ciudad y encontraron en ella a Eulogio, que se había vanagloriado de sus méritos en un escrito que leyeron dichos monjes. Obtuvieron del obispo de Córdoba poder llevarse los restos de aquellos mártires, que llevaron consigo a París con una carta del obispo que autentificaba las reliquias. De hecho, enseguida realizaron milagros, pruebas suplementarias de su santidad.

Varias enseñanzas pueden deducirse de este episodio:

1. Sólo algunos años después de su muerte, aquellos exaltados tenían ya en Valencia la reputación de ser santos mártires.

2. Los monjes de Francia situaron sin reticencia al mismo nivel a un héroe antiguo de la fe, matado a comienzos del siglo IV por los paganos, y a unos exaltados cristianos que habían sido ejecutados poco antes por las autoridades musulmanas por haber insultado a su profeta. Aquí existe una identificación muy significativa.

3. La imagen del islam y de los musulmanes que llevaron a Francia, recogida de Eulogio y de los medios cordobeses, correspondía a la que en la misma época daban, en Oriente y en varias regiones de España, los textos de los que ya hemos hablado: era una herejía suscitada por el diablo, anunciadora del Anticristo, y los musulmanes no eran en el fondo sino paganos que enmascaraban su idolatría.

Por consiguiente, no resulta demasiado arriesgado suponer que, incluso en el norte de Francia, pudo difundirse, por este medio y por otros (pues las relaciones entre Francia y España, tanto la cristiana como la musulmana, no fueron raras), una concepción muy caricaturesca y muy peyorativa de los musulmanes y de su religión. Desgraciadamente no poseemos muchas otras huellas escritas más tarde, antes del siglo XI.

Radaberto de Corbie, sin embargo, la atestiguó a mediados del siglo IX. En su comentario sobre Mateo, describe a los sarracenos como gentes que sometieron por las armas a casi todos los reinos de esta tierra y doblegaron a los cristianos a su ley; una ley que les transmitió un falso profeta, discípulo de un hereje nicolaísta, que los incitó a querer dominar todo el mundo. Gracias a un justo juicio de Dios, dice, recibieron ese «espíritu del error», el del Anticristo[43]. Radaberto no conocía aún, en aquella fecha, la traducción latina que hizo Anastasio el Bibliotecario de la descripción de Mahoma sobre la guerra, ofrecida por Teófanes:

> Mahoma enseñó a sus oyentes que tanto el que mata a un enemigo, como el que es matado por un enemigo, entrarán en el paraíso[44].

Ese paraíso, añade Radaberto, es para ellos básicamente material: los elegidos gozan en él hasta la saciedad de manjares y bebidas agradables, y de placeres lujuriosos y mujeres voluptuosas. Esta descripción rápidamente devino clásica en Occidente, puesto que la volvemos a encontrar, idéntica, en Landulfo Sagax, a comienzos del siglo XI, en Frutolf de Michelsberg en vísperas de la primera cruzada, así como en Ekkehard de Aura y Sigeberto de Gembloux.

La doctrina del *yihād* fue, pues, comprendida en Occidente de la siguiente manera: la guerra, según los musulmanes, conduce al paraíso, tanto si se mata como si se es matado. ¿Pudo esta percepción de la doctrina del adversario influenciar a los cristianos en su propia formación de la idea de guerra santa meritoria que condujo a la cruzada? Ello no es del todo imposible, pero es más probable aún que los cristianos, bajo la presión militar de los pueblos considerados como «paganos», elaboraran por sí mismos una sacralización de los combates emprendidos por la protección de los fieles, de las iglesias y de la fe amenazadas, cuyos rasgos ya hemos columbrado.

Aparecieron de manera más clara todavía, desde antes del año mil, en el territorio occidental que más directamente se vio afectado por la conquista árabe, España.

LAS CRÓNICAS ASTURIANAS Y LA SACRALIZACIÓN DE LA *RECONQUISTA*

Fue en España, comenzando por Asturias, región que permaneció cristiana, donde se organizó la resistencia, y luego los primeros in-

---

43. Pascasio Radaberto, *Expositio in Mathaeum*, PL, 120, col. 804, texto erróneo corregido en B. Z. Kedar, *Crusade and Mission*, cit., p. 205.
44. Anastasio el Bibliotecario, *Chronographia tripartita. Teophanis Chronographia*, ed. C. de Boor, Leipzig, 1885, vol. II, p. 209.

tentos de reconquista. Ahora bien, aquella idea de reconquista estuvo acompañada de la demonización de los musulmanes y de la visión profética de la Historia que ya hemos encontrado en Oriente. Se aprecia en tres crónicas asturianas del siglo IX.

La *Crónica profética,* redactada en 883 durante el reinado del rey Alfonso III (870-910), se inspiró de manera muy nítida, para su retrato de Mahoma, en el texto que Eulogio dijo que había encontrado en un manuscrito de esta región. Lo copió a veces casi palabra a palabra. Pero su interés principal radica en otra parte: la crónica inserta estrechamente la invasión musulmana en la historia de España y en la historia universal dirigida por Dios, de una manera más precisa y, sobre todo, más actual de lo que, en la misma época, hicieron las tentativas orientales de este género. Apoyándose en una profecía de Ezequiel relativa a «Gog en el país de Magog» (Ez. 38 y 39), la crónica ve en Gog el pueblo de los godos, que dominó España antes de la invasión musulmana. Una crónica visigoda afirmó dicha identidad, subraya el autor. La profecía de Ezequiel estaba, pues, a punto de cumplirse: Dios ha enviado a los Árabes (Ismael) para castigar a Gog (los Godos). Su dominación, sin embargo, no era definitiva: debía durar ciento setenta años. Después de lo cuales, Dios castigaría a Ismael como había castigado a los Godos:

> Pues Gog designa a España bajo el dominio de los godos, en la que por los delitos de la gente goda entraron los ismaelitas y los abatieron con la espada y los hicieron sus tributarios, como está a la vista en el tiempo presente. Y lo que el mismo profeta dice otra vez a Ismael: «Puesto que has abandonado al Señor, también yo te abandonaré y te entregaré en manos de Gog, y te dará tu pago. Después de que los hayas afligido 170 tiempos, te hará como tú le hiciste a él»[45].

El tiempo del fin —no del mundo, sino de la dominación musulmana en España— estaba, pues, próximo. Dios iba a liberar a su pueblo de la inicua opresión de los infieles. La esperanza podía renacer entre los cristianos; sólo les hacía falta recuperar el coraje y

---

45. *Chronique prophétique,* II, 1, ed. y trad. Y. Bonnaz, *Chroniques asturiennes (fin IXe siècle),* París, 1987, pp. 2 -3 [N. del T.: sigo la traducción de la *Crónica Albeldense,* que incorporó fragmentariamente la *Crónica profética,* de J. L. Moralejo contenida en J. Gil Fernández, J. L. Moralejo y J. I. Ruiz de la Peña, *Crónicas asturianas,* Oviedo, 1985, pp. 261-262; otra traducción en A. Huici Miranda, *Las crónicas latinas de la Reconquista. Estudios prácticos de latín medieval,* I, Valencia, 1913, p. 192. Y. Bonnaz traduce la expresión «*CLXX tempora*» por «ciento sesenta años», acomodándose a la equivalencia «tiempos» = «años», que aparece mencionada en la cita recogida en la página siguiente].

confiar en Cristo, quien pronto haría triunfar al rey Alfonso III, de quien el autor predijo su próxima y definitiva victoria, que le convertiría en dueño en toda España, por la gracia de Cristo. Los mismos musulmanes lo sabían, dice. Al quedar España liberada de sus enemigos, la Iglesia reencontraría la paz, después de los ciento setenta años que fueron concedidos:

> Cristo es nuestra esperanza de que, cumplidos en tiempo próximo 170 años desde que entraron en España, los enemigos sean reducidos a la nada, y la paz de Cristo sea devuelta a la Santa Iglesia, porque los tiempos se ponen por años [...]. También los propios sarracenos, por algunos prodigios y señales de los astros, predicen que se acerca su perdición y dicen que se restaurará el reino de los godos por este príncipe nuestro; también por revelaciones y apariciones de muchos cristianos se predice que este príncipe nuestro, el glorioso don Alfonso, reinará en tiempo próximo en toda España[46].

Después de esta alentadora profecía, y el recuerdo de la herejía concupiscente del «falso profeta» de los musulmanes, el autor expone las grandes líneas de la historia de España bajo los reyes visigodos, y subraya las razones de su derrota: los sarracenos entraron en España el 11 de noviembre de 714, fecha de la derrota (y de la muerte) de Rodrigo ante Tariq[47]; aquella derrota de los godos fue debida a sus pecados, de los que no se arrepintieron. Por eso Dios los castigó valiéndose de los árabes; la asimilación de los musulmanes a los paganos es aquí manifiesta:

> Fueron vencidos, con arreglo a un juicio de Dios, por los paganos que los aniquilaron casi completamente[48].

---

46. *Ibid.* [*N. del T.:* J. Gil Fernández, J. L. Moralejo y J. I. Ruiz de la Peña, *Crónicas asturianas,* cit., p. 262; A. Huici Miranda, *Las crónicas latinas...,* cit., pp. 192 y 194].

47. *N. del T.:* en realidad, la batalla del Guadalete, que enfrentó a Rodrigo y Tariq, fue el 19 de julio de 711, aunque lo cierto es que tanto la *Crónica Profética* como la *Crónica Albeldense* dan esta fecha, insistiendo en una cronología errónea sobre la que llama la atención J. L. Moralejo (cf. J. Gil Fernández, J. L. Moralejo y J. I. Ruiz de la Peña, *Crónicas asturianas,* cit., p. 257, n. 304).

48. «... iudicio Dei *pagani* superati», *ibid.,* pp. 6-8 [*N. del T.:* en la edición que M. Gómez Moreno realizó de la *Crónica Profética* («Las primeras crónicas de la Reconquista: el ciclo de Alfonso III», *Boletín de la Academia de la Historia,* C, 1932, p. 625) se lee «... judicio Dei a *paucis* superati», como también aparece en un pasaje, anterior a los antes citados, de la *Crónica Albeldense,* que se traduce «... por sentencia de Dios, vencidos por unos pocos» (J. Gil Fernández, J. L. Moralejo y J. I. Ruiz de la Peña, *Crónicas asturianas,* cit., p. 183 (ed. latina) y p. 257 (trad. española)].

La guerra causó estragos durante siete años, Toledo cayó, los habitantes de todas las ciudades fueron conquistados por las armas, reducidos a esclavitud, privados de sus bienes. Pero la liberación estaba próxima, pues la dominación árabe llegaba a su fin, según la profecía: de los ciento setenta años que le fueron asignados, ya se habían cumplido ciento sesenta y nueve. Dentro de muy poco tiempo llegaría para los cristianos el tiempo de la liberación y de la venganza, cuando Cristo diera la victoria a Alfonso III:

> Restan hasta el día de San Martín, el 11 de noviembre, siete meses, y estarán cumplidos 169 años, y empezará el año centésimo septuagésimo. Cuando los sarracenos los hayan cumplido, según la predicción del profeta Ezequiel recogida más arriba, se espera que llegue la venganza de los enemigos y se haga presente la salvación de los cristianos. Que lo conceda Dios Omnipotente, para que, como la sangre de su hijo, Nuestro Señor Jesucristo se dignó redimir a todo el mundo de la potestad del diablo, así en tiempo próximo ordene que su Iglesia se libre del yugo de los ismaelitas; Él, que vive y reina por los siglos de los siglos. Amén[49].

La crónica se acaba con esta palabra. No se puede encontrar un ejemplo mejor de la interpretación histórico-militar de una profecía relativa a las invasiones musulmanes en un país cristiano amenazado. Tenemos aquí, de manera muy precisa, el esbozo de un programa de guerra de reconquista sacralizada dado que fue anunciada proféticamente. La *reconquista* fue claramente considerada como la realización de la voluntad de Dios en la Historia.

El alcance ideológico y político de este texto no escapará a nadie: además del aliento dado a los cristianos, cuya próxima victoria predice el texto, se trataba de hacer del rey Alfonso III el campeón de la reconquista cristiana, el rey liberador elegido por Dios. La excesiva precisión de las fechas hacía, desde luego, difícil la utilización duradera de aquel texto y su difusión. Sin embargo, su aparición, y más aún su conservación, prueban la presencia latente, en algunos medios religiosos próximos a los reyes cristianos del Norte, de la idea de una guerra de liberación de carácter sagrado.

Algunos años más tarde, la *Crónica de Alfonso III*, especie de continuación de la *Crónica Universal* de Isidoro, sacraliza aún más la guerra de reconquista al relatar a su manera las invasiones árabes y los orígenes del reducto cristiano de Asturias. Al mismo tiempo

---

49. *Ibid.*, p. 9 [*N. del T.*: J. Gil Fernández, J. L. Moralejo y J. I. Ruiz de la Peña, *Crónicas asturianas*, cit., p. 262].

refuerza la ideología real al hacer de Alfonso III el heredero de una larga tradición de campeones de la resistencia contra los infieles. Será él, anuncia la crónica, quien restaurará la hegemonía de los godos en España. De nuevo, la victoria musulmana se explica en términos de castigo divino por los pecados de los depravados reyes visigodos, en particular de Vitiza, quien practicaba la poligamia, multiplicaba las concubinas y había impuesto a los curas que se casaran para que no le pudieran reprochar nada en este sentido. El autor insiste en ello varias veces: la impiedad de los reyes, sin ningún género de dudas, fue la verdadera causa de la pérdida de España:

> Éste [Vitiza] fue en verdad un hombre deshonesto y de escandalosas costumbres. Disolvió los concilios, selló los cánones, tomó numerosas esposas y concubinas, y, para que no se hicieran concilios contra él, ordenó que los obispos, presbíteros y diáconos tuvieran esposas. Y esto fue la causa de la perdición de España [...] Y puesto que reyes y sacerdotes pecaron contra el Señor, así perecieron todos los ejércitos de España[50].

¡Pero la antorcha de la resistencia y de la fe no se extinguió! Mientras que la mayor parte de los cristianos que rechazaron la dominación árabe trataban de dirigirse a Francia *(Francia),* un hombre joven llamado Pelayo, de sangre real, que antes había sido cortesano de Vitiza, huyó lejos de la «tiranía de los caldeos» (los árabes), quienes obligaron a los españoles a pagar tributo al «rey de Babilonia»; se refugió en «nuestra Patria de Asturias» y fue elegido como jefe de la resistencia. Una vez allí, comenzó a realizar su proyecto: salvar la Iglesia *(de salvatione Ecclesiae*[51]). Aquellos resistentes fueron ampa-

---

50. *Chronique d'Alphonse III,* ed. y trad. Y. Bonnaz, cit., pp. 31-59, en concreto § 4, p. 35 [*N. del T.:* trad. esp. en J. Gil Fernández, J. L. Moralejo y J. I. Ruiz de la Peña, *Crónicas asturianas,* cit., p. 198 («versión rotense»); la versión «A Sebastián» es ligeramente diferente *(Ibid.,* p. 199) y A. Huici Miranda, *Las crónicas latinas...,* cit., pp. 202 y 204; cf. también la trad. de J. E Casariego, *Crónicas de los Reinos de Asturias y León,* León, 1985, pp. 49 y 66].

51. Y. Bonnaz [*op. cit.,* p. 39] traduce «salvar la cristianidad», lo cual expresa muy bien la asimilación de la religión y de la política, pero, a pesar de todo, me parece demasiado alejada del texto [*N. del T.:* la trad. esp. se inclina por la literalidad de «salvación de la Iglesia» (J. Gil Fernández, J. L. Moralejo y J. I. Ruiz de la Peña, *Crónicas asturianas,* cit., p. 202, «versión rotense»); del mismo modo, la frase *«in patria Asturiensium intraverunt»* (de la versión «Ad Sebastianum») que Y. Bonnaz *(op. cit.,* p. 38) traduce por «entraron en nuestra patria asturiana», forzando acaso de nuevo el alcance del texto, J. L. Moralejo la vierte de manera más literal: «se metieron en la tierra de los asturianos» (cit., p. 201) cf. también la trad. de J. E Casariego, *Crónicas...,* cit., pp. 52 y 67].

rados por Dios y por la Virgen. En efecto, el joven jefe se refugió en una gruta de los Montes Cantábricos, un santuario dedicado a Santa María. Estando allí con los suyos fue asediado por un inmenso ejército musulmán. Un obispo mozárabe llamado Oppa, cobarde y traidor, auténtico «anti-Turpín» por adelantado, se le acercó y le presionó para que se rindiera y tratara de obtener la paz. ¿Como se puede esperar, le dijo, vencer a un ejército de 187.000 hombres? Pelayo rechazó el consejo con altanería, dirigiéndole un discurso profético de fe y de guerra santa:

> Cristo es nuestra esperanza de que por este pequeño monte que tú ves se restaure la salvación de España y el ejército del pueblo godo. Pues confío en que se cumpla en nosotros la promesa del Señor que fue dicha por David: «Revisaré con la vara sus iniquidades, y con el látigo sus pecados; pero mi misericordia no la apartaré de ellos». Y ahora yo, fiado en la misericordia de Jesucristo, desdeño a esa multitud y no la temo en absoluto. En el combate con que tú nos amenazas, tenemos por abogado ante el Padre al Señor Jesucristo, que poderoso es para librarnos de esos pocos [paganos][52].

La batalla, real o mítica, se entabló. Es conocida por el nombre de Covadonga. De una y otra parte se erizaron las lanzas, se dispararon saetas, se catapultaron piedras. Las potencias celestiales intervinieron a favor de los cristianos; la misma Virgen defendió su santuario:

> Pero en esto no faltaron las grandezas del Señor: pues una vez que las piedras habían salido de las catapultas y llegaban a la Iglesia de Santa María Virgen, que está dentro, en la cueva, recaían sobre los que la lanzaban y hacían gran mortandad a los caldeos[53].

---

52. *Ibid.*, p. 42. [N. del T.: J. Gil Fernández, y con él J. L. Moralejo en la traducción de la «versión rotense» –que es la que cito–, lee de nuevo *«paucis»* por *«paganis»*, como hace Y. Bonnaz; en la «versión Ad Sebastianum», que de manera algo diferente recoge este discurso, se lee también *«multitudinem paganorum»* (cf. J. Gil Fernández, J. L. Moralejo y J. I. Ruiz de la Peña, *Crónicas asturianas*, cit., pp. 126 y 127 del texto latino, y pp. 204 y 205 para la traducción de ambas versiones; cf. también J. E. Casariego, *Crónicas...*, cit., pp. 54 y 68)].

53. *Ibid.*, 6, 3, pp. 42-43 [N. del T.: trad. esp., que prefiere «musulmanes» a «caldeos», como desde luego se escribe en el texto latino, en J. Gil Fernández, J. L. Moralejo y J. I. Ruiz de la Peña, *Crónicas asturianas*, cit., p. 204; en esta misma nota, J. Flori advierte que ha modificado ligeramente la traducción francesa de Y. Bonnaz, prefiriendo el verbo «proyectar» a «lanzar» en la frase «las piedras habían salido de las catapultas» (*«lapides egressi essent a fundibalis»*; cf. también J. E. Casariego, *Crónicas...*, cit., pp. 54 y 68)].

CRISTIANOS Y PAGANOS: LA DEMONIZACIÓN DE LOS ADVERSARIOS

La victoria de los cristianos fue total: 124.000 «caldeos» resultaron muertos en el combate y un nuevo milagro de Dios exterminó a los fugitivos:

> Ocurrió por sentencia de Dios que ese monte, revolviéndose desde sus fundamentos, lanzó al río a los 63.000 hombres, y allí los sepultó el tal monte[54].

La crónica relata después cómo continuaron la lucha los reyes de Asturias: el rey Ramiro, protegido por Dios, obtuvo a su vez dos victorias sobre los sarracenos. Su hijo Ordoño, que le sucedió, puso en fuga a un gran ejército musulmán y restableció su autoridad sobre los vascos; murió en 866 y fue inhumado en la basílica de Santa María: en lo sucesivo fue bienaventurado en el cielo. Le sucedió su hijo Alfonso. La crónica acaba aquí. La *Crónica de Albelda,* hacia 885, relata de manera más sumaria los mismos hechos en un marco cronológico más amplio y no nos aporta nada nuevo.

La intención ideológica de estas crónicas es manifiesta: subraya la legitimidad y el carácter sagrado de la dinastía asturiana, convirtiendo a sus reyes en campeones de la cristiandad. Dios apoyó su empresa de reconquista de la Península Ibérica, asimilada a una guerra santa proféticamente anunciada. Pues Dios no olvidó a su pueblo, a quien castigó a través de los árabes, caldeos o «paganos». Y si la *Crónica Profética,* por un excesivo deseo de precisión destinado sin duda a galvanizar las energías, fijó de manera errónea una fecha pronto superada, con esta profecía sucedió lo mismo que con las otras profecías apocalípticas: su contenido no quedó necesariamente debilitado cuando pasó la fecha prevista. Una nueva interpretación —y, más aún, una nueva datación— siempre era posible si la realización esperada no ocurría. Por eso permaneció, anclada en los espíritus, la promesa de una liberación de España de los infieles, pues Dios, dueño de la Historia, no castiga sin razón a su pueblo. En sus manos, los musulmanes sólo fueron un instrumento pedagógico, como antes lo fueron otros ejércitos de los pueblos paganos de la Biblia que castigaron a Israel. Una monarquía cristiana, la de Asturias según las crónicas, fue promovida ya por Dios para llevar a cabo dicha reconquista y restaurar la antigua fe cristiana, la de los visigodos.

---

54. *Ibid.,* 6, 3, p. 43 [*N. del T.:* trad. esp.: J. Gil Fernández, J. L. Moralejo y J. I. Ruiz de la Peña, *Crónicas asturianas,* cit., pp. 204 y 206; cf. también J. E. Casariego, *Crónicas...,* cit., pp. 55 y 68-69].

Se comprende así porqué, más tarde, el papa Gregorio VII se mostraría tan atento para evitar que fuera restaurada la liturgia visigoda: la misma habría anclado a la España reconquistada en la línea de los reyes visigodos, independiente y soberana.

EPOPEYAS Y GUERRA SANTA

Los cantares de gesta se apoderaron del mito carolingio y transformaron en guerra santa las campañas militares del emperador franco. El *Cantar de Roldán* cantó ante todo los éxitos guerreros de Roldán, que pereció como mártir en 778, aplastado por una multitud de paganos sarracenos que, como es sabido, eran en realidad vascos. La conquista de Zaragoza fue únicamente un pretexto del que se sirvió el poeta para relatar bellos golpes de lanza y espada, y para glorificar la guerra emprendida bajo la dirección del gran emperador. Sin embargo, parece cierto que la expedición de Carlomagno en España dejó en estas regiones un recuerdo perdurable, pues un diploma aragonés de 892 precisó que fue redactado ciento catorce años después de la llegada de Carlomagno a España[55]. Podemos creer, por tanto, que, mucho antes de que fuera compuesto el actual *Cantar de Roldán,* en el norte de España o en Occitania circularon relatos que escenificaban al emperador en el papel de campeón de la cristiandad. Es posible incluso, si damos crédito a ciertos especialistas de la literatura occitana, que el *Cantar de Roldán,* en su versión actual, sea un arreglo anglo-normando de un cantar occitano anterior a la cruzada, redactado para estimular la guerra de reconquista de los reyes españoles[56]. De todas formas, en todas las epopeyas conservadas los guerreros cristianos emprenden contra sarracenos satanizados una lucha que Dios apoya hasta su victoria sobre los adoradores de ídolos, o hasta las palmas del martirio si llegan a sucumbir bajo los golpes de esos paganos.

Volvemos a encontrar esa noción de musulmanes idólatras en los primeros cruzados, y fue tan difundida y popular como para que los cronistas también la tuvieran en cuenta[57]. No se trata en este caso

---

55. Diploma mencionado por Ph. Sénac, «Islam et chrétienté dans l'Espagne du haut Moyen Âge: la naissance d'une frontière», *Studia Islamica,* 1999, pp. 91-107 (p. 100).

56. Véase en particular R. Lafont, «Le tueur martyr: "saint Roland"», cit.; R. Lafont, «Les origines occitanes de la chanson de geste: le cas de "F(i)erabras"», *Cahiers de Civilisation Médiévale,* 41, 1998, pp. 365-373.

57. Sobre la idolatría sarracena en la mentalidad común del siglo XI, véase J. Flori, «Radiographie d'un stéréotype: la caricature de l'islam dans l'Occident médié-

de una idea nueva surgida de la cruzada, sino más bien de una imagen tradicional antigua, vehiculada por la palabra y por la escritura, anclada desde hacía tiempo en los espíritus hasta el punto de ser entonces un lugar común capaz de resistir incluso a los hechos constatados[58]. Los cronistas llegaron incluso a pretender que la estatua ídolo de Mahoma reinaba en el templo de Jerusalén, donde Tancredo la habría visto con sus propios ojos, como relata su panegirista Raúl de Caen:

> ¡Oh Vergüenza, gritó! ¿Qué hace aquí esta imagen? [...] ¿Por qué estas pedrerías, por qué este oro, por qué esta pompa? —pues esta estatua de Mahoma estaba toda ella cargada de pedrerías y de púrpura, y resplandeciente de oro— ¿Será por casualidad la imagen de Marte o la de Apolo? Pues no puede ser la de Cristo; yo no encuentro por ningún lado los emblemas de Cristo, ni la cruz, ni la corona, ni los clavos, ni el costado atravesado; éste no es desde luego Cristo, sino más bien el primer Anticristo, aquel perverso Mahoma, aquel peligroso Mahoma [...] ¡Oh, qué escándalo! El invitado del infierno, el huésped de Plutón, está en posesión de la ciudadela de Dios, él es el dios de la obra de Salomón[59].

Esta percepción de un islam libidinoso e idólatra pudo difundirse en Occidente simultáneamente a través de Oriente y España. En todo caso alcanzó el corazón de Europa mucho antes del año mil. La poetisa sajona Roswitha (935-975), canonesa de la abadía de Gandersheim, se hizo eco de ella en un poema en honor de Pelayo[60]. Lo presenta como un joven cristiano del que se ha enamorado el rey sarraceno, homosexual como es debido. Pelayo rechaza los avances de dicho rey y osa insultar los ídolos de piedra que adora, a modo de culto demoníaco. El rey, vejado, ordena entonces arrojar al joven muchacho desde lo alto de las murallas. Pero, de manera milagrosa,

---

val, sens et contresens», *Maroc-Europe, Histoire, Économies, Sociétés*, 1992, 3, pp. 91-109; J. Flori, «La caricature de l'islam dans l'Occident médiéval: origine et signification de quelques stéréotypes concernant l'islam», cit.; J. V. Tolan, «Muslims as Pagan Idolators in Chronicles of the Firts Crusade», en M. Frasetto y D. Blanks, *Western Attitudes toward Islam*, Nueva York, 1997.

58. Cf. A. Serper, «Sarrasins et chansons de geste», en *Essor et fortune de la chanson de geste dans l'Europe et dans l'Orient latin (Actes du IXe congrès international de la société Rencesvals)*, Módena, 1984, pp. 179-183; J. Flori, «En marge de l'idée de guerre sainte...», cit.

59. Raúl de Caen, *Gesta Tancredi*, RHC, Hist. Occ., III, pp. 603-716, c. 129, p. 695.

60. Roswitha de Gandersheim, *Pelagius, Opera*, ed. H. Homeyer, Múnich, 1970, pp. 130-146.

el joven cae al suelo sin sufrir daño alguno. El tirano sarraceno ordena decapitarlo después, y los ángeles, esta vez, llevan al paraíso el alma del mártir. El rey, en fin, dirige su cólera contra el pueblo de Galicia dado que rechaza el culto de los ídolos y se rebela contra los sarracenos; éstos matan a todo aquél que no adora las estatuas de oro de sus dioses. Tras las acusaciones de homosexualidad y de lujuria, las de la violencia guerrera y de la sed de dominación universal, he aquí, pues, admitido y desarrollado el tema de la idolatría y del politeísmo de aquellos paganos. Luego, volviendo atrás para explicar cómo los sarracenos llegaron a dominar España, Roswita repite la explicación habitual: se trató de un juicio de Dios sobre su pueblo, a causa de sus pecados.

Resulta fácil comprender porqué esta imagen de los musulmanes asimilados a los paganos podía favorecer el desarrollo de la guerra santa: la muerte sufrida a manos de aquellos nuevos paganos podía procurar a sus víctimas las palmas del martirio, como antaño sucedió a los confesores matados por los paganos del Imperio romano. Su culto idólatra, procedente de una herejía promovida por el demonio y anunciadora del Anticristo, hizo de ellos los enemigos naturales de los cristianos, de la Iglesia y de Cristo. Como antes ocurrió con los babilonios, los asirios y los caldeos, fueron un azote en manos de Dios destinado a castigar durante un tiempo a su pueblo culpable de haber abandonado sus preceptos. Pero ese castigo sólo duraría un tiempo; ¡no sería demasiado largo! Un día, Dios volverá a socorrer a su pueblo si se arrepiente y vuelve a Él.

Esa esperanza sirvió de fundamento a la ideología real asturiana desde finales del siglo IX, y alentó la *reconquista* que entonces comenzó. Nada nos permite pensar que aquella reconquista esbozada desde antes del siglo XI con una semejante dimensión anunciadora de la guerra santa fuera descartada después, ni que dicha esperanza profética de victoria sobre los musulmanes se hubiera limitado estrictamente a los reyes de Asturias.

Lo atestigua la tradición occidental del *Apocalipsis* del Pseudo-Metodio del que hemos hablado más arriba. Este texto de un autor sirio de comienzos del siglo VII parece haber sido traducido al latín desde los inicios del siglo VIII, tal vez en Provenza, en el momento de la invasión árabe en el sur de Francia. En lo esencial repitió los elementos ya indicados. La profecía apocalíptica habla evidentemente en futuro y se apoya en la segunda epístola de Pablo a los Tesalonicenses relativa a los últimos tiempos (II Ts 2, 8). Según dice este texto, lo que retuvo la aparición del Anticristo fue el Imperio Romano. Fue amenazado por los persas, luego se restableció y todavía subsiste hoy. Pero pronto se levantaran contra el Imperio romano cristiano los hijos de Ismael, los hijos de Agar, en el transcurso del séptimo milenio, el último de la historia del mundo, que se desarrolla en el presente. Saldrán del desierto, como un torbellino de venganza, y caerán sobre los habitantes de toda la tierra de los cristianos, según la voluntad de Dios:

> Así también, no porque los ame, el Señor Dios dará a los hijos de Ismael el poder de conquistar la tierra de los cristianos, sino por los pecados e iniquidades que éstos cometen[61].

Dios liberará, pues, a los cristianos de manos de los bárbaros. Ese castigo será terrible: aportará homicidio, desesperanza, destrucción y desolación. Una buena parte de las tierras cristianas serán invadidas por los hijos de Ismael. Las ciudades y los campos serán devastados, despoblados por los árabes que mancillarán los santos lugares y estabularán sus bestias en las tumbas de los santos como si fueran caballerizas. Entonces muchos cristianos renegarán de su fe y tendrán pocas esperanzas de vida.

Una actualización occidental de este texto, hacia 700, subraya la amplitud del peligro. Enumera las conquistas árabes en Oriente (Egipto, Siria, Cilicia, Grecia), pero también en Occidente: España entregada a la espada y sus habitantes cautivos. Galia, Aquitania y Germania devastadas, e incluso una parte de Italia; los hijos de Ismael llevándose sus cautivos a Jerusalén, destruyendo, incendiando y mancillando las iglesias. El autor se esfuerza en precisar en varias ocasiones que aquellas desgracias de los cristianos sobrevinieron porque olvidaron los mandatos de Dios. Pero subraya también que dicho castigo finalizará, pues Dios no abandona a sus fieles. Se acuerda de su pueblo y de su promesa de liberación: sus desgracias acabarán y los árabes serán vencidos por las armas, en el momento menos esperado, por el «rey de los griegos y de los romanos», término que en su origen designaba al emperador de Bizancio, pero que, occidentalizado, se convertiría más tarde, en algunos cruzados, en una expresión epónima de la que se apoderaría uno de los jefes cruzados, Emicho de Flonheim:

---

61. Pseudo-Metodio, *Sermo de regnum cantium et in novissimis temporibus certa demonstratio,* texto en *Sibyllinische Texte und Forschungen,* ed. E. Sackur, Halle, 1898 (reed. 1963), pp. 60-96; cito aquí la traducción de C. Carozzi y H. Carozzi-Taviani, *La Fin des temps,* París, 1982, p. 22. [*N. del T.:* sigo la trad. esp. de J. Lozano Escribano y L. Anaya Acebes, *Literatura apocalíptica cristiana,* cit., p. 281].

> Entonces el rey de los cristianos *(un manuscrito dice «de los griegos»)* y de los romanos se levantó contra ellos y los combatió y los hirió con la espada; redujeron sus mujeres a cautividad, mataron a sus hijos con la espada, y los sarracenos, los hijos de Ismael, fueron destruidos por la espada, por las tribulaciones, por las aflicciones, y Dios les devolvió todo el mal que ellos mismos habían hecho sufrir antes a los otros[62].

Otras versiones ofrecen un texto algo diferente, con el mismo espíritu:

> Entonces, súbitamente, caerá sobre ellos la tribulación y la aflicción; se lanzará sobre ellos con gran furor el rey de los griegos y de los romanos y se levantará como se despierta del sopor del vino el hombre que todos consideraban como muerto e incapaz de hacer algo útil. Éste se pondrá en marcha sobre ellos desde el mar de Etiopía y llevará consigo la guerra y la desolación a Arabia, su patria, y hará cautivos a las mujeres y a los hijos que habitan la tierra de promisión [...]. La indignación y la ira del rey de los Romanos se ensañará con aquellos que hubieran renegado de Nuestro Señor Jesucristo, y la tierra se asentará en la paz[63].

Paz engañosa... Pues será entonces cuando comenzarán verdaderamente los últimos tiempos: las puertas del Norte se abrirán, liberando a los pueblos feroces, Gog y Magog, que Alejandro había encerrado antaño, y que se desparramarán por todo el mundo. Esos pueblos salvajes devastarán y mancillarán la tierra, masacrando a todos, durante siete años. Al término de ese periodo de horribles tribulaciones, Dios enviará a uno de los príncipes de su milicia celestial, quien los aniquilará. El rey de los romanos podrá volver a reinar en Jerusalén, pero, al cabo de diez años y medio, aparecerá el hijo de la perdición, el Anticristo. En ese momento, el rey de los romanos confiará su reino a Dios y morirá:

> Cuando haya aparecido el hijo de la perdición, subirá el rey de los Romanos sobre el Gólgota, donde fue clavado el madero de la Santa Cruz. Allí, donde el Señor sufrió la muerte por nosotros, el rey se quitará la corona de la cabeza y la pondrá sobre la cruz, extenderá sus manos hacia el cielo y entregará el reino de los cristianos a Dios

---

62. Texto editado por O. Prinz, «Eine frühe abendländische Aktualisierung der lateinischen überzetzung des Pseudo-Methodios», en *Deutsches Archiv für Erforschung des Mittelalters*, 41, 1, 1985, p. 14, línea 175 ss.
63. Ed. E. Sackur, *op. cit.*, trad. pp. 29-30. [*N. del T.:* sigo la trad. esp. de J. Lozano Escribano y L. Anaya Acebes, *op. cit.*, pp. 285-286].

Padre. La cruz será elevada al cielo juntamente con la corona del rey. Esa misma cruz en la que estuvo colgado Nuestro Señor Jesucristo por la salvación de todos nosotros aparecerá como anuncio de su venida para poner de manifiesto la perfidia de los infieles.[64]

Entonces se revelará el hijo de la perdición, el Anticristo: entrará en Jerusalén, se sentará en el templo de Dios y se hará pasar por Dios. Las desgracias serán tales que Dios vendrá para poner fin a las tribulaciones de su pueblo: para confundir al Anticristo, enviará a la Tierra a Elías y Enoc, esos dos hombres justos que en otro tiempo fueron llevados vivos al cielo. Pero el Anticristo los matará; otra versión omite este punto, pero anuncia que muchos judíos, convencidos por los «santos de Dios», se convertirán, lo cual desencadenará el furor del Anticristo:

> Pero, cuando ese seductor se vea desenmascarado y condenado por los santos de Dios, entonces los judíos estarán a punto de creer en Dios, y, entre todas las tribus de Israel, 144.000 serán matadas por el Anticristo. Entonces, el Anticristo, lleno de furor, ordenará matar a los santos de Dios y a los que estarán a punto de creer. Entonces Nuestro Señor Jesucristo, el hijo de Dios vivo, regresará sobre las nubes del cielo, en la gloria celestial, con el ejército de los ángeles[65].

Entonces aparecerá en el cielo el signo del Hijo del Hombre y, según la profecía del apóstol Juan, Dios aniquilará al hijo de la perdición mediante el soplo (o la espada) de su boca. Los justos resplandecerán como estrellas en el Universo, y los impíos serán arrojados al infierno.

Así termina este relato. Como se ve, hace de la invasión árabe el preludio a los últimos tiempos. Esas invasiones no son un accidente de la historia, sino que constituyen a la vez un castigo por los pecados de los cristianos, un llamamiento al arrepentimiento para poner fin a ellos, y un signo que muestra cómo Dios es el dueño del Tiempo y de la Historia. Los imperios universales se suceden, aportando cada uno su lote de desgracias. El imperio de los árabes ha comenzado, se extenderá, pero no significa todavía el fin del mundo. Los hijos de Ismael serán vencidos un día por las armas, por un rey cristiano que reunirá las fuerzas de los cristianos, griegos y romanos. Liberará Jerusalén, entregará su corona a Dios. Sólo entonces ten-

---

64. *Ibid.*, p. 32; texto algo diferente en O. Prinz. [*N. del T.:* sigo la trad. esp. de J. Lozano Escribano y L. Anaya Acebes, *op. cit.*, p. 287].
65. Ed. O. Prinz, *op. cit.*, p. 16, línea 231 ss.

drá lugar el combate final victorioso de Cristo con el Anticristo, seguido de un juicio, de la aniquilación definitiva de los impíos y del triunfo de los justos.

Se comprende que una descripción profética tan precisa, que menciona a Jerusalén, haya inducido a algunos eruditos a atribuir a este texto una fecha de composición posterior a la primera cruzada, al menos en algunas de sus formas[66]. Ello no es razón suficiente, habida cuenta de otros muchos documentos ya mencionados, tanto en Oriente como en Occidente, muchos de los cuales van en el mismo sentido y lo anuncian. Por lo demás, dicho texto dio lugar a numerosas revisiones. Los recrudecimientos de la espera escatológica eran periódicos en la Edad Media, y el personaje del Anticristo fascinaba, suscitando diversas interpretaciones. Esa fue sin duda la razón que, entre 949 y 954, impulsó a la reina Gerberga, mujer de Luis IV de Ultramar, a interrogar por su cuenta a Adson de Montier-en-Der. Quiso saber más, no sobre los árabes, sino sobre la época de la aparición del Anticristo. Desdeñando hablar de las invasiones árabes, que en aquella época apenas preocupaban en el norte de Francia, el tratado de Adson se atiene, pues, a tranquilizar a la reina: el tiempo del Anticristo no ha llegado todavía, puesto que el Imperio romano subsiste en Germania; sin embargo, añade, algunos de nuestros doctores dicen que será uno de los reyes francos descendientes del Imperio romano quien establecerá su poder sobre toda la Tierra y será el último rey que, en Jerusalén, entregará su cetro y su corona en el monte de los Olivos. Sólo entonces llegará el Anticristo. Describe la acción en los mismos términos relatados más arriba.[67]

Hacia el año 1000, Albuino recuperó el escrito de Adson, casi palabra por palabra, desarrollando la misma argumentación. A comienzos del siglo XI, un anónimo transformó la expresión «reyes francos» en «reyes franceses». En efecto, esos textos fueron retocados para adaptarse a la ideología occidental, preparando así la cruzada.

Todos esos documentos, modificados al capricho de las ideologías políticas, estuvieron más difundidos de lo que a menudo se cree. Sus mismas adaptaciones lo atestiguan, así como el gran número de sus manuscritos. Traducen el interés de los hombres por el desarrollo de la Historia dirigida por Dios, en la cual tratan de situar su

---

66. Véase en particular la introducción de D. Verlhest a su edición: Adson de Montier-en-Der, *Adso Dervensis. De ortu et tempore Antéchristi*, cit., pp. 139-142.
67. [*N. del T.*: la trad. esp. de este texto se encuentra en J. Lozano Escribano y L. Anaya Acebes, *op. cit.*, p. 289-300].

lugar. Una Historia que debe acabarse con la aparición del Anticristo, vencido en Jerusalén por Cristo y los suyos. Las invasiones árabes sólo constituyeron uno de los signos anunciadores de la marcha inexorable de la Historia hacia su término. El fin de su dominación estaba previsto. La reconquista cristiana también.

Auque era indispensable emprenderla, puesto que será únicamente a su término cuando aparecerá el Anticristo y podrá instaurarse, en fin, la verdadera paz, el reino de Dios, la Nueva Jerusalén, a la que todos los cristianos aspiran.

Capítulo IX

GUERRA SANTA Y RECONQUISTA CRISTIANA
DESPUÉS DEL AÑO MIL

¿UNA NUEVA «MUTACIÓN» DEL AÑO MIL?

El año mil no significó una transformación radical de la historia. Cuando los historiadores hablan de «mutación» de una sociedad, corren el riesgo de transponer abusivamente a su campo de estudio una noción inspirada en la biología. Evidentemente, sólo se trata aquí de una figura estilística destinada a enfatizar lo que cambia «en profundidad», lo que aún no se percibe, pero cuyos efectos duraderos se verán poco a poco, como ocurre con las mutaciones que afectan al patrimonio genético de los seres vivos, que establecen así una línea que en principio no parece distinguirse de las precedentes, pero que finalmente prevalecerá. Contrariamente a lo que los títulos de algunas obras podrían hacer creer, no existen «años bisagras» en la historia de la sociedad, y menos aún en la historia de las ideas o de las ideologías. Las «mentalidades» evolucionan poco y lentamente, sobre todo en una época en la que la Iglesia, que monopolizó la formación de las elites y, por tanto, la elaboración del pensamiento, constituyó por añadidura el único lugar de su expresión, la única vía de transmisión —y, más tarde, de conservación— de los escritos que lo expresaron.

En cambio, existen hechos datables, particularmente en el campo de la historia político-militar, que llegan a ser puntos de referencia porque marcan las imaginaciones: las de los historiadores —en posición privilegiada, puesto que saben cómo se desarrollaron después los acontecimientos—, pero también a veces las de los contemporáneos, prueba de su impacto sobre los espíritus.

Para nuestro propósito, varias fechas son significativas y pueden servir de jalones en nuestra investigación de una eventual transformación de las mentalidades. Traducen, en efecto, el cambio progresivo de la situación del Occidente cristiano frente a los pueblos no cristianos que, desde comienzos del siglo VIII, lo amenazaron y presionaron. Hasta entonces asediada, incluso invadida y conquistada, la cristiandad aflojó el torno, alejó la amenaza y pasó a su vez a la ofensiva. Su expansión no cesaría hasta el final de la Edad Media, que estuvo marcado por una fecha también muy simbólica: 1492, término de la *reconquista* española, fin de la presencia de un poder musulmán en Europa, pero también descubrimiento del Nuevo Mundo por Cristóbal Colón, inicio de la hegemonía europea, expansión mundial de su modo de vida y de pensamiento, difusión universal de su religión. La inversión de esos dos movimientos se situó precisamente en las proximidades del año mil, referencia puramente simbólica, que marcó el fin de la formidable presión que los pueblos «bárbaros» paganos ejercían sobre la cristiandad, al menos en las reflexiones de los eclesiásticos.

LA RECONQUISTA CRISTIANA EN OCCIDENTE

Los normandos recibieron en 911 el ducado que en lo sucesivo llevó su nombre. Aunque después no abandonaron sus pillajes, se alejaron cada vez más de las costas que hasta entonces habían saqueado para actuar más al sur, hacia Aquitania, hacia la España musulmana e incluso el Mediterráneo, o hacia el norte, en Inglaterra, Islandia o el Báltico. La conversión al cristianismo de los reyes daneses (en 965), y luego de los noruegos, los orientó hacia otros horizontes antes de que les hiciera entrar verdaderamente en la Europa cristiana. Los húngaros fueron vencidos en Lechfeld, y desde entonces comenzó la expansión alemana y cristiana hacia el este. Hacia el año 1000, la conversión al cristianismo del rey Esteban de Hungría impuso a su reino su religión, facilitando la vía terrestre de las peregrinaciones a Jerusalén, en una época en que la peregrinación adquirió un nuevo desarrollo y se convirtió en una de las formas privilegiadas de la espiritualidad medieval. Volveremos sobre ello. Poco después, las conquistas de Boleslao, que fue coronado rey en 1025, hicieron de la Polonia unificada un bastión católico. Al sur, en fin, los musulmanes abandonaron en 972 su guarida de La Garde-Freinet, base pirática desde la cual emprendieron frecuentes incursiones en las tierras del interior, hasta el corazón de los Alpes.

En España comenzó también la verdadera *reconquista*. Aún era tímida y marcada por retrocesos, por ejemplo, cuando el visir Almanzor, en 996, devastó el reino de León, incendió Santiago de Compostela y se llevó sus campanas a Córdoba (pero respetó el santuario) y reconquistó por un momento Barcelona. El conde Borrell II solicitó entonces, «contra los bárbaros», la ayuda militar del rey de Francia Hugo Capeto: una buena parte de España, dijo, está ocupada por los enemigos; si la ayuda no llega dentro de diez meses, todo el país sucumbirá «bajo la dominación de los bárbaros»[1]. El rey aprovechó la ocasión para asociar a su hijo al poder real, bajo pretexto del peligro a que quedaría expuesto el reino si el rey llegaba a morir en la expedición. Luego ordenó al conde que acudiera a encontrarse con él en Aquitania para prestarle homenaje, para que le indicara los caminos que debía seguir y para manifestarle claramente, mediante la promesa de su fidelidad, que prefería «obedecer al rey franco antes que a los ismaelitas»[2]. Esas reservas muestran bien a las claras cómo, incluso en caso de grave peligro capaz de movilizar a los cristianos ultrapirenaicos, la guerra contra los musulmanes no hacía olvidar los intereses políticos. La expedición de Hugo Capeto, por lo demás, no se llevó a cabo debido a un ataque de Carlos de Lorena.

Sin embargo, Almanzor murió en 1002, y la iniciativa pasó al campo cristiano. Adquirió una nueva amplitud gracias a la división del campo musulmán[3]. Sancho III de Navarra se erigió en el cam-

1. Richer, *Histoire de France*, IV, 12, ed. y trad. R. Latouche, París, 1967 (2.ª ed.), t. II, p. 164.
2. Gerberto de Aurillac, *Correspondance*, ed. P. Riché y J.-P. Callu, París, 1993 (2 vols.), Carta n.º 112: Hugo Capeto al marqués Borrell, pp. 270 ss.
3. Sobre la *reconquista* española en su conjunto, véase E. Lourie, «A Society Organized for War: Medieval Spain», *Past and Present*, 35, 1966, pp. 54-76; D. W. Lomax, *The Reconquest of Spain*, Londres, 1978 [*N. del T.*: trad. esp.: *La Reconquista*, Barcelona, 1984]; R. Fletcher, «Reconquest and Crusade in Spain, c. 1050-1150», *Transactions of the Royal Historical Society*, 37, 1987, pp. 31-47; A. Rucquoi, *Histoire médiévale de la péninsule Ibérique*, París, 1993; M.-Cl. Gerbet, *L'Espagne au Moyen Âge, VIIIe-XVe siècle*, París, 1993, que completan y corrigen a veces la obra todavía útil de M. Defourneaux, *Les Français en Espagne aux XIe et XIIe siècles*, París, 1949; sobre el período aquí estudiado, véase C. Laliena Corbera, *La formación del Estado feudal. Aragón y Navarra en la época de Pedro I*, Huesca, 1996; los textos esenciales fueron reunidos por J. Goñi Gaztambide, *Historia de la bula de la cruzada en España*, Vitoria, 1958. [*N. del T.*: útiles para el lector francés, las referencias bibliográficas citadas por J. Flori deben completarse para el lector español con los siguientes y recientes títulos: P. Iradiel, S. Moreta y E. Sarasa, *Historia medieval de la España cristiana*, Madrid, 1989; J. M.ª Mínguez, *La reconquista*, Madrid, 1989; J. M.ª Mínguez, *Las sociedades feudales, 1. Antecedentes, formación y expansión (siglos VI al XIII)*, Madrid, 1994; B. F. Reilly, *Las Españas Medievales*, Barcelona, 1996; F. J.

peón de aquella reconquista, la cual, con el estímulo de Cluny y de Roma, progresó lentamente hasta mediados del siglo XI, cuando los reinos españoles de León-Castilla-Asturias (reunidos desde 1037) y los de Navarra y Aragón se extendían desde Galicia a los Pirineos, y desde las costas del golfo de Gascuña al Duero, aprovechando el desmantelamiento del Califato. En efecto, a la autoridad central única de la dinastía omeya sucedió desde 1031 una multitud de pequeños Estados musulmanes en manos de los «reyes de taifas», desunidos y a veces rivales, minados además por crisis sociales internas, y ninguno de los cuales tuvo fuerza por sí solo para atacar a los emprendedores reinos cristianos[4]; les compraron la paz a cambio del pago de tributos [las *parias*], les proporcionaron a veces tropas de mercenarios y concluyeron con ellos pactos de alianzas siempre cuestionados. Enriquecidos por dichos tributos y por los pillajes consecutivos a sus victoriosas incursiones, los reyes cristianos reforzaron y consolidaron al mismo tiempo sus lazos con los príncipes de Francia mediante múltiples alianzas matrimoniales, prendas de eventuales apoyos militares[5]. Paralelamente, algunos de ellos se volvieron hacia el Papado con el que se vincularon mediante lazos sobre los cuales ya hemos llamado la atención más arriba.

Fernández Conde, *Las sociedades feudales, 2. Crisis y transformaciones del feudalismo peninsular (siglos XIV y XV)*, Madrid, 1995; P. Bonnassie, P. Guichard, y M.-Cl. Gerbert, *Las Españas Medievales*, Barcelona, 2000; J. Carrasco, J. M.ª Salrach, J. Valdeón, y M.ª J. Viguera, *Historia de las Españas Medievales*, Barcelona, 2002; sin olvidar las algo más antiguas, pero espléndidas, síntesis escritas por A. Mackay, *La España de la Edad Media. Desde la frontera hasta el Imperio (1000-1500)*, Madrid, 1980, y J. A. García de Cortázar, *La época medieval*, vol. 2 de la *Historia de España* dirigida por M. Artola, Madrid, 1988 (2.ª ed.; la 1.ª es de 1973)].

4. Sobre la documentación historiográfica árabe relativa a este periodo, véase el buen estado de la cuestión realizado por M. Benaboud, «Historiography in Al-Andalus during the Period of the Taifa States (XIth Century a. d./Vth a. h.)», *Hesperis Tamuda*, 25, 1987, pp. 1-32 [*N. del T.:* véanse, en español, los más recientes balances de L. Molina Martínez, «Historiografía», en M.ª J. Viguera Molins (coord.), *Los reinos de taifas. Al-Ándalus en el siglo XI*, t. VIII-1 de la *Historia de España Menéndez Pidal*, Madrid, 1994, pp. 3-27; M.ª J. Viguera Molins, «Historiografía», en M.ª J. Viguera Molins, *El retroceso territorial de al-Ándalus. Almorávides y almohades. Siglos XI al XIII*, t. VIII-2 de la *Historia de España Menéndez Pidal*, Madrid, 1997, pp. 3-37; M.ª J. Viguera Molins, «Andalus: de Omeyas a Almohades», en *La Historia Medieval en España. Un balance historiográfico (1968-1998)*, Pamplona, 1999, pp. 51-147. Véase también la excelente síntesis de M.ª J. Viguera Molins, *Los reinos de taifas y las invasiones magrebíes*, Madrid, 1992].

5. Sobre dichos matrimonios, véase (con alguna precaución) P. Boissonnade, *Du nouveau sur la Chanson de Roland*, cit., pp. 11 ss.; y, sobre todo, M. Aurell, *Les Noces du comte...*, cit.

En 1064, la plaza fuerte de Barbastro fue conquistada y saqueada después de un duro asedio, y sus habitantes fueron masacrados o reducidos a cautividad por los catalanes y las tropas extranjeras que les ayudaron[6]. Con la ayuda episódica de los caballeros cristianos llegados del otro lado de los Pirineos, la *reconquista* adquirió, en efecto, una nueva dimensión bajo Alfonso VI. Convertido en el único dueño del reino de León y Castilla, multiplicó por toda la España musulmana, hasta Sevilla y Tarifa, razzias e incursiones destructivas, obligando a los príncipes musulmanes a someterse y a pagarle tributo; en 1085, conquistó Toledo y se adornó con el título de emperador de toda España. Aterrorizado por las fuerzas de sus ejércitos, sus métodos brutales y sus amenazas, el rey de Sevilla al-Mu'tamid se decidió finalmente a acudir al soberano almorávide Yūsuf b. Tāšufīn para obtener su ayuda en nombre del *ŷihād*. El rey zirí de Granada 'Abd Allāh también se preparó para llevar a cabo duros combates al lado del soberano almorávide y dio (a regañadientes) su conformidad para aquella guerra santa cuyo estado de ánimo él mismo describió en sus *Memorias*[7]. La empresa de Yūsuf, pues, fue llevada a cabo en nombre de la religión y del *ŷihād,* cuya noción parece que fue más familiar entonces a los espíritus de Al-Ándalus de lo que aún se creía recientemente[8].

Sin embargo, en 1086, la derrota en Sagrajas (Zallāqa) de los ejércitos cristianos de Alfonso VI pareció significar un brusco frenazo a la *reconquista,* y el inicio, en cambio, de una reanudación de la amenaza musulmana en España y tal vez incluso allende los Pirineos[9]. Alfonso habría llegado incluso a amenazar con dejar pasar sin combatirlas las tropas musulmanas si Occidente no le aportaba la

---

6. Sobre la toma de Barbastro y su significación, véase A. Ferreiro, «The Siege of Barbastro, 1064-1065; A reassesment», *Journal of Medieval History,* 9, 2, junio 1983, pp. 129-144, que corrige el estudio siempre útil de R. Dozy, *Histoire des musulmans d'Espagne, 711-1100,* Leyden, 1932 [N. del T.: trad. esp.: *Historia de los musulmanes de España,* 4 vol., Madrid, 1982].

7. E. Lévi-Provençal, «Les "Mémoires" de 'Abd Allāh, dernier zīride de Grenade (Conclusion)», *Al-Andalus,* IV, 1936-1939, p. 75 [N. del T.: cf. *El siglo XI en 1.ª persona. Las «Memorias» de 'Abd Allāh, último rey zīrí de Granada, destronado por los almorávides (1090),* traducidas con introducción y notas por E. Lévi-Provençal (Ob. 1956) y E. García Gómez, Madrid, 1980, p. 201].

8. Véase sobre este punto la demostración de V. Lagàrdere, «Évolution de la notion de *Djihad* à l'époque Almoravide (1039-1147)», *Cahiers de Civilisation Médiévale,* 1998, pp. 3-16.

9. Sobre Sagrajas y su contexto, véase V. Lagàrdere, *Le Vendredi de Zallâqa (23 octobre 1086),* París, 1989.

ayuda militar deseada[10]. Aunque por lo general se haya dudado de ello, una importante expedición de guerreros de Francia parece que fue organizada por iniciativa del papa[11]. El apoyo del soberano pontífice no fue en verdad la única causa de dicha ayuda: tras su derrota, Alfonso VI reforzó su alianza con los franceses, casando a sus dos hijas con príncipes borgoñones; por eso pudo esperar un apoyo militar ultrapirenaico. En un documento de 1087, Reinaldo de Borgoña se mostró dispuesto a partir hacia España «para combatir a los infieles»; rogó a Dios que diera la victoria al «pueblo cristiano»[12].

Sin embargo, la situación no era brillante en vísperas de la cruzada. La *reconquista* parecía comprometida, pues la unidad musulmana fue reconstituida bajo la dominación de una dinastía almorávide guerrera, emprendedora y devota del *ŷihād*. El Papado y los príncipes de Occidente tenían razones para inquietarse, a pesar de la primera conquista, en 1094, de Valencia por Rodrigo *(El Cid)*, un aventurero que antes había estado al servicio de Alfonso VI y que ahora actuaba por su cuenta[13]. La inquietud no desapareció verdaderamente hasta el mes de noviembre de 1096, cuando los cristianos triunfaron en la decisiva batalla de Alcoraz; pero ello ocurrió un año después de la predicación de la cruzada en Clermont.

La reconquista progresó en el Mediterráneo occidental. Las islas pasaron poco a poco a mano a manos de los cristianos[14]. Los normandos jugaron aquí todavía un papel importante. Los descendientes de un pequeño señor del Cotentin, Tancredo de Hauteville, entraron como mercenarios al servicio de los príncipes griegos del sur de Italia que luchaban contra los sarracenos o entre ellos. No

---

10. Hugo de Fleury, *Liber qui Modernorum Regum Francorum continet actus,* MGH SS, 9, pp. 389-390; véase también *Ex historiae Francicae fragmento,* HF, 12, p. 2.
11. Cf. *Chronique de saint Pierre le Vif de Sens, dite de Clarius,* ed. y trad. de R. H. Bautier, París, 1979, p. 137. La misma habría constituido un fracaso, contrariamente a lo que afirma la crónica precedente. Véase sobre este punto J. Verdon, «Une source de la reconquête chrétienne en Espagne: la Chronique de Saint-Maixent», en *Mélanges R, Crozet.* cit., t. I, pp. 273-282.
12. Texto citado por M. Parisse, «Les effets de l'appel d'Urbain II à la croisade aux marges impériales de la France», en *Le Concile de Clermont de 1095 et la Croisade...,* cit., p. 213.
13. E. Lévi-Provençal, «Le Cid et l'histoire», en *Islam d'Occident,* París, 1948, pp. 58-74 *(Revue Historique,* 1937, pp. 58-74) [*N. del T.:* sobre la figura del Cid, se puede acudir a dos recientes aportaciones: S. Moreta Velayos, *Mio Cid el Campeador,* Zamora, 2000, y F. J. Peña Pérez, *El Cid. Historia, leyenda y mito,* Burgos, 2000; sin olvidar la más antigua de R. Fletcher, *El Cid,* Madrid, 1989].
14. C. Picard, «La Méditerranée musulmane à la veille de la première croisade», en *Il Concilio di Piacenza e le crociate,* cit., pp. 285-295.

tardaron en suplantarlos y en conquistar, por su propia cuenta, poco antes de 1050, Calabria y Apulia, y luego Sicilia. A veces incluso los cristianos resultaron victoriosos en la otra orilla del Mediterráneo: en 1087, una operación guerrera conjunta de pisanos y genoveses consiguió conquistar Mahdia, en el actual Túnez.

Está fuera de toda duda, pues, que el siglo XI conoció una verdadera mutación en el dominio de las relaciones entre la cristiandad y el islam. ¿Estuvo también acompañada de una modificación notable en la mentalidad de guerra santa y en la actitud de la Iglesia?

GUERRA JUSTA Y GUERRA SANTA

Carl Erdmann y la mayor parte de los historiadores parecen creerlo, por diversos motivos: Edrmann, porque el historiador alemán hizo demasiado hincapié sobre el papel innovador del Papado gregoriano y tendió a minimizar así los rasgos de sacralidad de los conflictos anteriores. Los describió, sin embargo, con una precisión desigual, pero subrayó también el carácter a la vez monárquico, patriótico, laico y defensivo, que opuso al espíritu de cruzada, popular, universal, clerical y ofensivo que le parecía que había sido iniciado por las pretensiones del Papado gregoriano. Esa oposición de actitud no puede sostenerse en su totalidad, como ya se ha constatado en varias ocasiones.

Por otra parte, los detractores de Erdmann permanecen, como él, obnubilados por la idea dominante (puede hablarse aquí de «paradigma») que sitúa la guerra justa definida por San Agustín en el origen de una evolución que condujo a la idea de guerra santa, y luego de cruzada. Impregnados de ese pensamiento esbozado por los canonistas de los siglos XII y XIII y adoptado por la ideología moderna y contemporánea que surgió de ellos, consideran que, para ser justa, una guerra deber ser esencialmente defensiva. De donde se deriva, según su modo de ver, una ruptura inevitable, un hiato en la formación del pensamiento doctrinal, que se produciría en el momento que Europa dejó de defenderse para emprender su expansión.

Existe aquí, según me parece, una petición de principio que descansa sobre varios errores de apreciación.

La petición de principio consiste en hacer de San Agustín el teórico de una noción de guerra justa que habría sido universalmente recibida y admitida antes de la cruzada. Ahora bien, esa noción, mal elaborada, mal definida, fue muy poco percibida por los escritores

eclesiásticos, los cuales no hicieron referencia a ella antes de la cruzada[15]. Sólo se interesaron por ella más tarde.
Tampoco faltan los errores de interpretación.
—En primer lugar, porque el doctor de Hipona jamás pensó, como hemos visto, en elaborar una teoría de la guerra justa. Como todos los autores latinos, sufrió necesariamente la influencia de Cicerón, con quien compartía sin duda los conceptos fundamentales que retomó por su cuenta: la guerra adquiere valor moral si deriva de una necesidad de restablecer mediante la violencia la justicia y la paz quebrantadas por el enemigo que así comete una injusticia, una falta, un delito[16]. En consecuencia, debe ser declarada por la autoridad legítima, y en ese caso el soldado no es culpable de homicidio si mata, sino digno de alabanza si muere por la Patria[17]. Al retomar esas nociones fundamentales de la Roma pagana, Agustín no hizo sino justificar, a los ojos de aquellos que aún dudaban de su legitimidad, el uso de las armas por los cristianos y su participación activa en las operaciones militares decididas por el Estado imperial romano, esencialmente contra los bárbaros.

—Después, porque no limitó dicha justificación únicamente a las operaciones defensivas: legitimó no sólo la recuperación de las tierras y de los bienes expoliados sino también el «castigo» de los pueblos culpables de injusticia, la autoridad legítima que actuaba entonces como un magistrado hacia un malhechor.

—En fin, porque, para justificar el recurso a la fuerza armada por el poder legítimo, se basó en el argumento de su autoridad y de su utilidad conforme al plan divino. El gobierno del Imperio romano cristiano tenía la función de asegurar la paz y el orden por el mayor bien de todos sus habitantes, en particular de los cristianos. El Estado romano, en la persona de sus magistrados, no poseía la espada en vano. Al actuar bajo la dirección del poder legítimo, el

---

15. Sobre este punto, hay que admitir la pertinencia de la crítica de J. Gilchrist, «The Erdmann Thesis an the Canon Law», cit., pp. 37-45. Pero ella no es válida sólo para Erdmann.

16. Sobre el pensamiento de San Agustín relativo a la guerra, véase en particular R. Regout, *La Doctrine de la guerre juste, de saint Agustin à nous jours,* París, 1934, corregida por F. H. Russel, *The Just War in the Middle Ages,* Cambridge, 1975; P. Brown, *Religion and Society in the Age of St Augustine,* Londres, 1972, pp. 9-23 y 25-45, y más aún por R. A. Markus, «Saint Augustine's View on the Just War», en W. J. Sheils, *The Church ant the War (Studies in Church History,* 20), 1983, pp. 1-13.

17. Véase, por ejemplo, Agustín, *Contra Faustum,* XXII, 73-81, ed. I. Zycha, CSEL, vol. 25, 1891, XXII, 75, p. 674; *La Ciudad de Dios,* I, 8, Bibliothèque augustinienne, París, 1960, p. 277 [*N. del T.:* sobre la edición española de la obras de San Agustín, cf. *supra* nota 19 del capítulo 2].

pueblo que toma las armas debe ser considerado, en consecuencia, menos como un «promotor de guerra» que como un «ministro (servidor) de la justicia»[18].

La argumentación de San Agustín descansa, pues, en el principio de autoridad, que procede de Dios. Ahora bien, Dios no ha descartado el uso de la guerra. Incluso la ordenó antaño. Las guerras del Padre Eterno, emprendidas por orden suya, eran santas, nadie puede ponerlo en duda. Y si Dios no habla hoy directamente a Moisés, o mediante los profetas, ha dejado, sin embargo, instrucciones y ejemplos para guiar a su pueblo. Esos ejemplos permitieron a San Agustín justificar las operaciones militares emprendidas por un poder imperial laico, pero, no obstante, cristiano. La guerra santa, en su argumentación, resulta evidentemente primordial, fundamental, irrefutable. La guerra justa es para él sólo una concesión que se hace al poder laico, en ausencia de órdenes directas de Dios, puesto que la época de la teocracia ha desaparecido para dejar el sitio al «tiempo de la Iglesia». La guerra justa deriva de la noción de guerra santa, y no a la inversa.

Las enseñanzas de San Agustín sobre este punto no fueron, por lo demás, objeto de una doctrina coherente. Antes de la cruzada, jamás fue citado como promotor de una idea de guerra justa, que nació solamente en Graciano, a mediados del siglo XII[19]. Antes de la cruzada se le utilizó únicamente como un «depósito» de textos que permitían justificar el uso de la violencia armada, la cual no está «prohibida» puesto que Dios la ordenó antaño y porque Juan el Bautista y Jesús admitieron a los soldados en la Iglesia. Por la misma razón, el paso de la cristiandad de la defensiva a la ofensiva no dejó ninguna huella y no perturbó en nada los espíritus de los eclesiásticos, por la sencilla razón de que el uso de los criterios actuales de guerra justa no se les pasaba por la cabeza.

Permanecieron, en cambio, como hemos visto a lo largo de las páginas precedentes, muy marcados por la idea de guerra santa, es decir, legitimada directamente por Dios, por sus santos y por sus lugartenientes. El principal de ellos era evidentemente San Pedro. Su vicario, el obispo de Roma, era, por tanto, el mejor colocado de todos ellos para sacralizar el uso de las armas cuando se blandieran

---

18. Véase en particular Agustín, *Quaestiones in Heptateuchum,* cit., VI, *quaestio* 10, pp. 428-429.

19. Graciano, *Decretum,* PL, 187, Parte II, *causa* XXIII, col. 1159-1166; véase sobre este punto J. A. Brundage, «Holy War and the Medieval Lawyers», en *The Holy War,* cit., pp. 99-140, recuperado en J. A. Brundage, *The Crusades, Holy War...,* cit.

por el bien de la Iglesia, de toda la comunidad cristiana, comenzando por Roma, sobre todo en el momento en que la autoridad pontificia se reforzó y adquirió una dimensión monárquica. Eso fue evidentemente lo que ocurrió, como nunca antes había sucedido, durante la reforma gregoriana.

Esta es la razón por la que la tesis de Erdmann sigue siendo válida y conduce a una conclusión justa a pesar de algunas premisas falsas: en efecto, la reforma gregoriana jugó un papel preponderante en la formación de la idea de cruzada. No transformó la guerra justa en guerra santa, y luego en cruzada, como antes se creía, sino que recuperó en beneficio propio la noción admitida y practicada de los combates sacralizados para hacer de ella un instrumento ideológico en su lucha contra sus adversarios, paganos, herejes, cismáticos o rebeldes a sus pretensiones hegemónicas. Nos queda por ver en las páginas siguientes cómo dicha noción dio origen a la cruzada. Evidentemente es el estudio de los conflictos que opusieron la cristiandad al islam el único que puede darnos la respuesta a esta cuestión. Por eso nos detendremos poco en las operaciones emprendidas contra los «verdaderos» paganos.

LA GUERRA CONTRA LOS PAGANOS

Hemos hecho alusión varias veces a las operaciones emprendidas por los emperadores contra sus enemigos paganos, particularmente contra los húngaros. Erdmann analizó de manera minuciosa dichos conflictos; rehusó concederles un lugar importante en la evolución que, según él, condujo a la cruzada, dado que casi siempre fueron emprendidos, en primer lugar por razones defensivas, por los ejércitos imperiales, en nombre del Imperio germánico cuya misión principal era proteger a los habitantes cristianos y a las iglesias. Ahora bien, para él, la idea de guerra santa (decía incluso «de cruzada», por una desafortunada confusión sobre la cual volveremos) tiene como característica esencial que la ética está separada en ella de la persona del gobernante, del «jefe del Estado», y transferida al ejército, a los guerreros. En otros términos, los soldados que combatían a los paganos bajo las banderas del Imperio llevaban a cabo ante todo guerras reales, cuyos fines permanecían subordinados a los intereses del Estado, que a veces conducían, por lo demás, a alianzas con los paganos cuando lo exigía el interés del Estado[20].

---

20. Cf. C. Erdmann, *The Origin of the Idea of Crusade,* cit., p. 103.

Yo no pienso discutir aquí esta tesis. Ello conduciría, si se me quiere perdonar esta humorada, a tratar de distinguir detalladamente, en las motivaciones de los guerreros del «Santo Imperio romanogermánico» que lucharon contra los paganos, lo que pertenecía al «Santo Imperio» y lo que dependía del «Imperio germánico».

Hay, por otra parte, en esta tesis una cierta forma de petición de principio en la media que el sabio alemán planteó como primera condición para la aparición de la verdadera noción de guerra santa que condujo a la cruzada el hecho de que fuera suscitada de alguna manera por «la base», que no respondiera a los intereses de los gobernantes laicos, que sólo tuviera móviles puramente religiosos y que no sostuviera ni compromiso ni alianza con los paganos. Son unas exigencias tan excesivas que incluso la primera cruzada no las satisfacía. Después de todo, nadie puede afirmar (incluido aquí el caso, privilegiado por Erdmann, del emperador germánico) que los gobernantes apelaron menos a los sentimientos religiosos de las masas que a su patriotismo, a su sentimiento de pertenecer a un Estado, o a su fidelidad al emperador. El Imperio germánico era considerado como eminentemente cristiano, y como tal le incumbía al rey, y a sus soldados, defenderlo a la vez en tanto que Estado germánico y en tanto que comunidad cristiana amenazada. Era así, en todo caso, cómo el Papado concebía el papel del emperador: era el primer defensor de la cristiandad, comenzando por la iglesia de Roma. No ha lugar, por tanto, a minimizar el carácter de sacralidad de las operaciones emprendidas por los emperadores germánicos y sus ejércitos contra los paganos.

El mismo Erdmann conviene en ello en algunos casos extremos, como el de las ofensivas en Alemania oriental, donde las operaciones adquirieron el aspecto de guerras misioneras y donde, según dice, el peligro era que la «misión» de conversión fuera sacrificada a los intereses del Estado o que, por el contrario, derivara hacia la conversión forzada, prohibida, como hemos visto, por la Iglesia. Bruno de Querfurt le parecía el mejor representante de esta tendencia cuando aplicó sin vergüenza la frase evangélica «obligadles a entrar» (en la parábola del banquete[21]) no sólo a los herejes, como ya había hecho San Agustín, sino también a los paganos. Para Bruno, los reyes cristianos deberían unirse todos para combatir, vencer y convertir a los infieles. Sin embargo, dice Erdmann, Bruno de Querfurt se limitó a los deberes de los reyes: quería proclamar una especie de guerra santa contra los paganos, pero apeló para ello a los

21. *N. del T.:* se trata de la «Parábola de los invitados descorteses» (Lc 14, 23).

caballeros, a los guerreros mismos, y el sabio alemán lo descarta por esta razón del movimiento que desembocó en la cruzada. De manera errónea, en mi opinión, pues ello supone definir la guerra santa y la cruzada, que sería el resultado de ella, a partir de criterios muy discutibles en tanto que coyunturales: ciertamente, Urbano II, en 1095, se dirigió, en efecto, a los caballeros, y no a los reyes, pero no por una razón ideológica preconcebida; fue porque los principales reyes de la época estaban excomulgados. Por el contrario, los demás papas llamaron de manera muy directa a los reyes. Por tanto, resulta falaz definir la cruzada a partir de elementos ocasionales, como ocurrió en este caso.

La noción de guerra santa descansó ante todo en rasgos de santificación que no estuvieron necesariamente ligados a la presencia o a la ausencia de los intereses nacionales, al compromiso o al desinterés de los reyes y de los príncipes. Esos elementos de santificación fueron percibidos como tales por las poblaciones, y constituyeron una dimensión fundamental de las mentalidades religiosas de las masas, mentalidades que a menudo compartían los gobernantes, clérigos o laicos, pero cuyos resortes utilizaron también a veces en su provecho, por interés político. Ese fue el caso, como hemos visto, de la *reconquista* española, que fue probablemente el mejor ejemplo de ello antes del llamamiento de Urbano II, tanto más cuanto que el enemigo, en los dos casos, era el mismo: los sarracenos, considerados como infieles y paganos. Los móviles religiosos de guerra santa y los intereses temporales se mezclaron estrechamente en ella, tanto del lado de los gobernantes como del de la Iglesia.

La guerra santa se caracterizó también, y tal vez sobre todo, por las recompensas espirituales concedidas a los combatientes. Sólo la Iglesia, en este caso, podía prometerlas, lo que revalorizó más aún el papel del Papado, por otra parte implicado, por razones materiales, en la reconquista cristiana tanto en España como en otras regiones occidentales ocupadas por los árabes. Es, pues, en esas regiones donde conviene buscar la mejor expresión de la guerra santa antes de la cruzada propiamente dicha, la cual hizo intervenir nuevos caracteres por su destino propio[22].

---

22. Sobre los eventuales desarrollos de la idea de guerra santa en las demás regiones, a mi entender menos significativos en razón de lo que precede, véase, por ejemplo, A. Noth, *Heiliger Krieg und heiliger Kampf in Islam und Christentum*, cit., pp. 95 ss.

GUERRA SANTA Y *RECONQUISTA* EN ESPAÑA. PAPEL DE CLUNY

Los historiadores prestaron antaño mucha atención al papel de Cluny en la *reconquista* española y en la formación del concepto de guerra santa. Cluny habría estimulado esas guerras y las habría sacralizado haciendo de ellas precruzadas, llamadas a veces «cruzadas españolas»[23]. Hoy se tiende a reducir considerablemente ese papel de Cluny en la organización de la *reconquista* española. Cluny, en verdad, tenía aquí intereses materiales, aunque solo fuera por la implantación de monasterios, y la defensa de dichos establecimientos conducía de manera muy natural a una cierta sacralización de quienes los atendían. La liturgia cluniacense, como hemos visto, tendía a la demonización de todos los que, aunque fuesen cristianos, atentaban contra las propiedades de los monjes. No se concibe que pudiera haber sido menor por lo que respecta a los adversarios «paganos». Santa Fe de Conques también tenía intereses materiales que defender en España[24]. La influencia de Cluny cerca de los reyes españoles, tanto bajo Alejandro II como bajo Gregorio VII[25], fue en verdad fuerte, pero nada prueba que Cluny organizara de manera sistemática amplias campañas de reclutamiento para la guerra santa en la península, aunque sí impulsó muchas de ellas. Sobre este punto existe un consenso que, por otra parte, adquiere a veces tintes de paradigma, y que tal vez merece ser matizado[26].

Cluny también desempeñó un papel considerable en la sacralización de los combatientes que luchaban por la «buena causa», menos quizás a nivel de los hechos que de las ideologías y de la formación de las mentalidades. Los príncipes laicos, por ejemplo, fueron revalorizados cuando utilizaron su poder por la causa de Dios. Sin embargo, no conviene convertir a Cluny en el iniciador del ideal caballeresco que, como antaño se pensaba, habría transformado la caballería en una institución al servicio de la Iglesia, sobre todo en la

---

23. Véase sobre este punto P. Boissonnade, *Du nouveau sur la Chanson de Roland*, cit., pp. 11 ss. y «Cluny, la papauté et la première croisade internationale contre les Sarrasins d'Espagne: Barbastro (1064-1065)», cit.; H. E. J. Cowdrey, *Cluniacs...*, cit., pp. 180-187; É. Delaruelle, *L'Idée de croisade...*, cit., pp. 420 ss.
24. Cf. *supra* pp. 130 ss.
25. Véase sobre este punto H. E. J. Cowdrey, *Pope Gregory VIII...*, cit., pp. 472 ss.
26. Cf. D. Iogna-Prat, *Ordonner et exclure. Cluny et la société chrétienne face à l'hérésie, au judaïsme et à l'islam (1000-1150)*, pp. 326 ss., quien no deja de subrayar los numerosos lazos que unían Cluny a los soberanos de Navarra, luego de León-Castilla, los cuales tributaban al monasterio un censo anual de mil piezas de oro ganadas a costa de los infieles, y sobre el poderoso movimiento ideológico de sacralización de las guerras emprendidas bajo el signo de la cruz.

cruzada. He demostrado en otro lugar que la ética de la caballería no condujo de ninguna manera a la cruzada. Los caballeros no percibieron aquella expedición como un deber que les incumbiría de forma natural en tanto que tales. Los ideales de la cruzada y los de la caballería, lejos de converger, divergieron notablemente a finales del siglo XI[27]. He aquí la prueba: Urbano II solicitó a los caballeros que abandonaran la caballería para hacerse cruzados, y opuso los dos ideales. San Bernardo ofrecería más tarde la demostración de ello en su *De Laude novae militiae*.

También conviene reducir algo la influencia de la obra de Eudes de Cluny, de quien a veces se ha dicho que contribuyó, hacia 930, a formar y glorificar el ideal de la caballería al ofrecer a sus monjes el ejemplo de un príncipe laico que devino «santo» en el ejercicio del oficio de caballero[28]. No hubo nada de eso todavía, por dos razones. La primera es que en aquella fecha la caballería aún estaba por nacer, tanto en el plano socio-profesional como en el ideológico. La segunda es que su héroe, Geraldo de Aurillac, no se comportó como un «caballero», ni incluso como un guerrero, sino como un príncipe que gobernaba, administraba justicia y hacía reinar la paz según los principios del Evangelio. El ideal de Geraldo seguía siendo monástico: aspiraba al claustro, y vivía en el siglo como monje, permaneciendo casto y continente en el estado matrimonial, y se esforzaba por no usar la espada para no tener que derramar sangre. Eudes lo subraya: Geraldo jamás mató ni hirió a nadie, pues estaba protegido por Dios[29]. P. Bonnassie comenta con humor: «en el límite, puede vencer en una batalla ordenando a sus caballeros que carguen sosteniendo sus lanzas al revés, con los mangos por delante»[30]. Ese Geraldo, desde luego, no habría participado en la cruzada ni habría combatido en España[31]. Eudes no hizo de

---

27. Véase sobre este punto J. Flori, *L'Essor de la chevalerie...*, cit., y más particularmente, del mismo autor, «Croisade et Chevalerie; convergence idéologique ou rupture?», cit.
28. Cf. P. Rousset, «L'idéal chevaleresque dans deux *vitae* clunisiens», en *Mélanges E. R. Labande. Études de Civilisation Médiévale*, Poitiers, 1974, pp. 623-633.
29. Eudes de Cluny, *Vita sancti Geraldi Auriliacensis comitis*, PL, 133, col. 639-710.
30. P. Bonnassie, *Hagiographies*, vol. 1: *La Gallia du sud, 930-1130*, por P. Bonnassie, P. A. Sigal y D. Iogna-Prat, Turnhout, 1994, pp. 294 ss. Con este matiz, sin embargo: que en aquella fecha los caballeros no cargaban todavía con la lanza por delante, sino que utilizaban picas y jabalinas.
31. Cf. A. M. Piazzoni, «Militia Christi e cluniacensi», en *Militia Christi e crociata nei sec. XI-XIII*, cit., pp. 241-269.

ninguna manera la apología de un caballero, sino que mostró cómo un príncipe puede agradar a Dios permaneciendo en el siglo y viviendo su fe como un monje. Esto suponía ya una aportación considerable a la nueva mentalidad: no es necesario vestirse la cogulla para asegurarse la salvación. Es posible llevar a cabo una vida santificada, incluso en el estado laico.

La idea se abrió paso en el siglo XI. Según Dudon de Saint-Quentin, fue recordada por el abad Martín de Jumièges al duque Guillermo el de la Larga Espada. Lo disuadió de hacerse monje, pues su deber era defender la Patria, proteger las iglesias y los débiles[32]. Resulta, por tanto, paradójico que Gregorio VII tuviera que hacer el mismo razonamiento al abad Hugo de Cluny para impedirle que recibiera en su monasterio al conde Eudes de Borgoña[33].

No se trataba todavía de una revalorización de la caballería, ni del uso de la guerra, sino únicamente del compromiso por la causa de Dios y de la Iglesia. Si ese era el caso, el combate podía procurar las palmas del martirio. El monje cluniacense Raúl Glaber ilustra implícitamente esa concepción cuando relata una visión de San Martín, que, hacia 1014, habría tenido el tesorero de la abadía de San Martín de Tours. El santo le confesó que había sufrido mucho para sacar del infierno a algunos monjes que se habían ocupado más de lo conveniente en los asuntos de este mundo y habían perecido con el uniforme militar. En cambio, cuenta cómo, en una fecha próxima, poco después de la ofensiva musulmana de Almanzor, Guillermo de Navarra, llamado «el Santo», se atrevió a hacerle frente en varias batallas a pesar de la debilidad numérica de sus tropas. Tan escasas eran que los monjes fueron obligados a empuñar las armas. Lo hicieron, subraya el autor, por amor fraternal y no por un vano deseo de gloria. Por eso, los que así murieron empuñando las armas fueron considerados dignos de llevar la corona del martirio y de compartir la suerte de los bienaventurados, pues perecieron en aquella guerra contra los sarracenos para proteger su patria y defender el pueblo cristiano[34]. Esta afirmación testimonia al menos, según la expresión de una historiadora, una cierta «teología de la acción armada» por lo que concierne a España[35].

---

32. Dudon de Saint-Quentin, *De moribus et actis Normanniae ducum,* Caen, ed. J. Lair, 1865, pp. 200-201.
33. Gregorio VII, *Registrum,* VI, 17, pp. 423-424.
34. Raúl Glaber, *op. cit.,* III, 4, § 15, y II, 9, § 18-20, ed. J. France, pp. 82-84 y pp. 118-120.
35. G. Petti Balbi, «Lotte antisaracene e militia Christi in ambito Iberico», en *Militia Christi e crociata nei sec. XI-XIII,* cit., pp. 519-545 (en particular p. 525).

No puede deducirse, sin embargo, que en España los móviles de los combates fueran esencialmente religiosos[36]. Dista mucho de la realidad. Las operaciones militares tuvieron aquí sobre todo objetivos políticos y económicos, y adquirieron esencialmente el sesgo de conflictos de vecindad, en los cuales los intereses militares siguieron siendo preponderantes, bajo la forma de ganancia territorial, de sumisión del adversario para que pagara tributo, de razzia, pillaje o botín[37]. Fueron opciones de realismo político, juicioso o no, que impuso la proximidad de un adversario musulmán que era (y seguiría siendo) un vecino con el que, de todas maneras, era necesario contemporizar. Por lo demás, esos rasgos de realismo conducente a un cierto compromiso (más que tolerancia) volverán a encontrarse en los cruzados después de que se instalaran en Tierra Santa. Incluso los héroes de la reconquista, como el Cid Campeador, no dudaron en cambiar de bando, hasta el punto de combatir al lado de quien había sido enemigo el día anterior. Los textos de los que hemos hablado en el capítulo precedente deben ser entendidos, pues, por lo que son (como asimismo ocurre con la mayor parte de los textos utilizados), a saber, documentos de propaganda destinados a movilizar las energías. Pero, precisamente por eso, prueban que los móviles religiosos alegados con un cierto oportunismo constituían para las mentalidades de aquel tiempo un argumento válido, «ideológicamente correcto», capaz de ocultar o, mejor aún, de purificar las razones materiales menos honorablemente admisibles. El historiador de las mentalidades —y, más aún, el de las ideologías— debe prestar toda su atención a esos discursos, tanto más que a los móviles reales que tratan de descubrir los historiadores de la política o de la economía.

Ahora bien, la *reconquista* iniciada desde el siglo XI apeló a una ideología en la que apenas tenía sitio la Iglesia romana. Su objetivo era el restablecimiento de la antigua soberanía visigoda, y sus héroes eran los reyes que se hacían pasar como descendientes de ella, a los cuales Dios había permitido escapar. La esperanza confesada reposaba sobre la ayuda pasada y futura, pero prometida, de Cristo. Se alimentaba de consideraciones proféticas cuya interpretación estaba impregnada de política y de ideología monárquica. Para el Papado regenerado del siglo XI era muy arriesgado ver cómo España em-

---

36. Véase sobre este punto la tesis, a veces demasiado radical, de R. Fletcher, «Reconquest and crusade in Spain, c. 1050-1150», cit.
37. Estos hechos son bien aclarados por J. L. Martín, «Reconquista y cruzada», en *Il Concilio de Piacenza e le crociate (Actes du Colloque International de Piacenza)*, Piacenza, 1996, pp. 247-271.

prendía su propio e independiente camino. Esa fue probablemente una de las razones que condujeron a los papas a afirmar con tanto vigor los derechos de San Pedro sobre la península, a ejercer sobre los reyes de España una fuerte presión para que impusieran, tanto en sus Estados como en los territorios por reconquistar, la liturgia romana y excluyeran de ellos los ritos de la Iglesia visigoda; a incitar también a los cristianos del otro lado de los Pirineos (comenzando por los «fieles de San Pedro») a participar en la reconquista. Los esfuerzos diplomáticos de Roma, cerca tanto de los reyes de Aragón y de León-Castilla como de los condes catalanes, procedían igualmente de esa misma voluntad.

PAPADO Y *RECONQUISTA* ESPAÑOLA

La *reconquista* iba a situarse desde entonces en una nueva perspectiva global de reconquista cristiana, con un apoyo cada vez más acentuado del Papado. Ese fue el rasgo esencial de la segunda mitad del siglo XI. ¿Qué parte tuvieron, en aquellas operaciones militares de Europa occidental, la Iglesia y el Papado en su concepción, en su predicación o en su sostenimiento? ¿Qué papel jugó la religión en las motivaciones de sus participantes? ¿Qué esperanzas o promesas de recompensas espirituales los animaban? Frente al *ŷihād* que motivó a los almorávides, ¿existió entonces, del lado cristiano, una noción de guerra santa inspiradora de las operaciones de reconquista?

Alejandro II[38]

La reciente tesis de Ph. Sénac y algunos otros trabajos recientes demuestran con un gran rigor cómo se produjo el reforzamiento, en la época de la reforma gregoriana, de los lazos que unían la monarquía aragonesa a la Santa Sede, lo cual condujo en esta región, en el transcurso del último tercio del siglo XI, a la expresión cada vez más nítida de una ideología guerrera, la de la guerra santa dirigida contra los musulmanes[39]. Los estudios recientes confirman la importancia

---

38. Esta parte recoge sustancialmente un artículo aún no publicado, al cual me permito remitir para más detalles: J. Flori, «De Barbastro à Jérusalem: plaidoyer pour une redéfinition de la croisade».
39. Ph. Sénac, *La frontière et les hommes (VIIIe-XIIe siècle). Le peuplement musulmane au nord de l'Ebre et les débuts de la reconquête aragonaise*, París, 2000 [N.

capital de los factores económicos y políticos en los primeros esfuerzos de la reconquista[40]. Ciertamente, desde antes de dicha fecha, la *reconquista* estaba ya teñida de una cierta forma de religiosidad, y los mismos reyes aragoneses, a pesar de los lazos bastante laxos que mantenían con Roma, estaban, sin embargo, considerados como investidos de una misión de protección de las poblaciones cristianas, y particularmente de los monasterios. La mención de la lucha armada de los reyes contra los sarracenos subrayaba, pues, su piedad y realzaba su prestigio. Pero los documentos auténticos apenas insistían, en aquella época, sobre la coloración religiosa de la empresa. Los enemigos de entonces eran percibidos ante todo como tales y combatidos en tanto que vecinos o rivales, que resultaban incómodos para la necesaria expansión económica y territorial.

El caso de Barbastro ilustra la complejidad de esos móviles, la diversidad de su expresión, pero también las nuevas perspectivas que entonces se abrieron. A los intereses materiales y políticos, se superpusieron y mezclaron declaraciones y motivaciones religiosas, y comenzó a percibirse el interés del Papado por aquellas operaciones.

La villa fue conquistada por vez primera en 1064 por una expedición conjunta de guerreros cristianos llegados de diversos horizontes, España, Francia e Italia, pero muy probablemente sin participación aragonesa directa, luego volvió a perderse al año siguiente después de una impetuosa reacción musulmana que llamó al *ŷihād*, antes de ser definitivamente reconquistada en 1100. En un estudio reciente, C. Laliena ha subrayado el carácter temporal y laico de aquella expedición que esencialmente estuvo destinada a lograr objetivos de índole material, y proporcionó sobre todo la ocasión de conseguir un rico botín. Para quienes participaron en ella se trataba de alcanzar objetivos relativos a su propia ideología de guerreros, más que conformarse a una ideología externa, suscitada o impuesta por la Iglesia[41]. Pero ello no excluye de ninguna manera el interés

---

del T.: en breve aparecerá la trad. esp. de esta obra, que será coeditada por la Editorial Universidad de Granada y la Fundación El Legado Andalusí]; véase sobre todo los capítulos 9 a 11; véase también C. Laliena Corbera, *La formación del Estado feudal...*, cit.; C. Laliena y Ph. Sénac, *Musulmanes et chrétiens dans le Haut Moyen Âge: aux origines de la reconquête aragonaise*, París, 1991.

40. Sobre este punto se encontrará una abundante bibliografía en Ph. Sénac, *op. cit.*, y en C. Laliena Corbera y J. F. Utrilla Utrilla, *De Toledo a Huesca. Sociedades medievales en transición a finales del siglo XI (1080-1100)*, Zaragoza, 1998.

41. C. Laliena Corbera, «Barbastro, ¿protocruzada?», en L. García-Guijarro Ramos, *Segundas Jornadas Internacionales sobre La Primera Cruzada (7-11 de septiembre de 1999)*, Huesca, en prensa.

que el papa manifestó por la *reconquista* en esta región. Ciertamente, nadie pretende hoy día que la expedición de Barbastro fuera resultado de una verdadera «cruzada por anticipado», predicada en todo Occidente por el papa y dirigida, como se creía sin ningún motivo, por Guillermo de Montreuil, al cual Alejandro II había concedido el título de *princeps militiae* de las tropas pontificias[42]. Sin embargo, el número y la personalidad de los jefes que participaron en la expedición sugieren algo más que una simple operación improvisada y hacen pensar en un probable apoyo, por no decir más, del pontífice romano. Varios textos la mencionan y advierten la presencia de príncipes devotos a la Santa Sede, como el conde Armengol III de Urgel, el duque Guillermo VII de Aquitania, de caballeros franceses, borgoñones y normandos, dirigidos por Roberto Crespín. La crónica de Saint-Maixent señala también la participación del duque Godofredo de Anjou, quien disputaba entonces a Fulco la posesión de Saintes:

> De ahí [Saintes], marchándose a España con numerosas personas de la región de Vermandois, ganó la ciudad de Barbastro para la cristiandad *(nomini christiano)* después de haber masacrado a todos los que anteriormente se encontraban en dicha ciudad[43].

Para Ph. Sénac, aquella victoria fue una llamarada, pero reveló el creciente papel del soberano pontífice en la reconquista[44]. En efecto, añade, desde que el vizconde Arnaldo Mir de Tost había donado a Roma en 1060 el monasterio de San Pedro de Ager, el papa Alejandro II se había convertido en uno de los más feroces partidarios del combate contra los musulmanes de España. Desde entonces, Arnaldo Mir fue considerado en Roma como «un hombre muy noble y muy religioso, adversario y vencedor de los musulmanes enemigos de Dios» *(inimicorum Dei agarenorum adversarium et debellatorem)*, según dice un documento de 1060[45]; esto prueba por lo menos el interés que el papa manifestó por la *recon-*

---

42. Esa concepción procedía de una mala interpretación de «caballería de los rumíes», que aparece en algunos autores musulmanes; la expresión no designa a la «*militia* romana» de San Pedro, sino al conjunto de las fuerzas cristianas, por asimilación al Imperio romano del que Bizancio fue la continuación

43. *Chronique de Saint-Maixent (751-1140)*, ed. y trad. J. Verdon, París, 1979, a. 1062, p. 136.

44. Ph. Sénac, *La Frontière et les hommes (VIIIe-XIIe siècle)...*, cit., p. 396.

45. *Colección diplomática de San Andrés de Fanlo (958-1270)*, Zaragoza, 1964, doc. n.º 43 (1060), citado por Ph. Sénac, *op. cit.*, p. 356.

quista, y probablemente por la expedición de Barbastro, que tuvo una gran resonancia tanto en Occidente como en Al-Ándalus, donde se llamó al *ŷihād* para recuperar la villa, lo que sucedió en 1065.

Es precisamente ese papel del pontífice romano el que debe retener nuestra atención, comenzando por la carta del papa Alejandro II al *Clerus Vulturnensis*[46]. Algunos historiadores han negado de manera categórica el interés del Papado por la expedición de 1064. Para A. Noth, la carta de Alejandro II no puede ser considerada como prueba de una iniciativa o de una dirección papal, pues fueron los españoles vecinos de Barbastro quienes tomaron la decisión de la empresa. Por lo demás, según él, las motivaciones y el comportamiento de los participantes «franceses» no eran compatibles con los caracteres de una guerra santa[47]. El primer argumento sería convincente si la carta de Alejandro se refiriera con precisión al ataque de Barbastro y si, de otra parte, todas las «guerras santas» que recibieron manifiestamente el beneplácito, el apoyo o los estímulos tangibles del Papado hubieran sido emprendidas siempre por su iniciativa, lo que dista mucho de la verdad. La sacralización de un combate por la Iglesia podía producirse muy bien después de que fuera iniciado por los príncipes seculares[48].

El segundo argumento resulta todavía menos convincente pues confunde las razones «morales», invocadas por el Papado para predicar la cruzada, con los móviles reales y más aún con los comportamientos efectivos de los cruzados. Los vencedores de Barbastro, es verdad, se entregaron sin vergüenza alguna al pillaje y a la búsqueda de botín, como lo atestiguan a la vez las fuentes cristianas y musulmanas[49]. Ahora bien, como se ha dicho, el canon del concilio de Clermont precisó que el aspecto meritorio de la expedición, en otras palabras la indulgencia (o, más exactamente, la conmutación de cualquier penitencia anterior en una participación en la cruzada) sólo sería obtenida por aquellos que estuvieran movidos «únicamente por

---

46. Véase sobre este punto J. Flori, «Réforme-*reconquista*-croisade...», cit., y J. Flori, *Pierre l'Ermite et la première croisade*, cit., pp. 129 ss.

47. A. Noth, *Heiliger Krieg und heiliger Kampf in Islam und Christentum*, cit., pp. 109 ss. Véase también sobre este punto J. A. Brundage, *Medieval Canon Law and the Crusaders*, cit., p. 25 ss.

48. Los ejemplos son demasiado numerosos para ser citados aquí. Véase sobre este punto J. Flori, «Guerre sainte et rétributions spirituelles dans la seconde moitié du XIe siècle..», cit.

49. Véase sobre este punto R, Dozy, *Recherches sur l'histoire et la littérature de l'Espagne pendant le Moyen Âge*, pp. 338 ss.; M. Defourneaux, *op. cit.*, pp. 132 ss. y Ph. Sénac, *op. cit.*, cap. 11, pp. 391 ss.

su piedad y no para ganar honor o dinero»⁵⁰. Como bien puede apreciarse, esta reserva era un arma de doble filo. Pues puede sostenerse de manera válida que dicha precisión pontificia era necesaria precisamente porque los cruzados (al igual que los combatientes de Barbastro) no veían ninguna contradicción entre la cruzada que iban a emprender contra los infieles y el botín que esperaban recoger de ella. No son, por tanto, ni el comportamiento de los guerreros ni sus motivaciones temporales los que pueden establecer la diferencia entre la expedición de Barbastro y la cruzada. Hay que buscarla en otra parte. ¿Se encontrará en el papel desempeñado por el Papado y en las promesas espirituales que concedió a los participantes? Para saberlo, examinemos la carta de Alejandro II que a menudo se ha relacionado con la operación de Barbastro.

Dicha carta, cuya autenticidad es indiscutible, es verdad que plantea muchos problemas, comenzando por su fecha. En ausencia de cualquier indicio cronológico, nada permite afirmar (ni, a la inversa, negar) que la carta se refiere precisamente a la expedición de Barbastro. Según A. Ferreiro, sería arriesgado postular este lazo. Reconoce, sin embargo, que Alejandro II tenía interés por la *reconquista* como, según él, lo prueba justamente esta carta; ¿pero pronunció en ella una cruzada? Para el autor, lo que crea la cruzada es ante todo el papel activo del Papado, que aquí faltaría⁵¹. ¿Es ello cierto? Examinemos más de cerca la carta.

El papa exhorta en ella al clero a que ayude a «los que han tomado la resolución de ir a España» *(qui in Hispaniam proficisci destinarunt)* a ejecutar su proyecto. Indica el procedimiento a seguir: cada uno de ellos confesará sus pecados a su obispo o a su padre espiritual, quien le impondrá la forma de penitencia que convenga, «a fin de que el diablo no pueda acusarlo de impenitencia» *(ne diabolus accusare de inpenitentia possit).* El papa añade esta frase decisiva:

> En cuanto a nos, por la autoridad de los santos apóstoles Pedro y Pablo, les levantamos dicha penitencia y les concedemos la remisión de sus pecados *(penitentiam eis levamus et remissionem peccatorum facimus)*⁵².

---

50. Canon 2, texto en R. Somerville, *The Council of Urban II*, vol. I: *Decreta Claramontensia*, Amsterdam, 1972, pp. 71-81; véase también R. Somerville, «The Council of Clermont and the Firts Crusade», *Studia Gratiana*, 20, 1976 *(Mélanges G. Fransen,* t. II, pp. 325-337).
51. A. Ferreiro, «The Siege of Barbastro, 1064-1065; A Reassessment», cit., pp. 129-144.
52. Alejandro II, *Epistola clero vulturnensis,* ed. S. Loewenfeld, *Epistolae pontificum romanorum ineditae*, 1885 (reed. 1959), n.º 82, p. 43.

¿Quiénes fueron los clérigos destinatarios de dicha carta? No lo sabemos con exactitud, pero H. E. J. Cowdrey se inclina por los de Volterra[53], y compara esta carta con otra misiva dirigida por el papa Urbano II al *populum S. Vincentii Vulturnensis juxta Capuam*[54]. Estos territorios, que habían sido ganados recientemente, eran considerados por el papa como dependientes directamente de su autoridad casi señorial, lo que puede ayudar a definir el alcance del mensaje, más circunstanciado y limitado que universal. Como es evidente, no se trata, pues, de una «bula de cruzada» destinada a toda la cristiandad, lo que no excluye tampoco que Alejandro incitara a sus fieles de otras regiones a que fueran a guerrear también a España. No obstante, como creo haberlo demostrado en otro lugar, M. Bull llega demasiado lejos al afirmar que esta carta no se refiere a guerreros que iban a combatir a España, sino a peregrinos que acudían a Santiago de Compostela[55]. Sin anticiparse a la cruzada, la carta refleja el interés que Alejandro II manifestaba por la reconquista cristiana española, y puede admitirse perfectamente que hubiera incitado al clero al que se dirigió a que aceptara un levantamiento de las penitencias que pesaban sobre los que, inspirados por Dios (como subraya el texto), decidieron ir a España para combatir a los sarracenos. Hablando con propiedad, no se trató de una *indulgencia* en el sentido ulterior del término, sino de un levantamiento de penitencia o, más precisamente, de una conmutación. Medió para que los que, bajo el impulso divino, decidieron ir a combatir a los sarracenos, no se vieran impedidos por el cumplimiento previo de penitencias que les habrían sido impuestas por otro lado. Para el papa, la expedición sirvió para ello, y este hecho resulta en sí significativo.

Según esta interpretación moderada, mínima a fin de cuentas, la carta de Alejandro II expresa el favor benévolo de la Santa Sede hacia las operaciones de reconquista cristiana en España. ¿Sucedió así con motivo de la expedición de Barbastro? Nadie puede decirlo, pues no conocemos todas las ocasiones que pudieron suscitar expediciones lejanas, que contaran con contingentes italianos, durante el pontificado de Alejandro II. Algunos indicios, sin embargo, obran en este sentido. En efecto, Alejandro II escribió a los obispos de España, en un época asimismo imprecisa, una carta aprobando que los obispos hubieran protegido a los judíos contra las masacres de

---

53. H. E. J. Cowdrey, «Pope Gregory VII and the Bearing of Arms», cit.
54. Urbano II, *Epistola* 275, PL, 151, col. 534.
55. M. Bull, *Knighty Piety and the Lay Response to the Firts Crusade...*, cit., pp. 73 ss.; véase el análisis y la refutación de sus argumentos en J. Flori, «Réforme-*reconquista*-croisade...», cit.

los guerreros extranjeros. Impulsados, como subraya el papa, por la estupidez o la codicia, podían llegar a confundir esos dos pueblos en una reprobación idéntica y a ejercer contra ellos violencias indiferenciadas; los primeros cruzados, como es sabido, atribuyeron a menudo a unos y otros el mismo calificativo: «los enemigos de Cristo»[56]. Ahora bien, los personajes en ella aludidos son designados mediante una expresión parecida a la de la carta precedente: «los que llegaron a España contra los sarracenos» *(qui contra Sarracenos in Hispaniam proficiscebantur)*, y en esta ocasión fueron sin duda alguna guerreros y no peregrinos. El papa justificó con esmero la distinción que convenía establecer, en los territorios a reconquistar, entre los sarracenos y los judíos. El combate contra los sarracenos era para él eminentemente loable, puesto que persiguieron a los cristianos y los expulsaron de sus tierras; en cuanto a los judíos, no convenía matarlos, sino avasallarlos[57].

En otra carta al arzobispo de Narbona, cuya diócesis atravesaban los guerreros procedentes de Francia e Italia, el papa recordó que todas las leyes, tanto eclesiásticas como seculares, condenan la efusión de sangre, excepto cuando se trata de castigar a los criminales por sus pecados y a los sarracenos por sus exacciones. Por eso felicitó al prelado por no haber aprobado los perjuicios causados sin motivo a los judíos, y le incitó a que actuara del mismo modo si se presentaban otras ocasiones[58]. A pesar de lo que diga M. Bull, esta carta, que de manera tan nítida diferencia el tratamiento que debe imponerse a los judíos y a los sarracenos, justifica plenamente el combate contra estos últimos: por las exacciones que en el pasado cometieron en detrimento de los cristianos, de cuyas tierras se adueñaron, son asimilados a los malhechores y deben ser combatidos como tales.

Las tres cartas que acabamos de citar no están fechadas: el editor las relaciona con el paso de los guerreros no españoles que fueron a combatir por Barbastro y las sitúa a finales del año 1063. La cosa no es cierta, pero resulta altamente probable: ¿qué otra ocasión

---

56. Véase sobre este punto J. Riley-Smith, «The Firts Crusade and the Persecution of the Jews», en *Persecution and Toleration (Studies in Church History,* 21), 1984, pp. 51-72; J. Flori, «Une ou plusieurs "première croisade"? Le message d'Urbain II et les plus anciens progroms d'Occident», *Revue Historique,* 285, 1991, 1, pp. 3-27.
57. Alejandro II, Carta n.º 101, A los obispos de España, PL, 146, col. 1386-1387.
58. Alejandro II, Carta n.º 83, Al arzobispo de Narbona, ed. S. Loewenfeld, *Epistolae pontificum romanorum ineditae,* cit., n.º 83, p. 43; véase también Jaffé, *Regesta...,* 4528-4532, p. 573.

conocida, entre 1061 y 1073, pudo inducir a un gran número de guerreros ir a combatir a los sarracenos a España y hacerlos susceptibles de confundir, por codicia y fanatismo, a los judíos con los infieles? Acercándose a mi tesis (contra la de Bull), C. Laliena admite que la carta de Alejandro II no se refería a peregrinos; fueron guerreros. Sin embargo, añade, ello no significa necesariamente que el papa estuviera en el origen de la expedición, sino sólo que en aquel momento se preparaba un ataque contra el islam, con su aprobación. Esta interpretación mínima es también la mía. Alejandro II no predicó una cruzada universal, ni incluso una guerra santa comparable al *ŷihād*: apoyó y, por ello mismo, contribuyó a sacralizar las operaciones de reconquista que desde entonces se iban a intensificar con el apoyo del Papado.

Amado de Montecasino llegó más lejos. Convierte la expedición de Barbastro en una guerra santa decidida por los príncipes cristianos, franceses, borgoñones y normandos, y cuyas tropas dirigidas por Roberto Crespín obtuvieron primero la victoria «por la ayuda de Dios»; pero el diablo se mezcló y corrompió a los «soldados de Cristo», los cuales se entregaron a la lujuria; en consecuencia, por un «justo juicio de Dios», los musulmanes recuperaron la villa[59]. Hoy se tiende a minimizar el testimonio del monje normando, que habría transplantado a Barbastro la reciente experiencia de los normandos en Sicilia[60]. Es posible, pero no deja de ser hipotético. Y ello probaría, por lo demás, que aquellas operaciones normandas en Sicilia tenían para él ese carácter de guerra santa que le denegaban sus detractores. Cowdrey se limita a decir que Amado de Montecasino no inventó dichos rasgos; se contentó con exagerar la importancia de Barbastro y el papel de los normandos[61]. Ésta es, me parece, una actitud más razonable, a la cual me adhiero.

Gregorio VII

Más que sus predecesores, Gregorio VII concibió la idea de una movilización de las fuerzas militares de la cristiandad al servicio de la Iglesia de Dios, es decir, según su concepción centralizadora, de San Pedro y de la Santa Sede. Esta idea se deduce claramente del

---

59. Amado de Montecasino, *Histoyre de li Normant*, I, 5 y I, 7, cit.
60. Véase sobre este punto las opiniones muy diversas de P. Boissonnade, *op. cit.*, pp. 23 ss.; M. Defourneaux, *Les Français...*, *op. cit*, pp. 131 ss.; P. Rousset, *Les Origines...*, pp. 49 ss.; I. S. Robinson, *op. cit.*, pp. 324 ss.; A. Ferreiro, *op. cit.*, pp. 130 ss.; M. Bull, *Knightly Piety...*, cit., pp. 78 ss.
61. H. E. J. Cowdrey, *The Age of Abbot Desiderius...*, cit., pp. 25-26.

estudio del vocabulario que empleó en sus cartas, en particular de las nociones de liberación de la Iglesia *(libertas)*, de recuperación *(recuperatio)*, de servicio de San Pedro y de Cristo *(servitium sancti Petri, militia, milites, fideles sancti Petri)* contra todos los enemigos, confundidos, de Dios, de Cristo, de la Iglesia y de San Pedro[62]. Para él, los príncipes laicos debían elegir su campo en la lucha cósmica y terrestre que opone las fuerzas del Bien a las del Mal. La urgencia del combate por la liberación de la Iglesia de los poderes laicos, en particular contra el rey de Germania, concentró su atención sobre los enemigos interiores de la cristiandad, a los que llamó falsos cristianos, cismáticos, herejes, agentes de Satanás y secuaces del Anticristo. Juzgó a esos enemigos peores que los judíos y los paganos[63]. Para oponerse a esas fuerzas del mal que gangrenaban la Iglesia (en el sentido de cristiandad), Gregorio se rodeó de una red de fieles de San Pedro, a quienes requirió servicio armado. Los adversarios a combatir eran tanto el clero refractario a su reforma como sus vecinos normandos, o los partidarios del rey de Germania. Tal vez incluso contempló, como hemos visto, una expedición armada contra el rey de León y Castilla, y se preparó en 1074 a dirigir personalmente un ejército de socorro a los cristianos de Oriente.

Es decir, que su programa de «liberación de las iglesias» no fue únicamente espiritual, ni estuvo limitado sólo a la lucha contra las corrupciones del clero. También tuvo en cuenta la liberación de las iglesias bajo tutela musulmana y de los territorios antaño cristianos que fueron conquistados por la fuerza de las armas, comenzando por España. No vale la pena insistir aquí sobre las reivindicaciones que Gregorio emitió sobre España en nombre de la falsa donación de Constantino, del patronazgo de San Pedro o de su concepción más global de la autoridad pontificia en el plano que nosotros llamamos político[64]. Su interés fue tal que, desde su accesión al trono pontificio en 1073, incitó a sus fieles a que encabezaran en España un ejército de reconquista, teniendo el cuidado de precisar a su jefe, Ebles de Roucy, que todos los participantes deberían reconocer de antemano a San Pedro la propiedad de los territorios reconquistados[65]. Los historiadores se encuentran actualmente divididos a pro-

---

62. Véase sobre este punto J. Flori, «Le vocabulaire de la reconquête chrétienne...», cit.
63. *Registrum*, II, 5, p. 130; II, 49, p. 189; III, 6, p. 255; IX, 31, p. 617; cf. *supra*, pp. 210 ss.
64. Véase más arriba, pp. 207 ss.
65. *Registrum*, IV, 28: A los reyes, condes y príncipes de España (28 de junio de 1077), pp. 346-347.

pósito de la amplitud de aquella expedición de Ebles y de sus resultados reales. Setenta años más tarde, Suger vio en aquel adversario del rey de Francia un personaje poderoso y tiránico, ambicioso y guerrero en el alma, y le reprochó elevar tan alto sus pretensiones que partió un día para España «a la cabeza de una hueste de una importancia tal que sólo convenía a los reyes»[66]. Probablemente no fue el único, y entre los contingentes de la primera cruzada volvemos a encontrar varios príncipes, *fideles sancti Petri,* que primero habían participado en las operaciones militares de la *reconquista* española. En lo sucesivo, las expediciones militares en España dejaron de ser únicamente asunto de príncipes, como sucedía aún a comienzos del siglo. Los papas les prestaron la mayor atención e impulsaron a sus fieles a participar en ellas.

Urbano II

Urbano II recuperó por su cuenta el programa de Gregorio y lo insertó en su concepción de la Historia[67]. Al igual que las esperanzas proféticas de las que hemos hablado más arriba, ella se inspiraba en el Antiguo Testamento y en la noción de pedagogía divina. Dios dirige la Historia, cambia los tiempos y las circunstancias, derriba y establece a los reyes. Bendice a su pueblo si le es fiel, lo castiga si lo olvida y se desvía de sus preceptos. Para ello utiliza la fuerza militar (mala) de los pueblos paganos enemigos a los que concede la victoria. Espera que ese castigo conduzca a su pueblo al arrepentimiento y a la reforma moral; si así ocurre, Dios «se arrepiente» a su vez y permite a su pueblo reconquistar su libertad y su prosperidad anteriores. En la nueva dispensación, Dios actúa del mismo modo; siendo así cómo la Iglesia, antaño floreciente en la Antigüedad, fue sometida en los siglos VII y VIII, a causa de sus pecados *(peccatis exigentibus),* a la tiranía de los «paganos» (los musulmanes); pero Dios perdona a su pueblo cuando se reforma; por eso, en este final del siglo XI *(nostris temporibus),* concede su auxilio a la reconquista cristiana que se realiza, gracias a Él, un poco por todas partes, en Sicilia, en las islas, en España, y pronto en el Próximo Oriente.

En esa perspectiva, que, como se ve, prolonga exactamente la de

---

66. Suger, *Vita Ludovici Grossi regis,* V, ed. y trad. H. Waquet, París, 1964, pp. 26-27.

67. Este punto ha sido bien demostrado por A. Becker, *Papst Urban II (1088-1099),* t. II, Stuttgart, 1988, pp. 352 ss.; véase también A. Becker, «Urbain II, pape de la croisade», cit., pp. 9-17; y A. Becker, «Politique féodale de la papauté à l'égard des rois et des princes (XIe-XIIe siecle)», cit.

Gregorio VII, la guerra de reconquista es, por excelencia, una guerra santa. No sólo deja de ser motivo de pecado, que hace necesaria la penitencia, sino que se inserta en el plan divino que lleva a cabo y puede convertirse así a su vez en acción piadosa y meritoria, en acto de penitencia y en fuente de gracias.

Urbano II volvió, pues, de forma muy natural sus miradas hacia la lucha de los cristianos en España, donde los que combatían a los musulmanes participaban en la acción divina de reconquista y de restauración de la Iglesia, es decir, de la cristiandad. En 1088, en una carta al arzobispo de Toledo, recientemente reconquistada, situó los hechos presentes en una perspectiva profética, recordó el pasado glorioso de dicha ciudad, y después la dominación de los sarracenos y la pérdida de libertad que de ella se derivó para la religión cristiana durante trescientos setenta años, a consecuencia de los pecados del pueblo; pero se regocijó de que, gracias a Dios y a las fuerzas armadas del rey Alfonso, la ciudad hubiera sido devuelta a la libertad[68]. Una participación semejante en la acción divina de reconquista no puede sino ser santa y meritoria.

Este aspecto estuvo realmente presente, antes de la cruzada, a propósito de España, sobre la cual Urbano II, como Gregorio, recordó los derechos de la Santa Sede. En su carta de 1 de julio de 1089 al obispo Berenguer de Ausona, con motivo de la recuperación de la ciudad de Tarragona, expresó una vez más su «teología de la Historia»: Dios transfiere los reinos y cambia los tiempos; ahora se ha dignado visitar a su pueblo castigado «por nuestros pecados» mediante la ocupación sarracena durante trescientos noventa años; el papa se limita a decir aquí que Dios ha «inspirado» a los príncipes para su liberación y su restitución a la sede apostólica, según los derechos de la Santa Sede que el papa recuerda oportunamente[69]. Dos años más tarde, el papa presionó al conde de Urgel para que participara plenamente en la restauración de aquella ciudad desolada por trescientos noventa años de ocupación musulmana. Dicha acción, podrá, dice, contribuir a la indulgencia de los pecados[70]. Quizás sólo se trate aquí de una incitación a la generosidad «finan-

---

68. Urbano II, Carta n.º 5, *Al arzobispo Bernardo de Toledo* (1088), *Epistolae et privilegia*, PL, 151, col. 288.
69. Carta al obispo Berenguer, *Acta Pontificorum Romanorum ineditae*, ed. J. von Pflugk-Harttung, Stuttgart, 1884, II, n.º 176, pp. 142-143 (otra ed. apenas diferente en PL, 151, carta 152, col. 331-333).
70. Carta al conde de Urgel, ed. P. Kehr, *Papsturkunden in Spanien, Vorarbeiten zur Hispania Pontifica, I, Katalien, 2, Urkunden und Regesten*, Abhandlungen der Gesellschaft der Wissenschaften zü Göttingen, 1926, pp. 286-287.

ciera», pero su destino no dejaba de ser el restablecimiento de la religión en las tierras reconquistadas. En 1093, Urbano II manifestó de nuevo su interés por la recuperación de los bienes expoliados por los sarracenos cuando prescribió al obispo y a los condes de Barcelona que, «en remisión de sus pecados», desplegaran todos sus esfuerzos para restaurar el orden y recuperar los instrumentos de culto expoliados por «los enemigos de la cruz»[71].

Para conseguir la «recuperación» de Tarragona, devuelta a la Santa Sede[72], el papa había incitado, desde 1089, a los príncipes de la Tarraconense a que dedicaran a dicha restauración su poder y sus riquezas, a modo de penitencia, por la remisión de sus pecados, antes que emprender peregrinaciones lejanas, a Jerusalén o a otras partes; para tranquilizarles del todo sobre la validez de esa «penitencia», el papa concedió a los que participaran en aquella acción de finalidad guerrera las mismas indulgencias que para una peregrinación. Se trata de una conmutación en toda regla: el beneficio que el peregrino espera de su peregrinación está aquí asegurado por su participación en una buena acción de defensa de la cristiandad, o, más exactamente, de un territorio que la Santa Sede consideraba dependiente de su derecho:

> Por vuestra penitencia y por el perdón de vuestros pecados, os encargamos que actuéis con todo vuestro poder y toda vuestra riqueza por la restauración de esa iglesia. Aconsejamos a quienes, por un ánimo de penitencia y de piedad, deseen ir como peregrinos a Jerusalén o a cualquier otro lugar, que destinen más bien los gastos y los esfuerzos de un viaje semejante a la restauración de la iglesia de Tarragona para que, con la ayuda de Dios, una sede episcopal pueda existir ahí de manera segura y para que dicha ciudad pueda erigirse como una muralla y un escudo de la cristiandad contra los paganos. Con la gracia de Dios, os prometemos la misma indulgencia que la que ganaríais gracias a ese largo viaje[73].

71. Urbano II, Carta n.º 27, ed. P. Kehr, *op. cit.*, pp. 290-292.
72. Cf. *Liber Censuum*, I, 468-469; véase sobre este punto Robinson, *op. cit.*, p. 343.
73. Urbano II, Carta 20, *Epistolae et privilegia*, PL, 151, col. 302-303 (véase también Jaffé, p. 663, n.º 5401); J. Richard, «L'indulgence de croisade et le pèlerinage en Terre sainte», cit., vacía demasiado el aspecto de defensa y protección de la ciudad que me parece implícita en este texto. En verdad, no se trató explícitamente de una operación militar, pero tampoco sólo, como él sostiene, de la reconstrucción de una iglesia, sino de la restauración de Tarragona al rango de obispado, lo que implicaba tanto su reconstrucción como su protección física, incluida la militar: debía ser «un escudo contra los infieles».

Encontramos aquí la expresión indudable de una doble asimilación:

—De una parte, una acción con finalidad guerrera destinada a la reconquista, por la cristiandad y la Santa Sede, se considera lo bastante meritoria como para ser prescrita «en remisión de los pecados», en concepto de penitencia, en la línea de la evolución hasta aquí descrita y como conclusión lógica de ella; desde este punto de vista, no se trató, pues, de una innovación real, sino de un resultado. A pesar de todo, fue un hecho capital cuya importancia no debe minimizarse.

—De otra parte, aquella acción meritoria fue claramente puesta en paralelo, en una equivalencia estricta, con una peregrinación penitencial, incluida la particularmente prestigiosa a Jerusalén.

Esta doble asimilación ilustra muy bien cómo el pensamiento de Urbano II estaba preparado para expresar el mensaje de Clermont. El llamamiento a la cruzada no nació de manera espontánea en 1095. Fue resultado de una lenta evolución cuyas etapas capitales han sido evocadas en las páginas precedentes. La mayor parte de los elementos de Clermont estaban ya reunidos en el pensamiento que Urbano II elaboró a propósito de la guerra sacralizada de reconquista cristiana.

La asimilación del combate en España y en Oriente (con rasgos meritorios equivalentes) queda también de manifiesto en una carta de Urbano II al obispo Pedro de Huesca, cuyo contenido aconseja datarla en la época de la cruzada. El papa se alegra en ella de que los pueblos cristianos hayan sido liberados de sus angustias, de la tiranía de los sarracenos y de que la fe cristiana haya sido exaltada en los dos continentes por las victorias de los cristianos sobre los turcos en Asia, sobre los moros en España, y que las ciudades liberadas hayan sido devueltas al culto cristiano[74]. Prosiguiendo su pensamiento en el mismo sentido, Urbano II lo expresó de nuevo en otra carta a los condes catalanes. Por lo general se la data después de la predicación, aunque la fecha sea en sí discutida, a causa precisamente de su contenido: reafirmó, en efecto, el valor piadoso y meritorio de la reconquista española al situar al mismo nivel de mérito la lucha armada contra los infieles en España y en Oriente. El texto es muy conocido; no obstante, merece reproducirse aquí para subrayar su alcance:

---

74. Urbano II, Carta n.º 237, *Epistolae et privilegia*, PL, 151, col. 504-506.

Al igual que los *milites* de otras tierras han decidido unánimemente partir para ayudar a la Iglesia de Asia y para liberar a sus hermanos de la tiranía de los sarracenos, así vosotros también, conforme a nuestras exhortaciones, debéis esforzaros para ir a socorrer la Iglesia que queda cerca de vosotros contra los asaltos de los sarracenos. En esa expedición, si alguno llega a caer por el amor de Dios y de sus hermanos, que no dude que conseguirá el perdón [*indulgentiam*] de sus pecados y la vida eterna por la gracia misericordiosa de Dios. Si alguno de vosotros ha decidido marchar a Asia, que se aplique más bien a cumplir su piadoso designio aquí. Pues no es maravilla *(virtus)* liberar a los cristianos en un lugar y entregarlos en otro a la tiranía y a la opresión sarracena[75].

La fecha de esta carta es controvertida: se la sitúa entre 1089 y 1099[76]. Yo me inclino por una fecha posterior a 1096 a causa de la alusión manifiesta a los *milites* que marcharon a socorrer la Iglesia oriental. En aquella fecha, según la apreciación del papa, se había logrado la asimilación de dos luchas armadas en el plano de los méritos.

Conviene subrayar aquí varios elementos:

1. El papa aconsejó a dichos príncipes, para la remisión de sus pecados, que participaran en una operación militar, la cual, pues, fue de nuevo prescrita en concepto de redención.

2. El papa identificó aquella expedición guerrera en España con la que los *milites* de otras provincias llevaron a cabo para liberar a sus hermanos de la tiranía de los sarracenos. Resulta por tanto correcto asimilar la *reconquista* a la cruzada en el marco general de una única y misma reconquista cristiana; el mismo papa, por lo demás, subrayó ese aspecto unitario cuando precisó que sería absurdo ir a socorrer en Asia a los cristianos exponiendo en su propio país, al debilitar las fuerzas locales, a otros cristianos a recaer bajo la tiranía de los sarracenos; mejor les valía cumplir su voto sobre el terreno. Parece que se trata, en definitiva, de un «voto de cruzada» que el papa conmutó, me atrevo a decirlo, en «voto de *reconquista*».

3. Para tranquilizar del todo a los españoles sobre ese valor idéntico de las dos luchas en Oriente y en Occidente, el papa afirmó de nuevo las promesas que estaban vinculadas a dicha liberación de España: quienes así murieran por el amor de Dios y de sus hermanos obtendrían el perdón de sus pecados y la vida eterna.

---

75. *Id.*, Carta n.º 23, ed. P. Kehr, *op. cit.*, pp. 287-288.

76. Riley-Smith (1980 y 1986) considera que se trata de una asimilación a una peregrinación y la sitúa entre 1089 y 1091; en cambio, la mayor parte de los otros historiadores de la cruzada la sitúan más bien entre 1096 y 1099.

M. Bull estima que esta carta estuvo destinada únicamente a tranquilizar a los españoles sobre la licitud de su combate, pero que no asimiló la *reconquista* a la cruzada, dado que sólo recibirían la absolución los que murieran en ella[77]. Podemos dudar de esta explicación, que descansa demasiado sobre la relativa imprecisión de los términos concernientes a las promesas espirituales finales.

Sea como fuere, el objetivo contemplado por Urbano II fue sin ninguna duda tratar de conseguir que los españoles renunciaran a su voto de cruzada en Oriente y que lo conmutaran en combate meritorio contra los sarracenos en España. Por tanto, era necesario situar en un mismo plano los dos teatros de operaciones militares y las recompensas que podían obtenerse en ellos. La asimilación de las dos luchas armadas en el plano de los méritos quedó realizada plenamente en el pensamiento del papa. Sin embargo, no fue así del todo para los españoles, que siguieron atribuyendo un valor superior a la expedición hacia Jerusalén. En varios ocasiones, Pascual II se vio obligado a recordar que la lucha contra los moros en la península estaba asociada a los mismos privilegios espirituales que la cruzada, e incluso debió prohibir a los obispos y a los príncipes españoles que participaran en ella mientras que la amenaza sarracena pesara sobre sus tierras[78]. La huella de ello se observa igualmente en la legislación eclesiástica contemporánea[79].

GUERRA SANTA Y RECONQUISTA EN OCCIDENTE

España no fue el único teatro de operaciones militares de reconquista de las tierras cristianas que se consideraban perdidas «a causa de los pecados» y, por ello, invadidas por los musulmanes. La misma lucha sacralizada tuvo también lugar en Francia meridional, en el sur de Italia, en Sicilia, en las islas, e incluso en África.

Así ocurrió en Provenza. Al evocar, entre 1031 y 1049, la captura del abad Máyolo de Cluny por los sarracenos medio siglo antes, Odilón bosqueja un cuadro nada complaciente de la ocupación musulmana, que anuncia los de Gregorio VII y Urbano II: en aquella época, dice, desde los confines de España, «la muy cruel y tumultuo-

77. M. Bull, *op. cit.*, p. 97.
78. Pascual II, *Epistolae*, PL, 163, Carta n.º 25, col. 45; Carta n.º 26, col. 45; Carta n.º 44 (1101), col. 64-65.
79. Texto en J. von Pflugk-Harttung, *op. cit.*, p. 168: «*Penitentia ei detur, ut in Hierusalem vel in Hispaniam per unum annum maneat in servitio Dei*»; véase también *Regesta pontificum Romanorum,* ed. P. Jaffé y G. Wattembach, t. I, n.º 5674.

sa muchedumbre de los sarracenos» ganó por mar Italia y Provenza, y luego los Apeninos, masacrando a hombres y mujeres, a jóvenes y viejos. Máyolo, al regresar de Roma, cayó en una de sus emboscadas y fue capturado, siendo liberado después a cambio de un rescate. Odilón ve en dicha captura el colmo de su iniquidad, que les acarreó sufrir la venganza divina: la derrota. Por eso, Máyolo contribuyó a adelantar la liberación de aquellos territorios, realizada por Guillermo, como antaño la iniquidad de los judíos fue la causa de su castigo por los emperadores romanos:

> Divinamente libertado y al fin rescatado gracias a los bienes del monasterio, con la ayuda de Dios [Máyolo] salió indemne de sus manos y su injusta captura fue la ocasión de su expulsión y de su perdición perpetua. Del mismo modo que, después de la Pasión de Cristo, los judíos fueron desterrados de su tierra, los sarracenos fueron expulsados del mundo cristiano. En un caso, el Señor ejecutó su venganza a través de los príncipes romanos Tito y Vespasiano, en el otro, libró a los cristianos del yugo sarraceno gracias a Máyolo y por intermedio del ilustrísimo Guillermo, príncipe muy cristiano[80].

Este Guillermo, asimilado a Guillermo de Toulouse en el primer cuarto del siglo XII, no puede sino ser el hijo de Bosón de Arlés, apodado «el Liberador» después de su victoria de 983 frente a los sarracenos que habían capturado a Máyolo. La interpretación de Odilón (quien, según dice, rezaba constantemente a Dios por la liberación de España de la dominación de los paganos[81]) subraya hasta qué punto la reconquista cristiana era considerada entonces como deseada por Dios. Las tropas cristianas realizaban así la acción divina en la Historia: una liberación, pero también un castigo, una venganza de Dios sobre los infieles. La cruzada sería igualmente interpretada en este sentido por varios cronistas.

La reconquista normanda en el sur de Italia, y más aún en Sicilia, se vio también sacralizada, al igual que las operaciones de los pisanos en Córcega, que vencieron a los sarracenos y devolvieron a la isla su libertad, en una obediencia a la Santa Sede que reivindicó el

---

80. Odilón de Cluny, *Vie de saint Mayeul, abbé de Cluny*, AASS, Maï 2, pp. 688-688, o PL, 142, col. 943-962; nueva edición en D. Iogna-Prat, *Agni inmaculati...*, cit.; cito aquí la traducción de M. Zimmermann (dir)., *op. cit.*, pp. 427 ss.; sobre la captura de Máyolo, véase P.-A. Amargier, «La capture de saint Maïeul de Cluny et l'expulsion des Sarrasins de Provence», *Revue bénédictine*, 73, 1963, pp. 316-323 y D. Iogna-Prat, «Saint Maïeul de Cluny le provençal, entre histoire et légende», *Bulletin de la société d'études des Hautes-Alpes*, 1989, pp. 67-75.
81. Odilón de Cluny, Carta al abad Paterno, PL, 142, col. 941-942.

papa[82]. En una carta escrita en 1093, este último recuerda que Sicilia había caído bajo el yugo de los sarracenos. A causa de los pecados *(peccatis exigentibus)*, ha sufrido la servidumbre y la religión cristiana ha sido interrumpida durante cerca de trescientos años; pero «Dios cambia los tiempos» y, a través de Roger, ha restablecido la religión cristiana en la isla[83]. Cuando escribió a Roger en 1098, lo felicitó por haber «dilatado la Iglesia de Dios» y manifestado su devoción a la sede apostólica[84].

Amado de Montecasino relata cómo, antes del año 1000, los normandos hicieron escala en Salerno al regresar de una peregrinación a Jerusalén; allí, no pudieron soportar ver a los cristianos sometidos a los sarracenos que devastaban la tierra; pidieron armas para luchar contra ellos, liberaron a Salerno de su servidumbre, pero no pudieron permanecer mucho tiempo, a pesar de la solicitud de los habitantes. Sus descendientes regresarían. En Sicilia, antes de atacar a los sarracenos que «mataban muy rudamente a los cristianos», Roberto Guiscardo dirigió a sus hombres un discurso de guerra santa en el que explicó su intención: «liberar a los cristianos y a los católicos que están sometidos a la servidumbre y vengar la injuria infligida a Dios»[85]. La crónica de Montecasino, a propósito del papel liberador de los normandos en Salerno, señala que, al encontrar la ciudad asediada por los musulmanes, «su alma se inflamó ante el llamamiento de Dios»; solicitaron armas al príncipe de Salerno, se precipitaron sobre los sarracenos y les hicieron huir, «con la ayuda de Dios». Rechazando cualquier regalo, afirmaron «que todo lo habían hecho por amor de Dios y de la fe cristiana[86]. Podemos dudar ciertamente de los móviles desinteresados de los normandos, pero no de la ideología de guerra santa que les presta el autor. Godofredo Malaterra, que escribió justo antes de la primera cruzada, no disimula de ninguna manera sus ambiciones personales, perfectamente compatibles, en su opinión, con los ideales de reconquista cristiana y de guerra santa:

> Al oír decir que Sicilia era incrédula, y al constatar de cerca que sólo estaba aislada por un muy estrecho brazo de mar, como siempre estaba ávido de dominio, se vio apoderado por la ambición de conquistarla, pensando que ello le reportaría un doble beneficio, a la

82. Urbano II, Carta n.º 63, PL, 151, col. 344-346.
83. *Id.*, Carta n.º 93, PL, 151, col. 370-371.
84. *Id.*, Carta n.º 239, PL, 151, col. 506.
85. Amado de Montecasino, *Hystoire de li Normant*, I, 17; V, 7 y V, 12, cit.
86. León Marsicano, *op. cit.*, MGH SS, 34, a. 1017.

vez para el alma y el cuerpo, si hacía volver de nuevo al culto divino una tierra devota a los ídolos y si poseía materialmente, para ponerlos al servicio de Dios, los frutos y rentas de esta tierra de la que se había apoderado un pueblo desagradable a Dios[87].

Antes de la batalla de Cerami (1063), los normandos se confesaron, hicieron penitencia y se encomendaron a la misericordia de Dios. Luego, confiados, se lanzaron al combate. ¿Actuaron así, como a veces se dice, por una simple precaución habitual antes de todos los combates? No solamente. En aquellos preparativos existen rasgos de guerra santa, aunque sólo sea por la manera, impregnada de reminiscencias bíblicas, con que fueron relatados. Así, el jefe normando Serlo, con sólo treinta y seis caballeros, puso en fuga a 3.000 sarracenos, sin contar a los peones, lo cual recuerda al autor las hazañas de los hijos de Israel ante los filisteos. Ello probó que Dios estaba con ellos, apostilla Godofredo, pues ninguna fuerza humana habría podido llevar a cabo semejante proeza. Por lo demás, antes del combate, Roger habría dirigido a sus hombres un verdadero discurso de guerra santa, muy parecido al que pronunció Bohemundo en la primera cruzada. Para levantar el ánimo de sus guerreros, asustados por la multitud de sus enemigos, Roger habló a sus «muy valientes soldados de la milicia cristiana»; les prometió que el Todopoderoso no dejaría de socorrerles, a ellos que estaban marcados con el signo de Cristo. Todos los reinos del mundo, añade, pertenecen a nuestro Dios, y Él los otorga a quien quiere. Rebeldes a Dios, esas gentes sólo confían en sus propias fuerzas. Pero nosotros sí estamos seguros de la protección de Dios. Y si Dios marcha delante de nosotros, ¿quién podrá subsistir? Roger se refiere al relato bíblico: Gedeón no dudó de la ayuda divina, y con pocos hombres abatió a miles de enemigos.

Una confianza semejante encontró su recompensa, pues Dios intervino a través de un milagro anunciador del que más tarde realizaría durante la cruzada de Antioquía:

> Cuando terminaba este discurso para lanzarse al combate, apareció un caballero armado, espléndido, a lomos de un caballo blanco, que portaba una lanza cuya punta estaba adornada por un estandarte blanco, coronado por una cruz resplandeciente. Avanzó, por así

---

87. Godofredo Malaterra, II, *De rebus gestis Rogerii...*, cit., p. 29. Señalemos la sorprendente interpretación de este texto en J.-M. Martin, *Italies normandes,* cit., p. 20, que extrae la conclusión diametralmente opuesta y niega cualquier rasgo de guerra santa.

decirlo, al frente de nuestro ejército, para incitar a los nuestros a combatir con mayor prontitud. Y se lanzó en un muy animoso asalto contra nuestros enemigos por el sitio donde eran más numerosos. Al ver esto, los nuestros, alegres pero derramando lágrimas, afectados por una tal visión, se precipitaron detrás de él invocando a Dios y a San Jorge. Fueron también muchos los que vieron en la punta de la lanza del conde un estandarte marcado por una cruz, que no había podido ser colocada allí por nadie sino por Dios[88].

En testimonio de gratitud y de obediencia, Roger envió al papa Alejandro cuatro camellos, procedentes de su abundante botín. El soberano pontífice, subraya Malaterra, se alegró más por la victoria obtenida por Dios sobre los paganos que de dicho regalo, pero envió a los normandos su bendición apostólica y, gracias al poder de que disponía, concedió la absolución de sus pecados (si se arrepentían en el futuro) al conde y a todos los que le ayudaran a arrebatar Sicilia a los paganos y a convertirla, una vez conquistada, a la fe de Cristo. Envió también el *vexillum* de San Pedro. Todo ello fortaleció a los normandos en su lucha contra los sarracenos[89].

Un relato semejante asemeja mucho la guerra de reconquista de Sicilia a la guerra del Padre Eterno conducida antaño por Moisés y Josué para tomar posesión de la tierra de Israel. Para Godofredo fue una guerra santa, conducida por Dios, para liberar aquellas tierras y volverlas a ganar a la verdadera fe. Una guerra meritoria, garantizada por el pontífice romano. A continuación, el monje normando nos muestra a Roger como vengador de Dios: cuando se enteró de que los sarracenos habían saqueado un monasterio y raptado a las monjas, fue «henchido por una cólera inspirada por Dios»; decidió ir a «vengar una tan gran injuria hecha a Dios», preparó una expedición, reunió una flota, ordenó hacer procesiones, con los pies descalzos, en varias iglesias, con oraciones y letanías, acompañadas de generosas limosnas para los indigentes. Aquella expedición encontró con toda seguridad el favor de Dios, que aseguró al conde su victoria. Envalentonado por aquella piadosa empresa, Roger decidió después atacar los «reinos de ultramar», comenzando por Malta; se apoderó de ella y liberó a numerosos prisioneros cristianos que llegaron ante él portando cruces y cantando el *Kyrie eleison*[90].

---

88. Godofredo Malaterra, II, 33, *op. cit.*, p. 44. Amado de Montecasino, V, 23, relata un discurso del mismo género, pero no menciona la aparición. Afirma, sin embargo, que Dios combatió por los normandos, pues no tuvieron que deplorar ninguna pérdida.
89. *Ibid.*, p. 45.
90. *Ibid.*, IV, 2, pp. 85-86 y IV, 16, p. 95.

¿Acaso no se convirtió así en una especie de precursor de la futura reconquista de las tierras cristianas de Oriente? Volvemos a encontrar rasgos parecidos a propósito de la expedición conducida hasta Mahdia (actual Túnez) por los genoveses y los pisanos en 1087. Según la crónica de Montecasino, la iniciativa de ella habría correspondido al papa Víctor III. Deseoso de encabezar el combate contra los sarracenos de África y de «pisotear la impiedad», el papa tomó consejo de los obispos; conjuntamente decidieron reunir un ejército de cristianos procedentes de toda Italia, y le dieron el *vexillum sancti Petri,* con la remisión de sus pecados. Gracias a la ayuda de Dios triunfaron y mataron a 100.000 sarracenos[91]. El poema que relata la expedición subraya más aún los rasgos de guerra santa llevada a cabo por el interés del Papado y con su bendición. Sataniza también de manera más nítida a los adversarios sarracenos[92]. Para él, el rey musulmán Tamin, que reinaba en Mahdia, era «un dragón crudelísimo semejante al Anticristo». La expedición hacia África fue dirigida por el mismo Jesucristo, y, antes de la batalla, el obispo Benito dirigió a los suyos un discurso para exhortarles a que recordaran el combate de David contra Goliat. Por su parte, los agarenos invocaron a Mahoma, el enemigo de la Santísima Trinidad, el negador de la Encarnación. Pero el clamor de los cristianos fue mayor. San Miguel tocó su trompeta, como hizo antes de combatir al dragón. El combate se trabó. El vizconde Hugo encontró en él la muerte, como mártir glorioso, pero los sarracenos fueron vencidos y Tamin ofreció la paz: dio a los pisanos y a los genoveses una enorme cantidad de oro y de plata, y juró por el Dios del cielo que no molestaría más a los cristianos. Reconoció, mediante juramento, que aquella tierra pertenecía a San Pedro, y se comprometió a tenerla de él. Por tanto, y en signo de sumisión, envió a Roma un tributo de oro y de plata. Los pisanos victoriosos penetraron entre ellos, llevándose numerosos cautivos, después de haber liberado a más de 100.000 prisioneros cristianos.

¿Acaso puede encontrarse mejor ejemplo de una reconquista cristiana anunciadora de la cruzada ultramarina? Nos encontramos aquí ante una guerra sacralizada, acompañada de la demonización de un adversario musulmán asimilado al Anticristo, una guerra pres-

---

91. León Marsicano, *op. cit.,* III, 71, MGH SS, 34, p. 453.
92. Poema pisano sobre la victoria de 1087 sobre los sarracenos en Mahdia, ed. G. Scalia, «Il carme pisano sull'impresa contro i Sarraceni del 1087», en *Studi du Filologia Romanza offerti a Silvio Pellegrini,* 1971, pp. 565-627; H. E. J. Cowdrey, «The Mahdia Campaign of 1087», cit.

crita por la suprema autoridad religiosa de un pontífice romano, unida al perdón de los pecados de los participantes, y al martirio de quienes llegaran a perecer, una guerra realizada por el interés de los cristianos así liberados de la opresión sarracena, y cuyo resultado fue la sumisión del rey vencido a San Pedro. Como otros muchos casos citados precedentemente, aquella expedición ultramarina fue una verdadera guerra santa.

No fue, sin embargo, una cruzada. En ella faltaron, en efecto, los rasgos específicos y nuevos de la cruzada, ligados a su objetivo: la liberación de Jerusalén y de los santos lugares, que al mismo tiempo la convirtieron también en una peregrinación.

Capítulo X

DE LA GUERRA SANTA A LA CRUZADA

¿POR QUÉ UN LLAMAMIENTO A LA CRUZADA?
EL PRÓXIMO ORIENTE EN VÍSPERAS
DEL LLAMAMIENTO DE URBANO II

Las relaciones entre el mundo musulmán y el mundo cristiano no eran más pacíficas en Oriente que en Occidente en aquel final del siglo XI. Ciertamente, los califas fatimíes habían adormecido algo los preceptos del *ŷihād* y una especie de *statu quo* se había instaurado entre los dos mundos. Fue cuestionado por la invasión de los turcos seljúcidas, recientemente convertidos al islam sunní y hostiles al chiísmo fatimí. Se apoderaron de Armenia en 1066, provocando la respuesta del emperador romano Diógenes. En 1071, al frente de un gran ejército de mercenarios, fue derrotado por el sultán Alp Arslan y hecho prisionero en Manzikert[1]. Aquella derrota aseguró el dominio de los turcos sobre todo el norte de Siria, a excepción de la región de Antioquía, que resistió hasta 1084. Los turcos emprendieron pronto la conquista de Asia Menor, ahuyentando a una parte de las poblaciones cristianas. Aupado al poder por un golpe de Estado en 1081, el emperador Alejo Comneno se encontró en una situación delicada. En el interior, las arcas del Estado estaban vacías y la situa-

---

1. Sobre la batalla de Manzikert y su impacto, véase C. Cahen, «La campagne de Mantzikert d'après les sources musulmanes», *Byzantion*, 9, 1934, pp. 628-642, y las opiniones divergentes de A. Friendley, *The Dread ful Day: the Battle of Mantzikert, 1071,* Londres, 1981, y de J.-C. Cheynet, «Mantzikert, un désastre militaire?», *Byzantion*, 50, 1980, pp. 412-438.

ción social era inestable; en el exterior, el Imperio bizantino se encontraba doblemente amenazado: en el oeste por la invasión de los normandos de Roberto Guiscardo, y, en el este, por los turcos, quienes, en 1084, se apoderaron de Antioquía, plaza fuerte esencial, cerrojo de la región. Edesa, a su vez, cayó en 1087. Las incesantes rivalidades entre los principados turcos (Damasco, Alepo, Trípoli, Nicea) permitieron únicamente a Alejo preservar una autoridad aparente sobre la parte occidental de Anatolia.

En vísperas de la cruzada, el emperador sólo pudo evitar lo peor; pudo esperar la reconquista de una parte de los territorios perdidos aprovechándose de los conflictos internos del campo musulmán, pero para ello necesitaba disponer de un ejército mucho más fuerte que el que tenía. Desde hacia tiempo, Bizancio recurría a mercenarios extranjeros, turcos, rusos o normandos. Alejo desconfió en lo sucesivo de los normandos, desde la defección de su lugarteniente Roussel de Bailleul en Manzikert y desde sus altercados con Bohemundo. Se volvió hacia los guerreros de Occidente, anglosajones, flamencos, francos, aquitanos, etc.[2]. Para conseguirlo, se dirigió a algunos príncipes como Roberto de Flandes, pero también al papa. Con esa finalidad envió una embajada al concilio de Piacenza, en marzo de 1095.

Fue, pues, la situación del Imperio bizantino frente a los impulsos conquistadores de los turcos lo que condujo a Alejo a tomar la iniciativa de hacer un llamamiento a los guerreros de Occidente. No conviene olvidar este hecho. La cruzada no sólo se explica por la situación social de Occidente. Desde hace unos cincuenta años, se ha hecho demasiado hincapié sobre este único aspecto, presentando a esta parte del mundo como una región perpetuamente agitada por guerras intestinas, y a la cruzada como un exutorio necesario, como una especie de válvula de seguridad para los caballeros molestos por las obligaciones de una paz de Dios que prohibía las guerras privadas. Occidente habría resuelto, en cierto modo, sus problemas internos exportando la violencia, enviando a sus peores agitadores a combatir lejos de sus fronteras. Aunque hay una parte de verdad en esta percepción de las cosas, ello sólo es válido para una ínfima parte de los contingentes cruzados. La mayor parte de ellos eran más factores de orden que de desorden, y su marcha puso más bien en peligro la paz en las regiones que abandonaban. Por otra parte, esta interpre-

---

2. Véase sobre este punto J. Separd, «Cross-Purposes: Alexius Comnenus and the First Crusade», en J. Phillips, *The First-Crusade, Origins and Impact,* Manchester, 1997, pp. 107-129, donde él mismo corrige su anterior opinión.

tación postula a la vez la generalidad y la amplitud de los disturbios, exagera la significación y el impacto de la paz de Dios que, como hemos visto, no prohibió totalmente las guerras privadas, sino que, por el contrario, favoreció los combates emprendidos por cuenta de las iglesias. Olvida también la anterior revalorización ideológica de las guerras de reconquista, un poco por todas partes en Europa. Postula, en definitiva, una ruptura entre el Occidente y el Oriente cristianos, que todavía no se había consumado de ninguna manera en aquella fecha, como lo atestigua el llamamiento de Alejo en el concilio de Piacenza, en marzo de 1095. Bernoldo ofrece de él esta interesante relación:

> Una embajada del emperador de Constantinopla llegó a este sínodo e imploró al señor papa y a todos los fieles de Cristo que le dieran alguna ayuda *(aliquod auxilium)* contra los paganos para la defensa de la santa Iglesia, que los paganos habían aniquilado casi totalmente en aquellas regiones conquistadas hasta las murallas de Constantinopla. El señor papa animó a muchas gentes a que cumplieran ese servicio, e incluso a que prometieran mediante juramento ir allá, según la voluntad de Dios, y a que aportaran al emperador, en los límites de sus posibilidades, la ayuda más fiel contra los paganos[3].

Sin ninguna duda, en el pensamiento de Alejo, se trató probablemente de una solicitud que sólo contemplaba favorecer el reclutamiento de mercenarios para Bizancio. Urbano II respondió a ella ampliando las perspectivas de manera considerable: incorporó la ayuda militar proyectada a su tema, muchas veces desarrollado, de la reconquista cristiana, conforme a la voluntad de un Dios dueño de la Historia: Dios realiza ahora, en estos nuevos tiempos proféticamente anunciados, la liberación de la Iglesia. Haciendo suya la iniciativa en tanto que pontífice, jefe de la cristiandad, fijó un objetivo movilizador a la expedición: Jerusalén, el Sepulcro de Cristo. Desde ese momento, la empresa de guerra sacralizada se enriqueció con una nueva dimensión ligada a la peregrinación y pudo ser asociada, de manera más fácil que nunca, a privilegios espirituales.

El aspecto de la peregrinación era nuevo, pero no lo explica todo. La mayor parte de dichos «privilegios» ya habían sido prometidos anteriormente, como hemos visto, para algunos combates en España o en otras tierras sin lazo directo con los santos lugares. Jerusalén, además de su dimensión de peregrinación, añadía un rasgo de sacralidad supereminente a los combates emprendidos por su

---

3. Bernoldo de San Blas, *Chronicon,* cit., pp. 461-465.

reconquista: ahora no se trataba ya de proteger a Roma o de reconquistar algunos territorios para la Santa Sede, sino de arrebatar a los infieles la herencia de Cristo, la cuna del cristianismo, el corazón de la cristiandad. Esa transferencia del objetivo indujo a un salto cualitativo en el terreno ideológico. En Clermont, el papa no actuó únicamente en tanto que vicario de San Pedro, sino en nombre de Cristo. Se afirmó a sí mismo en Clermont.

La liberación de Jerusalén, en fin, reviste connotaciones escatológicas que hasta ahora han sido probablemente demasiado despreciadas. Jerusalén es el lugar donde Cristo ascendió a los cielos, prueba de salvación de los hombres adquirida en la cruz, y donde regresará al final de los tiempos para reinar con los suyos, antes de la instauración de la Nueva Jerusalén. Todos estos factores hacen de la cruzada una guerra santa, podría decirse casi «la» guerra santa por excelencia, pero también un fenómeno nuevo y único, para el que habrá que crear un neologismo.

LOS PROYECTOS DE CRUZADA ANTES DE 1095

No fue, sin embargo, la primera vez que se planeó una expedición armada para socorrer a Jerusalén y a los cristianos de Oriente. Tal vez hubo un esbozo de este tipo a comienzos del siglo XI, después de la destrucción de la iglesia del Santo Sepulcro por el sultán al-Hakim, en 1009. Desde luego, sólo podemos apoyarnos para ello en las hablillas de Raúl Glaber[4]. Según él, la comunidad judía de Orleans, impulsada por el diablo, habría corrompido con dinero a un siervo fugitivo de un convento y lo habría enviado al sultán fatimí de El Cairo, portando una carta redactada en hebreo, para advertir a al-Hakim de la inminente amenaza de invasión de su país por los cristianos y para aconsejarle que derribara su «venerable casa». Al-Hakim hizo destruir en seguida el Santo Sepulcro. Antes que Raúl, Ademaro de Chabannes relató casi la misma cosa. Según él, los judíos de Occidente y los sarracenos de España enviaron cartas a Oriente anunciando que los francos movilizarían ejércitos contra los sarracenos de Oriente[5]. ¿Invierten estos dos autores el orden cronológico de los supuestos hechos? Su interpretación se deriva probablemente de su mentalidad bastante impregnada de antijudaísmo; pero, a pesar de lo que se haya dicho, no deja de testimoniar la

---

4. Raúl Glaber, *op. cit.*, III, 7, § 24, ed. J. France, pp. 72-73.
5. Ademaro de Chabannes, *Chronicon,* III, 47, cit., pp. 169-170.

emoción real que dicha destrucción causó en Occidente, al menos en algunos medios[6]. La idea de una posible acción militar occidental en Oriente estaba en el ambiente; no parecía absurda.

¿Fue planeada? Eso es lo que afirma un documento considerado apócrifo por A. Gieysztor y admitido como tal por la mayoría de los historiadores, pero recientemente rehabilitado, en parte, por H. M. Schaller[7]. En él se encuentran enunciados los principales temas que constituyeron el objeto de la futura predicación de la cruzada. El papa —a saber, Sergio IV en 1010 si el texto es auténtico, Urbano II o su entorno en 1096, si se trata de una carta excitadora forjada por la curia romana en Moissac durante el viaje de propaganda de la cruzada del soberano pontífice— desarrolla en él los siguientes argumentos: Cristo, que sufrió en la cruz para salvarnos, dejó su tumba a los cristianos para que, gracias a ella, muchos penitentes ganaran el cielo (§ 2). Ahora bien, ese Santo Sepulcro acaba de ser destruido de arriba abajo por «las manos impías de los paganos»; el papa se pregunta acerca del sentido de este acontecimiento en el marco de la Historia profética: dicha destrucción es «anormal», pues la Biblia no la anuncia en ninguna parte. Al contrario, el Sepulcro debe subsistir hasta el final de los tiempos (§ 3). Es, por tanto, inaceptable. Por ello el papa anuncia su intención de embarcarse y dirigir personalmente una campaña militar, con todos los cristianos que quisieran seguirle. Quiere, según dice, «con la ayuda de Dios, atacar y matar a los agarenos y restaurar la santa tumba del Redentor» (§ 4). Es necesario, escribe aún el pontífice romano, combatir en la tierra a los enemigos de Cristo para alegrarse con él en el cielo. Combina su petición con promesas espirituales a quienes «vengaran a Dios»:

> ¡Venid, hijos míos! Defended a Dios y conseguiréis el reino eterno. Yo espero, yo creo, yo tengo por absolutamente cierto que, gracias al poder *(virtus)* de Nuestro Señor Jesucristo, obtendremos la victoria, como ya sucedió en los tiempos de Tito y Vespasiano, quienes

---

6. J. France, «Le rôle de Jérusalem dans la piété du XIe siècle», en M. Balard y A. Ducellier, *Le Partage du monde: échanges et colonisation dans la Méditerranée médiévale,* París, 1998, pp. 151-161, minimiza demasiado radicalmente dicho impacto.

7. Sergio IV, (¿falsa?) *Encíclica,* edición y estudio de A. Gieysztor, «The Encyclical of Sergius IV», *Medievalia et Humanistica,* V, 1948, pp. 3-23; VI, 1950, pp. 3-34 (texto, pp. 32-34); edición y estudio de H. M. Schaller, «Zur Kreuzzugsenzyklika Sergius'IV», en *Papsttum, Kirche und Recht im Mittelalter,* Tubinga, 1991, pp. 135-153 (texto pp. 150-153).

vengaron la muerte del Hijo de Dios. Entonces no recibieron el bautismo, pero, después de su victoria, alcanzaron el honor del Imperio romano, y recibieron el perdón *(indulgentiam)* de sus pecados. Y nosotros, si actuamos de la misma manera, obtendremos sin ninguna duda la vida eterna[8].

Así, según el papa, fue la expedición de venganza a Jerusalén (contra los judíos, enemigos de Cristo) lo que valió a Tito y Vespasiano obtener el perdón de sus pecados. El paralelismo salta a la vista: es también esa misma empresa de venganza, dirigida esta vez contra los musulmanes, lo que valdría a los cruzados (virtuales en 1010 si la carta es auténtica, reales si data de 1096) el perdón de sus pecados y el acceso al reino de Dios. Nos encontramos aquí en pleno tema de la cruzada, y los beneficios espirituales se derivan directamente de la acción guerrera.

El texto insiste en este sentido: el papa sabe ya, de todas partes, que algunos cristianos venden sus bienes, fabrican armas, equipan barcos para atravesar los mares. «Tienen prisa por vengar el Santo Sepulcro» y obtener así lo que promete el Evangelio: si alguien lo abandona todo para seguir a Cristo, obtendrá el céntuplo y poseerá la vida eterna (§ 9). Por eso el soberano pontífice ordena, «para la salvación de su alma», que todos los cristianos observen la paz entre sí. Que aquél que quiera participar en la expedición venga a alinearse detrás del papa; que aquél que no pueda hacerlo done su ofrenda para armar barcos y comprar armas (§ 11), para que pueda formar parte de los «defensores de Dios» *(in numero defensorum Dei)*.

Este texto se desprecia demasiado. Sin embargo, reviste una gran importancia. Si es auténtico, prueba la intención de un papa de comienzos del siglo XI de ir personalmente a combatir a los sarracenos para liberar el Sepulcro de Cristo, y avanza, mucho antes de Alejandro II, Gregorio VII y Urbano II, algunas nociones que a menudo hemos percibido en las páginas precedentes: venganza de Dios, guerra meritoria, operación militar prescrita por la remisión de los pecados, recompensas espirituales prometidas por participar en una guerra de reconquista destinada a combatir y matar a los sarracenos, etc. Si, por en contrario, es un falso forjado por la curia romana, confirma la existencia de dichas nociones en el entorno de Urbano II y, por consiguiente, en las motivaciones probables de los cruzados a quienes dicho falso iría destinado entonces. No se puede recusar dos veces este texto.

---

8. Sergio IV, *op. cit.*, § 5, ed. H. M. Schaller, pp. 151-152.

Urbano II, en todo caso, no fue el primero que planeó una expedición semejante[9]. Gregorio VII había concebido ya el plan en 1074, algunos meses después de la derrota bizantina en Manzikert, que fue seguida de una fuerte ofensiva turca en Asia Menor. Actuó tal vez (pero la cosa es dudosa) a raíz de una solicitud del emperador Miguel Ducas[10]. Aquel proyecto se acomodaba perfectamente a la lógica de sus concepciones político-religiosas y de su proyecto global de liberación de la Iglesia. Varias cartas subrayan a la vez su importancia y las modalidades previstas.

El 2 de febrero de 1074, en el primer año de su elección, Gregorio escribió al conde de Alta-Borgoña[11]. Reclamó, en calidad de servicio a San Pedro *(in servicio sancti Petri)*, la asistencia militar que había prometido su *fidelis* para garantizar la libertad *(libertas)* de la iglesia de Roma. Pero, como el papa creía disponer aquí, y para tal efecto, de un número suficiente de *milites*, se proponía utilizar los guerreros que aquel le suministrara para conducir una expedición a Constantinopla que ayudara a los cristianos de Oriente contra los sarracenos opresores. El papa precisa que de ninguna manera tenía la intención de hacer derramar sangre cristiana: únicamente esperaba impresionar a los sarracenos, someterles y restablecer la justicia a través sólo de la demostración de la fuerza armada. Promete de parte de los santos Pedro y Pablo recompensas espirituales a todos los que resultaran agobiados *(fatigati)* en el transcurso de aquella expedición guerrera. Ruega al destinatario que hiciera llegar la misma solicitud a Raimundo de Saint-Gilles, Amadeo de Saboya, Godofredo de Lorena, Matilde de Toscana, y a todos los otros fieles de San Pedro.

Algunos días más tarde, el 1 de marzo de 1074, Gregorio redactó una carta circular dirigida «a todos los que quieren defender la fe cristiana». Acaba de enterarse, dice, de la dramática situación de los cristianos en las regiones de ultramar. Varias personas que regresan de allí —y, entre ellas, el portador de su carta— han llegado a Roma para informarle. Los paganos *(gentes paganorum)* han invadido los

---

9. Véase sobre este punto H. E. J. Cowdrey, «Pope Gregory VII's "Crusading Plan" of 1074», cit., y H. E. J. Cowdrey, *Pope Gregory...*, cit., 1998, pp. 489-494; J. Flori, «Réforme-*reconquista*-croisade...», cit.
10. H. E. J. Cowdrey, *Pope...*, cit., X, 30, nota 16, no cree en un llamamiento semejante, al contrario de P. Riant, *Lettres de croisade...*, cit., pp. 62-64, y de D. M. Nicol, «The Crusades and the Unity of Christendon», en V. P. Goos y Ch. V. Bornstein, *The Meeting of two Worlds, Cultural Exchanges between East and West during the Period of the Crusades (Studies in Medieval Culture,* 21), Kalamazoo, 1986, pp. 169-180, que aceptan la realidad de dicho llamamiento.
11. *Registrum*, I, 46, pp. 69-71.

territorios cristianos, casi hasta las murallas de Constantinopla. Lo han devastado todo y, en su tiránica violencia, han matado a millares de cristianos «como ganado» *(quasi pecudes)*. Si somos cristianos, concluye, tales hechos no nos pueden dejar indiferentes. Hay que actuar:

> No basta, por la solicitud que les debemos, con afligirse por esos hechos; la caridad fraternal y el ejemplo de nuestro Redentor nos obligan a arriesgar nuestras vidas para liberar a nuestros hermanos. Pues lo mismo que Él dio su vida por nosotros, nosotros también debemos dar nuestra vida por nuestros hermanos. Sabed, pues, que, por nuestra parte, confiando en la misericordia y en la omnipotencia de Dios, nos disponemos y preparamos por todos los medios *(modis omnibus)* a socorrer lo más pronto posible al Imperio cristiano, con la ayuda de Dios[12].

El proyecto pontificio se precisó en una carta, de 7 de diciembre de 1074, dirigida al emperador Enrique IV, con quien habían mejorado las relaciones de manera provisional. El papa describe de nuevo en ella las horribles fechorías de los turcos, que masacraban a los cristianos. Ha llegado, dice, una delegación de aquellos desgraciados para suplicarle que les socorra a fin de que la religión cristiana no desaparezca totalmente en aquellas regiones. El papa anuncia al emperador que ya ha lanzado un llamamiento a los cristianos incitándoles a que, a imitación del Salvador, ofrezcan su vida por sus hermanos y para defender la ley de Cristo. Dicho llamamiento ha tenido eco, puesto que el papa se confiesa dispuesto a marchar sobre Jerusalén al frente de un fuerte ejército:

> Yo creo, yo afirmo incluso, que este llamamiento ha sido recibido con alegría, gracias a la inspiración divina, por los italianos y los habitantes de allende los montes, y que más de 50.000 hombres han hecho ya sus preparativos; si se les permite tenerme por jefe y pontífice en esta expedición, quieren levantarse en armas contra los enemigos de Dios y llegar hasta la tumba del Señor, bajo su mando[13].

El papa expone otra razón que le impulsa a actuar: la unidad de la fe y de la Iglesia, que es necesario restablecer. En efecto, según dice Gregorio, la Iglesia de Constantinopla se alejó de Roma a propósito del Espíritu Santo[14], los armenios casi han roto con la fe cató-

---
12. *Ibid.*, I, 49, pp. 75-76.
13. *Ibid.*, II, 31, pp. 165-168.
14. Probable alusión a la cuestión del *filioque*.

lica, y los orientales esperan que el papa se pronuncie entre sus diversas opiniones. Esta alusión muestra a las claras cómo Gregorio tenía también la intención de ir a «restaurar el orden» en la cristiandad oriental, en una época en la que el espíritu de concordia no reinaba totalmente entre Roma y Constantinopla. Este asunto de la unidad de las iglesias (que debería realizarse mediante la sumisión a la autoridad de San Pedro) reaparecerá entre los jefes cruzados que, en 1098, después de haber conquistado Antioquía, solicitaron a Urbano II que fuera personalmente a concluir «su guerra» y a destruir las herejías que abundaban en Oriente[15]. Gregorio habla aquí como jefe de la Iglesia universal, pero también como jefe de la cristiandad en el sentido más amplio del término, en sus acepciones más políticas y militares: confía, en efecto, al emperador el cuidado de proteger la Iglesia en Occidente, mientras que él, soberano pontífice, partirá al frente de los guerreros cristianos para liberar mediante las armas a los cristianos de Oriente, las iglesias y el Santo Sepulcro. En una guerra santa, evidentemente.

Una semana más tarde, Gregorio se dirigió de nuevo a todos sus *fideles,* en particular a los de allende los Alpes. Les recordó su ya expresada voluntad, «de parte de San Pedro», de socorrer a los hermanos de ultramar, en el Imperio de Constantinopla, cuando el diablo intenta alejar dicho Imperio de la fe católica e impulsa a los turcos a exterminar a los cristianos. El diablo, dice el romano pontífice, ve también las buenas disposiciones de sus fieles: hace cuanto puede para que los cristianos oprimidos no sean liberados, para que así sus hermanos de Occidente no puedan ser coronados al dar su vida por ellos. La demonización del enemigo y el combate por la fe y el honor de Dios sacralizan aquí la empresa, la cual, por lo demás, está claramente asociada a recompensas espirituales:

> En consecuencia, nos rogamos, exhortamos, acuciamos, de parte de San Pedro, a aquellos de vosotros que quieren defender la fe cristiana y defender mediante las armas al rey celestial a venir hasta nosotros, según las instrucciones del portador de esta carta, para que con ellos, y con la ayuda de Dios, preparemos el viaje *(via)* de todos aquellos que quieren atravesar el mar por nuestra mediación *(per nos)* para defender allí el honor celestial, y que no tengan miedo de mostrar que son los hijos de Dios. Por eso, mis muy queridos hermanos, vosotros que hasta este momento habéis sido valerosos para

---

15. H. Hagenmeyer, *Die Kreuzzugsbriefe aus den Jahren 1088-1100,* Inssbruck, 1901, n.º XVI, pp. 161 ss.

combatir por bienes materiales que no pueden conservarse ni poseerse sin dolor, sed muy valerosos para combatir por una alabanza y por una gloria que supera todo lo que se puede desear. Pues, gracias a un trabajo momentáneo, podréis conseguir una recompensa eterna[16].

Gregorio escribió poco después a su fiel Matilde de Toscana. Realzó de nuevo ese combate, que glorifica a quienes llegan a perder la vida en él. Pues, según escribe, si dulce y honorable resulta morir por la Patria, mucho más bello aún es entregar la vida por Cristo, que es la vida eterna[17]. En fin, en una carta a Hugo de Cluny, de 22 de enero de 1075, Gregorio deploró el estado de la cristiandad acuciada por el diablo, que suscita el cisma de las iglesias de Oriente, siembra la discordia y la herejía en el interior de la cristiandad de Occidente y, mediante el brazo de los turcos, masacra a los cristianos y amenaza a Constantinopla[18]. Ahora bien, ¿qué hacen los príncipes del siglo? ¡Nada! Es por eso que corresponde al papa la tarea de «reprimir a los impíos», allí donde se encuentren. Gregorio apela entonces a todos sus fieles, y les promete recompensas eternas como pago de su servicio armado: si verdaderamente quieren ser hijos y *milites* de San Pedro, deben amar y servir a su santo Patrón más y mejor que a sus señores terrenales, los cuales apenas les conceden, en premio de su peligroso servicio, algunos miserables bienes terrenales. San Pedro, por su parte, les garantiza bienes eternos por la absolución de todos sus pecados, y les asegura la Patria celestial[19]. Urbano II, en Clermont, retomó este mismo razonamiento.

No se puede encontrar expresión más clara de una guerra de liberación sacralizada a la vez por la demonización del adversario (paganizado y barbarizado), por la autoridad que la predica (el soberano pontífice que actúa bajo inspiración divina), por sus móviles altruistas y meritorios (poner la vida en peligro por amor fraterno), por su destino (Jerusalén, la tumba del Señor), y por las recompensas espirituales a ella vinculadas (perdón de los pecados, vida eterna). La mayor parte de los caracteres de cruzada fueron reunidos ya, veinte años antes de Clermont. La expedición proyectada, como es

---

16. *Registrum*, II, 37, pp. 172-173. Observemos, de paso, que el término *via*, asociado por lo general a la peregrinación, designa sin discusión posible una expedición cuya meta era Jerusalén, como en Urbano II y en los cronistas de la cruzada.
17. Gregorio VII, *Epistolae*, ed. y trad. H. E. J. Cowdrey, «The *Epistolae* Vagantes of Pope Gregory VII», cit., n.º 5, pp. 10-13.
18. *Registrum*, II, 49, pp. 188-190.
19. *Ibid.*, p. 190.

sabido, nunca tuvo lugar. Las condiciones políticas y las relaciones con el Imperio no la permitieron. Pero no por ello dejaron de emitirse las ideas y de avanzarse los argumentos movilizadores, reveladores de las mentalidades de la época.

¿Hay que tomar en serio los efectivos de 50.000 hombres mencionados por el papa? Si tal era el caso, ello daría a aquel proyecto puramente pontificio, que reunía a fieles de la Santa Sede reclutados sólo por vía epistolar, una dimensión comparable, e incluso superior, a la cruzada de 1096, dado que algunos historiadores (sin razón, en mi opinión[20]) estiman sus efectivos en una cifra muy inferior a la mencionada. Sin embargo, Gregorio escribió aquí en nombre de San Pedro y se dirigió a sus *fideles*. Urbano II, por su parte, se dirigió como tribuno a todos los cristianos, en nombre de Cristo, a través de un viaje largo y eficaz.

Gregorio VII no dejó de ser un precursor. Veinte años antes que Urbano II, proyectó organizar y dirigir una operación militar considerada como una acción piadosa surtida de privilegios espirituales, destinada a reconquistar hasta Jerusalén los territorios perdidos, para liberar así a los cristianos, a sus iglesias y el Sepulcro del Salvador.

URBANO II Y EL MENSAJE DE LA CRUZADA

El 27 de noviembre de 1095, Urbano II lanzó en Clermont su llamamiento a la cruzada. La muchedumbre le respondió con el grito: «¡Dios lo quiere!». Aquél concilio, se dice con razón, no estaba dedicado esencialmente a la cruzada. Trató diversos problemas, en particular de la paz de Dios y de la excomunión del rey Felipe I por su bigamia. Esto es cierto, pero tuvo lugar también sólo algunos meses después del concilio de Piacenza, donde fue oída la demanda de Alejo, y donde nació la idea de cruzada[21]. El llamamiento del papa, por tanto, no fue ni fortuito ni improvisado.

Pronto encontró un grandísimo éxito, primero en Clermont, y después en una zona mucho más vasta, pues el papa emprendió un

---

20. Véase sobre este punto J. Flori, «Un problème de méthodologie: la valeur des nombres chez les chroniqueurs du Moyen Âge (À propos des effectifs de la première croisade)», *Le Moyen Âge*, 1993, 3/4, pp. 399-422; J. Flori, «L'usage "épique" des nombres des chroniqueurs aux chansons de geste; élements de typologie», *Prisma*, 8, 1992, pp. 47-58.

21. Véase sobre este punto los trabajos reunidos en P. Racine, *Il Concilio di Piacenza e le crociate*, cit.

viaje de propaganda que lo condujo a numerosas ciudades de Francia, y luego de Italia[22]. Ordenó a los obispos que transmitieran su mensaje, y a tal efecto redactó varias cartas.

¿Cuáles fueron los temas desarrollados por Urbano II para incitar a los caballeros de Occidente a participar en aquella operación? Para conocerlos, disponemos de numerosos testimonios. Podemos reagruparlos, según su valor decreciente, en cuatro zonas concéntricas: 1) el decreto de Clermont; 2) las cartas auténticas de Urbano II; 3) las relaciones de su discurso de Clermont, reconstruido por los testigos directos; 4) los relatos ocasionales relativos a las arengas del papa durante su viaje. El conjunto de estos documentos revela de manera nítida algunos temas capitales, fundamentales en el pensamiento pontificio.

El canon n.º 9 de Clermont traduce la intención papal bajo la forma breve y jurídica de un decreto:

> A todo aquél que emprenda el camino de Jerusalén para liberar a la Iglesia de Dios, siempre que sea movido por piedad y no para ganar honra o dinero, dicho viaje le valdrá para cualquier penitencia[23].

Aquí se encuentra, sin embargo, la quintaesencia de las ideas desarrolladas por las otras categorías de fuentes, a saber: el término de la expedición es Jerusalén; la meta es la liberación de los cristianos; el viaje hace las veces de penitencia plenamente satisfactoria y, por otra parte, podrá, en consecuencia, sustituir a todas las otras penitencias prescritas; en fin, para merecer penitencia, dicha conmutación exige que la expedición sea emprendida con un espíritu de renuncia, y no con un espíritu «mundano». Señalémoslo: sólo se trata aquí de modalidades relativas a la legislación eclesiástica; no se evocan ni las razones del llamamiento, ni las recompensas espirituales de los participantes, sino únicamente las condiciones requeridas para hacer válida la conmutación de penitencia[24].

---

22. Cf. A. Becker, «Le voyage d'Urbain II en France», cit., pp. 127-140; A. Becker, «L'appel d'Urbain II: son voyage en France», en M. Rey-Delqué, *Les Croisades...*, cit., pp. 125-129.

23. Canon 2 del Concilio de Clermont, trad. del autor; texto en R. Somerville, *The Councils of Urban II...*, cit., p. 74; véase también R. Somerville, «The Council of Clermont...», cit.

24. Sobre el debate concerniente a la interpretación de este texto, véase recientemente J. Richard, «Urbain II, la prédication de la croisade et la définition de l'indulgence», en *«Deus qui mutat tempora»*, cit. (recuperado en *Croisades et États latins d'Orient*, II, Variorum, 1992, pp. 129-135). Sobre la evolución de esta noción, véase J. Richard, «L'indulgence de croisade et le pèlerinage en Terre sainte», cit., pp. 213-223.

JERUSALÉN Y LOS SANTOS LUGARES

Los discursos movilizadores de Urbano II se organizaron en torno a estos temas. Jerusalén ocupó en ellos un lugar considerable, a la vez como objetivo a alcanzar, término de la expedición de reconquista, elemento atractivo y ocasión de asociar los privilegios de peregrinación a las recompensas tradicionales de la guerra santa.

En su carta a los flamencos, redactada un mes después de Clermont, el papa expuso los motivos que le habían conducido a predicar la cruzada en el concilio: «la rabia de los bárbaros» ha devastado las iglesias de Dios en Oriente, principalmente en «la santa ciudad ilustrada por la pasión y la resurrección de Cristo»[25]. En septiembre de 1096, en una carta a los boloñeses, Urbano se regocijó de que muchos tuvieran la intención de marchar a Jerusalén. Retomó casi palabra a palabra el canon de Clermont, pero precisó que el llamamiento concernía a los guerreros y no a los clérigos[26]. Poco después, en una carta a los monjes de Vallombrosa, incitó de nuevo a aquellos religiosos a que renunciaran a «unirse a los *milites* que van a Jerusalén para liberar la cristiandad». Su llamamiento, subraya el papa, solicitaba a los *milites* que fueran, mediante las armas, a «reprimir la ferocidad de los sarracenos y a restaurar la antigua libertad de los cristianos»; no les concernía, pues, a los que han abandonado el siglo por la *militia* espiritual. No le corresponde a ellos empuñar las armas, ni emprender un viaje *(iter)* semejante, que el papa les prohibió formalmente[27]. Esta precisión prueba a las claras cómo en el ánimo del papa dicho «viaje», a pesar de la similitud de los términos, era para él una operación militar de reconquista y de liberación de las tierras y de las poblaciones cristianas hasta Jerusalén, y no una peregrinación, aunque fuese armada, para la cual hubiera sido difícil excluir la participación de los clérigos o de los monjes.

Inversamente, la operación no consistió sólo en una ayuda militar al Imperio de Oriente. Su destino era determinado, preciso. Casi todos los cronistas presentes en Clermont mencionan a Jerusalén como objetivo de la expedición. Para Godofredo de Vendôme, ese

---

25. Urbano II, Carta a los flamencos, en ed. H. Hagenmeyer, *Die Kreuzzugsbriefe...*, cit., n.º II, p. 136.
26. *Id.*, Carta a los boloñeses, *Ibid.*, n.º III, pp. 137-138.
27. *Id.*, Carta a los monjes de Vallombrosa, ed. W. Wiederhold, *Papsturkunden in Florenz, Nachrichten von der Gesellschaft der Wissenschaften zü Göttingen (Phil.-Hist. Klasse)*, Gotinga, 1901, pp. 313 ss. Véase este respecto H. E. J. Cowdrey, *Popes...*, cit., XVI, 187, n. 34; H. E. J. Cowdrey, *Pope Urban II and the Idea of Crusade*, cit., p. 72.

«viaje a Jerusalén» fue prescrito a los laicos y no a los monjes, según él pudo saber de la boca misma del papa[28]. Balderico de Bourgueil, en su reconstrucción del discurso papal, lo hace comenzar, como todos los otros, con la evocación de las desgracias que recientemente habían sufrido los cristianos de Oriente, en Jerusalén y en Antioquía: las iglesias han sido destruidas, profanadas, transformadas en establos o en lugares de culto para las «supersticiones paganas». Urbano habría evocado luego Jerusalén de manera más clara, sus lugares santos profanados por un culto idólatra; ¡el Santo Sepulcro, mancillado de manera abominable, como algunos (aquí presentes, subraya Balderico) pueden atestiguar! El papa se lamentó largamente sobre esa herencia de Cristo, invadida por los paganos; sobre Jerusalén, antaño conquistada por el pueblo de Dios, que por su mandato expulsó de ella a los cananeos idólatras, y hoy nuevamente profanada. «Que os sea, pues, glorioso, concluyó el papa, morir por Cristo en esa ciudad donde Cristo murió por vosotros»[29]. Detrás de la reconstrucción oratoria del poeta Balderico, se encuentran fácilmente los elementos movilizadores de cualquier guerra santa al servicio de los objetivos capitales de Urbano II: el socorro a los cristianos de Oriente y la reconquista armada de su país hasta Jerusalén, la ciudad santa.

Roberto el Monje, que también estuvo presente en Clermont, inicia asimismo el discurso con la evocación de las «tristes noticias que nos llegan de las regiones de Antioquía y de Jerusalén». Allí, «una nación maldita y extraña a Dios» ha invadido aquellas tierras cristianas y las ha devastado mediante el hierro y el fuego, derribando las iglesias, profanándolas con su culto idólatra, masacrando a los cristianos. Añade un rasgo personal: los francos, guerreros valientes herederos de Carlomagno y de Luis, antaño victoriosos de los sarracenos, deberían estar afectados, más que cualquier otro pueblo, por las desgracias del Santo Sepulcro mancillado por los paganos. Después les habría lanzado este grito: «Tomad la ruta del Santo Sepulcro, arrebatad esa tierra a ese pueblo abominable, y sometedla a vuestro poder»[30], en particular Jerusalén, centro y capital de esa tierra dada por Dios a su pueblo Israel, ahora cautiva de sus enemigos. El papa no se refirió aquí de manera explícita al «protectorado de Carlomagno» ni a su viaje personal a los santos lugares, pero la

---

28. Godofredo de Vendôme, *Epistola* 21, PL, 157, col. 161-162.
29. Balderico de Bourgueil, I, 4, *op. cit.*, pp. 12-15.
30. Roberto el Monje, I, 2, *op. cit.*, pp. 727-728. Sobre el sentido de la evocación de los francos, véase M. Bull, «Overlapping and Competing Identities in the Frankish First Crusade», en *Le Concile de Clermont de 1095 et la Croisade...*, cit., pp. 195-211.

tradición relativa al emperador se mantenía en aquella época lo bastante viva como para que la asociación de la idea pudiera nacer en los espíritus[31].

El Anónimo normando piensa en ella de manera natural cuando menciona que los primeros cruzados, los de Pedro el Ermitaño, de Godofredo y de Balduino, «siguieron la ruta que en otro tiempo Carlomagno, el magnífico rey de Francia, estableció hasta Constantinopla»[32]. Roberto el Monje utiliza la misma expresión al añadir que «por este camino, Carlomagno, el incomparable rey de los Francos, había ordenado antaño a su ejército marchar hasta Constantinopla»[33]. Para ellos, los cruzados eran los dignos herederos del gran emperador. Algunos cruzados, los de Emicho en particular, recuperaron para su provecho esas tradiciones en una perspectiva escatológica que los condujo a la deplorable masacre de los judíos de Alemania[34].

El tema de Jerusalén, pues, fue situado de manera harto manifiesta en el centro de la predicación de Urbano II por tres de los cuatro testigos de su discurso de Clermont. Sólo Fulquerio de Chartres dejó de aludirlo. Esta curiosa ausencia, por otra parte explicable[35], ha servido de argumento a los historiadores que, en la línea de Erdmann, han visto esencialmente en la cruzada de Urbano II una expedición de socorro a Constantinopla, en el marco de la guerra santa, y han negado o reducido de forma considerable la dimensión de Jerusalén, demasiado ligada para ellos a una peregrinación, noción que habría sido sobreañadida después[36]. Para Mayer, el tema de Jerusalén no sería del todo un señuelo, pero la intención de liberar la ciudad santa no sería original en el pensamiento pontificio; se habría introducido después, como puro motivo de propaganda, bajo la presión de la opinión pública[37].

---

31. Sobre estas tradiciones, véase P. Riant, *Lettres...*, cit., pp. 10-19; L. Gautier, *Les Épopées françaises*, París, 1878-1894 (4 vol.), t. III, pp. 270 ss.; L.-A. Vigneras, «L'abbaye de Charroux...», cit.; R. N. Walpole, «The Pelerinage of Charlemagne, Poem, Legend and Problem», *Romance Philology*, 8, 1955, pp. 173-186; S. Runciman, *Histoire des croisades...*, op. cit., p. 180 [N. del T.: *Historia de las cruzadas...*, op.cit., p. 148].
32. Anónimo, *Gesta Francorum...*, cit., p. 5. Texto idéntico en Tudebodo, *Historia...*, cit., p. 33.
33. Roberto el Monje, I, 5, p. 731.
34. Véase sobre este punto, J. Flori, «Une ou plusieurs "première croisade"?...», cit., pp. 3-37; J. Flori, *Pierre l'Ermite et la première croisade*, cit., pp. 251 ss.
35. Véase sobre este punto J. Flori, *Pierre l'Ermite...*, cit., pp. 161 ss.
36. Cf. C. Erdmann, *The Origins...*, cit., pp. 333 ss.
37. H. E. Mayer, *The Crusades...*, cit., pp. 10-12 [N. del T.: trad. esp.: *Historia de las cruzadas*, cit., pp. 21-24]. Véase, en cambio, sobre este punto las demostracio-

La referencia a Jerusalén y al Santo Sepulcro era, en verdad, un excelente tema movilizador, a pesar de las reservas que en fechas recientes se han expresado a este respecto[38]. El emperador Alejo era consciente de ello: para ganarse la adhesión de los caballeros de Occidente, no dejó de aludirlo en su llamamiento a los príncipes de Francia y a Roberto de Flandes[39]. ¿Por qué Urbano II se habría privado de un argumento tal en Clermont? ¡Tampoco se comprende bien porqué aquel papa francés, muy próximo a las mentalidades caballerescas, habría debido esperar la presión popular para darse cuenta de la atracción de una referencia semejante! Se explica mal, en fin, porqué dicho papa, continuador de la política de Gregorio VII, de quien conocía su antiguo proyecto de liberación de las iglesias hasta el Sepulcro, no habría retomado dicho proyecto por su cuenta. Si nos atenemos a los documentos, sin prejuzgar su interpretación y sin teorías preconcebidas, hay que admitir, por tanto, la coexistencia, en el pensamiento del papa y en sus llamamientos a la cruzada, de dos objetivos por lo demás perfectamente coherentes y de ninguna manera inconciliables: Constantinopla como base de partida, después Jerusalén como meta. La cruzada constituyó para él una operación militar destinada a reconquistar para la cristiandad, con la ayuda de las fuerzas del emperador, los territorios antaño cristianos, hasta Jerusalén, y que al mismo tiempo liberaría el Santo Sepulcro, término y meta de la expedición.

Un objetivo de esa naturaleza sacralizó más que nunca la guerra de liberación emprendida. Algunos rasgos han sido ya mencionados en los textos citados, incluida la demonización del adversario, o al menos su paganización. Reúnen los elementos tradicionales relativos a los musulmanes. Todos los cronistas no cruzados, historiadores de un pasado muy reciente, adelantaron ese objetivo: liberar Jerusalén y los santos lugares de la ocupación musulmana que, según ellos, los profanaron. Guiberto de Nogent explicó cómo aquellas regiones, antes cristianas, fueron conquistadas, a causa de los peca-

---

nes de H. E. J. Cowdrey, «Pope Urban II's Preaching of the First Crusade», cit. (recuperado en *Popes...*, cit., XVI); demostración esbozada ya por P. Rousset, *Les Origines et les caractères de la première croisade*, cit.

38. Cf. J. France, «Les origines de la première croisade. Un nouvel examen», en M. Balard, *Autour de la première croisade...*, cit., pp. 43-56.

39. Gisleberto de Mons, *Chronicon Hanoniense*, § 23, ed. L. Vanderkindere, *La Chronique de Gislebert de Mons*, Bruselas, 1904, p. 40; Carta (¿falsa?) de Alejo al conde Roberto I de Flandes, ed. H. Hagenmeyer, *Die Kreuzzugsbriefe...*, cit., n.º I, pp. 129-136.

dos de los cristianos (orientales sobre todo, por lo demás[40]), por los sectarios del islam, sobre los cuales se muestra mejor informado que la mayor parte de sus conciudadanos, dado que, contrariamente a lo que ellos pensaban, él no veía en Mahoma un Dios, ni en los musulmanes idólatras. Ello no le impidió retomar por su cuenta los lugares comunes populares difundidos desde antes de la cruzada. Mahoma era para él un falso profeta libidinoso y epiléptico, inventor de una pseudo-revelación según los consejos de un ermitaño cristiano herético[41]. En Guiberto, el papa comienza su discurso con la evocación de Jerusalén, cuna de toda la cristiandad, de donde surge la luz, lugar santo mucho antes de Jesús, más santo aún desde que el Salvador vino a predicar en él y a morir para traer la salvación al mundo. Debéis, pues, habría dicho el papa, ir a restablecer la santidad de esta ciudad y la gloria del Sepulcro y purificarlos de la profanación de los infieles[42].

Los testimonios de quienes oyeron en Francia los discursos del soberano pontífice incitando a la cruzada van en el mismo sentido. Según la crónica de los condes de Anjou, su prédica, muy próxima a la de Clermont, conmovió a sus oyentes gracias a su evocación de las calamidades y de las persecuciones infligidas a los cristianos por los turcos en Jerusalén, en Antioquía y en todas las regiones orientales, donde eran oprimidos, injuriados, escarnecidos. El papa incitó, pues, a los asistentes a coger la cruz de Cristo, a coserla en sus vestidos, y a exhortar a los que vieran a hacer lo mismo[43]. El conde de Anjou Fulco el Hosco resumió a su manera la predicación de Urbano II en su condado:

> Al acercarse la cuaresma, el papa Urbano vino a Angers y animó a nuestro pueblo a ir a Jerusalén para expulsar a los paganos que habían ocupado la ciudad y todo el territorio cristiano hasta Constantinopla[44].

No sabría expresarse mejor la quintaesencia del mensaje pontificio. En todas partes, la liberación de Jerusalén de los paganos era señalada como el objetivo de la expedición.

---

40. Cf. J. Flori, «*Oriens Horribilis:* tares et défauts de l'Orient dans les sources relatives à la première croisade», cit.
41. Cf. J. Flori, «En marge de l'idée de guerre sainte...», cit.; J. Flori, «La caricature de l'islam dans l'Occident médiéval: origine et signification de quelques stéréotypes concernant l'islam», cit.
42. Guiberto de Nogent, II, 4, *op. cit.,* p. 112.
43. *Chronique des comtes d'Anjou et des seigneurs d'Amboise,* ed. L. Halphen y R. Poupardin, París, 1913, pp. 100-101.
44. Foulque le Réchin, *Fragmentum historiae Andegavensis,* ed. L. Halphen y R. Poupardin, cit., p. 138; idéntico texto en RHC, Hist. Occ., V, pp. 345-346.

JERUSALÉN, ¿META DE PEREGRINACIÓN U OBJETIVO MILITAR?

Esa omnipresencia de Jerusalén y de los santos lugares en la predicación del papa ha conducido a muchos historiadores a hacer hincapié sobre la noción de peregrinación, la cual, según ellos, habría predominado en el pensamiento de Urbano II. Defendiendo la tesis antaño sostenida por Erdmann[45] (y, en fechas más recientes, por A. Becker[46]), para quienes la cruzada fue en primer lugar una guerra de reconquista de los territorios orientales, a la que sólo después vino a añadirse la idea de peregrinación, estos historiadores hacen ante todo de la cruzada una peregrinación a Jerusalén, que fue predicada a los laicos a guisa de penitencia. M. Bull se ha convertido en el chantre de esta concepción[47], avanzada ya por J. Riley-Smith en la mayor parte de sus trabajos, con algunos matices muy recientes que atenúan un poco sus excesos[48].

Sin embargo, todo parece indicar que, tanto en el ánimo de Urbano II como en el de Gregorio VII, la idea fundamental fue la de una operación militar que, yendo en ayuda del Imperio bizantino para socorrer a los cristianos de Oriente sometidos a los turcos, llegaría hasta Jerusalén para liberar allí el Sepulcro del Señor, y que, al mismo tiempo y a su término, transformaría a los guerreros conquistadores en peregrinos[49]. En un documento que recientemente se ha vuelto a publicar, se ve cómo el papa Urbano II pasó a Saumur, donde predicó la cruzada «incitando en público y en privado a tomar el camino de Jerusalén para ir a reconstruir los santos lugares devastados por los paganos hasta Constantinopla»[50]. Dicho de otro

---

45. Véase a este respecto J. Gilchrist, «The Erdmann Thesis and the Canon Law», cit., pp. 37.45, y, más recientemente, la crítica muy ruda, excesiva, de J. Riley-Smith, «Erdmanm and the Historiography of the Crusades, 1935-1995», en L. García-Guijarro Ramos, *La primera cruzada novecientos años después...*, cit., pp. 17-29.

46. A. Becker, «Urbain II, pape de la croisade», cit., pp. 9-17; A. Becker, *Papst Urbain II*, cit., t. II, pp. 387 ss.

47. M. Bull, «The Roots of Lay Enthousiasm for the First Crusade», cit.; M. Bull, *Knightly Piety...*, cit., pp. 115 ss.

48. Véase en particular J. Riley-Smith, «The Idea of Crusading in the Charters of Early Crusaders, 1095-1102», *Le Concile de Clermont de 1095 et la Croisade*, cit., pp. 155-166, y J. Riley-Smith, *The Firts Crusaders, 1095-1131*, cit.

49. Recordemos que los peregrinos, como los penitentes, desde hacía mucho tiempo fueron autorizados a usar sus armas contra los sarracenos. Cf. *supra*, pp. 50 y 222.

50. *Fragmentum chronicae prioratus de Casa Vicecomitis*, ed. P. Marchegay y E. Mabille, *Chroniques des églises d'Anjou*, París, 1869, pp. 335-343; y *Fragmentum libri de fundationes prioratus de Casa Vicecomitis*, en *Cartulaires du Bas-Poitou*, Les Roches-Baritaud, 1877, pp. 3-8; véase también el fragmento encontrado y publicado

modo, fue la reconquista prevista hasta Jerusalén lo que indujo la idea (y quizás los privilegios) de peregrinación, y no a la inversa. La cruzada fue predicada como una guerra santa, y lo fue desde los primeros combates; pero la marcha llegó a ser también una peregrinación cuando llegó a su término, el Santo Sepulcro.

La querella me parece, pues, particularmente vana, rayana en el absurdo, y no comprendo bien el exclusivismo intolerante de aquellos que niegan o minimizan una de las dos dimensiones, tan inseparables como las dos caras de una moneda. Esta actitud vuelve a oponer dos nociones que, por el destino que el papa fijó desde el llamamiento de Clermont, estaban necesariamente ligadas en caso de éxito: la reconquista de Jerusalén en la línea de la guerra santa, de una parte, la peregrinación a esos mismos santos lugares, de la otra[51]. Fue la conjunción perfectamente realizada —y perfectamente inevitable— de estos dos temas lo que aseguró a la predicación de Urbano II su incomparable éxito, muy superior a todos los proyectos precedentes de guerra santa, al darle la ocasión de emocionar y de movilizar a un vasto público gracias a su indiscutible talento como predicador.

Urbano II, por lo demás, no fue el único que evocó Jerusalén y los santos lugares. Otro tribuno popular «inspirado» (o «iluminado»), Pedro el Ermitaño, hizo todavía más hincapié sobre el Sepulcro. No conviene olvidar esta tradición que ha llegado hasta nosotros a través, entre otros, de Alberto de Aix, cuyo valor histórico por fin se empieza a rehabilitar[52]. Sincero o no, el ermitaño había sabido utilizar el mejor de los temas movilizadores. Respondía a la espera de los cristianos, muy encariñados con el Sepulcro y con la peregrinación a Jerusalén.

En efecto, a finales del siglo XI, esa práctica gozaba de gran favor como consecuencia del desarrollo de la doctrina de las penitencias tarifadas. A partir del año mil sobre todo, el viaje al Sepulcro se

por G. T. Beech, «Urban II, the Abbey of Saint-Florent of Saumur, and the First Crusade», en M. Balard, *Autour de la première croisade,* cit., pp. 57-70 (texto pp. 60-61).

51. Cf. J. Flori, «Réforme-*reconquista*-croisade....», cit.

52. Véase sobre este punto, P. Knoch, *Studien zu Albert von Aachen,* Stuttgart, 1966; C. Morris, «The Aims and Spirituality of the First Crusades as Seen through the Eyes of Albert of Aachen», *Reading Medieval Studies,* 16, 1990, pp. 99-117; S. B. Edgington, «Albert of Aachen Reappraised», en A. V. Murray, *From Clermont to Jerusalem...,* cit., pp. 55-67; S. B. Edgington, «Albert of Aachen and the Chansons de Geste», en J. France y W. G. Zajac, *The Crusades and their Sources, Essays presented to Bernard Hamilton,* Aldershot, 1998, pp. 23-37; J. Flori, *Pierre l'Ermite et la première croisade,* cit., pp. 51 ss., pp. 67 ss., y *passim.*

convirtió en un modo de penitencia que se cumplía en satisfacción de las penas eclesiásticas impuestas a los pecadores por la remisión de sus pecados confesados. Los peregrinos estaban protegidos por la Iglesia desde su partida y hasta su regreso, así como su familia y sus bienes. Ese «privilegio» fue recuperado para los participantes de la cruzada en la medida que, al tener como meta la liberación de los santos lugares, eran por eso mismo también peregrinos armados[53]. A pesar de algunas reticencias iniciales, el éxito de la peregrinación no hizo sino aumentar al hilo del tiempo hasta la época de la primera cruzada[54]. Llegó a ser la forma privilegiada de la espiritualidad laica, hasta el punto de competir victoriosamente con la «conversión» monástica y, más aún, con las donaciones piadosas[55]. Aquella nueva forma de espiritualidad convenía particularmente a la aristocracia guerrera, que estaba más expuesta que otros a las manchas capitales de la sangre y del sexo.

La afición de los cruzados a la peregrinación no implicaba que su expedición fuera percibida por ellos como esencial y emprendida como tal. Explica, en cambio, la grandísima sensibilidad de los cristianos de Occidente respecto a todo aquello que, con razón o sin ella, podía parecer que amenazaba su perennidad y la seguridad de sus rutas, verdaderas vías de salvación. El éxito de los predicadores de la cruzada se explica en parte por la utilización que supieron

---

53. Sobre este privilegio, véase F. Garrisson, «À propos des pèlerins et de leur condition juridique», en *Mélanges Gabriel le Bras,* París, 1965, t. II, pp. 1165-1189; véase también B. de Gaiffier, «Pellegrinaggi e culto dei santi. Réflexions sur le théme du congrès», en *Pellegrinaggi e culto dei santi in Europa fino alla crociata,* en *Convegni del Centro dei Studi...,* cit., pp. 11-35; C.Vogel, «Le pèlerinage pénitentiel», en *Pellegrinaggi e culto dei santi...,* cit., pp. 37-94; C. Vogel, «Le pèlerinage pénitentiel», *Revue des sciences religieuses,* 38, 1964, pp. 113-354.
54. Sobre las reticencias respecto de las peregrinaciones, véase G. Constable, «Opposition to Pilgrimage in the Middle Ages», *Studia Gratiana,* 19, 1976, pp. 125-146; sobre los peregrinos mismos, véase E. R. Labande, «Recherches sur les pèlerins dans l'Europe des XIe et XIIe siècles», *Cahiers de Civilisation Médiévale,* 1, 1958, pp. 156-168 y pp. 339-347; E. R. Labande, «Élements d'une enquête sur les conditions de déplacement du pèlerin aux XIe et XIIe siècles», en *Pellegrinaggi e culto dei santi...,* cit., pp. 97-111.
55. C. Blanc, «Les pratiques de piété des laïcs dans les pays du Bas-Rhône aux XIe et XIIe siècles», *Annales du Midi,* 72, 1960, pp. 137-147; dicha ralentización de las donaciones en beneficio de las nuevas formas de piedad, obras e intenciones piadosas y, sobre todo, peregrinación ha sido demostrada también por G. Duby, *La Société...,* cit., pp. 332 ss.; sobre las nuevas formas de piedad aparecidas en el siglo XI, véase A. Vauchez, *La Spiritualité du Moyen Âge Occidental,* París, 1975, pp. 86 ss. y pp. 105 ss. [N. del T.: trad. esp.: *La espiritualidad del Occidente medieval (siglos VII-XII),* Madrid, 1985, cap. III].

hacer de aquel temor latente de ver a los infieles atentar contra aquellas peregrinaciones salvadoras que habían llegado a ser indispensables a los cristianos, y sobre todo a los guerreros. Ahora, la invasión turca y los disturbios a que dio lugar, después de Manzikert, hacían difícil, e incluso impracticable, la ruta que atravesaba Anatolia.

Ciertamente, las peregrinaciones jamás fueron interrumpidas de manera total, ni tampoco prohibidas; continuaron por vía marítima. Sólo se vio afectada la vía terrestre. Pero ésta era con mucho la más frecuentada, la más segura, la menos costosa. Su cierre constituyó, por consiguiente, un freno y pudo ser sentido como una amenaza para la espiritualidad. Por lo demás, con la ruta del Sepulcro ocurre igual que con las masacres de cristianos o con la exacciones que se cometían sobre los peregrinos: no es necesario creer en su amplitud, ni en el realismo o en la veracidad de su descripción. Lo importante es que los cristianos los tuvieron por verídicos, o quisieron creerlos como tales; en todo caso, les fueron presentados de esa manera, por razón de propaganda, y esto es sólo lo que importa para nuestro propósito.

CRUZADA, PAZ DE DIOS Y MOVILIZACIONES MATERIALES

En la predicación pontificia estuvieron presentes otros temas: ir en ayuda de los cristianos oprimidos, liberar las iglesias de Oriente de la «tiranía de los paganos», ayudar a los hermanos orientales del Imperio bizantino a rechazar los bárbaros.

El deber de asistencia a los hermanos cristianos ya ha sido evocado antes con suficiente amplitud, por lo que es inútil volver a tratarlo. Lo mismo ocurre con la demonización de los musulmanes, omnipresente en las páginas precedentes, y que vuelve a aparecer en los llamamientos de cruzada bajo la forma de complacientes descripciones de las fechorías que cometieron. Evidentemente, tales alusiones pretendían suscitar la indignación y la cólera, así como impulsar la acción guerrera. Se trata de elementos omnipresentes en todos los discursos de movilización guerrera en todas las épocas.

El apoyo militar al Imperio bizantino, en cambio, apenas era movilizador. Las relaciones entre Oriente y Occidente, sin ser tan malas como otras veces se decía, estaban, sin embargo, deterioradas por un recelo recíproco. Una ayuda semejante apenas podía concebirse bajo la forma de un envío de mercenarios. Eso es lo que probablemente esperaba Alejo. En ese caso, las motivaciones de los caballeros habrían sido, sin duda, principalmente profanas: deseo de gloria, anhelo de fama, esperanza de ganancias materiales en forma de soldada o botín. El emperador Alejo se refirió de forma clara a dichas motivaciones en la carta (discutida) que se le atribuye, dirigida al conde Flandes[56]; fue tal vez por influencia de dicha carta cómo el tema de las «recompensas materiales» a los soldados que emprenden una guerra, por otra parte meritoria, fue introducido en el discurso atribuido a Urbano II, en particular por Roberto el Monje[57]. No es imposible, sin embargo, que el papa hubiera hecho en realidad una discreta alusión a ello, por oposición a las guerras intestinas condenadas por la paz de Dios.

El lazo entre cruzada y paz de Dios ha hecho correr ríos de tinta. Más arriba hemos visto cómo conviene comprenderlo: la paz de Dios no imponía la cruzada, ni por su éxito, bajo la forma de una ideología «caballeresca» que convocaba a los caballeros de crédito a ponerse al servicio de la Iglesia, ni por su fracaso, que condujo al papa a derivar hacia Oriente las fuerzas incontrolables y turbulentas de una caballería salvaje e indómita. Son nociones cuya influencia conviene cuando menos reducir en el futuro. Pero la paz de Dios contribuyó a forjar la concepción según la cual se oponen dos formas de acción guerrera. Una, dirigida contra la Iglesia, es inaceptable y funesta; otra, dirigida contra sus enemigos, es por el contrario loable y meritoria, hasta el punto de que los santos participan en ella y puede procurar las palmas del martirio. Esta misma oposición vuelve a encontrarse en los mensajes de cruzada, a veces ligados también al tema de la paz de Dios.

Algunos historiadores —en particular M. Bull, que sólo quiere retener de la cruzada el aspecto de peregrinación penitencial— rechazan de plano ese lazo entre paz de Dios y cruzada en el pensamiento del papa[58]. Sin embargo, los testimonios están ahí, y no tenemos apenas razones para eliminarlos cuando no son contrarios a la lógica de los hechos. Clermont era también un concilio de paz, y resulta normal que Urbano II enlazara esos dos temas. Para Fulquerio de Chartres, testigo directo del discurso pontificio, Urbano II habría comenzado pidiendo él mismo a los clérigos y a los laicos que resucitaran las antiguas instituciones de paz y de tregua de Dios. A continuación habría abordado el otro aspecto de su discurso, a saber, el llamamiento a la cruzada. Los dos aspectos forman un conjunto lógico: los caballeros que se destrozan mutuamente en Occi-

---

56. Alejo al conde Roberto I de Flandes, ed. H. Hagenmeyer, *Die Kreuzzugsbriefe...*, cit., n.° I, pp. 129-136.
57. Roberto el Monje, I, 1-2, p. 729.
58. M. Bull, *Knightly Piety...*, cit., pp. 68-69.

dente violan la paz de Dios en peligro de su alma; por el contrario, yendo a guerrear a Oriente contra los infieles por el bien de la cristiandad, contribuyen a restablecer, en esas regiones, la paz de Dios, es decir, la seguridad y la prosperidad de las iglesias. Su guerra, lejos ya de ser culpable, llega a ser meritoria. Evidentemente, en el ánimo del papa no se trató de una cínica operación de «purga» que, de manera voluntaria, enviaría a Oriente a aquellos promotores de disturbios con la certeza casi absoluta de que no regresarían vivos[59], sino de un llamamiento a una «conversión» de nuevo tipo, ya evocada por Alejandro II y Gregorio VII a propósito de quienes pusieron su espada al servicio de San Pedro. Con la diferencia de que esta vez el papa movilizó a los *milites* por Cristo.

Balderico de Bourgueil subrayó también ese lazo entre la paz de Dios y la cruzada al oponer (antes de Bernardo de Claraval) dos formas de *militia*. La primera, preocupada por entero de los asuntos del siglo, atraca, roba y oprime a las iglesias, a las viudas y a los huérfanos, y conduce a la perdición de las almas. Los caballeros deben quitarse lo más pronto posible el cinto de una milicia semejante. Por el contrario, habría dicho el papa, ¡que, abandonando los homicidios de sus hermanos, aquellos que lo deseen se comprometan, como caballeros de Cristo *(milites Christi)*, a ir a defender la Iglesia oriental, a formar un ejército cristiano, para librar bajo la dirección de su jefe Jesucristo un combate decisivo por Jerusalén! Que consideren como glorioso morir por Cristo en esa ciudad donde el Señor murió por ellos. Pues si espantoso es alzar la espada contra los cristianos, no lo es blandirla contra los sarracenos. Y dar la vida por los hermanos es prueba de amor *(charitas)*; mediante el empleo, algo desviado, de esta expresión bíblica, Urbano II habría transformado así una acción guerrera destinada a matar a los enemigos sarracenos en un acto de amor por los hermanos cristianos de Oriente que los caballeros iban a liberar arriesgando su vida. Gregorio VII, como hemos visto, se había expresado en términos muy parecidos[60]. Luego, volviéndose hacia los obispos, el papa les habría pedido que predicaran por todas partes este viaje a Jerusalén, y que decretaran, para quienes los confesaran, el perdón de sus pecados. El papa habría añadido a continuación algunas incitaciones materiales a las promesas espirituales:

---

59. Según la tesis que critica J. Richards, *Les Croisades*, cit., p. 32, cuyos términos retomo aquí.
60. Véase más arriba pp. 214 ss. y pp. 302 ss. Véase también J. Riley-Smith, «Crusading as an Act of Love», *History*, 65, 1980, pp. 177-192.

Las riquezas de vuestros enemigos os pertenecerán igualmente. Así, victoriosos, saquearéis sus tesoros y regresaréis con ellos, o bien, enrojecidos por vuestra propia sangre, obtendréis el premio eterno de la carrera[61].

Las promesas espirituales fueron claramente enunciadas; no excluyeron, como se ve, una alusión a recompensas más terrenales. ¿Por qué negar su existencia? El argumento siempre evocado de Clermont no tuvo ningún alcance, pues sólo valió para los que emprendieron la ruta como penitentes. Pero, ¿y los otros? ¿Cómo puede afirmarse que todos partieron por aquel solo motivo? Ello constituye una verdadera petición de principio a la que se oponen completamente a la vez la actitud real de la mayor parte de los cruzados, los textos antes citados y hasta el decreto de Clermont: por su misma restricción, subraya que la búsqueda de riqueza y de gloria formaba parte de las motivaciones naturales de los cruzados.

Como se ha demostrado, el coste de la marcha a Jerusalén suponía una carga muy pesada para las familias; la operación no era «rentable»[62]. Ciertamente, la mayor parte de los cruzados no tenían la intención de permanecer en Tierra Santa y casi todos regresaron más pobres de lo que partieron. Pero esos hechos indudables sólo pudieron ser asumidos después: los cruzados ignoraban lo que los historiadores constatan. Significa también despreciar la esperanza del pillaje, del botín tomado al enemigo, tan frecuentemente evocado en los relatos de los cruzados, y las múltiples tentativas de los jefes de su ejército para apropiarse ciudades y territorios reconquistados.

Significa asimismo querer separar de manera demasiado radical las esperanzas materiales y espirituales, que se mezclaron en los cruzados. Bien entendido, hay que insistir en ello, los móviles capitales

---

61. Balderico de Bourgueil, I, 4, *op. cit.,* p. 15 [*N. del T.:* la expresión «premio eterno de la carrera» está cargada de resonancias paulinas: San Pablo, en efecto, emplea en algunas de sus epístolas la palabra «carrera» como sinónimo de compromiso, lucha o combate, del cual, como aclaró a los corintios, puede obtenerse una corona (premio) corruptible o, en el caso de la lucha de los cristianos, incorruptible (cf. *I Cor* 9, 24-25; *II Tim* 4,7; *Heb* 12, 1; véase también *Hch* 13, 25; 20, 24). Balderico, por tanto, quiere referirse con ella al premio de la salvación eterna].

62. J. Riley-Smith, «Early Crusaders to the East and the Cots of Crusading, 1095-1130», cit., pp. 237-257. El argumento no es decisivo: los inmigrados clandestinos arriesgan su vida y entregan a los mafiosos sumas enormes para venir a trabajar a Europa por salarios miserables. ¡Nada rentable! ¿Y qué decir de los que compran lotería? Nada rentable, después del sorteo, salvo para el Estado y... los pocos que ganan, pero la esperanza permite vivir.

de los cruzados fueron esencialmente de orden espiritual: participaron en una guerra santa, por amor a sus hermanos, al servicio de Cristo. Pero, como hemos visto, ninguna guerra santa jamás excluyó la presencia de otras motivaciones, incluidas las materiales, que fueron reales aunque menores, lo repito, en la cruzada. Se añadieron a las recompensas espirituales, no las borraron. No tenemos razón alguna para negarlas *a priori*, salvo para querer hacer de la cruzada sólo una peregrinación *penitencial*. Tomar este partido es lo que conduce precisamente a falsear un poco las perspectivas.

INDULGENCIA, PENITENCIA Y REMISIÓN DE LOS PECADOS

Las restricciones del decreto 9 de Clermont no implican que todos los cruzados fueran penitentes. Además de los móviles materiales, reales pero probablemente menores, muchas otras razones o esperanzas podían impulsar a los guerreros a participar en una expedición semejante, aunque no fuera más que por su carácter de guerra santa y, para algunos, por la esperanza escatológica unida a la reconquista de Jerusalén, sobre la cual volveremos más adelante. Sin llegar a examinar aquí los numerosos móviles de los cruzados, algunos de los cuales hemos evocado más arriba y sobre los cuales yo mismo he llamado ampliamente la atención en otro lugar[63], conviene refutar algunos argumentos expuestos por los historiadores que privilegian, en ocasiones hasta de forma exclusiva, su aspecto penitencial y subrayan por eso las nociones de indulgencia y de remisión de los pecados, que frecuentemente se mencionan en los documentos, en particular en las cartas y en las escrituras de cruzada.

INDULGENCIA

Nos detendremos poco en la noción de indulgencia propiamente dicha: apareció, en efecto, en fecha tardía. Fue únicamente en el transcurso del siglo XII cuando la decisión del concilio de Clermont se transformó en indulgencia específica de cruzada, capaz no sólo de

---

63. Véase sobre todo J. Flori, *Pierre l'Ermite...*, cit., pp. 179-283; J. Flori, «La croix, la crosse et l'épée...», cit.; J. Flori, «Jérusalem terrestre, céleste et spirituelle: trois facteurs de sacralisation de la première croisade», que aparecerá en L. García-Guijarro Ramos, *Actas de las Segundas Jornadas Internacionales sobre la Primera Cruzada (Huesca, 7-11 septiembre, 1999)*.

dar «satisfacción» para conseguir la remisión de los pecados recién confesados, sino también de llegar a sustituir a todas o a una parte de las penas que quedarían por sufrir después de la muerte, para compensar antiguos pecados que no habrían sido expiados del todo en la tierra[64]. Éste es el verdadero sentido de la indulgencia, unido a la noción de los tesoros de los méritos, válidos en este mundo y en el otro para atenuar las penas del purgatorio. Ahora bien, en la época de Clermont, la noción de purgatorio era todavía incierta, por no decir dudosa, y el término *indulgentiam,* antes de 1100, no se refería en modo alguno a esa forma de «remisión de pena». Designaba únicamente el perdón, la desaparición de las pecados confesados.

PRO REMISSIONE PECCATORUM

La expedición, en cambio, fue casi siempre prescrita «en remisión de los pecados», «para la redención de las almas», u otras expresiones de este tipo. En su carta a los flamencos, Urbano II afirmó sin ambigüedad:

> En nuestra compasión por esa desgracia, hemos visitado Francia, solicitado a la mayor parte de los príncipes de ese país y a sus súbditos que liberen las iglesias de Oriente. Les hemos ordenado solemnemente, durante un concilio celebrado en Clermont, que participen en esta expedición por la remisión de todos sus pecados[65].

La cosa no era nueva ni sorprendente. Esa expresión, *remissio peccatorum,* fue aplicada antes de 1096, incluido Urbano II, a muchas acciones piadosas que no estuvieron ligadas a ninguna peregrinación, pero sí, en cambio, muy directamente asociadas, como en este caso, a empresas guerreras que se consideraban meritorias[66].

---

64. Sobre la evolución de la indulgencia de cruzada, véase N. Paulus, *Geschichte des Ablasses im Mittelalter vom Ursprunge bis zur Mitte des XIVe Jahrhundert,* Paderborn, 1922; J. A. Brundage, *Medieval Canon and Law and the Crusaders,* cit.; H. E. Meyer, *The Crusades,* cit., pp. 10 ss. [*N. del T.:* trad. esp., *Historia de las cruzadas,* cit., pp. 41 ss.]; J. Richard, «Urbain II, la prédication de la croisade et la définition de l'indulgence», cit., pp. 129-135; J. Richard, «L'indulgence de croisade et le pèlerinage en Terre sainte», cit.; J. Richard, «La croisade: l'évolution des conceptions et des stratégies», en A. V. Murray, *From Clermont to Jerusalem...,* cit.

65. Urbano II, Carta a los flamencos, cit., n.º II, pp. 136-137.

66. Véase, por ejemplo, Urbano II, Carta n.º 6, PL. 151, col. 289-290; Carta n.º 20, PL, 151, col. 302-303; Carta n.º 22, ed. P. Kehr, *Papsturkunden in Spanien,* cit., pp. 286-287; Carta n.º 23, *ibid.,* pp. 287-288; Carta n.º 27, *ibid.,* pp. 290-292, etc.

Nos encontramos aún en el hilo de la guerra santa. Una noticia que relata la llegada de Urbano II a Limoges une nítidamente a la remisión de los pecados la expedición de reconquista predicada por el papa, aunque no evoca ninguna penitencia ni tampoco los santos lugares:

> El venerable papa vino en persona a la Galia para llamar, mediante sus oraciones y sus exhortaciones, al pueblo de los galos, ejercitado en las armas y en las guerras, para que defendieran la libertad de la santa Iglesia de Dios, para que liberaran al pueblo cristiano del yugo de ese pueblo impío y, por la remisión de sus pecados y por el amor de la caridad, para que organizaran una gran expedición que marchara a las regiones de Oriente con el propósito de expulsar a ese pueblo impío fuera de la herencia de Cristo[67].

En otros textos, sobre todo en las escrituras, es cierto que la partida de los cruzadas hacia Jerusalén se describe a menudo como una peregrinación. Los monjes, redactores de dichas escrituras, muestran al hombre que así partía consciente de sus faltas, tocado por la gracia de la conversión y deseoso de marchar a Jerusalén para expiarlas. En remisión de sus pecados, arrepintiéndose de sus malas acciones, se arregla con su conciencia y con Dios y abandona, antes de partir, su antiguo modo de vida. Con motivo de ello, dona al monasterio, del que salieron las escrituras, un bien cualquiera, recibiendo de ese mismo monasterio, como contrapartida, una suma de dinero o un caballo o la promesa de las oraciones de los monjes. Este marco de conjunto, obtenido de la reunión de trazos dispersos, da la impresión de una peregrinación penitencial y podría, en efecto, avalar la tesis de los que privilegian este aspecto. Sin embargo, conviene rectificar esta primera impresión.

En verdad, la cosa no es dudosa, algunos cruzados emprendieron el viaje como penitencia, como si acometieran una peregrinación. Pero sería un error generalizarlo, y ello por varias razones relacionadas con la naturaleza de las escrituras de partida. He aquí algunas:

1. No todas las partidas de cruzados se plasmaron en escrituras, y, por tanto, ignoramos totalmente los móviles que aquellos tuvieron para partir. Esto resulta cierto sobre todo para los caballeros vinculados a los príncipes a quienes servían con las armas, y a los cuales siguieron por fidelidad, deber, amistad, remuneración u otros

---

[67]. *Deux notices du Lumousin à propos de la prédication de la croisade en Aquitaine*, RHC, Hist. Occ., V, p. 351.

motivos materiales o espirituales sin compartir necesariamente sus razones.

2. No todas las escrituras conocidas hacen referencia al arrepentimiento o al estado de ánimo penitente del cruzado, ni incluso al hecho de que partan en remisión de sus pecados. Muchas señalan únicamente su partida, motivo de las transacciones que originaron el acto escrito.

3. La cruzada, en 1096, era un fenómeno nuevo, inaudito. Cuando los cruzados se dirigieron a los establecimientos eclesiásticos para obtener de ellos la financiación de su viaje (y las oraciones les aseguraban la protección de los santos), los monjes redactores aplicaron de forma muy natural a esas partidas el vocabulario que hasta entonces empleaban para los peregrinos. La asimilación verbal a una peregrinación se imponía en el ánimo de los escribas, poco dados a la innovación.

4. La mayor parte de los monjes compartían todavía en 1096 la concepción de una jerarquía de los órdenes de la sociedad fundada en la pureza de las funciones. La *via monastica* constituía para ellos la mejor, incluso la única forma de salvar el alma. El orden de los monjes, de alguna manera, estaba consagrado a la salvación. El orden de los penitentes se le aproximaba. En cuanto al orden de los laicos, y más aún el de los guerreros, estaba amenazado por su misma naturaleza. La noción de guerra santa, que estaba presente, como hemos visto, en los medios eclesiásticos, modificó un poco aquellas mentalidades, algo menos la expresión ideológica voluntariamente elaborada, nada en absoluto el vocabulario del discurso ordinario, inconsciente. Es por eso que la ausencia, en la mayoría de las escrituras, de una formulación clara y directa de una ideología de «guerra santa» no significa en modo alguno que tal noción no existiera entre los caballeros. En cambio, su presencia, aunque rara, en las escrituras de origen monástico, constituye la prueba manifiesta. Mientras que los caballeros hacían hincapié sobre su deseo de actuar por amor a Dios, de combatir por él en una guerra sacralizada cuya meta era la reconquista de la herencia del Señor Cristo, los monjes, de modo harto lógico, prefirieron traducir ese deseo de manera más conforme a la espiritualidad admitida, como peregrinación o «viaje» realizado por los señores laicos, vecinos y casi por lo general rivales económicos de los monjes, en remisión de sus pecados.

5.La necesidad de financiar su viaje, muy costoso como se sabe, conducía en ocasiones a los laicos a rivalizar en humildad para obtener los subsidios de que tenían necesidad. Los monasterios se aprovecharon a menudo de esa posición de fuerza para obligarles a ello y obtener su renuncia formal a algunos derechos disputados. La razón de ser de las escrituras fue precisamente ésa: sentar por escrito las donaciones (que casi siempre fueron ventas disfrazadas) y las renuncias a las «exacciones» o expoliaciones diversas en detrimento de los monasterios cuya ayuda material y espiritual el laico solicitó a la vez para el éxito de su viaje. La presentación del cruzado como «arrepentido», que actúa «por la remisión de sus pecados», deriva en parte de esos hechos y no se corresponde necesariamente con la realidad vivida por aquél que partió por razones que no estaban por fuerza ligadas a la penitencia, aunque se expresaran así.

6. En fin, no todas las escrituras que mencionan ese estado de ánimo penitente atribuyen la remisión de los pecados a la peregrinación; dicha remisión quedó vinculada bien a la peregrinación, bien a la expedición guerrera (a veces confundidas), bien a las obras «piadosas» ligadas a la expedición, en este caso las donaciones o renuncias ya mencionadas. En resumen, el hombre cambia de conducta: de adversario de Dios, de sus leyes y de su iglesia, se convierte en su apoyo, en su defensor. Es su conducta general, unida a su «conversión», lo que le vale la remisión de sus pecados.

En consecuencia, las consideraciones precedentes deben hacernos prudentes en la interpretación de las escrituras de cruzados. Si algunos emprendieron la expedición en calidad de peregrinación penitencial, es probable que otros muchos la consideraran como una acción piadosa sin que por ello hicieran de su partida un acto de penitencia; al contrario, algunos vieron en su decisión de ir a combatir por Dios a Jerusalén una especie de «contra-don», un acto de amor que respondía al de Cristo[68].

En muchos casos, esa acción piadosa fue precisamente la guerra santa. Fue tal vez así como lo comprendieron la mayoría de los cruzados: poniendo su espada y su vida al servicio de una empresa guerrera eminentemente sacralizada, creían cumplir de ese modo una obra de amor en el sentido vasallático y guerrero del término, un acto pío y meritorio, suscitado por Dios y conforme a su voluntad. Poseemos numerosos ejemplos de ello.

Así, Roberto de Flandes, antes de su partida, renunció mediante una escritura a sus reivindicaciones sobre la abadía de Saint-Thierry; por aquel acto consiguió las oraciones de los hermanos. No dice en ella que partiera a Jerusalén para hacer penitencia, ni por la remisión de sus pecados, sino que iba, a instigación del papa e impulsado por

---

68. Véase, por ejemplo, *Recueil des chartes de l'abbaye de Cluny,* cit., vol. 4, escritura n.º 3737, pp. 89-90.

una inspiración divina, a «liberar la Iglesia de Dios y a aumentar el honor de su nombre»[69]. En una escritura de octubre de 1097, su mujer, la condesa de Flandes, desvela cómo ella vio también en la acción de su marido una expedición guerrera suscitada por el Espíritu Santo:

> La gracia del Espíritu Santo ha iluminado el corazón de mi señor y esposo Roberto, conde de Flandes, para reclutar un gran ejército y llevar a cabo una expedición militar para reprimir la perfidia de los persas[70].

Otro ejemplo, referido a un gran príncipe, jefe de la cruzada: Esteban de Blois, antes de su partida, hizo una donación por el alma de su padre, de su madre, y para obtener la protección gracias a la oración de los monjes. Esteban partió, por mandato de Urbano II, para ir a «combatir a los paganos con el ejército de los cristianos»[71].

Las dos nociones de peregrinación y de guerra de reconquista contra los paganos están asociadas a veces en los motivos de la partida. Así ocurre en una escritura de San Víctor de Marsella, fechada el 14 de agosto de 1096:

> Yo, Godofredo, y mi hermano Guigue, al partir para Jerusalén, tanto por la gracia de la peregrinación como por aplacar, con la protección de Dios, la rabia malvada de los paganos que se derrama sobre innumerables poblaciones cristianas a las cuales han oprimido hasta este momento, reducido a cautividad y matado mediante su bárbaro furor, nosotros donamos, o mejor, vendemos [...] a San Víctor [...] y emprendemos la santa ruta *(sancta via)* para la remisión de nuestros pecados y la salvación de nuestras almas y la de los nuestros[72].

Volvemos a encontrar dicha asociación a propósito del conde Raimundo de Saint-Gilles. Él partió «en peregrinación para hacer la guerra a los pueblos extranjeros y vencer a las naciones bárbaras, a fin de que la ciudad santa de Jerusalén deje de estar cautiva y para que el Santo Sepulcro del Señor Jesús deje de estar mancillado»[73].

---

69. *Actes des comtes de Flandre,* ed. F. Vercauteren, Bruselas, 1938, pp. 62-66.
70. *Charte de Clémence de Bourgogne, comtesse de Flandre* (octubre 1097), ed. H. Hagenmeyer, *Die Kreuzzugsbriefe...,* cit., pp. 142-143.
71. *Cartulaire de Marmoutier pour le Dunois, 995-1300,* ed. E. Mabille, Châteaudun, 1874, pp. 80-81.
72. *Cartulaire de l'abbaye de Saint-Victor de Marseille,* ed. M. Guérard, París, 1847, escritura n.º 143, t. 1, pp. 167-168.
73. C. Devic y J. Vaissette, *Histoire Générale du Languedoc,* cit., vol. V, pruebas, p. 753.

En una escritura de Cluny, Bernardo y Eudes confiesan ir a Jerusalén «*pro remissione peccatorum*», pero designan su viaje a la vez como *peregrinatio* y *exercitio*[74]. ¿Cuál de las dos acciones consigue la remisión de los pecados?

En otro sitio, el énfasis se puso más bien en la expedición piadosa merecedora de la desaparición de los pecados. Ese fue el caso de los caballeros saqueadores del castillo de Mezenc. En el momento de partir a Jerusalén «para combatir allí a los bárbaros», prometieron renunciar a todas las malas costumbres que ejercían sobre los campesinos de las tierras de la abadía. El obispo quedó maravillado de su viraje y absolvió a todos los caballeros del castillo «porque algunos de ellos iban en expedición militar a Jerusalén» y porque los otros habían prometido enmendarse[75]. En el mismo cartulario, Acardo de Montmerle describió así su intención: ir a combatir por Dios contra los paganos, sin aludir a la penitencia:

> Yo, Acardo, testigo de este gran movimiento o expedición del pueblo cristiano que se apresta a marchar a Jerusalén a fin de combatir allí por Dios contra los paganos y los sarracenos, animado por las mismas intenciones, y deseando ir armado, hago el siguiente concierto con el señor Hugo, abad venerable de Cluny[76].

Una escritura de La Réole, al referirse a Amanieu de Loubens, se expresa en términos parecidos a los de la condesa de Flandes:

> Amanieu de Loubens, caballero valentísimo, fue impulsado por el amor del Espíritu Santo a abandonar su herencia para ir a Jerusalén (*Iherosolimita fieret*) a fin de combatir allí y matar a quienes se oponen a la religión cristiana, y para purificar el lugar donde el Señor Jesucristo se dignó sufrir la muerte por la restauración de la raza humana[77].

Se trata aquí sin duda de una revalorización del acto guerrero, expresado por otra parte en términos muy crudos y sin ambigüedad.

---

74. *Recueil des chartes de l'abbayye de Cluny*, cit., vol. 4, escritura n.º 3712, p. 59.

75. *Cartulaire de l'abbaye de Saint-Chaffre du Monastier*, cit., escritura n.º 398 (4-25 de diciembre de 1096), pp. 140-141, texto en C. Lauranson-Rosaz, *Le Concile de Clermont de 1095 et la croisade*, cit., pp. 59-60.

76. *Recueil des chartes de l'abbaye de Cluny*, cit., vol. 4, escritura n.º 3703, p. 51.

77. *Cartulaire du prieuré de Saint-Pierre de La Réole*, ed. C. Grellet-Balguerie (*Archives historiques de la Gironde*, 5, 1863, n.º 100, p. 140).

LA GUERRA SANTA

Con menos rudeza, pero en el mismo sentido, otra escritura muestra a los personajes citados «en el momento de tomar la ruta de Jerusalén para combatir allí a los bárbaros»[78]. En muchos casos, se menciona únicamente la expedición guerrera, sin hablar ni de peregrinación ni de penitencia ni de remisión de los pecados, sino sólo de una acción loable, que el pueblo cristiano, por amor de Dios, emprende contra los paganos[79]. Es la acción militar, la guerra contra el enemigo de la fe, lo que aquí se pone por delante y se revaloriza por sí misma.

En una palabra, incluso en las escrituras —que, sin embargo, de lejos y por las razones mencionadas más arriba, constituyen los documentos más dados a presentar la cruzada como una peregrinación emprendida como remisión de los pecados—, nada permite afirmar que la *remissio peccatorum* proceda sólo de la peregrinación realizada en tanto que acto penitencial. También puede derivarse de entregarse al combate por Dios, es decir, de la guerra santa, como claramente se ve expresado en algunas escrituras.

No todos los cruzados se sentían penitentes, pero, en cambio, sí se consideraban todos *milites Christi*. Actuando como tales, combatían más por Cristo que por San Pedro o por el Papado[80], obedeciendo así a motivaciones más espirituales que propiamente religiosas o, mejor dicho, jurídicas. Esa nueva dimensión transformaba más aún su combate en guerra santa, a veces con rasgos de venganza surgidos de las concepciones del honor y del deber vasalláticos. Antes de la cruzada, hemos encontrado ya en varias ocasiones esa intención de vengar a Cristo mediante las armas luchando contra sus «enemigos». La noción de herencia de Cristo aplicada a Jerusalén y a Tierra Santa adquiriría, en la mentalidad de los caballeros, un sentido muy concreto que implicaba un deber preciso: el de restablecer al Señor en sus tierras expoliadas, según el derecho feudal. Los caballeros guerreaban en Oriente para exaltar el nombre y el honor de Cristo, y aumentar su gloria. Los combates por San Pedro y por la Iglesia romana condujeron a esa noción de combate por

---

78. *Cartulaire de l'abbaye de Saint-Chaffre du Monastier*, cit., escritura 398 (diciembre 1095).

79. *Iibid.*, escritura 245 (25 de julio de 1096); escritura 243 (1097); escritura 245 (25 de julio de 1096); *Cartulaire de Marmoutier pour le Dunois, 995-1300*, cit., pp. 38-40; p. 56: escritura 64; p. 258 (1096); *Cartulaire de Marmoutier pour le Vendômois*, ed. M. de Trémault, Vendôme, 1893, escritura 180; sobre esta escritura véase G. Constable, *Medieval charters...*, cit., n.º 20.

80. J. Riley-Smith, «The First Crusade and St. Peter», cit., ha advertido este punto sin extraer todas sus consecuencias.

Cristo Rey[81]. Urbano II tal vez aludió a ella discretamente. En todo caso, los caballeros, acostumbrados a esa noción de *faida,* la percibieron, como lo prueba, por ejemplo, la carta de los príncipes cruzados a Urbano II, a propósito de la toma de Antioquía:

> Los turcos, que tanto oprobio habían infligido a Nuestro Señor Jesucristo, han sido conquistados y matados; y nosotros, los jerosolimitanos de Jesucristo, nosotros hemos vengado la injuria hecha al Dios supremo[82].

Al recuperar la posesión para Cristo de su dominio invadido por los infieles, sus caballeros se convertían en los instrumentos de la «venganza» divina, en el momento previsto, al final del «tiempo de las naciones».

MILITES CHRISTI Y GUERRA SANTA

Al llamar *milites Christi* a los participantes en la expedición, Urbano II no innovaba ciertamente: la expresión, como hemos visto, había sido empleada ya mucho antes que él para los guerreros que combatían por la causa pontificia en Italia. Pero resultaba más apropiada para los que se comprometían a ir a liberar Jerusalén y la tumba de Cristo. Fulquerio de Chartres atribuyó al papa este apóstrofe que opone claramente las dos formas de *militia:*

> ¡Que se hagan ahora *milites Christi* quienes hasta entonces no eran sino bandidos! ¡Que combatan por un motivo justo contra los bárbaros quienes antes se batían contra sus hermanos y sus parientes! Así ganarán recompensas eternas quienes se hacían mercenarios por unos miserables sueldos. Trabajarán por un doble honor quienes se esquilmaban en detrimento de su cuerpo y de su alma. Aquí, estaban tristes y pobres; allá, serán ricos y alegres; aquí, eran los enemigos del Señor; allá, serán sus amigos[83].

Guiberto de Nogent fue más lejos, expresando (¡con la condescendencia del monje!) aún mejor lo que sentían la mayor parte de los

---

81. J. Leclercq, *L'Idée de la royauté du Christ au Moyen Âge,* París, 1959, p. 34, 56-64; G. Althoff, «*Nunc fiant Christi milites, qui dudum extiterunt raptores;* Zur Entstehung von Rittertum und Ritterethos», *Saeculum,* 32, 1981, pp. 317-333; J. Flori, «La préparation spirituelle de la croisade...», cit., p. 161.
82. *Cartas de los príncipes cruzados,* ed. H. Hagenmeyer, cit., p. 161.
83. Fulquerio de Chartres, I, 3, p. 323.

cruzados, sin hacer teoría de ello: ¡hay guerras y guerras! La mayoría de ellas tienen por causa la sed de gloria y de riquezas, móviles habituales de las querellas en un mundo donde la búsqueda del beneficio guía a los hombres. Estos son combates funestos para las almas. Existen también guerras justas, aquellas en las que se toman las armas para defender la libertad, o al Estado amenazado por los bárbaros, o a la santa Iglesia. Existen, en fin, guerras santas, verdaderos medios de salvación para los guerreros, en el seno mismo del estado laico:

> Como cualquier intención piadosa ha desaparecido de las almas de todos [los caballeros] y como el deseo de poseer se ha apoderado de su corazón, Dios, en nuestro tiempo, ha instituido guerras santas para que el orden de los caballeros y el pueblo que les sigue, que hasta ahora estaban ocupados en matarse unos a otros a imitación del antiguo paganismo, puedan encontrar en ellas un nuevo medio para conseguir su salvación, sin estar, por lo demás, obligados, como hasta entonces sucedía de manera rigurosa, a abandonar el siglo para elegir la conversión monástica o cualquier otra profesión religiosa; y para que así puedan, en cierta medida, obtener la gracia de Dios en el ejercicio mismo de su función, conservando en todo momento sus costumbres y su manera de vivir[84].

La expresión «guerras santas» *(praelia sancta)* es nueva. La noción, sin embargo, no, como hemos podido constatar en las páginas precedentes. Ahora consiguió carta de ciudadanía entre los monjes que, al reflexionar sobre la cruzada poco después de su éxito, elaboraron su interpretación teológica. Al hacerlo, incorporaron esta noción de guerra santa a su concepción global de la historia. No la inventaron.

OTROS RASGOS DE GUERRA SANTA

Las palmas del martirio

De semejantes acciones, realizadas por amor hacia Cristo su Señor, los *milites Christi* esperaban, como los caballeros seculares de su señor, algunas retribuciones. ¿Cuáles, además de la ya mencionada remisión de sus pecados? Según se dice, la promesa de las palmas del martirio no habría sido prometida en Clermont[85]. Sin embargo, la

---

84. Guiberto de Nogent, *Dei gesta per Francos,* cit., I, 1 (RHC, Hist. Occ., IV, p. 124).

85. Cf. J. Riley-Smith, «Deaht on the First Crusade», cit., pp. 14-31; N. Daniel, «Crusade Propaganda», en *A History of the Crusades,* t. 6, *The Impact of the Crusade*

encontramos en la relación que de él hizo Guiberto de Nogent y, de manera menos nítida, en la de un testigo de su discurso, Balderico de Bourgueil. Según Roberto el Monje, otro testigo, el papa se habría limitado a aludir a la gloria imperecedera que esperaba a los cruzados en el reino de los cielos[86]. Dos testigos directos (¡de tres!) hicieron, pues, referencia a ello, al menos brevemente.

Hugo de Fleury fue más lejos. Para él, el papa y los obispos habrían hecho esta promesa de forma clara:

> Aseguraba que todos quienes, marcados con el signo de la cruz del Señor, emprendieran por esta razón el camino del Santo Sepulcro, podían estar seguros de una gloriosa e inefable recompensa en el cielo [...]. En fin, todos los obispos que allí estaban atestiguaron que todos los que defendieran el cristianismo de aquellos inminentes huracanes serían admitidos entre los santos mártires y que, sin ninguna duda, recibirían en este siglo una gloria eterna y en el cielo una recompensa inefable[87].

A pesar de los precedentes ya mencionados, algunos de los cuales se remontan al siglo IX, Riley-Smith estima que esta noción de martirio de los guerreros muertos en combate no sería anterior a la cruzada: habría nacido durante el viaje, en el seno del ejército de los cruzados, particularmente después de la terrible travesía de Asia Menor, ante Antioquía. En aquel momento habrían cobrado conciencia de formar el ejército de Dios, dirigido por el Espíritu Santo. Esa noción habría sido sobre todo expresada y ampliada por los tres monjes, Roberto, Raúl y Guiberto, que después redactaron la cruzada, según su interpretación teológica del acontecimiento[88]. Yo ya he refutado esta tesis en varios trabajos[89]; por tanto me permito remitir al lector a ellos, limitándome aquí algunos aspectos capitales.

---

on Europe, H. W. Hazard y P. Zacour, Madison, 1989, pp. 60 ss., que son seguidos por la mayor parte de los historiadores anglosajones.

86. Roberto el Monje, I, 2, *op. cit.,* p. 729. Guiberto de Nogent, II, 4, *op. cit.,* p. 113 (RHC,IV, p. 138) habla de guerras santas que contienen la promesa del martirio; Balderico de Bourgueil, I, 4, *op. cit.,* pp. 15, opone la brevedad del trabajo que ha de sufrirse a la corona imperecedera que de él se derivará.

87. Hugo de Fleury, *Liber qui Modernorum Regum Francorum continet actus,* cit., p. 393.

88. Cf. J. Riley-Smith, «Deaht on the First Crusade», cit., y *The First Crusade and the Idea of Crusading,* cit., pp. 48 ss.; J. Riley-Smith, *The First Crusaders,* cit., pp. 72 ss.

89. J. Flori, «Mort et martyre des guerriers ver 1100; l'exemple de la première croisade», cit.; J. Flori, *Croisade et Chevalerie,* cit., pp. 83 ss.; J. Flori, *Pierre l'Ermite...,* cit., pp. 132 ss. y 216 ss.

El primero es la unanimidad de las fuentes que se refieren a los guerreros mártires de Nicea y Dorilea. No se constata ninguna variación ni evolución sobre este tema. El segundo se refiere a las cartas de los cruzados. Contrariamente a lo que postula Riley-Smith, no se observa ninguna diferencia notable, relativa a esta noción, entre las cartas anteriores a Antioquía y las siguientes. De otra parte, algunas de las cartas más antiguas, a pesar de que su tema se prestaba mal a tales menciones, contienen alusiones, a veces referencias nítidas, a dicha concepción. Ese es el caso de la carta del patriarca Simeón y el obispo Ademaro, de 18 de octubre de 1097, destinada a incitar a los cristianos del Norte de Europa a cumplir sin tardanza su voto de cruzada. En verdad, la misma no alude ni al martirio ni incluso al fallecimiento de los cruzados (lo que habría resultado torpe y poco incitante), pero relata una visión que habría tenido el patriarca, que prometía la corona, en el día del juicio, a quienes hubieran «penado» en el curso de aquella expedición. Dicha promesa fácilmente podía dar lugar a una tal interpretación, o a deducirla[90]. En enero de 1098, el patriarca incitó a los cristianos de Occidente a ir a «combatir por Cristo» y, si era necesario, a morir por él, viviendo así por Dios[91]. Esta promesa está implícita en la segunda carta de Esteban de Blois, de 29 de marzo de 1098. Esteban relata en ella de manera muy precisa los sufrimientos (que califica de «muy santa pasión») soportados por los cristianos; libraron siete batallas a los turcos, quienes, según dice, «han matado a muchos cristianos y enviado sus almas hacia las alegrías del paraíso»[92]. En junio de 1098, en una carta al abad de Montecasino, el emperador fue más categórico aún: para él, los que cayeron son «santos»:

> Un número grandísimo de caballeros y de peones fueron hacia los tabernáculos eternos; entre ellos, algunos fueron matados, otros muertos: en verdad, son santos *(beati)*, al haber dado su vida por una buena causa. Por eso conviene no considerarlos como muertos, sino como vivos, y trasladados a la vida eterna e incorruptible[93].

¿Expresó aquí el emperador su propia concepción de la guerra santa procuradora del martirio? Según se dice, la misma apenas tenía acogida en la mentalidad religiosa de Oriente. Él se refiere más

---

90. H. Hagenmeyer, *Die Kreuzzugsbriefe...*, cit., p. 142.
91. *Ibid.*, p. 148.
92. *Ibid.*, p. 150.
93. Carta de Alejo I Comneno al abad de Montecasino, ed. H. Hagenmeyer, *op. cit.*, n.º XI, p. 153, § 5.

bien a una idea que sabía que era admitida en Occidente, recibida a través de los cruzados. En todo caso, su misiva prueba la popularidad de esta doctrina en la fecha en que escribió. Ya lo era antes de la cruzada, como hemos visto más arriba. Sólo Anselmo de Ribemont dejó de aludir a ella, tanto antes como después de Antioquía. Fue, por consiguiente, una característica personal que no puede interpretarse en términos de evolución de las doctrinas o de su recepción por el ejército[94].

El único argumento verdadero de Riley-Smith reside en el hecho de que Anselmo de Ribemont pide que se rece por los guerreros matados. Según el historiador inglés, una tal petición probaría que los redactores no creían que fueran admitidos en el paraíso; ¿por qué, en este caso, tendrían necesidad de oraciones? Me parece que éste es un razonamiento que los cruzados no podían mantener sin hacer poco caso a la libertad de Dios, ni caer en la presunción: pues nadie, sino Dios, podía conocer, en el momento de su muerte, el estado espiritual del difunto. Esa es la razón por la que los cruzados, penitentes o no, sentían la necesidad de confesarse y de ayunar antes de los combates, incluso en la época en que se admitía la doctrina del martirio de los guerreros. De otra parte, Manasés de Reims también pidió, sin tener de ninguna manera consciencia de una incompatibilidad, que se rezara por los cruzados muertos, en particular por tres de ellos, Ademaro del Puy, Anselmo de Ribemont y el obispo de Orange, los cuales, añade, sin embargo, «murieron en paz y han sido coronados por un martirio tan glorioso»[95]. Hay otros casos de tales supuestas «contradicciones», que los contemporáneos de la cruzada no consideraron como tales. Así, para Raimundo de Aguilers, los guerreros de Cristo ganan en méritos a los santos, y los cruzados muertos pertenecen en adelante a los ejércitos celestiales. Lo que no le impidió pedir a sus lectores que rezaran por Pons de Balazun, matado en el asedio de Arqa[96]. Volvemos a encontrar la misma yuxtaposición de las dos nociones a propósito de la muerte del condestable Gualón, o de los hermanos de Tudebodo[97].

Por todas estas razones, parece más prudente no especular demasiado sobre la hipotética aparición, en el curso del viaje, de una

---

94. Anselmo de Ribemont, *Epistolae,* ed. H. Hagenmeyer, *op. cit.,* pp. 158-160.
95. Manasés de Reims, Carta a Lamberto, obispo de Arras, H. Hagenmeyer, *op. cit.,* pp. 175 ss. Subrayemos que los dos primeros son considerados como mártires por todas las fuentes de cruzada.
96. Raimundo de Aguilers, *op. cit.,* p. 107; véase también pp. 116-117.
97. Véase sobre este punto J. Flori, *Croisade et Chevalerie...,* cit., pp. 83-108.

creencia que, como hemos visto, estaba ampliamente extendida desde antes de la cruzada. No nació de las tribulaciones de los cruzados ante Antioquía; como mucho pudo tomar allí un nuevo vuelo.

Cruzados, santos y mártires[98]

Una creencia semejante procede, en efecto, de la certeza que tenían los cruzados de llevar a cabo una guerra santa, y, por ello, de ser apoyados por las legiones celestiales en ese combate por Dios. Por esa causa, desaparecen las fronteras entre los dos mundos y se establecen entre ellos numerosas comunicaciones, en los dos sentidos.

Durante el asedio de Arqa, Anselmo de Ribemont, precisamente, tuvo una visión que le anunció su muerte. Angelran de San Pablo, que había muerto antes en Maras, se le apareció. Anselmo le dijo. «Qué es esto, pues? ¿Estabais muerto y ahora vivís?». El difunto le respondió: «En verdad, quienes terminaron su vida al servicio de Cristo no mueren». Después explicó que en adelante habitaba en el cielo en una maravillosa casa; y anunció a Anselmo: «Se te prepara una más bella de aquí a mañana». Al día siguiente, en efecto, Anselmo recibió una pedrada en la cabeza y «así salió de este mundo para ir a habitar el lugar que Dios le había preparado[99]. En el transcurso de dicho asedio de Arqa, Jesús se apareció también a uno de los cruzados para animarles a continuar el cerco, a pesar de las pérdidas. Pues, decía, «cuando mueren tales hombres, son colocados a la derecha de Dios donde yo me siento después de mi resurrección cuando ascendí a los cielos»[100].

Ademaro se apareció también varias veces en Antioquía a sus antiguos compañeros. En primer lugar a Pedro Bartolomé, aquél que había recibido las revelaciones relativas a la Santa Lanza. Pero el obispo había dudado en un principio de su veracidad; por eso, a su muerte, no pudo alcanzar inmediatamente la morada celestial. Debido a su incredulidad, debió pasar algunos días en el infierno (adviértase la ausencia del purgatorio en aquella fecha). Cuando se apareció a Pedro Bartolomé, llevaba todavía las huellas de las quemaduras, cuya presencia justificó: «Por ello fui conducido al infier-

---

98. Retomo aquí, en forma condensada, un artículo publicado recientemente: J. Flori, «Les héros changés en saints... et les saints en héros. Sacralisation et béatification du guerrier dans l'épopée et les chroniques de la première croisade»; *Pris-ma*, 30, 1999, pp. 255-272.
99. Raimundo de Aguilers, ed. J. H. y L. L. Hill, *Le «Liber» de Raymond d'Aguilers*, París, 1969, pp. 108-109.
100. *Ibid.*, pp. 112-113.

no *(in infernum)*; allí, he sido flagelado muy rudamente, mi cabeza y mi cara han resultado quemadas como puedes ver.» Después exhortó a los cruzados a no dudar de la Santa Lanza, y anunció que, en lo sucesivo, se haría útil a los cruzados, con sus compañeros difuntos: «En efecto, yo habitaré con ellos y todos mis hermanos cuya vida acabe como la mía habitarán también con ellos, y me apareceré a ellos y les ayudaré mucho mejor que antes.» Así fue, pues luego se apareció a Esteban Valentín para ordenarle que tomara como bandera-talismán a la vez la Santa Lanza y la Santa Cruz; después a Pedro Desiderio para ordenarle la mejor manera de tomar Jerusalén: ayunar y hacer una procesión alrededor de la ciudad; en fin, muchos cristianos lo vieron escalar las murallas de Jerusalén y asentarse allí el primero, antes de invitar a la vez a sus compañeros y al pueblo a subir detrás de él[101].

En la cruzada, pues, los santos se aparecieron a los cruzados y los ayudaron, como en los antiguos relatos de guerra santa ya mencionados. Pero aquí, los cruzados matados llegaron a ser pronto santos, y llegaron a socorrer a sus antiguos compañeros. El relato de la batalla de Antioquía lo muestra claramente. Del mismo modo que los guerreros de la *reconquista*, de Cividale o de la Pataria milanesa (pero con motivos muy superiores, puesto que los cruzados no fueron ya soldados de San Pedro, sino de Cristo), en ella se vio cómo los *milites Christi* se enfrentaron a los «paganos» apoyados por las milicias celestiales de los santos y las de los cruzados mártires beatificados. El relato merece que nos detengamos en él. Ilustra plenamente la concepción de guerra santa de la época.

La mayor parte de las crónicas de cruzada y varias cartas se valen de las visiones concedidas a varios «peregrinos», obispos, sacerdotes y laicos. Todas las fuentes contemporáneas de los acontecimientos mencionan también el descubrimiento milagroso, gracias a las revelaciones de San Andrés, de San Pedro, de la Virgen, luego de Jesús en persona, de la Santa Lanza que, antaño, había perforado el costado de Cristo en la Cruz. Reconfortados, los cruzados abatidos y aterrorizados recuperaron el coraje; en efecto, los santos habían dado esa lanza como garantía de su victoria sobre los ejércitos de Kerbogha que los cercaban y los reducían al hambre. Aquel descubrimiento decuplicó de tal modo sus energías que, a pesar de su dramática escasez de caballos, osaron desafiar a Kerbogha y proponerle elegir entre la conversión y la «batalla campal». La victoria, rápida, total, inimaginable, recompensó su recobrada valentía.

---

101. *Ibid.*, pp. 84, 127 y 144.

Pero la ayuda del Señor no se limitó a un simple signo de aliento de orden místico. Varias fuentes de cruzada aluden a una participación directa de las potencias celestiales. Algunas atribuyen la victoria al poder cuasi «mágico» de la Santa Lanza y subrayan el hecho de que los turcos no se atrevían a atacar a los cristianos y que sus tiros no los alcanzaban[102]. Otras van más lejos y mencionan la intervención de misteriosos caballeros blancos. Un testigo italiano, Bruno, relata así la batalla:

> Cuando hubieron avanzado así en la llanura una distancia de aproximadamente tres millas, he aquí que surgieron un estandarte, soberbiamente erguido, todo blanco, y con él una innumerable multitud de guerreros, acompañados de un viento violento y de una gran polvareda, los cuales pusieron de tal modo en fuga a los turcos que, al huir, tiraban sus armas e incluso sus vestidos. Y así, dispersados por Dios, todos se desparramaron de tal suerte que desaparecieron de la vista de los nuestros. ¡Cosa admirable! Nadie supo de dónde venía aquella bandera, ni los que estaban con ella[103].

Algunos participantes fueron más precisos y atribuyeron la victoria a la intervención de los ejércitos celestiales dirigidos por los santos militares. El Anónimo normando los describe:

> Se vio descender de las montañas tropas innumerables de guerreros montados en caballos blancos y precedidos de blancos estandartes: Los nuestros no podían comprender lo que significaba aquello, ni quiénes eran tales guerreros; pero al fin reconocieron que se trataba de un ejército de socorro enviado por Cristo y mandado por San Jorge, San Mercurio y San Demetrio. Este testimonio debe ser creído: varios de los nuestros vieron estas cosas[104].

Otro testigo directo, Pedro Tudebodo, señala dicha intervención de las tropas celestiales en términos idénticos, pero con una precisión suplementaria sobre la cual volveremos luego; Raimundo de Aguilers, por su parte, evoca una «multiplicación» milagrosa de los con-

---

102. Véase, por ejemplo, la Carta de Bohemundo y de los príncipes cruzados a Urbano II (septiembre de 1098), ed. H. Hagenmeyer, *Die Kreuzzugsbriefe...*, cit., n.º XVI, pp. 161 ss.; Carta de Daimberto de Pisa, *ibid.*, n.º XVIII, pp. 169, etc.
103. *Ibid.*, n.º XVII, pp. 165-167.
104. Anónimo, ed. y trad. L. Bréhier, *Histoire anonyme de la première croisade*, cit., p. 155 [N. del T.: sigo la trad. esp. contenida en P. Alphandéry y A. Dupront, *La cristiandad y el concepto de cruzada. Las primeras cruzadas*, México, 1959, pp. 76-77]. Observemos, de pasada, que estos tres santos eran entonces los patronos de los ejércitos bizantinos, lo cual refleja, sin ninguna duda, cómo en aquella fecha todavía subsistía el acuerdo en las ideas entre griegos y occidentales.

tingentes cristianos gracias a la ayuda de los ejércitos celestiales que Ricardo el Peregrino (o su retocador Graindor de Douai) identificó con un ejército de ángeles cuya intervención había anunciado el obispo del Puy. Estaban dirigidos por varios santos militares[105].

¿Cuál era, para sus autores, la composición de aquel ejército de caballeros? Unos lo ignoran, y dejan planear el misterio. Pero otros afirman que se trataba del ejército de los santos a los cuales se habían unido los cruzados muertos poco tiempo antes en el curso de aquella expedición. En una visión a Pedro Bartolomé, San Andrés le había anunciado además que el combate emprendido por los cruzados era tan sagrado que los mismos «santos antiguos» desearían participan en él:

> ¿Tú no sabes porqué Dios os ha traído hasta aquí, cuánto os ama y cómo os ha elegido especialmente? Os ha hecho venir hasta aquí para que venguéis el menosprecio que él y los suyos han sufrido. Os ama de tal manera que los santos que ya descansan, al conocer de antemano la gracia de la disposición divina, querrían estar presentes ellos mismos en carne y hueso para combatir con vosotros [...]; pues vosotros sois superiores en méritos y en gracias a todos aquellos que han venido antes y vendrán después de vosotros, como el oro prevalece en valor sobre la plata[106].

No es sorprendente, desde ese momento, que los cruzados muertos, santificados, quisieran seguir ayudando a sus compañeros. En Antioquía, según el Anónimo normando, Dios anunció cinco días antes de la batalla la intervención de sus santos si los cruzados volvían a él, se arrepentían, ayunaban y hacían las procesiones rituales indicadas. Tudebodo se muestra más preciso acerca de la naturaleza de la intervención en favor de los cruzados: un ejército de santos y de cruzados difuntos:

> Que comiencen así el combate y yo les proporcionaré la ayuda de los bienaventurados Jorge, Teodoro y Demetrio y el socorro de todos los peregrinos que han muerto en este camino de Jerusalén[107].

---

105. *La Chanson d'Antioche*, ed. S. Duparc-Quioc, París, 1976, versos 9062-9072. Aquí advertimos el añadido de un nuevo santo militar más notoriamente «occidental», San Mauricio.

106. *Ibid.*, 70. *Diligit vos adeo ut sancti iam in requie positi divine dispositionis gratiam prenoscentes in carne esse et concertare nobiscum* (el manuscrito B. dice *vobiscum;* el editor elige *nobiscum,* lo cual me parece que tiene poco sentido aquí) *vellent.*

107. Pedro Tudebodo, *op. cit.*, p. 100. Sobre la promesa hecha a Esteban por Cristo y María, véase también Raimundo de Aguilers, *op. cit.*, p. 73.

Los cristianos obedecieron, conformándose a las prescripciones divinas, se prepararon espiritualmente y salieron a combatir. Aquí todavía Pedro Tudebodo se muestra más preciso que el Anónimo:

> Fue entonces cuando descendieron de las montañas innumerables ejércitos *(innumerabilis exercitus)* montados en caballos blancos y cuyos estandartes eran blancos. Nadie sabía lo que significaba aquel ejército hasta que los nuestros pudieron reconocer la ayuda de Cristo, *como les había anunciado el padre Esteban.* Quienes los mandaban eran San Jorge, el bienaventurado Demetrio y el bienaventurado Teodoro. Estas cosas deben ser creídas, pues varios de los nuestros las vieron[108].

Se trata, pues, de la ayuda antes anunciada a Esteban, a saber, el ejército de los santos, antiguos y nuevos, el de los cruzados difuntos dirigidos por los santos militares, particularmente honrados en Oriente. Raimundo de Aguilers hace referencia a las mismas promesas y a la misma realización, en términos algo diferentes. Para él, la visión fue concedida a Pedro Bartolomé, y fue San Andrés quien anunció la asistencia militar de los cruzados difuntos, con una precisión aún mayor:

> Que vuestro toque de llamada sea "Dios nos ayuda", y en verdad que Dios os ayudará. Todos vuestros hermanos que han muerto desde el comienzo de esta expedición estarán también con vosotros en esta batalla. Encargaros vosotros de vencer a la décima parte de vuestros enemigos, y ellos, por orden de Dios, y con su poder, combatirán y vencerán a las otras nueve décimas[109].

Después viene el relato de la batalla: Raimundo de Aguilers afirma que él mismo portaba la Santa Lanza, y subraya que Dios aumentó de manera considerable el número de los combatientes cristianos[110].

Tanto para él, como para Tudebodo y el Anónimo, no cabía ninguna duda de que aquel repentino aumento de los efectivos fue resultado de la aportación de las legiones celestes, entre las cuales, y en buen lugar, figuraban sus compañeros fallecidos en un combate tan justo. Nos encontramos aquí en la línea de pensamiento de los

---

108. Pedro Tudebodo, *op. cit.*, p. 112. El subrayado es mío.
109. Raimundo de Aguilers, *op. cit.*, p. 78. Ya hemos encontrado un reparto parecido de papeles a propósito de la *reconquista*: véase pp. 129 ss.
110. *Ibid.*, p. 82.

relatos de guerra santa, que a menudo hemos encontrado a lo largo de este estudio, pero a un nivel jamás alcanzado antes: la ósmosis es aquí total entre los santos del paraíso, los guerreros mártires y los combatientes de Cristo que se enfrentan a los paganos para liberar las iglesias de Oriente y el Santo Sepulcro. La santidad del objetivo recae sobre la causa, y asegura la de los combatientes.

Conclusión

GUERRA SANTA, *ŶIHĀD* Y CRUZADA

Al término de una larga marcha, los «soldados de Cristo» llegaron a Antioquía a la que pusieron cerco vanamente durante siete meses. Al final entraron en la ciudad gracias a la habilidad diplomática de Bohemundo. El normando se apoderó de ella con la complicidad de un habitante. Antes que él, Balduino se había hecho dueño ya de Edesa y su región, de la que se hizo nombrar rey a raíz de la matanza de Thoros, que lo había «adoptado» para hacerlo su sucesor; Tancredo también intentó crearse un principado en Cilicia; Raimundo de Saint-Gilles, a su vez, intrigó en ese sentido, como numerosos príncipes, comenzando por Bohemundo. La milagrosa victoria conseguida sobre los ejércitos de Kerbogha, en junio de 1098, gracias a la Santa Lanza y al apoyo de las milicias celestiales —gracias también a la probable defección de los príncipes musulmanes, aliados de Kerbogha— permitió a los cruzados instalarse de manera duradera y consolidar la seguridad de sus conquistas. Raimundo Pilet, entre otros, se hizo ilustre en esas pequeñas campañas y se apoderó de varias ciudades.

La posesión de Antioquía fue después objeto de conflictos entre Bohemundo, que quiso conservarla, y Raimundo de Saint-Gilles, que sin duda la codiciaba para sí mismo. Para Raimundo, el juramento de fidelidad que todos (salvo él y Tancredo) prestaron a Alejo los obligaba a devolverle la ciudad. Pero el emperador tardó demasiado en socorrer a los cruzados cuando estaban cercados en Antioquía; siguiendo los consejos de Esteban de Blois, que renunció y regresó a su casa, Alejo dio media vuelta. Después de la victoria, los cruzados vieron en ello la ocasión de denunciar los acuerdos pasados entre

Alejo y sus jefes. Puesto que el emperador no los apoyó bastante en la reconquista, en su mayor parte estimaron que no estaban obligados a devolverle aquellos territorios, indiscutiblemente bizantinos. Ello resultaba más fácil aún por lo que respecta a las regiones situadas más allá de Antioquía, que estaban en manos de los musulmanes desde hacía varios siglos; las codicias de los conquistadores parecían perjudicar de manera menos directa al emperador.

En aquel momento, los jefes cruzados escribieron una carta al papa para pedirle que fuera en persona a acabar «su guerra»; Bohemundo relató en ella las victorias de los cristianos: han reconquistado y pacificado toda la Romania, y tomado Antioquía con la ayuda de Dios; los *milites Christi*, han vencido, dice, a los turcos y a los paganos; pero ¡quedan aún tantos herejes en estas tierras! Es necesario, por tanto, que el papa fuera personalmente a Antioquía para tomar posesión en ella del trono de San Pedro, acabar su guerra, hasta el Santo Sepulcro, y recibir la obediencia de todos:

> Desde ese momento, ¿qué cosa más justa habría, pues, en el mundo que verte venir a ti, el padre y el jefe de la religión cristiana, a la ciudad primera y capital del cristianismo y participar, tú también, en esta guerra que es tuya? [...] Acaba, así, con nosotros el camino de Jesucristo que nosotros hemos iniciado y que tú has predicado: abre para nosotros las puertas de las dos Jerusalén, libera el Sepulcro del Señor y haz que el nombre de los cristianos sea exaltado por encima de cualquier otro. Si vienes a nosotros y si terminas con nosotros este camino que tú has iniciado, el mundo entero te obedecerá[1].

¿No expresaría acaso esa demanda apremiante la necesidad de un poder unificador, tanto en el plano religioso como en el político? En todo caso, era nítida la voluntad de someter todos aquellos territorios a la autoridad del papa. La ruptura entre los cruzados y el emperador parecía definitiva en aquella fecha. La reconquista de tierras no se haría más en nombre del emperador, sino en nombre de Cristo. La llegada del papa allí sería bienvenida. La mayoría de los jefes dejaron, pues, que se desarrollara, y lo aumentaron si era preciso, el vivo resentimiento de la mayor parte de los cruzados «de base», que ya, desde Nicea, estaban descontentos por haber sido privados del pillaje previsto de la ciudad, restituido a Alejo, y que vieron en él cada vez más un traidor. Para el éxito de su empresa

---

1. Ed. H. Hagenmeyer, *Die Kreuzzugsbriefe...*, cit., n.º XVI, pp. 161 ss.

CONCLUSIÓN

hasta Jerusalén, sólo contaron con sus fuerzas y con la ayuda de Dios.

¡Sería conveniente todavía proseguir la marcha hasta allí! Ahora, los jefes, muy ocupados en tratar de ampliar y «pacificar» los territorios adquiridos, refunfuñaron a la hora de retomar el viaje. ¿Habrían olvidado aquellos «penitentes» los móviles que los impulsaron a partir en «peregrinación»? ¿O hay que ver más bien, y ante todo, en la cruzada una guerra santa de reconquista de territorios antaño cristianos, emprendida al principio en un espíritu de concordia con el emperador griego, y, luego, cada vez más en discordia con él, y pronto contra él?

El hecho es que, para ser «penitentes», los cruzados se comportaron de manera muy extraña: hicieron cuanto pudieron para diferir, o al menos para retrasar, su marcha hacia Jerusalén, por lo demás tan próxima. Balduino no participó en ella, ni tampoco Bohemundo y los suyos, demasiado ocupados en sus nuevos «Estados». Para convencer a los otros a que partieran, y dar fin en lo sucesivo, entre quienes retomaron el camino, a toda nueva veleidad de inmovilismo, fue necesario que el «pueblo» se pusiera a demoler las murallas de las fortalezas conquistadas, que numerosas visiones llegaran a vencer las resistencias de la mayoría de los jefes y los obligaran a ir, por fin, hasta la meta, Jerusalén.

Después de otras visiones, procesiones, encantamientos diversos, realizados en una atmósfera bíblica de «guerras del Padre Eterno», la ciudad fue por fin tomada al asalto el 15 de julio de 1099. Tras haber masacrado a una buena parte de sus habitantes, los cruzados accedieron al fin al Sepulcro, donde rindieron gracias a Dios, y se prepararon para enfrentarse al inmenso ejército egipcio, sobre el que, también «milagrosamente», triunfaron en Ascalón. Mientras que los guerreros combatían a aquellos «paganos» bajo la dirección de Godofredo de Bouillón, Pedro el Ermitaño organizó en Jerusalén, al frente del clero griego y latino, las ceremonias propiciatorias, del mismo modo que antaño Moisés rezaba a Dios mientras que Josué combatía a los amalecitas[2].

La victoria, total, vino a responder a sus oraciones. La ciudad santa fue liberada, la tumba de Cristo «purificada», los enemigos vencidos. El objetivo fue alcanzado. La mayoría de los cruzados fueron a visitar entonces los diversos santos lugares, a rezar en ellos, a adquirir palmas y reliquias, para regresar después a sus casas dejando sólo un contingente de guerreros muy insuficiente para asegurar la defensa de los

---

2. Véase sobre este punto J. Flori, *Pierre l'Ermite...*, cit., pp. 467 ss.

principados latinos que habían creado. Tras su partida, confiaban, sin duda, en un apoyo constante de Bizancio, en una reconquista ininterrumpida desde las orillas del Bósforo a Jerusalén y quizás más allá. Las desavenencias entre griegos y latinos, las maniobras de Bohemundo y de algunos otros jefes cruzados, el interés de Alejo por pacificar primero la «Romania» antes de lanzarse tan lejos de sus bases condujeron a una ruptura que, al ampliarse, iba a hacer más difícil aún la defensa de las en adelante tierras latinas de ultramar. La reconquista cristiana, que habría sido admitida sin duda como tal por el adversario musulmán, devino desde entonces una empresa colonial, y el Oriente latino se transformó a su vez en una ciudadela asediada, que necesitó hacer múltiples llamamientos a Occidente, el envío constante de contingentes, la creación de órdenes religiosas militares, la organización de «pasajes generales» que llamamos «cruzadas», y otras múltiples modificaciones que no estaban previstas originariamente, y que iban a transformar la cruzada en institución.

Al término de este estudio, se nos plantea una doble cuestión: ¿en que difiere la cruzada (la primera, la madre de todas las demás) de la guerra santa? ¿En que difiere ésta del *yihād* de los musulmanes?

CRUZADA Y GUERRA SANTA

La cruzada presenta indiscutiblemente todos los rasgos de una guerra santa. Como tal, fue predicada por Urbano II y sus émulos, emprendida por los cruzados, realizada por los guerreros y alabada por todos los cronistas. Ningún hecho, en la Edad Media, dio lugar a tantos relatos completos, ninguno fue tan unánimemente mencionado.

Puede decirse incluso que fue la guerra santa por excelencia. Por vez primera, una operación militar sacralizada, predicada por un pontífice romano, desembocaba no sólo en proteger o agrandar el patrimonio de San Pedro, en recuperar a los «paganos» algunos territorios, en liberar, en España o en otras partes, algunas iglesias, sino en reconquistar la Ciudad Santa, la tumba de Cristo.

Presenta además algunos rasgos, débiles o inexistentes en la guerra santa conducida antes o después de ella contra enemigos considerados, sin embargo, también como «paganos», y que, precisamente, la diferencian de ella.

El componente escatológico es uno de ellos. Ciertamente, como hemos visto, aquí y allá, tanto en Oriente como en Occidente, la esperanza de reconquista y de victoria sobre los musulmanes, que pusiera fin a una ocupación considerada como un castigo de Dios sobre su pueblo, había sido ya estimulada por la interpretación de profecías más o menos bíblicas que predecían el final de su dominación, ligada a veces de manera vaga a la cercanía de los últimos tiempos. Pero aquí, a propósito de la reconquista de Jerusalén, la puerta se abría de par en par a las más convincentes interpretaciones proféticas, a las más movilizadoras, a veces también a las más delirantes. ¿Acaso no predecía el Evangelio que el Templo será mancillado hasta el fin del «Tiempo de las Naciones», es decir, de los paganos, a los cuales los musulmanes eran constantemente asimilados? ¿Acaso el apóstol Pablo no anunció que el Anticristo aparecería al final de los tiempos cuando el Imperio romano, que lo retenía, hubiera desaparecido? ¿Acaso la invasión de los turcos hasta las puertas de Constantinopla no presagiaba allí la inminencia de dichos tiempos? ¿Acaso las profecías de Daniel y del Apocalipsis no indicaban que el fin del último Imperio universal sería el preludio de la aparición del Anticristo, que debía ser vencido, él y sus secuaces, cerca de Jerusalén, por Cristo regresado a la tierra para combatirlo al frente de sus fieles?

Todo parece indicar que una esperanza escatológica estaba presente al menos en los cruzados, muy numerosos, que respondieron a los llamamientos de Pedro el Ermitaño. Ekkehard, Alberto de Aix y todos los documentos procedentes del área germánica, incluidos los anales de las ciudades alemanas y las fuentes hebreas, subrayan el clima de efervescencia apocalíptica y los fenómenos «milagrosos», (o paranormales según nuestra manera de ver), que acompañaron la predicación de la cruzada: visiones, signos celestiales y terrenales, desarreglos naturales, nacimientos monstruosos, manifestaciones del Espíritu Santo, marcas de la cruz impresas en las carnes, etc.[3]. Pedro el Ermitaño se decía portador de una carta que había llegado del cielo para pedir a los cristianos que fueran a expulsar a los paganos de Jerusalén[4]. Emicho de Flonheim, a quien las fuentes hebreas llaman «el perseguidor de los judíos», probablemente quiso presentarse como el emperador de los últimos días, el «rey de los griegos y de los latinos», según las profecías recuperadas del Pseudo-Metodio y de Adson de Montier-en-Der. El cronista judío Bar Simson lo afirma:

---

3. Véase sobre todo Ekkehard de Aura, *Hierosolymitana*, RHC, Hist. Occ., V, pp. 10-40; para un estudio de este clima y de su significación, remito una vez más a J. Flori, *Pierre l'Ermite...*, cit., pp. 227 ss.
4. *Annalista Saxo*, a. 1092-1096, MGH SS, 6, pp. 728-731.

Se hizo jefe de la horda y elaboró una historia según la cual un apóstol del crucificado había llegado hasta él y le había marcado en su carne para indicarle que, cuando arribara a la parte griega de Italia, se le aparecería a él mismo y colocaría la corona sobre su cabeza, y que Emicho triunfaría sobre todos sus enemigos[5].

Esas perspectivas escatológicas, manifiestas en Emicho, explican también (pero no lo excusan) el ensañamiento de aquellos primeros cruzados para convertir a los judíos más que para exterminarlos. Según las profecías, en efecto, el emperador de los últimos días debía convertir a los judíos antes de ir a Jerusalén para entregar su corona a Cristo regresado al monte de los Olivos. La matanza de los judíos resultó en este caso de su rechazo a convertirse, lo que no resta ni un ápice al horror de las masacres perpetradas por aquellos primeros cruzados y tampoco las justifica, pero las sitúa en un contexto de fanatismo religioso más que de genocidio de carácter racista[6]. Los supervivientes de las tropas de Emicho y de los otros iluminados, que por lo general fueron provocados por la predicación de Pedro el Ermitaño, se unieron a Pedro y después al ejército de Godofredo de Bouillón. Probablemente conservaron esa concepción que asimilaba judíos y musulmanes a los «enemigos de Cristo» que había que combatir en Jerusalén, en una perspectiva escatológica; lo atestiguan también los discursos y las liturgias que precedieron al asalto de las murallas de Jerusalén, a pesar del proceso de ocultación del que dan pruebas, respecto de aquella esperanza evidentemente frustrada, los cronistas de la cruzada.

No resulta imposible que Urbano II hubiera invocado, en su discurso de Clermont, un argumento de orden profético y escatológico. Sólo Guiberto de Nogent, es verdad, se hizo eco de ello. Urbano II habría establecido un lazo de unión entre la expedición de los cruzados y el último combate de Cristo y de los suyos contra el Anticristo y sus secuaces. Lazo lógico a su entender desde el momento

---

5. *Chronique de Solomon bar Simsom*, Chroniques hébraïques, ed. y trad. S. Eidelberg, *The Jews and the Crusaders; the Hebrew Chronicles of the First and Second Crusades*, Wisconsin U. P., 1977, p. 195. Sobre el desarrollo del mito del emperador de los últimos días, véase P. J. Alexander, «Byzantium and the Migration of Literary Works and Motifs: the Legend of the Last Roman Emperor», *Mediaevalia et Humanistica*, 2, 1973, pp. 47-82.

6. Sobre dichas masacres y su significación, interpretada de manera diversa, véase J. Riley-Smith, «The First Crusade and the Persecution of the Jews», cit.; R. Chazan, *European Jewry and the First Crusade*, Londres, 1987; J. Flori, «Une ou plusieurs "première croisade"?...», cit., pp. 3-27; B. Z. Kedar, «Crusade Historians and the Massacres of 1096», *Jewish History*, 12, 2, 1998, pp. 11-31.

CONCLUSIÓN

en que predicaba una guerra destinada a restaurar el cristianismo en Palestina. El papa lo habría desarrollado en estos términos:

> Pues es evidente que no es contra los judíos ni contra los paganos que el Anticristo hará la guerra, sino contra los cristianos, según la etimología misma de su nombre [...]. Es, pues, necesario que, antes de la venida del Anticristo, el imperio del cristianismo sea restablecido en aquellas regiones, por vosotros o por quienes Dios eligiere, a fin de que ese jefe de todos los males, que establecerá allí su reino, encuentre allí alguna fe contra la que pueda librar combate. Reflexionad, por tanto, en ello: el Todopoderoso os ha predestinado tal vez para que, gracias a vosotros, Jerusalén deje de estar así pisoteada[7].

¿Hizo realmente el papa esta alusión? ¿Es un añadido de Guiberto? Cuando los cronistas escribieron sabían que los cruzados habían tomado Jerusalén, liberado el Santo Sepulcro, purificado los santuarios, vencido a los «paganos» con la ayuda poderosa de Cristo y de las legiones celestes; pero también sabían que Cristo no había regresado a la tierra: el Anticristo estaba aún por nacer, y el combate de Ascalón no era, pues, Armagedón, la última batalla de la Historia. El curso de la historia terrenal continuaba, relegando al futuro la realización apocalíptica. Para ellos, la cruzada se convirtió entonces por sí misma en el cumplimiento histórico de las profecías que, como ellos demostraron, la anunciaban. Dejó de ser un medio de realización de los últimos tiempos, del retorno glorioso del Mesías, que fueron relegados al porvenir. Esa disociación de la conquista de Jerusalén y del final de los tiempos (idéntica a la que antaño habían debido consumar los primeros cristianos a propósito de la destrucción del Templo de Jerusalén) pudo muy bien incitar a los cronistas a ocultar, a borrar, en el discurso pontificio, cualquier alusión a una esperanza profética frustrada. Por el contrario, no alcanzamos a comprender lo que, en esas condiciones, habría podido conducir a Guiberto a añadirla.

La dimensión apocalíptica era evidentemente mucho menor en las anteriores guerras santas. He aquí uno de los rasgos, unidos a Jerusalén, que diferencian la cruzada de la guerra santa «ordinaria».

En ella hay otros inherentes a la naturaleza del mensaje y a la persona que lo formuló. En la cruzada, el papa se dirigió a toda la cristiandad, por encima de la cabeza de los reyes y de los príncipes; habló, en tanto que jefe de todos los cristianos, en nombre de Cris-

---

7. Guiberto de Nogent, I, 1, *op. cit.*, p. 115.

to, y no sólo en tanto que vicario de San Pedro, como había sucedido en Occidente en las precedentes guerras santificadas. Era la herencia de Cristo, expoliada por los paganos, lo que había que liberar para devolverla a los cristianos, sus hijos, y no las tierras de del patrimonio de San Pedro, o de los intereses políticos del papa. Se dio así un salto cualitativo considerable, que ya se ha subrayado antes.

Existe, sobre todo, la Ciudad Santa y la tumba de Cristo, corazón de su herencia, cuna del cristianismo, lugar santo por excelencia, fuente de gracias y de salvación, verdadero centro mítico de la cristiandad. Ninguna empresa de reconquista, ni en España ni en otras partes, podía adornarse con una semejante dimensión de sacralidad, unida al Santo Sepulcro y a la peregrinación a Jerusalén. No hizo de la cruzada una peregrinación, aun cuando fuera armada y meritoria, sino una guerra santísima de liberación de Palestina, para devolver a los cristianos los territorios y las rutas que conducen a Jerusalén, abriendo así de nuevo aquella vía de salvación que, con razón o sin ella, parecía amenazada.

En esas condiciones, no es sorprendente que la cruzada alcanzara entre las masas un éxito incomparable, muy superior a todas las ya mencionadas incitaciones a la guerra santa, incluida la *reconquista*. Por más que los papas proclamaran la igualdad de los méritos y de los privilegios de las dos guerras santas (lo que, evidentemente, no habrían podido hacer si la cruzada hubiera sido en primer lugar una peregrinación), todo fue inútil, incluso la prohibición que requirió a los españoles que no marcharan a Jerusalén y que combatieran más bien a los musulmanes en la península[8]. A pesar de ello, continuaron prefiriendo el combate contra los turcos a la reconquista contra los moros, que tal vez les parecía demasiado banal y, sobre todo, probablemente, demasiado ligada a sus propios intereses o a los de las iglesias cercanas. En Occidente, combatieron por ellos, por su iglesia, por San Pedro; y aquí ninguna reconquista de un lugar santo capital llegó a añadir su propia sacralidad a los de la guerra santa ordinaria. En Oriente, lucharon por Cristo, por la liberación de su tumba, primer lugar santo de la cristiandad, mucho antes que Roma y Santiago de Compostela, amenazados a veces, pero nunca conquistados de manera duradera.

---

8. Cf. *supra*, pp. 279 ss.; véase también Pascual II, Carta a todos los cruzados que triunfan en Asia (28 de abril de 1100), ed. Hagenmeyer, *op. cit.*, n.º XXII, pp. 178-179; Carta a los prelados de la Galia, *ibid.*, n.º XX, pp. 174 ss.; Carta n.º 26 (14 de octubre de 1100), *Epistolae*, PL, 163, col. 45.

CONCLUSIÓN

YIHĀD Y CRUZADA

¿Hay que asimilar, sin embargo, la guerra santa al *yihād* musulmán, bien establecido y admitido sin dificultad desde el origen como una de las dimensiones de la religión del Profeta? Aquí también a pesar de algunos rasgos comunes, se pueden señalar diferencias notables.

Los rasgos comunes son evidentes. A pesar de la tendencia actual de numerosos intelectuales musulmanes deseosos de atenuar el carácter guerrero y conquistador del islam, no puede negarse que las primeras conquistas musulmanas fueron acometidas en nombre de la nueva fe[9]. Convertidas al islam por Mahoma, las tribus árabes, hasta entonces politeístas o animistas, se unieron en torno a la nueva religión y comenzaron la conquista, bajo los estandartes del Profeta, animadas por el espíritu del *yihād*[10]. Sin ser un gran guerrero, Mahoma participó personalmente en varios combates y predicó otros muchos en nombre de Alá, transformando así en guerra santa operaciones punitivas contra otras tribus árabes o judías, correrías o conquistas territoriales.

Sus sucesores continuaron por ese camino y lo extendieron. Aunque el Profeta no contempló necesariamente una conquista más allá de Arabia, no por ello dejó de sentar las bases de la doctrina del *yihād*, no dudando en prometer el paraíso a los combatientes de Alá que llegaran a morir a manos de los infieles en tales combates[11]. El *yihād*, que *grosso modo* puede traducirse por «guerra santa», tiene como meta la conquista de los territorios no sometidos al islam. En esos «territorios de guerra», resulta lícito atacar, saquear, matar en caso de necesidad a las poblaciones consideradas como enemigas desde el instante en que resisten y no se someten a la ley del islam. En las tierras conquistadas, pacificadas, sometidas a dicha ley, la tolerancia prescrita por Mahoma se ejerció, en cambio, hacia los adeptos de las religiones reveladas monoteístas. El islam reservó todos sus rigores a los politeístas: fueron obligados a convertirse o a

---

9. Muchos pensadores musulmanes actuales, para distanciarse de las tendencias extremistas de los movimientos islamistas, hacen hincapié sobre el sentido no guerrero que puede revestir el término *yihād*. Sin embargo, el sentido guerrero es indiscutible, sobre todo en los primeros tiempos del islam y desde la época del profeta. Véase sobre este punto E. Tyan, artículo «Djihad», *Encyclopédie de l'islam*, t. II, 1965, pp. 551-553; A. Noth, *Heliger Krieg und heiliger Kampf...*, cit.; R. Arnaldez, «Les théories classiques de la guerre sainte (jihâd)», en P. Viaud, *Les Religions et la Guerre*, París, 1991; A. Morabia, *Le Gihad dans l'islam médiéval*, París, 1993.
10. Véase J. Flori, «Croisade et djihâd...», cit.
11. Véase sobre este punto J.-P. Charnay, *L'Islam et la guerre, de la guerre juste à la révolution sainte*, París, 1986; J. Flori; «Croisade et djihâd....», cit., pp. 267-285.

morir. Judíos y cristianos pudieron, en cambio, continuar practicando su religión en las tierras del islam a condición de hacerlo de manera totalmente humilde, sin proselitismo y desde el respeto a las leyes y a la autoridad musulmanas. Por ese precio, fueron protegidos (*dimmíes*), y relativamente poco inquietados, a pesar de algunas medidas a veces humillantes que sería vano negar[12]: dichas medidas discriminatorias ante el fisco y la justicia, combinadas a veces de distinciones en el vestido y de un cierto menosprecio por parte de los musulmanes, no empujaron, sin embargo, a la emigración a las poblaciones cristianas y judías de las regiones fronterizas que habrían podido hacerlo perfectamente si su suerte hubiera sido realmente intolerable[13]. Conviene subrayar a la vez estos dos aspectos, que muy a menudo se consideran contradictorios.

En la época de la primera cruzada, el espíritu del *ŷihād* se había suavizado un poco en los califas fatimíes de Egipto, pero renació en los turcos seljúcidas y en la España almorávide[14]; muy pronto sería relanzado por la cruzada, como lo atestigua un tratado damasceno[15]. Si el término puede designar un combate espiritual, interior, contra el mal, no hay ninguna duda de que, en la época que aquí nos interesa, fue entendido en su sentido guerrero. Según Ibn Abī Zar', antes de la batalla de Zallāqa, Yūsuf b. Tašufin habría dirigido a sus soldados este discurso, comparable a los que tan frecuentemente hemos encontrado en las páginas precedentes del lado cristiano:

> ¡Oh asamblea de los musulmanes!, no cejéis en la lucha contra los infieles, enemigos de Dios; el que de vosotros reciba el martirio, alcanzará el paraíso; y el que sobreviva, obtendrá un premio y el botín[16].

El rey 'Abd Allāh de Granada no dijo otra cosa cuando describió

---

12. Cf. Bat Ye'or, *Les Chrétientés d'Orient entre jihâd et dhimmitude*, VIIe-XXe siècle, París, 1991.
13. Cf. C. Cahen, *Orient et Occident au temps des croisades*, cit., pp. 18 ss. [N. del T.: trad. esp.: *Oriente y Occidente...*, cit., pp. 28 ss.].
14. V. Lagardère, «Évolution de la notion de *Djihad*...», cit.
15. Cf. E. Sivan, «La genèse de la contre-croisade: un traité damasquin du début du XIIe siècle», *Journal Asiatique*, 1996, pp. 197-224.
16. Ibn Abī Zar', *Histoire des souverains du Maghreb*, trad. A. Beaumier, París, 1860, p. 210 [N. del T.: sigo la trad. esp.: Ibn Abī Zar', *Rawd Al-Qirtas*, traducido y anotado por A. Huici Miranda, vol. I, Valencia, 1964, p. 286]. Véase sobre este punto R. Dozy, *Histoire des musulmans d'Espagne, 711-1100*, cit., t. III, p. 128 [N. del T.: trad. esp.: *Historia de los musulmanes...*, cit., t. IV, p. 168].

CONCLUSIÓN

la adhesión de la población de Al-Ándalus a los almorávides de Yūsuf:

> Además, se decía en el país que los Almorávides eran gentes de bien, que venían para asegurarse el paraíso en la otra vida, y que eran justos en sus sentencias. Todos estábamos decididos a emplear personas y bienes en hacer anualmente con el Emir la guerra santa, sabedores de que quien sobreviviera quedaría honrado, asistido y protegido, y que quien sucumbiera moriría mártir[17].

Tanto el *ŷihād* como la guerra santa y la cruzada constituyen, pues, una guerra sacralizada destinada a asegurar la soberanía a su Dios, y a los creyentes la dominación sobre los territorios así conquistados. En los dos casos, el cumplimiento de esa acción armada es loable: procura lícitamente bienes materiales tomados al enemigo y también recompensas espirituales y la corona del martirio a quienes mueren en el combate a mano de los infieles.

Existen, sin embargo, diferencias notables. A pesar de algunas excepciones al principio, el islam, en aquella época, se mostró mucho más tolerante (el término es impropio, pero no hay otro) hacia los judíos y los cristianos, en los territorios conquistados, que los cristianos hacia los judíos y, sobre todo, hacia los musulmanes. La razón es simple: en la época de Mahoma, el judaísmo y el cristianismo estaban ya presentes, bien establecidos. El Profeta se refirió a una revelación común, que él vino a completar y rectificar mediante el Corán, último mensaje de Dios. Los judíos y los cristianos son para los musulmanes creyentes parciales, incompletos, imperfectos, que han recibido una parte de la revelación. Para los cristianos, los judíos desempeñan un papel semejante, y están, por así decirlo, «protegidos» por las mismas razones, aunque de manera generalmente menos tolerante. En cambio, el islam, como hemos visto, les parece como una desviación, una herejía, una perversión de la religión revelada, incluso un paganismo. Es probablemente en esta percepción donde hay que encontrar la explicación (pero en ningún caso la justificación) del comportamiento más intolerante de los cristianos en las tierras conquistadas.

Otra diferencia: el *ŷihād* predica la conquista, la guerra santa la *re*conquista. Esta diferencia depende en gran parte de la cronología de los hechos: los territorios del Próximo Oriente, de África, de

---

17. E. Lévi-Provençal, «Les "Mémoires" de 'Abd Allāh...», cit., IV, pp. 71 ss. (158-159 de la paginación continua) [*N. del T.*: sigo la trad. esp. de *El siglo XI en 1.ª persona. Las «Memorias» de 'Abd Allāh...*, cit., p. 201].

España y de otras regiones conquistadas por las armas de los guerreros de Alá estaban desde hacía mucho tiempo profunda y masivamente cristianizados. Esa es la razón por la que, como hemos visto, las invasiones musulmanes fueron consideradas de entrada, tanto en Oriente como en Occidente, como un castigo de Dios. La teología de la Historia inspirada en la Biblia conducía de forma completamente natural a interpretar dicho castigo como temporal. Si los cristianos se arrepentían de sus faltas, Dios se «arrepentiría» también de haberlos castigado así, y vendría a liberar a su pueblo, ya sea para restablecer el *statu quo ante,* lo que implicaba una reconquista, ya sea para establecer su reino, al final de los tiempos, lo que implicaba un combate final de dimensiones apocalípticas. La *reconquista* española, y más aún la guerra santa en Oriente, tenían una u otra de dichas dimensiones, incluso las dos.

La cruzada, sobre todo, difiere del *ŷihād* porque representa casi lo contrario de él. El *ŷihād* es llevado a cabo por los creyentes para extender el «territorio de la fe» a partir de los santuarios que constituyen su corazón: La Meca, Medina, Jerusalén. En cambio, los tres lugares santos de la cristiandad, Jerusalén, Roma, Santiago de Compostela, se situaban todos en zonas vulnerables; los tres estaban o habían sido invadidos por los musulmanes; la iglesia de San Pedro fue saqueada, Santiago conquistada, los caminos de Santiago se volvieron peligrosos a causa de los piratas, y esos hechos contribuyeron quizás a sacralizar los combates emprendidos en España para preservarlos de los atentados de los «paganos», en una guerra santa. Siendo posible, la cosa, sin embargo, es incierta.

De muy distinto modo, en cambio, sucede por lo que respecta a Jerusalén, cuya sacralidad es infinitamente más grande. La cruzada no fue, me atrevo a decirlo, un *ŷihād* ordinario: para muchos cristianos de aquél tiempo, equivalió a lo que para los musulmanes habría sido una guerra santa destinada a reconquistar La Meca, si hubiera caído en manos de los «incrédulos», de los no musulmanes.

Contrariamente a lo que se cree, aquella sacralización supereminente no se debilitó para nada por el hecho de que Jerusalén —tercer lugar santo para el islam, pero primero de los lugares santos del cristianismo y del judaísmo, como La Meca es el primero de los lugares santos del islam— permaneciera durante tres siglos en manos de los musulmanes. La antigüedad y la duración de dicha ocupación no desempeñaron, para los cristianos de la Edad Media, ningún papel atenuante desde que Dios mismo decidió poner fin a aquel escándalo y pidió a sus fieles, por boca del soberano pontífice, que participaran en aquella reconquista, bajo su dirección, como

CONCLUSIÓN

antaño los hebreos tomaron posesión de la Tierra Santa ocupada por los cananeos.

Segundo rasgo: el *yihād* es original en la religión musulmana; la guerra santa no lo es en el cristianismo. Fue resultado de una evolución de cerca de mil años, de la cual hemos relatado las fases principales y los factores esenciales. La cruzada fue una guerra santa que, para responder al *yihād* que encontró al término de dicha evolución doctrinal de mil años, dio la espalda a la doctrina del Evangelio y de la Iglesia primitiva para extraer de las «Guerras del Padre Eterno» relatadas en el Antiguo Testamento argumentos destinados a alimentar su nueva actitud. En las páginas precedentes hemos tratado de seguir su elaboración.

Pero la cruzada fue algo más que una guerra santa, cuyos caracteres, sin embargo, comparte. Difiere de ella esencialmente por el hecho de que su meta era la liberación del Sepulcro de Cristo en Jerusalén, lugar santo por excelencia.

Yo propongo, en conclusión, un reexamen de la definición misma de cruzada. Más que sobre el voto, el signo de la cruz, la corona del martirio, la remisión de los pecados, incluso de la indulgencia, elementos todos ellos que se encontraban ya o que volverían a encontrarse en las guerras santificadas contra los paganos, los herejes o los que se presumían como tales, es sobre su meta donde hay que apoyarse para definirla.

Yo propongo, pues, esta definición simple y, así me parece, suficiente[18]:

La cruzada fue una guerra santa que tuvo como objetivo la liberación de Jerusalén.

---

18. Esta definición sigue siendo válida aunque el camino tomado por los cruzados pueda parecernos que los alejó de aquel objetivo, como fue el caso de las cruzadas de San Luis. Por el contrario, aunque estuvieran revestidas de todos los signos, ingredientes y privilegios de cruzada, las operaciones guerreras predicadas por el papa contra los musulmanes en España, los paganos en Europa oriental, y más aún contra los herejes albigenses o los emperadores rebeldes al Papado no fueron a lo sumo (y en el mejor de los casos) sino guerras sacralizadas.

BIBLIOGRAFÍA

ABULAFIA, A. S., «Invectives against Christianity in the Hebrew Chronicles of the First Crusade», en EDBURY, P. E. (dir.), *Crusade and Settlement...*, pp. 66-72.
—, «The Interrelationship between the Hebrew Chronicles on the First Crusade», *Journal of Semitic Studies*, 27, 1982, pp. 221-239.
Adel und Kirche, *Festschrift für G. Tellenbach*, Friburgo-Basilea-Viena, 1968.
ALEXANDER, P. J., «Byzantium and the Migration of Literary Works and Motifs: the Legend of the Last Roman Emperor», *Mediaevalia et Humanistica*, 2, 1973, pp. 47-82.
ALPHANDÉRY, P., y DUPRONT, A., *La Chrétienté et l'dée de croisade*, t. I y II, París, 1954; reed. 1995 (con postfacio de M. Balard) [trad. esp.: *La Cristiandad y el concepto de cruzada*, 2 vol., México, 1959-1962].
—, «Mahomet-Antichrist dans le Moyen Âge latin», en *Mélanges H. Dérembourg*, París, 1909, pp. 261-277.
—, «Notes sur le messianisme médiéval latin, XIe-XIII[e]siécle», en *Rapport annuel de l'École des hautes études, section des sciences religieuses*, París, 1912.
ALTHOFF, G., «*Nunc fiant Christi milites, qui dudum extiterunt raptores*; Zur Entstehung von Rittertum und Ritterethos», *Saeculum*, 32, 1981, pp. 317-333.
ALVERNY, M.-T. d', «La connaissance de l'islam en Occident du IXe au milieu du XIIe siècle», en *L'Occidente e l'islam...*, t. 2, pp. 577-602.
AMARGIER, P.-A., «La capture de saint Maïeul de Cluny et l'expulsion des Sarrasins de Provence», *Revue Bénédictine*, 73, 1963, pp. 316-323.
ARMSTRONG, K., *Holy War*, Londres, 1988.
ARNALDEZ, R., «Les théories classiques de la guerre sainte (jihâd)», en VIAUD, P. (dir.), *Les Religions et la Guerre...*
ARQUILLIÈRE, H. X., *L'Augustinisme politique. Essai sur la formation des théories politiques du Moyen Âge*, París, 1934.

—, *Saint Grégoire VII et sa conception du pouvoir pontifical*, París, 1934.
AUBÉ, P., *Les Empires normands d'Orient*, París, 1983.
AUFFARTH, Ch., «Ritter und Arme auf den ersten Kreuzzug. Zum Problem Hertschaft und Religion, ausgehend von R. von Aguilers», *Saeculum*, 40, 1989, 1, pp. 39-55.
AURELL, M., *Les Noces du comte. Mariage et politique en Catalogne (785-1213)*, París, 1994 [trad. cat.: *Les noces del comte: matrimoni i poder a Catalunya (785-1213)*, Barcelona, 1998].
BACHRACH, B. S., «The Northern Origins of the Peace Movement at Le Puy in 975», en *State-Building in Medieval France. Studies in Early Angevin History*, Aldershot, 1995 (n.º IV), pp. 405-421.
—, «The Pilgrimages of Fulk Nerra, Count of the Angevins, 987-1040», en NOBLE, T. X. F. y CONTRENI, J. J. (dir.), *Religion, Culture and Society in the Early Middle Ages: Studies in Honour of R. E. Sullivan*, Kalamazoo, 1987, pp. 205-228.
BAKER, D. (ed.), *Religious Motivations: Bibliographical and Sociological Problems for the Church Historians*, Oxford, 1978.
—, «Vir Dei: a Secular Sanctity in the Early Tenth Century», en CUMING, G. J. y BAUR, D. (dir), *Popular Belief and Practice*, Cambridge, 1972, pp. 41-53.
BALARD, M., «Croisades: mots et réalités (IXe-XIe siècle)», en REY-DELQUÉ, M., *Les Croisades...*, Milán, 1997.
—, *Les Croisades*, París, 1988.
(dir.), *Autour de la première croisade (Actes du colloque de la Society for the Study of the Crusades and the Latin East, Clermont-Ferrand 22-25 juin 1995)*, París, 1996.
BALARD, M. y DUCELLIER, A. (dir.), *Le Partage du monde: échanges et colonisation dans la Méditerranée médiévale*, París, 1998.
BALDWIN, M. W., «Western Attitudes toward Islam», *Catholic Historical Review*, 27, 1941-1942, pp. 403-411.
BANCOURT, P., *Les Musulmans dans les chansons de geste du cycle du roi*, Aix-Marsella, 1982.
BARKAI, R., *Chrétiens, musulmans et juifs dans l'Espagne médiévale: de la convergence à l'expulsion*, París, 1994.
—, *Cristianos y musulmanes en la España medieval (El enemigo en el espejo)*, Madrid, 1984.
BARNES. J., «The Just War», en *The Cambridge History of Later Medieval Philosophy*, Cambridge, 1982, pp. 771-783.
BARRAL I ALTET, X. (dir.), *La Catalogne et la France méridionale autour de l'an mil*, Barcelona, 1991 [trad. cat.: *Catalunya i França meridional al'entorn de l'any mil*, Barcelona, 1991].
BARTHÉLEMY, D., *L'An mil et la paix de Dieu; la France chrétienne et féodale, 980-1060*, París, 1999 [trad. esp. en preparación: *El año mil y la paz de Dios*, Granada, 2004].
—, «La mutation féodale a-t-elle eu lieu?», *Annales ESC*, 1992, pp. 767-777.
—, «La paix de Dieu dans son contexte (989-1041)», *Cahiers de Civilisation Médiévale*, 40, 1997, pp. 3-35.

BAT YE'OR, *Les Chrétientés d'Orient entre jihâd et dhimmitude, VIIe-XXe siècle,* París, 1991.
BAUTIER, R.-H., «La campagne de Charlemagne en Espagne (778): la réalité historique», *Bulletin de la Société des sciences, lettres et arts de Bayonne,* n.° 135, 1979, pp. 1-151.
BAXTER-WOLF, K., *Christian Martyrs in Muslim Spain,* Nueva York, 1988.
—, «The Earliest Spanish Christian View of Islam», *Church History,* 55, 1986, 3, pp. 281-293.
—, «Le voyage d'Urbain II en France», en *Le Concile de Clermont...*
—, *Papst Urban II, (1088-1099),* Stuttgart, 1964 (t. I) y 1988 (t. II).
—, «Politique féodale de la papauté à l'égard des rois et des princes (XIe-XIIIe siécle)», en *Chiesa e mondo feudale nei secoli X-XII (Atti della dodicesima settimana internazionale di studio, Mendola, 1992),* Milán, 1995.
—, *Studien zum Investiturproblem in Frankreich,* Sarrebruck, 1955.
—, «Urbain II, pape de la croisade», en BELLANGER, Y. y QUÉRUEL, D. (dir.), *Les Champenois...*
BEECH, G. T., «Urban II, the Abbey of Saint-Florent of Saumur, and the First Crusade», en BALARD, M. (dir.), *Autour de la première croisade...*
BELKHODA, M.-H., «Guerre et paix dans l'optique de la tradition musulmane», en VIAUD, P. (dir.), *Les Religions...*
BELLANGER, Y. y QUERUEL, D. (ed.), *Les Champenois et la Croisade, (Actes des 4es journées rémoises, 27-28 novembre 1987),* París, 1989.
BEN ABOUD, M., «Historiography in Al-Andalus during the Period of the Taifa States (XIth Century a. d./Vth a. h.)», *Hesperis Tamuda,* 25, 1987, pp. 1-32.
—, «The "Moriscos"» during the End of the Taifa Period in the Light of the Arabic Andalusian Sources», en TEMIMI, A. (dir.), *Religion, identité et sources documentaires sur les Morisques Andalous,* Túnez, 1984, t. 1, pp. 29-43,
BENDER, K. H., «Le personnage de Charlemagne dans l'épopée (Atti del Congresso di Venezia)», *Studi Medievali,* 1962, pp. 1 ss.
BENNETT, M., «First Crusaders Images of Muslims: the Influence of Vernacular Poetry?», *Forum for Modern Language Studies,* 22, 2, 1986, pp. 101-122.
BENVENUTI, A., «Reliques et surnaturel au temps des croisades», en REY-DELQUÉ, M. (dir.), *Les Croisades...*
BENZ, K. J., «Eschatologie und Politik bei Gregor VII», *Studi Gregoriani,* 14, 1991, pp. 1-20.
BEUMANN, H., *Heidenmission und Kreuzzugsgedanken,* Darmstadt, 1963.
BISHKO, Ch. J., «Fernando I y los orígenes de la alianza castellano-leonesa con Cluny», *Cuadernos de Historia de España,* 47-48, 1968, pp. 31-135 y 49-50, 1968, pp. 50-116.
—, *Studies in Medieval Spanish Frontier History,* Londres, 1980.
BISSON, Th. N., «The organized Peace in Southern France and Catalonia, ca. 1140-ca. 1233», *American Historical Review,* 82, 1977, pp. 290-311.
BLAKE, E. O., y MORRIS, C., «A Hermit goes to War: Peter the Hermit and the Origins of the First Crusade», *Studies in Church History,* 22, 1985, pp. 79-107.

—, «The Formation of the "Crusading Idea"», *Journal of Ecclesiastical History,* 21, 1970, pp. 11-31.

BLANC, C., «Les pratiques de piété des laïcs dans les pays du Bas-Rhône aux XIIe et XIIIe siècles», *Annales du Midi,* 72, 1960, pp. 137-147.

BLEISE, J., «Rhetoric and Morale: A Study of Battle Orations from the Central Middle Ages», *Journal of Medieval History,* 15, 1989, pp. 201-226.

BLUMENKRANZ, B., *Juifs et chrétiens dans le monde occidental, 430-1096,* París, 1960.

—, *Les Auteurs latins chrétiens du Moyen Age sur les juifs et le judaïsme,* París, 1964.

BLUMENTHAL, U. R., *Der Investiturstreit,* Stuttgart, 1982 (trad. ing.: *The Investitur Controversy: Church and Monarchy from the Ninth to the Twelfth Century,* Filadelfia, 1988.

—, *Papal Reform and Canon Law in the XIth and XIIth Centuries,* Aldershot, 1998.

BOISSONNADE, P., «Cluny, la papauté et la première grande croisade internationale contre les Sarrasins d'Espagne: Barbastro (1064-1065)», *Revue des questions historiques,* n.° 117, 1932, pp. 257-301.

—, *Du nouveau sur la Chanson de Roland,* París, 1923

BONNASSIE, P., *La Catalogne du milieu du Xe à la fin du XIe siècle. Croissance et mutation d'une société,* Toulouse, 1976 [trad. esp. abreviada: *Cataluña mil años atrás,* Barcelona 1988; trad. cat.: *Catalunya myl anys enrera (segles X-XI),* Barcelona, 1979].

BONNAUD-DELAMARE, R, «Les institutions de Paix dans la province ecclésiastique de Reims au XIe siècle», *Bulletin philologique et historique (Comité des travaux),* París, 1957, pp. 143-200.

—, «Fondements des institutions de paix au XIe siècle», en *Mélanges L. Halphen,* París, 1951, pp. 19-26.

—, «La Paix de Touraine pendant la première croisade», *Revue d'Histoire Ecclésiastique,* 70, 1975, pp. 749-757.

—, «La paix en Flandre pendant la première croisade», *Revue du Nord,* 29, 1957, pp. 147-152.

—, «Les institutions de Paix en Aquitaine au XIe siècle», en *La Paix...,* pp. 415-487.

BORINO, G. B., «I decreti di Gregorio VII contro i simoniaci e i nicolaitismo sono del sinodo quaresimale del 1074», *Studi Gregoriani,* 6, 1959-1961, pp. 265-275.

—, «L'investitura laica dal decreto di Nicolo II al decreto di Gregorio VII», *Studi Gregoriani,* 5, 1956, pp. 345-359.

BOÜARD, M. de, «Sur les origines de la trêve de Dieu en Normandie», *Annales de Normandie,* 9, 1959, pp. 179-189.

BOUCHARD, C. B., *Sword, Miter and Cloister. Nobility and the Church in Burgundy, 980-1198,* Ithaca, 1987.

BOUET, P. y NEVEUX, F. (dir.), *Les Normands en Méditerranée dans le sillage de Tancrède (Colloque de Cerisy-la Salle, 24-27 septembre 1992),* Caen, 1994.

BOUSSARD, J., «Les mercenaires au XIIe siècle. Henri II Plantagenêt et les origins de l'armée de métier», *Bibliothèque de l'École des Chartes,* 1945-1946, pp. 189-224.

—, «Services féodaux, milices et mercenaires dans les armées de France aux X^{e}et XIe siécles», en *Ordinamenti militari...*, t. II, pp. 131-168.
BOYER, R., *Le Christ des Barbares*, París, 1987.
— (dir.), *Les Vikings et leur civilisation. Problèmes actuels*, París, 1976, pp. 211-240
BOZOKY, E., «L'initiative et la participation du pouvoir laïc dans les translations de reliques au Haut Moyen Âge, esquisse typologique», *Sources, travaux historiques*, n.º 51-52, 1997, pp. 39-57.
—, «Le miracle de châtiment au Haut Moyen Âge et à l'époque féodale», en CAZIER, P. y DELMAIRE, J.-M., *Violence et Religion*, Lille, 1998, pp. 151-168.
BRAULT, G.-J., «Le portrait des Sarrasins dans les chansons de geste, image projective?», en *Au carrefour des routes d'Europe: la chanson de geste (Senefiance, 21)*, 1987, pp. 301-311
BRAY, J., «The Mohammetan and Idolatry», en *Persecution and Toleration (Studies in Church History, 21)*, 1984, pp. 89-98.
BREDERO, A.-H., «Jérusalem dans l'Occident médiéval», en *Mélanges R. Crozet*, Poitiers, 1966, pp. 259-271.
BRESC, H., «De l'État de minorité à l'État de résistance: le cas de la Sicile normande», en BALARD, M. (dir.), *État et colonisation au Moyen Âge et à la Renaissance*, Lyon, 1989, pp. 331-346.
BRESC-BAUTIER, G., «Les imitations du Saint-Sépulcre de Jérusalem», en REY-DELQUÉ, M. (dir.), *Les Croisades...*
BRETT, M., «The Near East on the Eve of the Crusades», en GARCÍA-GUIJARRO RAMOS, L. (dir.), *La primera cruzada...*, pp. 119-136.
BRIGNON, J., *Ce que les chrétiens d'Occident savent et pensent de l'islam et des musulmans au moment des croisades*, París, 1958.
BROOKE, C., «Heresy and Religious Sentiment, 1000-1250», *Bulletin of the Institute of Historical Research*, 41, 1968, pp. 115-131.
—, «Hildebrand», en BROOKE, C. (dir), *Medieval Church and Society, Collected Essays*, Londres, 1971, pp. 57-68.
BROOKS, N. P., y WALKER H. E., «The Authority and Interpretation of the Bayeux Tapestry», en BROWN, R. A. (dir.), *Proceedings of the Battle Conference on Anglo-Norman Studies*, I, 1978, pp. 1-33.
BROWN, E. A. R., *«Franks, Burgundians, and Aquitatians and the Royal Coronation Ceremony in France»* (Transactions of the American Philosophical Society, vol. 82, 7, 1992).
BROWN, P., *Le Culte des saints. Son essor et sa fonction dans la chrétienté latine* (trad. A. Rousselle), París, 1984.
BROWN, S. D. B., «Military Service and Monetary Reward in the XIth and XIIth Centuries», *History*, 74, 240, 1989, pp. 20-38.
BRUNDAGE, J. A., «"Cruce signari"»: the Rite for Taking the Cross in England», *Traditio*, 22, 1966, pp. 289-310, recuperado en BRUNDAGE, J. A., *The Crusades, Holy War and Cannon Law*, Aldershot, 1991.
—, «Adhemar of Puy: the bishop and his critics», *Speculum*, 34, 1959, pp. 201-212, recuperado en BRUNDAGE, J. A., *The Crusades, Holy War...*
—, «Holy War and the the Medieval Lawyers», en MURPHY, T. P. (dir.), *The Holy War*, pp. 99-140; recuperado en BRUNDAGE J. A., *The Crusades, Holy War...*

—, *Medieval Canon Law and the Crusaders*, Londres, 1969.
—, «St. Anselm, Ivo of Chartres and the Ideology of the First Crusade», en *Les Mutations socioculturelles au tournant des XIe-XIIe siècles (Colloque du CNRS, Le Bec-Hellouin 11-16 juillet 1982)*, pp. 175-187.
—, *The Crusades, Holy War and Canon Law*, Aldershot, 1991.
—, *The Crusades: Motives and Achievements*, Boston, 1964.
—, «The Votive Obligations of the Crusaders; the Development of a Canonistic Doctrine», *Traditio*, 24, 1968, pp. 77-118.
BUESA, D. J., «Reconquista y cruzada en el reinado de Sancho Ramírez», en *Sancho Ramírez, rey de Aragón, y su tiempo, 1064-1094*, Huesca, 1994, pp. 47-63.
BULL, M., *Knightly Piety and the Lay Response of the First Crusade (The Limousin and Gascony, c. 970-c. 1130)*, Oxford, 1993.
—, «Overlapping and Competing Identities in the Frankish First Crusade», en *Le Concile de Clermont*...
—, «The Capetian Monarchy and The Early Crusade Movement: Hugh of Vermandois and Louis VII», *Nottingham Medieval Studies*, 40, 1996, pp. 25-46.
—, «The Confraternity of La Sauve Majeure: a Foreshadowing of the Military Order?», en BARBER, M. (dir), *The Military Orders: Fighting for the Faith and Caring for the Sick*, Aldershot, 1994, pp. 313-319.
—, «The Roots of Law Enthousiasm for the First Crusade», *History*, 78, 1993, pp. 353-372.
BULLIET, R. W., *Conversion to Islam in the medieval Period: an Essay in Quantitative History*, Cambridge, 1979.
BULTOT, R., *La Doctrine du mépris du monde, IV: le XIe siècle, 2. Jean de Fécamp, Hermann Contract, Roger de Caen, Anselme de Canterbury*, Lovaina, 1964.
—, *1. Pierre Damien*, Lovaina, 1963.
BÜNEMANN, R., *Robert Guiskard (1015-1085). Eine Normanne erobert Süditalien*, Colonia-Weimar-Viena, 1997.
BUR, M., *La Formation du comté de Champagne, v. 950-v. 1150*, Nancy, 1977.
BURGER, A., «La légende de Roncevaux avant *La Chanson de Roland*», *Romania*, 70, 1948-1949, pp. 433-479.
BURMAN, E. T., *Religious Polemic and the Intellectual History of the Mozarabs, c. 1050-1200*, Leyden, 1994.
BUSCHINGER, D. (dir.), *La Croisade: réalités et fictions (Actes du Colloque d'Amiens, 18-22 mars 1987)*, Göppingen, 1989.
CAHEN, C., «En quoi la conquête turque appelait-elle la croisade?», *Bulletin de la faculté des lettres de Strasbourg*, Estrasburgo, 1950, pp. 118-125 (argumentación recuperada en «An Introduction to the First Crusade», *Past and Present*, 6, 1954, pp. 6 ss.).
—, *Introductión à l'histoire du monde musulman médiéval (VIIe-XVe siècle); méthodologie et eléments de bibliographie*, París, 1982.
—, «L'Islam et la croisade», *X Congresso intern. di scienze storiche*, Roma, 1955, pp. 625-635.
—, «La campagne de Mantzikert d'après les sources musulmanes», *Byzantion*, 9, 1934, pp. 628-642.

—, *La Syrie franque à l'époque des croisades*, París, 1940.
—, *Orient et Occident au temps des croisades*, París, 1983 [trad. esp.: *Oriente y Occidente en tiempos de las cruzadas*, Madrid, 2001 (1.ª reimp.)].
CALLAHAN, D. F., «Adémar de Chabannes et la Paix de Dieu», *Annales du Midi*, 89, 1977, pp. 21-43.
—, «Adémar of Chabannes, Apocalypticism and the Peace Council of Limoges of 1031», *Revue Bénédictine*, 101, 1991, pp. 32-49.
—, «The Peace of God and the Cult of the Saints in Aquitaine in the Tenth and Eleventh Centuries», en HEAD, T. y LANDES, R. (dir.), *The Peace of God...*
Cambridge History of Medieval Political Thought, c. 350-c. 1450, Cambridge, 1988.
CANARD, M., «La destruction de l'église de la résurrection par le calife Hakim et l'histoire de la descente du feu sacré», *Byzantion*, 35, 1965, pp. 16-43.
—, «La Guerre sainte dans le monde islamique et dans le monde chrétien», *Revue Africaine*, 79, 1936, pp. 605-623.
CAPITANI, O., «*Ecclesia romana* et riforma: *utilitas* in Gregorio VII», en *Chiesa, diritto e ordinamento della «societas christiana» nei secoli XI e XII (Atti della nona settimana internazionale di studio, Mendola, 1983)*, Milán, 1986. pp. 26-69.
—, «Specific Motivations an Continuing Themes in the Norman Chronicles of Southern Italy: Eleventh and Twelfth Centuries», en *The Normans in Sicily and Southern Italy*, Oxford, 1974.
CAPITANI, O. y MIETHKE, J. (dir.), *L'attesa della fine dei tempi nel Medioevo*, Bolonia, 1990.
CARDINI, F., *Alle radici della cavallería medievale*, Florencia, 1982.
—, *La Culture de la guerre, Xe-XVIIIe siècle*, París, 1982.
—, «La guerra santa nella cristianità», en «*Militia Christi*» *e crociata...*, pp. 387-399.
—, «La storia e l'idea di crociata negli studi odierni (1945-1967)», *Anuario de Estudios Medievales*, 5, 1968, pp. 641-662.
—, *Le crociate fra il mito e la storia*, Roma, 1971.
—, *Noi e l'Islam. Un incontro possibilie?*, Roma, 1994.
—, *Nosotros y el Islam. Historia de un malentendido*, Barcelona, 2002.
—, *Studi sulla storia e sull'idea di crociata*, Florencia, 1993.
—, «Viaggiatori mediaevali in Terrasanta», *Rivista Storica Italiana*, 80, Nápoles, 1968, pp. 332-339.
CARILE, A., «Le relazioni tra l'Oriente bizantino e l'Occidente cristiano.», en *Il Concilio di Piacenza...* , pp. 19-37.
CAROZZI, C. y CAROZZI-TAVIANI, H., *La Fin des temps*, París, 1982.
—, *Le Voyage de l'âme dans l'au-delà d'après la littérature latine (Ve-XIIIe siècle)*, Roma, 1994.
—, *Apocalypse et salut dans le christianisme ancien et médiéval*, París, 1999.
CASPAR, R. et al., *Bibliographie du dialogue islamo-chrétien*, Islamochristiana, 1, 1975, pp. 125-181; 2, 1976, pp. 187-242; 3, 1977, pp. 255-286; 4, 1978, pp. 247-267; 5, 1979, pp. 299-317; 6, 1980, pp. 259-299; 7, 1981, pp. 299-307; 10, 1984, pp. 273-292.

CAUWENBERGH, E. VAN, *Les Pèlerinages expiatoires et judiciaires dans le droit communal de Belgique au Moyen Âge*, Lovaina, 1922.

CHALANDON, F., *Histoire de la domination normande en Italie et en Sicile*, París, 1907 (2 vol.).

CHALMETA, P., *Invasión e islamización. La sumisión de Hispania y la formación de al-Andalus*, Madrid, 1994.

CHARANIS, P., «Byzantion, the West and the Origin of the First Crusade», *Byzantion*, 19, 1949, pp. 17-36.

Charlemagne et l'épopée romane (Actes du VIIe congrès international de la Société Rencesvals, Liège, 28 août-4 septembre 1976), París, 1978.

CHARNAY, J.-P., *L'Islam et la guerre, de la guerre juste à la révolution sainte*, París, 1986.

CHAURAND, J., «La conception de l'Histoire de Guibert de Nogent», *Cahiers de Civilisation Médiévale*, 8, 1965, pp. 381-395.

CHAZAN, R., *European Jewry and the First Crusade*, Berkeley-Londres, 1987.

CHELINI, J. y BRANTHOME, H., *Les Chemins de Dieu: histoire des pèlerinages chrétiens des origines à nos jours*, París, 1982.

CHEYNET, J.-C., «Mantzikert, un désastre militaire?», *Byzantion*, 50, 1980, pp. 412-438.

—, «Les effectifs de l'armée byzantine aux XIe-XIIe siècles», *Cahiers de Civilisation Médiévale*, 38, 1995, pp. 319-335.

Christianizzazione ed organizzatione ecclesiastica delle campagne nell'alto medioevo: expansione e resistenze (Settimane di studio del Centro Italiano di Studi sull'Alto Medioevo, 28) Spoleto, 1982.

CLÉMENT, F., *Pouvoir et légitimité dans l'Espagne musulmane à l'époque des Taifas (V^e-XIe siècle)*, París, 1997.

COHN, N., *Les Fanatiques de l'Apocalypse (courants millénaristes révolutionnaires du XIe au XVIe siècle)*, París, 1962 (trad. del inglés) [trad. esp.: *En pos del milenio. Revolucionarios milenaristas y anarquistas místicos de la Edad Media*, Barcelona, 1972].

COLBERT, E. P., *The Martyrs of Cordoba, (850-859): a Study of the Sources*, Washington D. C., 1962.

COLE, P. J., «"O God, the Heathen have come into your inheritance" (Psaume 78:1) . The Theme of Religious Pollution in Crusade Documents, 1095-1188», en SCHAMITZER, M. (dir.), *Crusaders and Muslims in Twelfth Century Syria*, Leyden, 1993.

—, *The Preaching of the Crusades to the Holy Land 1095-1270*, Cambridge (Massachusetts), 1991.

Combattant au Moyen Âge (Le), Actes du 17e congrès de la Société des historiens médiévistes de l'enseignement supérieur public (Montpellier, 1989), Saint-Herblain, 1991.

Concile de Clermont de 1095 et la Croisade (Le), Actes du colloque universitaire international de Clermont-Ferrand, 23-25 juin 1995, Roma, 1997.

Concilio di Piacenza e le crociate (Il), Actes du colloque international de Piacenza, Piacenza, 1996.

CONSTABLE, G., «Cluny and the First Crusade», en *Le Concile de Clermont...*

—, *Cluny from the Tenth to the Twelfth Centuries*, Aldershot, 2000.

—, «Medieval Charters as a Source for the History of the Crusades», en

CONSTABLE, G., *Monks, Hermits and Crusaders in Medieval Europe*, Londres, 1988, pp. 73-89.
—, «Monachisme et pélerinage au Moyen Âge», *Revue Historique*, 258, 1977, pp. 399-400.
—, «Opposition to Pilgrimage in the Middle Ages», *Studia Gratiana*, 19, 1976, pp. 125-146.
—, «The financing of the crusades in the twelfth century», en CONSTABLE, G. (dir.), *Monks, Hermits and Crusaders...*, pp. 65-75
CONTAMINE, P., *La Guerre au Moyen Âge*, París, 1980 [trad. esp.: *La guerra en la Edad Media*, Barcelona, 1984].
COUPE, M. D., «Peter the Ermit, a Reassessment», *Nothingham Medieval Studies*, vol. 31, 1987, pp. 37-45.
COURTOIS, Ch., «Grégoire VII et l'Afrique du Nord», *Revue Historique*, abril-junio 1945, pp. 97-122 y 193-288.
COWDREY, H. E. J., «Bishop Ermenfrid of Sion and the Penitential Ordinance Following the Battle of Hastings», *The Journal of Ecclesiastical History*, 20, 1969, pp. 225-242.
—, «Canon Law and the First Crusade», en KEDAR, B. Z. (dir.), *The Horns of Hattin*, pp. 41-48.
—, «From the Peace of God to the First Crusade», en GARCÍA-GUIJARRO RAMOS, L. (dir.), L., *La primera cruzada novecientos años después: el concilio de Clermont y los orígenes del movimiento cruzado*, pp. 51-61.
—, «Martyrdom and the First Crusade», en EDBURY, P. E. (dir.), *Crusade and Settlement*, pp. 51-56.
—, «Pope Gregory VII and the Anglo-Norman Church and Kingdom», *Studi Gregoriani*, 9, 1972, pp. 79-114 (recuperado en *Popes, Monks and Crusaders*).
—, «Pope Gregory VII and the Bearing of Arms», en KEDDAR, B. Z., RILEY-SMITH, J. y HIESTAND, R. (dir.), *Montjoie...*, pp. 21-35.
—, «Pope Gregory VII and the Bishoprics of Central Italy», *Studi Medievali*, 34, 1993, 1, pp. 51-64.
—, «Pope Gregory VII's "Crusading Plan"» of 1074», en KEDDAR, B. Z., MAYER, H. E. y SMAIL, R. C. (dir.), *Outremer...*, pp. 21-40 (recuperado en *Popes...*).
—, *Pope Gregory VII, 1073-1085*, Oxford, 1998.
—, «Pope Urban II and the Idea of Crusade», *Studi Medievali*, 36, 1995, 2, pp. 721-742.
—, «Pope Urban II's Preaching of the First Crusade», *History*, 55, 1970, pp. 177-188 (recuperado en *Popes...*).
—, *Popes, Monks and Crusaders*, Londres, 1984.
—, «St Hugh and Gregory VII», en *Le gouvernement d'Hugues de Semur à Cluny (Actes du Colloque cientifique internationale, Cluny, 1988)*, Cluny, 1990, pp. 173-190.
—, *The Age of Abbot Desiderius: Montecassino, the Papacy, and the Normans in the Eleventh and Early Twelfth Centuries*, Oxford, 1983.
—, *The Cluniacs and the Gregorian Reform*, Oxford, 1970.
—, *The Crusades and Latin Monasticism, XIth-XIIth Centuries*, Aldershot, 1999.

—, «The Genesis of the Crusades: the Springs of the Holy War», en MURPHY, D. (dir.), *The Holy War...,* pp. 9-32.
—, «The Gregorian Papacy, Byzantium and the First Crusade», en HOWARD-JOHNSTON, J. D. (dir.), *Byzantium and the West, c. 850-1200,* Amsterdam, 1988, pp. 146-169.
—, «The Gregorian Reform in the Anglo-Norman Lands and in Scandinavia», *Studi Gregoriani,* 13, 1985, pp. 321-352.
—, «The Mahdia Campaign of 1087», *The English Historical Review,* 92, 1977 (recuperado en *Popes...*).
—, «The Papacy and the Origins of Crusading», *Medieval History,* 1, 3, 1991, pp. 48-60.
—, «The Peace and the Truce of God in the Eleventh Century», *Past and Present,* 46, 1970, pp. 42-67 (recuperado en *Popes...*).
—, «The Reform Papacy and the Origin of the Crusades», en *Le Concile de Clermont...,* pp. 65-83.
—, «Two Studies in Cluniac History», *Studi Gregoriani,* 11, 1978, pp. 1-298.
CRÉPIN, A., «Les dépouilles des tués sur le champ de bataille en l'histoire, les arts et la pensée du Haut Moyen Âge», en CONTAMINE, Ph. y GUYOT-JEANNIN, O. (dir.), *La Guerre, la violence et les gens au Moyen-Age,* t. I: *Guerre et Violence,* París, 1996, pp. 15-24
CRÉPON, P., *Les Religions et la Guerre,* París, 1981.
CROSS, J. E., «The Ethic of War in Old English», en CLEMOES, P. y HUGUES, K. (dir.), *England before the Conquest. Studies presented to Dorothy Witheloc,* Cambridge, 1971, pp. 269-282.
CROZET, R., «Le voyage d'Urbain II en France», *Annales du Midi,* 49, 1937, pp. 42-69.
—, «Le voyage d'Urbain II et ses négociations avec le clergé de France», *Revue Historique,* 179, pp. 271-310.
CUOZZO, E., *«Quei maledetti Normanni». Cavalieri e organizazzione militare nel Mezzogiorno normanno,* Nápoles, 1989.
—, *Norman. Nobiltà e cavalleria,* Salerno, 1995.
CURTIUS, E. R., «Der Kreuzzugsgedanke und dans altfranzösische Epos», en *Gesammelte Aufsätze zur romanischen Philologie,* Berna, 1960, pp. 98-105.
CUTLER, A., «The IXth-Century Spanish Martyr's Movement and the Origins of Western Christian Missions to the Muslims», *The Muslim World,* 55, 1965, pp. 321-334.
—, «The First Crusade and the Idea of "Conversion"», *The Muslim World,* 58, 1968, pp. 57-71 y 155-164.
—, «Who was the "Monk of France" and when did he write?», *Al-Andalus,* 28, 1963, pp. 249-269.
DAGRON, G., «Byzance entre le Djihâd et la croisade; quelques remarques», en *Le Concile de Clermont...,* pp. 325-337.
DALEY, B. E., *The Hope of the Early Church. A Handbook of Patristic Eschatology,* Cambridge, 1991.
DALY, W., «Christian Fraternity, the Crusades and the Security of Constantinople, 1097-1204: the Precarious Survival of an Idea», *Medieval Studies,* 22, 1960, pp. 43-91.

DANIEL, N., *Heroes and Saracens, An Interpretation of the Chansons de Geste*, Edimburgo, 1984.
—, *Islam and the West, The Making of an Image*, Edimburgo, 1980 (4.ª ed).
—, *Islam et Occident*, París, 1993.
—, «Sarrasins, chevaliers et moines dans les chansons de geste», MIDEO, *Mélanges* 17, 1986, pp. 115-124.
—, *The Arabs and Medieval Europe*, Londres, 1979.
—, «Crusade Propaganda», en SETTON, K. M. (dir.), *A History of the Crusades*, t. VI, *The impact of the Crusades on Europe*, ed. H. W. HAZARD y N. P. ZACOUR, Madison, 1989, pp. 39-97.
—, «The Legal and Political Theory of the Crusade», en SETTON, K. M. (dir.), *A History of the Crusades*, t. VI, *The impact of the Crusades on Europe*, ed. HAZARD, H. W. y ZACOUR, N. P., Madison, 1989, Madison, 1989, pp. 3-38.
DAVID, M., «Le serment du sacre du IXe au XVe siècle», *Revue du Moyen Âge latin*, t. 6, Estrasburgo, 1950, pp. 5-272.
DEBORD, A., «The Castellan Revolution and the Peace of God in Aquitaine», en HEAD, T. y LANDES, R. (dir.), *The Peace of God...*, pp. 135-164.
DÉCARREAUX, J., *Normands, papes et moines*, París, 1974.
DEDEYAN, G., «Les Arméniens et la croisade», en REY-DELQUÉ, M. (dir.), *Les Croisades...*, pp. 77-84.
DÉER, J., *Das Papsttum und die süditalienischen Normannenstaaten, 1053-1212*, Gotinga, 1969.
—, *Papsttum und Normannen*, Colonia-Viena, 1972.
DEFOURNEAUX, M., *Les Français en Epagne aux XIe et XIIe siècles*, París, 1949.
DELARUELLE, É., «Essai sur la formation de l'idée de croisade», *Bulletin de littérature ecclésiastique*, t. 42, 1941, pp. 24-45 y 86-103; t. 45, 1944, pp. 13-46 y 73-90; t. 54, 1953, pp. 226-239; t. 55, 1954, pp. 50-63.
—, *L'Idée de croisade au Moyen Âge*, Turín, 1980.
—, «L'idée de croisade dans la littérature clunisienne du XIe siècle et l'abbaye de Moissac», *Annales du Midi*, 75, 1963, pp. 419-439.
—, «La critique de la guerre sainte dans la littérature méridionale», *Cahiers de Fanjeaux*, 4, 1969, pp. 128-139.
—, *La Piété populaire au Moyen Âge*, Turín, 1975.
DELARUN, J., *L'Impossible Sainteté. La vie retrouvée de Robert d'Arbrissel (vers 1045-1116), fondateur de Fontevraud*, París, 1985.
DELEHAYE, H., *Les Légendes grecques des saints militaires*, París, 1909.
—, *Les Légendes hagiographiques*, Bruselas, 1905.
—, «Les origines du culte des martyrs», *Subsidia hagiographica*, 20, Bruselas, 1933 (2.ª ed.).
—, «Note sur la légende de la lettre du Christ tombée du ciel», *Bulletin de l'Académie royale de Belgique*, 2, 1899, pp. 172-212.
DELOGU, P., «La *militia Christi* nelle fonti normanne dell'Italia meridionale», en «*Militia Christi*» *e crociata...*, pp. 145-165.
DELUZ, Ch., «Prier à Jérusalem. Permanence et évolution d'aprés quelques récits de pèlerins occidentaux du Ve au XVe siècle», en *La Prière au Moyen Âge; littèrature et civilisation*, París, 1981, pp. 187-210.
—, «L'accomplissement des temps à Jérusalem», en *Fin des temps et temps de la fin dans l'univers médiéval (Senefiance, 33)*, 1993, pp. 87-198.

DEMOUY, P., «L'église de Reims et la croisade aux XIe-XIIe siècles», en BELLANGER Y. y QUÉRUEL, D. (dir.), *Les Champenois...*, pp. 19-38.
DENNIS, G. T., «Schism, Union and the Crusades», en GOOS, V. P, y BORNSTEIN, Ch. V. (dir.), *The Meeting of two Worlds...*, pp. 181-187.
DEUG-SU, I., «La Militia Christi nella vita eremitica tra i secoli XI e XII», en «*Militia Christi» e crociata...*, pp. 299-340.
DÍAZ Y DÍAZ, «Los textos antimahometanos más antiguos en códices españoles», *Archives d'histoire doctrinale et littéraire du Moyen Âge*, 45, 1970, pp. 153-159.
DOLAN, J. P., «Medieval Christian Tolerance and the Muslim World», *The Muslim World*, 51, 1961, pp. 280-287.
DOUGLAS, D. C., *The Norman Achievement, 1050-1100*, Berkeley, 1969.
DOZY, R., *Histoire des musulmans d'Espagne*, Leyden, 1932 [trad. esp.: *Historia de los musulmanes de España*, 4 vol., Madrid, 1982].
DUBY, G., y MANTRAN, R., *L'Eurasie, XIe-XIIIe siècles (Peuples et civilisations,* VI), París, 1983.
DUBY, G., «Les laïcs et la paix de Dieu», en *I Laici nella «societas christiana»...*, pp. 448-469.
DUCELLIER, A. y BALARD, M. (dir.), *Constantinople, 1054-1261,* París, 1996.
DUCELLIER, A., *Byzance et le monde orthodoxe*, París, 1986 [trad. esp.: *Bizancio y el mundo ortodoxo*, Madrid, 1992].
—, «L'Empire romain d'Orient et la croisade», en REY-DELQUÉ, M. (dir.), *Les Croisades...*, pp. 109-121.
—, *Le Miroir de l'islam. Musulmans et chrétiens d'Orient au Moyen Âge (VIIe-XIe siècle)*, París, 1971.
—, *Chrétiens d'Orient et islam au Moyen Âge, VIIe-XVe siècle*, París, 1996.
DUFOURCQ, Ch.-E., «La coexistence des chrétiens et des musulmans dans al-Andalus et dans le Maghreb au Xe siècle», en *Occident et Orient au Xe siècle*, París, 1979, pp. 209-224.
—, *La Vie quotidienne dans l'Europe médiévale sous domination arabe*, París, 1978 [trad. esp.: *La vida cotidiana de los árabes en la Europa medieval*, Madrid, 1991].
DUNCALF, F., «The Pope's Plan for the First Crusade», en PAETOW, L. J. (dir.), *The Crusades...*, pp. 44-56.
—, «The Peasant's Crusade», *American Historical Review*, 36, 1921, pp. 440-453.
DUPARC-QUIOC, S., «Recherches sur l'origine des poèmes épiques de croisade et leur utilisation éventuelle par les grandes familles féodales», en *Problemi attuali di scienze e cultura (Atti del convegno internazionale, Roma, 28 mars 1969)*, Roma, 1970, pp. 771-792.
DUPRONT, A., *Du sacré, croisades et pèlerinages, images et langages*, París, 1987.
—, «Guerre sainte et chrétienté», *Cahiers de Fanjeaux*, 4, 1969, pp. 17-50.
—, «La spiritualité des croisés et des pèlerins d'aprés les sources de la première croisade», en *Pellegrinaggi e culto dei santi...*, pp. 483-499.
DURÁN GUDIOL, A., *La Iglesia en Aragón durante los reinados de Sancho Ramírez y Pedro I (1064-1104)*, Roma, 1962.
—, *La Santa Sede y los obispados de Huesca y Roda en la primera mitad del*

siglo XII, Roma, 1965 (reed. en *Los obispos de Huesca durante los siglos* XII *y* XIII, Huesca, 1996, pp. 15-96).
EDBURY, P. E. (dir.), *Crusade and Settlement*, Cardif, 1985, pp. 66-72.
EDDÉ, A. M., MICHEAU, F. y PICARD, Ch., *Communautés chrétiennes en pays d'islam, du début du* VIIe *siècle au milieu du* XIe *siècle*, París, 1997.
EDGINGTON, S. B., «Albert of Aachen Reapraised», en MURRAY, A. V. (dir.), *From Clermont to Jerusalem...*, pp. 55-67.
—, «The First Crusade. Reviewing the Evidence», en PHILLIPS, J. (dir.), *The First Crusade...*, pp. 55-77.
ELLUL, J., «Les chrétiens et la guerre», en VIAUD, P. (dir.), *Les Religions...*
EMMERSON, R. K., *Antichrist in the Middle Ages*, Washington, 1981.
EMMERSON, R. K., et MCGINN, B. (ed.), *The Apocalypse in the Middle Ages*, Londres, 1992.
EPP, V., *Fulcher von Chartres, Studien zur Geschicbtsschreibung des ersten Kreuzzuges*, Düsseldorf, 1990.
—, «Miles und *militia* bei Fulcher von Chartres und seinen Bearbeiten», en «*Militia Christi*» *e crociata...*, pp. 769-784.
ERDMANN, C., *Die Entstehung des Kreuzzugsgedankens*, Stuttgart, 1955 (1935); trad. ing. de M. W. Baldwin y W. Goffart, *The Origin of the Idea of Crusade*, Oxford, 1977.
FAGNAN, E., «Arabo-Judaïca», *Mélanges H. Dérembourg*, París, 1909, pp. 103-120.
FASOLI, G., *Le incursioni ungare in Europa nel secolo* X, Florencia, 1945.
—, «Points de vue sur les invasions hongroises en Europe au Xe siècle», *Cahiers de Civilisation Médiévale*, 2, 1959, pp. 17-35.
FATTAL, A., *Le Statut légal des non-musulmans en pays d'islam*, Beirut, 1995 (1986).
FECHTER, J., *Cluny, Adel und Volk*, Stuttgart, 1966.
FEDALTO, G., *Perché le crociate, saggio interpretativo*, Bolonia, 1980.
FERNÁNDEZ UBIÑA, J., *Cristianos y militares. La Iglesia antigua ante el ejército y la guerra*, Granada, 2000.
FERREIRO, A., «The Siege of Barbastro, 1064-1065; A Reassessment», *Journal of Medieval History*, 9, 2, junio 1983, pp. 129-144.
FERRIER, L., «La couronne refusée de Godefroy de Bouillon: eschatologie et humiliation de la majesté aux premiers temps du royaume latin de Jérusalem», en *Le Concile de Clermont...*
FINUCANE, R. C., *Soldiers of the Faith. Crusaders and Moslems at War*, Londres-Melbourne, 1983.
FLECKENSTEIN, J. y SCHMID, K. (ed.), *Adel und Kirche, Festschrift für G. Tellenback*, Friburgo-Basilea-Viena, 1968.
FLETCHER, R,. «Reconquest and Crusade in Spain, c. 1050-1150», *Transactions of the Royal Historical Society*, 37, 1987, pp. 31-47.
FLICHE, A. y DUMAS, A., *L'Église au pouvoir des laïcs, 888-1057* (t. VII de l'*Histoire de l'Église* de A. FLICHE y V. MARTIN), París, 1940 [trad. esp.: *El orden feudal*, Valencia, 1975].
FLICHE, A., *La réforme grégorienne et la reconquête chrétienne (1057-1123)* (t. VIII de l'*Histoire de l'Église* de A. FLICHE y V. MARTIN), París, 1950(2) [trad. esp.: *Reforma gregoriana y reconquista*, Valencia, 1976].

—, «Urbain II et la croisade», *Revue d'histoire de l'Église de France*, 13, 1927, pp. 289-306.

FLORI, J., «Chevalerie et liturgie; remise des armes et vocabulaire chevaleresque dans les sources liturgiques du IXe au XIVe siècle», *Le Moyen Âge*, 84, 1978, pp. 247-278 y 3/4, pp. 409-442.

—, *Chevaliers et Chevalerie au Moyen Âge*, París, 1998 [trad. esp.: *Caballeros y caballería en la Edad Media*, Barcelona, 2001].

—, *Croisade et Chevalerie, XIe-XIIe siècle*, París-Bruselas, 1998.

—, «Croisade et Chevalerie; convergence idéologique ou rupture?», en *Femmes, mariages, lignages* (XIIe-XIIIe siècle), *Mélanges offerts à Georges Duby*, Bruselas, 1992, pp. 157-176 (recuperado en *Croisade...*, pp. 109-128).

—, «Croisade et Djihâd: le problème de la guerre dans le christianisme et l'islam», en REY-DELQUÉ, M. (dir.), *Les Croisades...*, pp. 49-62.

—, «Croisade et Jihad», en *Le Concile de Clermont...*, pp. 267-285 (recuperado en *Croisade...*, pp. 195-213).

—, «De la chevalerie féodale à la chevalerie chrétienne? La notion de service chevaleresque dans le très anciennes chansons de geste françaises», en «*Militia Christi*» *et crociata...*, pp. 67-110 (recuperado en *Croisade...*, pp. 129-159).

—, «De la chronique de croisade à l'épopée... ou bien l'inverse?», *Perspectives Médiévales*, 1994, pp. 36-44.

—, «En marge de l'idée de guerre sainte: l'image des musulmans dans la mentalité populaire en Occident (XIe-XIIe siècle)», en *L'Occident musulman et l'Occident chrétien au Moyen Âge (Actes du colloque international sur la Mèditerranée occidentale, Rabat, 2-4 novembre 1994)*, Rabat, 1995, pp. 209-221.

—, «Faut-il réhabiliter Pierre l'Ermite?», *Cahiers de Civilisation Médiévale*, 38, 1995, pp. 35-54 (recuperado en *Croisade...*, pp. 259-288).

—, «Guerre sainte et rétributions spirituelles dans la seconde moitié du XIe siècle: lutte contre l'islam ou pour la papauté?», *Revue d'Histoire Ecclésiastique*, 85, 1990, 3/4, pp. 617-649 (recuperado en *Croisade...*, pp. 21-50).

—, «L'Église et la guerre sainte, de la paix de Dieu à la croisade», *Annales ESC*, 1992, 2, pp. 88-99 (recuperado en *Croisade...*, pp. 3.20).

—, *L'Essor de la chevalerie, XIe-XIIe siècle*, Ginebra, 1986.

—, «L'idea di crociata», en RACINE, P. (dir.), *Piacenza...*, pp. 15-33.

—, «L'idée de croisade dans quelques chansons de geste du cycle de Guillaume d'Orange», *Medioevo Romanzo*, 21, 1997, 2-3, pp. 476-495.

—, *L'Ideologie du glaive. Préhistoire de la chevalerie*, Ginebra, 1983.

—, «La caricature de l'islam dans l'Occident médiéval: origine et signification de quelques stéréotypes concernant l'islam», *Aevum*, 1992, 2, pp. 245-256 (recuperado en *Croisade...*, pp. 163-178).

—, «La croix, la crosse et l'epée. La conversion des infidèles dans *La Chanson de Roland* et les chroniques de croisade», en «*Plaist vos oïr bone cançon vallant?*», *Mélanges de langue et de littérature médievales offerts à François Suard*, Lille, 1999, t. I, pp. 261-272.

—, «La lancia e il vessillo. Tecnica militare e ideologia cavaleresca nei secoli XI e XII», *L'Imagine Riflessa*, 12, 1989, pp. 7-40.

—, *La première Croisade. L'Occident chrétien contre l'islam (aux origines des idéologies occidentales)*, Bruselas, 1992 (2.ª ed. 1997).

—, «Le pape, l'ermite et le chevalier; les métamorphoses d'un thème de croisade: l'assistance aux chrétiens opprimés, des chroniques aux chansons de geste», *Romania*, 111, 1990 (1993), pp. 37-56.

—, «Le vocabulaire de la reconquetê chrétienne dans les lettres de Grégoire VII», en LALIENA CORBERA, C. y UTRILLA UTRILLA, J. F. (dir.), *De Toledo a Huesca. Sociedades medievales en transición a finales del siglo XI (1080-1100)*, Zaragoza, 1998, pp. 247-267.

—, «Mort et martyre des guerriers vers 1100; l'exemple de la première croisade», *Cahiers de Civilisation Médiévale*, 34, 1991, 2, pp. 121-139 (recuperado en *Croisade...*, pp. 83-108).

—, «*Oriens Horribilis*: tares et défauts de l'Orient dans les sources relatives à la première croisade», en BUSCHINGER, D. (dir.), *Monde oriental et monde occidental dans la culture médiévale*, Greifswald, 1997, pp. 45-56 (recuperado en *Croisade...*, pp. 179-194).

—, *Pierre l'Ermite et la première croisade*, París, 1999.

—, «*Pur eshalcier sainte crestïenté;* croisade, guerre sainte et guerre juste dans les anciennes chansons de geste françaises», *Le Moyen Âge*, 97, 1991, 2, pp. 171-187.

—, «Radiographie d'un stéréotype: la caricature de l'islam dans l'Occident médiéval, sens et contresens», en *Maroc-Europe, Histoire, Économies, Sociétés*, 1992, 3, pp. 91-109.

—, «Réforme-reconquista-croisade. L'idée de reconquête dans la correspondance pontificale d'Alexandre II à Urbain II», *Cahiers de Civilisation Médiévale*, 40, 1997, pp. 317-335 (recuperado en *Croisade...*, pp. 51-80).

—, «Une ou plusieurs premières croisade'? Le message d'Urbain II et les plus anciens pogroms d'Occident», *Revue Historique*, 285, 1991, 1, pp. 3-27 (recuperado en *Croisade...*, pp. 217-241).

—, «La préparation spirituelle de la croisade: l'arrière-plan éthique de la notion de *miles Christi*», en *Il Concilio di Piacenza...*, pp. 179-192.

—, *Guerre sainte, jihad, croisade. Violence et religion dans le christianisme et l'islam*, París, 2002 [trad. esp.: *Guerra santa, yihad, cruzada. Violencia y religión en el cristianismo y el islam*, Granada, 2003].

Fonctions des saints dans le monde occidental (IIIᵉ-XIIIᵉ siècle) (Les), Roma, 1991.

FONSECA, C. D., «Papauté et croisades», en REY-DELQUÉ, M. (dir.), *Les Croisades...*, pp. 93-108.

FONTAINE, J., «Le culte des martyrs militaires et son expression poétique au XIᵉ siècle: l'idéal évangélique de la non-violence dans le christianisme théodosien», en *Ecclesia orans, Mélanges A. Hamman*, 1980, pp. 141-171.

FORNASARI, G., «Coscienza ecclesiale e storia della spiritualità. Per un ridefinizione della Riforma di Gregorio VII», *Benedictina*, 33, 1986, pp. 25-50.

FORSE, J.-H., «Armenians and the First Crusade», *Journal of Medieval History*, 17, 1, 1991, pp. 13-21.

FOULON, J.-H., «L'ecclésiologie du concile de Clermont: *"Ecclesia sit catholica, casta et libera"*», en *Le Concile de Clermont...*
FRANCE, J. y ZAJAC, W. G. (dir.), *The Crusades and their Sources*, Londres, 1998.
FRANCE, J., «Anna Comnena, the Alexiad and the First Crusade», *Reading Medieval Studies*, 10, 1984, pp. 20-38.
—, «La guerre dans la France féodale à la fin du IXe et au Xe siècle», *Revue belge d'histoire militaire*, 23, 3, 1979, pp. 177-198.
—, «Le rôle de Jérusalem dans la piété du XIe siècle», en BALARD, M. y DUCELLIER (dir.), *Le Partage du monde...*, pp. 151-161.
—, «Les origines de la première croisade. Un nouvel examen», en BALARD, M. (dir.), *Autour de la première croisade...*, pp. 43-56.
—, «The Crisis of the First Crusade», *Byzantion*, 1970, pp. 276-308.
—, «The Destruction of Jerusalem and the First Crusade», *Journal of Ecclesiastical History*, 47, 1996, pp. 1-17.
—, *Victory in the East. A Military History of the First Crusade*, Cambridge, 1994.
—, «War and Christendom in the Thought of Rodulfus Glaber», *Studia Monastica*, 30, 1988, pp. 105-120.
—, «Patronage and the Appeal of the First Crusade», en PHILLIPS, J. (dir.), *The First Crusade...*, pp. 5-20.
FRANZ, A., *Die kirchlischen Benediktionen des Mittelalters*, vol. II, 1903.
FREDRIKSEN, P., «Tyconius and the End of the World», *Revue des études augustiniennes*, 28, 1982, pp. 59-75.
FRIENDLY, A., *The Dreadful Day: the Battle of Mantzikert, 1071*, Londres, 1981.
FROLOW, A., *La Relique de la Vraie Croix, recherches sur le développement d'un culte*, París, 1961.
FROS, H., «L'eschatologie médiévale dans quelques récits hagiographiques (IVe-IXe siècle)», en VERBEKE, W., VERHELST, D. y WELKENHUYSEN, A. (dir.), *The Use and Abuse...*, pp. 212-220.
FUHRMANN, H., «*Constitutum Constantini*», en *Theologisches Realenzyklopädie*, 8, 1981, pp. 196-202.
—, *Einfluss und Verbreitung der pseudo-isidorischen Fälschungen*, t. I, Stuttgart, 1972.
GAIER, C.,«La valeur militaire des armées de la première croisade», en REY-DELQUÉ, M.(dir.), *Les Croisades*, pp. 183-204.
GAIFFIER, B. de, «Pellegrinaggi e culto dei santi. Réflexions sur le thème du congrés», en *Pellegrinaggi e culto dei santi...*, pp. 11-35.
GALLEY, C., «Dieu, le droit et la guerre dans diverses chansons de geste», *Senefiance*, 16, 1986, pp. 147-164.
GÁRATE CÓRDOBA, J. M., *Espíritu y milicia en la España medieval*, Madrid, 1967.
GARCÍA Y GARCÍA, A., «Reforma gregoriana e idea de la *militia sancti Petri* en los reinos ibéricos», *Studi Gregoriani*, 13, 1989, pp. 241-262.
GARCÍA-GUIJARRO RAMOS, L. (dir.), *La primera cruzada novecientos años después: el concilio de Clermont y los orígenes del movimiento cruzado*, Castellón, 1997.

—, Segundas jornadas internacionales sobre la primera cruzada (7-11 septembre 1999), Huesca, en prensa.
GAUDEFROY-DEMOMBYNES, M., Mahomet, París, 1969 (1957).
GAUDEMET, J., «Grégoire VII et la France», Studi Gregoriani, 13, 1989, pp. 213-240.
GAUSS, J., «Toleranz und Intoleranz zwischen Christen und Muslimen in der Zeit vor den Kreuzzügen», Saeculum, 1968, pp. 362-389.
GAY, J., Les Papes du XIe siècle et la chrétienté, París, 1926.
GEARY, P. J., Furta sacra: Thefts of Relics in the Central Middle Ages, Princeton, 1978.
—, «L'humiliation des saints», Annales ESC, 1979, 1, pp. 27-42.
—, «Vivre en conflit dans une France sans État: typologie des mécanismes de réglement des conflits (1050-1200)», Annales ESC, 41, 1986, pp. 1107-1133.
GEORGE, P., «Noble, chevalier, pénitent, martyr. L'idéal de sainteté d'aprés une vita mosane du XIIe siècle», Le Moyen Âge, 1983, 3/4, pp. 357-380.
GÉRARD, P., «Raimon de Saint-Gilles», en REY-DELQUÉ, M. (dir.), Les Croisades..., pp. 149-151.
GERBET, M.-C., L'Espagne au Moyen Âge, VIIIe-XVe siècle, París, 1993.
GIESE, W., «Die Lancea Domini von Antiochia (1098-1099)», en Fälschungen im Mittealalter, Hannover, 1988, vol. 5, pp. 485-504.
GIEYSZTOR, A., «The Genesis of the Crusades; the Encyclica of Sergius IV», Medievalia et Humanistica, 5, 1948, pp. 3 ss.
GILCHRIST, J., «Gregory VII and the Juristic Sources of his Ideology», Studi Gregoriani, 12, 1967, pp. 1-37.
—, «The Erdmann Thesis and the Canon Law», en EDBURY, P. E. (dir.), Crusade and Settlement, pp. 37-45.
—, «The Papacy and War against the "Saracens", 795-1216», The International History Review, X, 2, mayo 1988, pp. 173-197
GIRARD, R., La Violence et le Sacré, París, 1972.
Gli Ebrei nell'alto medioevo (Settimane di studio del Centro Italiano di Studi sull'Alto Medioevo, 26), Spoleto, 1980.
GOETZ, H, W., «La paix de Dieu en France autour de l'an mil: fondements et objectifs, diffusion et participants», en PARISSE, M., BARRAL, I. y ALTET, X., Le Roi de France et son royaume, pp. 131-145.
GOITEN, S. D., «Contemporary Letters on the Capture of Jerusalem by the Crusaders», The Journal of Jewish Studies, 3, 1952, pp. 162-177.
—, «Geniza Sources for the Crusader Period: a Survey», en KEDAR, B. Z., MAYER H. E. y SMAIL, R. C., Outremer..., pp. 162-177.
GOÑI GAZTAMBIDE, J., Historia de la bula de la cruzada en España, Vitoria, 1958.
GOODICH, M., MENACHE, S. y SCHEIN, S. (dir.), Cross Cultural Convergences in the Crusader Period (Essays Presented to Aryeh Graboïs on his sixty-fifth Birthday), Nueva York, 1995.
GOOS, V. P. y BORNSTEIN, Ch. V.(dir.), The Meeting of two Worlds: Cultural Exchanges between East and West during the Period of the Crusades (Studies in Medieval Culture, 21), Kalamazoo, 1986.
GORSKI, K., «Le roi-saint: un problème d'idéologie féodale», Annales ESC, 24, 1969, pp. 370-376.

GOUGENHEIM, S., *Les Fausses Terreurs de l'an mil. Attente de la fin des temps ou approfondissement de la foi?*, París, 1999.
GRABAR, O., «Patterns and Ways of Cultural Exchanges», en GOSS, V. P. y BORNSTEIN, Ch. V. (dir.), *The Meeting of two Worlds...*
GRABOÏS, A., «Anselme, l'Ancien Testament et l'idée de croisade. À la mémoire de Paul Rousset», en *Les Mutations socioculturelles au tournant des XIe-XIIe siècles (colloque du CNRS, Le Bec-Hellouin, 11-16 juillet 1982)*, pp. 161-174.
—, «Charlemagne, Rome and Jerusalem», *Revue belge de philologie et d'histoire*, 59, 1981, 4, pp. 792-809.
—, «De la trêve de Dieu à la paix du roi; étude sur les transformations du mouvement de paix au XIIe siècle», *Mélanges R. Crozet*, Poitiers, 1966, pp. 585-596.
GRANDJEAN, M., *Laïcs dans l'Église. Regards de Pierre Damien, Anselme de Cantorbéry, Yves de Chartres*, París, 1994.
GRIPPARI, M. N., «Le jugement de Dieu ou la mise en jeu du pouvoir», *Revue Historique*, 264, 1986, pp. 281-292.
Guerre et la Paix (La); frontières et violences au Moyen Âge (Actes du 101e congrès national des societés savantes, Lille 1976), París, 1978.
GUICHARD, P., *L'Espagne et la Sicile musulmanes aux XIe et XIIe siècles*, Lyon, 1993 (1990).
—, *Structures sociales "orientales" et "occidentales" dans L'Espagne musulmane*, París-La Haya, 1977 [N. del T.: versión francesa transformada del libro, publicado primero en español, *Al-Ándalus. Estructura antropológica de una sociedad islámica en Occidente*, Barcelona, 1977 (edición facsímil, con un «Estudio preliminar» de A. Malpica Cuello, Granada, 1995)].
—, *Al-Ándalus frente a la conquista cristiana. Los musulmanes de Valencia (siglos X-XIII)*, Madrid, 2001.
—, *De la expansión árabe a la reconquista: Esplendor y fragilidad de Al-Ándalus*, Granada, 2002.
GUYOTJEANNIN, O., «*Episcopus et comes*»: *affirmation et déclin de la seigneurie épiscopale au nord du royaume de France*, Ginebra, 1987.
HAENENS A. d', «Les incursions hongroises dans l'espace belge», *Cahiers de Civilisation Médiévale*, 4, 1961, pp. 423-440.
—, *Les Invasions normandes, une catastrophe?*, París, 1970.
HAGENMEYER, H., *Le Vrai et le Faux sur Pierre l'Ermite*, (trad. fr. F. Raynaud), París, 1883.
HALLAM, E. M., «Monasteries as "War Memorials": Battle Abbey and La Victoire», en SHEILS, W. J. (dir.), *The Church and War...*, pp. 47-55.
HAMILTON, B., *Monastic Reform, Catharism and the Crusades (900-1300)*, Londres, 1979.
HAMMAN, A., *La Geste du sang*, París, 1951.
HARD OF SEGERGTED, K., *Sur les dieux des Sarrasins dans les chansons de geste*, Upsala, 1926.
HEAD, T. y LANDES, R. (dir.), *The Peace of God, Social Violence and Religious Response in France around the Year 1000*, Ithaca-Londres, 1992.
HEAD, T., «The Judgment of God: Andrew of Fleury's Account of the Peace League of Bourges», en HEAD, T. y LANDES, R. (dir.), *The Peace of God...*

HEFELE, Ch. y LECLERCQ, Ch., *Histoire des conciles*, París, 1911.
HEHL, E. D., «Was ist eigentlich ein Kreuzzug», *Historische Zeitschrift*, 259, 1994, pp. 297-336.
HERDE, P., «Christians and Saracens at the Time of the Crusades», *Studia Gratiana*, 12, 1967, pp. 361-376.
HERMANN-MASQUARD, N., *Les Reliques des saints. Formation coutumière d'un droit*, París, 1975.
HIESTAND, R., «Der Kreuzfahrer und sein islamisches Gegenüber», en *Das Ritterbild im Mittelalter und Renaissance*, Düsseldorf, 1985, pp. 51-68.
—, «Les canons de Clermont et d'Antioche sur l'organisation ecclésiastique des États croisés, authentiques ou faux?», en BALARD, M. (dir.), *Autour de la première croisade...*
HILDESHEIMER, E., *L'Activité mititaire des clercs à l'époque franque*, París, 1936.
HILL, J. H. y L. L., «Justification historique du titre de Raymond de Saint-Gilles: *"christiane milicie excellentissimus princeps"*», *Annales du Midi*, 66, 1954, pp. 101-112.
—, *Raymond IV Count of Toulouse*, Toulouse, 1962.
HILL, R., «The Christian View of the Muslims at the Rise of the First Crusade», en HOLT, P. M. (dir.), *The Eastern Mediterranean Lands in the Period of the Crusades*, Warminster, 1977, pp. 1-8.
HILLENBRAND, C., «The First Crusade: the Muslim Perspective», en PHILLIPS, J. (dir.), *The First Crusade...*, pp. 130-141.
HITTI, P. K., *Islam and the West*, Princeton, 1962.
HOCQUET, A., *Les Pèlerinages expiatoires*, Tournai, 1935.
HOFFMANN, *Gottesfriede und «Treuga Dei»*, Stuttgart, 1964 (MGH, 20).
HOLDSWORTH, C., «Ideas and Reality: Some Attempts to Control and Defuse War in the Twelfth Century», en SHEILS, W. J. (dir.), *The Church and War...*, pp. 59-78.
HOLMES, U. T., «The post-Bédier Theories on the Origins of the Chansons de Geste», *Speculum*, 30, 1955, pp. 72-81.
HÖLZLE, «Kreuzzug und Kreuzzugsdichtung. Das Problem ihrer Definition», en *Festschrift für K. H. Halbach zum 70. Geburtstag*, Göppingen, 1972, pp. 55-72.
HORNUS, J.-M., «L'excommunication des militaires dans la discipline chrétienne», *Communio Viatorum*, 3, 1960.
HORRENT, J., «L'équipée espagnole de Charlemagne en 778 avant et après la bataille des Pyrénées», en *Mélanges Pierre Le Gentil*, París, 1973, pp. 377-397.
HOUDART, H., «L'ermite et le prince; les débuts de la vie monastique à Conques (fin VIIIe-début IXe siècle)», *Revue Historique*, 601, 1997, pp. 3-33.
HUBERT, J. y HUBERT, M.-C., «Piété populaire ou paganisme? Les statues reliquaires de l'Europe carolingienne», en *Christianizzazione ed organizzatione ecclesiastica...*, t. I, pp. 235-268.
HUBERTI, L., *Studien zur Rechtsgeschichte der Gottesfrieden und Landfrieden*, I: *Die Friedensordnung in Frankreich*, Ausbach, 1892.
HUBRECHT, G., «La guerre juste dans la doctrine chrétienne des origines au milieu du XVIe siècle», en *La Paix...*

Huygens, R. B. C., «Un témoin de la crainte de l'an 1000: la lettre sur les Hongrois», *Latomus*, 15, 1, 1956, pp. 225-239.
Huyghebaert, N., «Une légende de fondation: Le *Constitutum Constantini*», *Le Moyen Âge*, 85, 1979, pp. 177-209.
Iogna-Prat, D., *Agni immaculati. Recherches sur les sources hagiographiques relatives à saint Maïeul de Cluny (954-994)*, París, 1988.
—, «Hagiographie, théologie et théocratie dans le Cluny de l'an mil», en *Les Fonctions des saints dans le monde occidental (IIIe-XIIIe siècle), Actes du colloque organisé par l'École française de Rome avec le concours de l'université de Rome "La Sapienza"*, Roma, 27-29 octobre 1988, Roma, 1991, pp. 241-257.
Jackson, R. A., «Manuscripts, Texts and Enigmas of Medieval French Coronation Ordines», *Viator*, 23, 1992, pp. 35 ss.
Jenks, G. C., *The Origins and Development of the Antichrist Myth*, Nueva York, 1991.
Johrendt, J., *Milites und Militia im XIe Jahrhundert*, Nuremberg, 1971.
Jones, G. F., «Grim to your Foes and Kind to your Friends», *Studia Neophilologica*, 34, 1962, pp. 91-103.
—, *The Ethos of the Song of Roland*, Baltimore, 1963.
Jones, R. M., *Christian Attitudes toward War and Peace*, Nueva York, 1948.
Jonin, P., «Le climat de croisade des chansons de geste», *Cahiers de Civilisation Médiévale*, 7, 1964, pp. 279-288.
Joranson, E., «The Great German Pilgrimage of 1064-1065», en Paetow, L. J. (dir.), *The Crusades...*, pp. 3-43.
Joris, A., «La trêve de Dieu à Liège», en *La Paix...*, pp. 504-545.
Jubb, M. A., «Enemies in the Holy War, but Brothers in Chivalry: the Crusaders' View of Their Saracen Opponents», en Van Dijk, H. y Noomen, W. (dir.), *Aspects de l'épopée romane...*, p- 451-460.
Katz, J., *Exclusiveness and Tolerance. Studies in Jewish-Gentile Relations in Medieval and Modern Times*, Oxford, 1961.
Kedar, B. Z., «Croisade et Jihâd vus par l'ennemi; une étude des perceptions mutuelles des motivations», en Balard, M. (dir.), *Autour de la première croisade...*, pp. 345-355.
—, «The forcible baptisms of 1096: history and historiography», en Borchardt, K. y Bünz, E. (dir.), *Forschungen zur Reichs-, Papst- und Landesgeschichte (Peter Herde zum 65. Geburtstag von Freunaen, Schülern und Kollegen dargebracht*, t. 1, Stuttgart, 1998, pp. 187-200.
—, «Crusade Historians and the Massacres of 1096», *Jewish History*, 12, 2, 1998, pp. 11-31.
—, *Crusade and Mission, European Approaches toward the Muslims*, Princeton, 1984.
— (dir.), *The Horns of Hattin*, Jerusalén, 1992
Kedar, B. Z., Mayer, H. E. y Smail, R. C. (dir.), *Outremer, Studies... presented to J. Prawer*, Jerusalén, 1982,
Kedar, B. Z., Riley-Smith, J. y Hiestand, R. (dir.), *Montjoie: Studies in Crusade History in Honour of Hans Eberhard Mayer*, Aldershot, 1997.
Khadduri, M., *War and Peace in the Law of Islam*, Baltimore, 1955.
Khoury, A.-Th., «Apologétique byzantine contre l'Islam (VIIIe-XIIIe siècle)»,

Proche-Orient chrétien, Jerusalén, 29, 1979, pp. 243-300; 30, 1980, pp. 132-174; 31, 1981, pp. 14-49.

—, *Polémique byzantine contre l'islam (VIIIe-XIIIe siècle),* Leyden, 1972.

—, *Toleranz im Islam,* Múnich, 1980.

KLEBER, H., «Pèlerinage-vengeance-conquête. La conception de la première croisade dans le cycle de Graindor de Douai, dans *L'Histoire de la guerre sainte* d'Ambroise», en *Au carrefour des routes d'Europe: la chanson de geste (Senefiance, 21),* 1987, pp. 757-775.

KLOOCKE, K., «Kreuzzugsideologie und chansons de geste», en *Festschrift für K. Wais,* Tubinga, 1972, 1-18.

KNOCH, P., *Studien zu Albert von Aachen,* Stuttgart, 1966.

KREY, A. C., «Urban's Crusade, Success or Failure?», *American Historical Review,* 53, 1948, pp. 235-250.

KRÜGER, S., «Character militaris und character indelebilis», en *Institutionen, Kultur und Gesellschaft, Festschrift für J. Fleckenstein,* Sigmaringen, 1984, pp. 567-580.

LABANDE, E.-R., «*Ad limina:* le pèlerin médiéval au terme de sa démarche», en *Mélanges R. Crozet,* Poitiers, 1966, t. I, pp. 283-291.

—, «Éléments d'une enquête sur les conditions de déplacement du pèlerin aux XIe et XIIe siècles», en *Pellegrinaggi e culto dei santi...,* pp. 97-111.

—, «Recherches sur les pèlerins dans l'Europe de XIe et XIIe siècles», *Cahiers de Civilisation Médiévale,* 1, 1958, pp. 156-168 y pp. 339-347.

LABANDE-MAILFERT, Y., «L'iconographie des laïcs dans la société religieuse aux XIe et XIIe,siècles», en *I Laici nella «societas christiana»...,* pp. 488-522.

LACAN, J., *Les Sarrasins dans le Haut Moyen Âge français,* París, 1965.

LACARRA, J.-M., *Historia política del reino de Navarra desde sus orígenes hasta su incorporación a Castilla,* Pamplona, 1972 (3 vol.).

—, «Espiritualidad del culto y de la peregrinación a Santiago antes de la primera cruzada», en *Pellegrinaggi e culto dei santi...,* pp. 115-144.

LACROIX, B., «*Deus le volt!* La théologie d'un cri», en *Mélanges E. R. Labande,* Poitiers, 1974, pp. 461-470.

LADNER, G. B., *Theologie und Politik vor dem Investiturstreit,* Darmstadt, 1968 (2.ª ed).

LADNER, G., «The Concept of Ecclesia and Christianitas and their Relation to the Idea of Papal *"Plenitudo Potestatis»* from Gregory VII to Bonifáce VIII», *Miscellanea Historiae Pontificae,* 18, Roma, 1954, pp. 49-77.

LAFONT, R, «Le tueur martyr: "saint Roland"», *Pris-ma,* 31, 2000, pp. 101-115.

—, «Les origines occitanes de la chanson de geste: le cas de "F (i) erabras"», *Cahiers de Civilisation Médiévale,* 41, 1998, pp. 365-373.

—, «Roland Matamore, ou l'ethnotype du Franc fanfaron, "Roland loin d'Oxford"», *Revue des langues romanes,* 94, 1990, 1, pp. 61-79.

LAGARDÈRE, V., *Le Vendredi de Zallâqa (23 octobre 1086),* París, 1989.

—, *Les Almoravides jusqu'au règne de Yusuf b. Tasfin (1039-1106),* París, 1989.

—, «Évolution de la notion de Djihad à l'époque Almoravide (1039-1147)», *Cahiers de Civilisation Médiévale,* 41, 1998, pp. 3-16.

Laici (I) nella «societas christiana» dei secoli XI e XII (Atti della terza settimana internazionale di studio, Mendola 1965), Milán, 1968.

LALANNE, L., «Des pèlerinages en Terre sainte avant les croisades», Bibliothèque de l'École des Chartes, 2, 1845-1846, pp. 1-31.

LALIENA CORBERA, C., «Barbastro, ¿protocruzada?», en GARCÍA-GUIJARRO RAMOS, L. (dir.), Segundas jornadas internacionales...

—, «La articulación del espacio aragonés y el Camino de Santiago», en El Camino y la articulación del espacio hispánico (XX Semana de Estudios Medievales, Estella, '93), pp. 85-128.

—, «La sociedad aragonesa en la época de Sancho Ramírez (1050-1100)», en Sancho Ramírez, rey de Aragón, y su tiempo, 1064-1094), Huesca, 1994, pp. 65-80.

—, La formación del Estado feudal. Aragón y Navarra en la época de Pedro I, Huesca, 1996.

LALIENA CORBERA, C. y SÉNAC, Ph., Musulmans et chrétiens dans le Haut Moyen Âge: aux origines de la reconquête aragonaise, París, 1991.

LANDES, R., «Between Aristocraty and Heresy: Popular Participation in the Limousin Peace of God, 994-1033», en HEAD, T. y LANDES, R. (dir.), The peace of God..., pp. 184-218.

—, «La vie apostolique en Aquitaine en l'an mil; paix de Dieu, culte des reliques et communautés hérétiques», Annales ESC, 1991, 3, pp. 573-593.

—, «Lest the Millenium be Fulfilled; Apocalyptic Expectations and the Pattern of Western Chronography, 100-800 ce», en VERBEKE, W., VERHELST, D., y WELKENHUYSEN, A. (dir.), The Use and Abuse..., pp. 137-211.

—, Relics, Apocalypse and the Deceits of History. Adémar of Chabannes, 989-1034, Cambridge (Massachusetts)-Londres, 1995.

—, «Sur les traces du Millenium: la "via Negativa"», Le Moyen Âge, 98, 1992, pp. 356-377; 99, 1993, pp. 5-26.

LANGMUIR, G. I., «From Ambrose of Milan to Emicho of Leiningen: the Transformation of Hostility against Jews in Northern Christendom», en Gli Ebrei..., t. I, pp. 313 ss.

LARREA, J.-J., La Navarre du IVe au XIIe siècle, París-Bruselas, 1998.

LAUDAGE, J., Gregorianische Reform und Investiturstreit, Darmstadt, 1993.

LAURANSON-ROSAZ, C., «Les origines d'Odon de Cluny», Cahiers de Civilisation Médiévale, 1994, pp. 255-269.

—, «Peace from the Mountains: the Auvergnat Origins of the Peace of God», en HEAD, T. y LANDES, R., (dir.), The Peace of God..., pp. 104-134.

LE GENTIL, P., «Réflexions sur le thème de la mort dans les chansons de geste», en Mélanges Rita Lejeune, Gembloux, 1969, t. II, pp. 801-809.

LE GOFF, J., La Naissance du purgatoire, París, 1981 [trad. esp.: El nacimiento del Purgatorio, Madrid, 1985].

LECLERCQ, J., «L'érémitisme en Occident jusqu'à l'an mille», en L'eremitismo in occidente nei secoli XI e XII (Atti della seconda settimana internazionale di studi, Mendola, 1962), Milán, 1965, pp. 27-41.

—, L'Idée de la royauté du Christ au Moyen Âge, París, 1959.

—, «*Militare Deo* dans la tradition patristique et monastique», en «*Militia Christi» e crociata...*, pp. 3-18.
—, «Monachisme et pérégrination du IX^eau XII^esiècle», *Studia Monastica*, 3, 1961, pp. 36-44.
LEJEUNE, R., «Le caractère de l'archevêque Turpin et les événements contemporains de *La Chanson de Roland* (Version d'Oxford)», en *IVe congrès international de la Société Rencesvals, 1967, Studia Romanica*, 14, 1969, pp. 9-21.
—, «Le péché de Charlemagne et *La Chanson de Roland*, Homenaje a Dámaso Alonso», *Studia Philosophica*, Madrid, 1961, II, pp. 339-370.
—, «Localisation de la défaite de Charlemagne aux Pyrénées en 778, d'après les chroniqueurs carolingiens», en *Colloquios de Roncesvalles, ag. 1955*, Zaragoza, 1956, pp. 73-103.
—, *Recherches sur le thème: les chansons de geste et l'histoire*, Lieja, 1948.
LEMARIGNIER, J.-F., «L'exemption monastique et les origines de la réforme grégorienne», en *À Cluny, congrès scientifique*, Dijon, 1950, p. 302 ss.
—, «La dislocation du *pagus* et le problème des *consuetudines*», en *Mélanges L. Halphen*, París, 1951, pp. 401-410.
—, *Le gouvernement royal aux premiers temps Capétiens (987-1108)*, París, 1965.
LEMERLE, P., «Byzance et la croisade», en *Relazioni del X congresso internazionale di scienze storische*, III, Florencia, 1955, pp. 595-620.
LÉVI-PROVENÇAL, E., «Alphonse VI et la prise de Tolède (1085)», en *Islam d'Occident*, París, 1948, pp. 113-135(*Hesperis*, 1931, pp. l-17).
—, *Histoire de l'Espagne musulmane*, t. 1, París, 1953 [trad. esp. de la edición de 1944: *España musulmana. Hasta la caída del Califato de Córdoba (711-1031 de J. C.*, t. IV de la *Historia de España*, dir. por R. Menéndez Pidal), Madrid, 1950].
—, «La "Mora Zaida", femme d'Alphonse VI et leur fils l'infant Don Sancho», en *Islam d'Occident*, París, 1948, pp. 139-151.
—, «Le Cid et l'histoire», en *Islam d'Occident*, París, 1948, pp. 58-74 (*Revue Historique*, 1937, pp. 58-74).
LEVILLAIN, L., «La dynastie carolingienne et les origines de l'État pontifical», *Bibliothèque de l'École des Chartes*, 94, París, 1933.
LEVILLAIN, P. (dir.), *Dictionnaire historique de la papauté*, París, 1994.
LEWIS, A. R., «Count Gerald of Aurillac and Feudalism in Thouth Central France in the Early Tenth Century», *Traditio*, 20, 1964, pp. 41-58.
LEWIS, B., *Juifs en terre d'islam*, trad. por J. CARNAUD, París, 1986.
LEYSER, K., «Early Medieval Canon Law and the Beginnings of Knighthood», en *Institutionen, Kultur und Gesellschaft, Festschrift für J. Fleckenstein*, Sigmaringen, 1984, pp. 549-566.
LIGATO, G., «The Political Meanings of the Relics of the Holy Cross among the Crusaders and in the Latin Kingdom of Jerusalem: an Example of 1185», en BALARD, M. (dir.), *Autour de la première croisade...*, pp. 315-330.
LILIE, R.-J., *Byzantium and the Crusaders States, 1096-1204*, Oxford, 1993.
LINEHAN, P., *History and the Historians of Medieval Spain*, Oxford, 1993.
LITTLE, L. K., *Benedictine Maledictions. Liturgical Cursing in Romanesque France*, Ithaca-Londres, 1993.

—, «Formules monastiques de malédiction aux IXe et X^{e}siècles», *Revue Mabillon*, 58, 1975, pp. 377-399.
—, «La morphologie des malédictions monastiques», *Annales ESC*, 34, 1979, pp. 43-60.
LOBRICHON, G., *1099, Jérusalem conquise*, París, 1998.
—, «L'ordre de ce temps et les désordres de la fin. Apocalyptique et société du IXe à la fin du XIe siècle», en VERBEKE, W., VERHELST, D., y WELKENHUYSEN, A. (dir.), *The Use and Abuse...*, pp. 221-241.
—, «La Femme d'Apocalypse 12 dans l'exégèse du Haut Moyen Âge latin (760-1200)», en IOGNA-PRAT, D., PALAZZO, É. y RUSSO, D. (dir.), *Marie, le culte de la Vierge dans la société médiévale*, París, 1996.
—, *La Religion des laïcs en Occident, XIe-XIVe siècle*, París, 1994.
—, «Les courants spirituels dans la chrétienté occidentale à l'aube du concile de Plaisance», en *Il Concilio di Piacenza...*, pp. 51-62.
LOMAX, D. W., *The Reconquest of Spain*, Londres, 1978 [trad. esp.: *La Reconquista*, Barcelona, 1984].
LOUD, G. A., «The Church, Warfare and Military Obligations in Norman Italy», en SHEILS, W. J. (dir.), *The Church and War...*, pp. 31-46.
LOUD, G. (ed.), *Conquerors and Churchmen in Norman Italy*, Aldershot, 1999.
LOURIE, E., «A Society Organized for War: Medieval Spain», *Past and Present*, 35, 1966, pp. 54-76.
—, «The Confraternity of Belchite, the Ribat and the Temple», *Viator*, 13, 1982, pp. 159-176.
LOUTCHISKAIA, S., «La conversion réelle ou imaginaire? Les attitudes envers les musulmans dans le premier royaume latin de Jérusalem», en BALARD, M. y DUCELLIER, A. (dir.), *Le Partage du monde...*, pp. 193-202.
—, «*Barbarae nationes*: les peuples musulmans dans les chroniques de la première croisade», en BALARD, M. (dir.), *Autour de la première croisade...*, pp. 99-107.
MACCARONE, M., et al., *Romana ecclesia cathedra Petri*, Roma, 1991 (2 vol.).
MACCARONE, M., «*Vicarius Christi*»: *storia del titolo papale*, Roma, 1952.
MACKAY, A., *Spain in the Middle Ages. From Frontier to Empire, 1000-1500*, Londres, 1977 [trad. esp.: *La España de la Edad Media. De la frontera hasta el Imperio. 1000-1500*, Madrid, 1984].
MAGNOU, E., *L'Introduction de la réforme grégorienne à Toulouse (fin XIe-début XII^{e}siècle)*, Toulouse, 1958.
MAGNOU-NORTIER, E., «La place du concile du Puy (v. 994) dans l'évolution de l'idée de paix», en *Mélanges offerts au professeur Jean Dauvillier*, Toulouse, 1979, pp. 489-506.
—, *La Société laïque et l'Église dans la province ecclésiastique de Narbonne de la fin du VIIIe siècle à la fin du XIe siècle*, Toulouse, 1974.
—, «La tentative de subversion de l'État sous Louis le Pieux et l'oeuvre des falsificateurs», *Le Moyen Âge*, 1999, 2, pp. 331-365 y 3-4, pp. 615-641.
—, «Les mauvaises coutumes en Auvergne, Bourgogne méridionale, Languedoc et Provence au XIe siècle: un moyen d'analyse sociale», en *Structures féodales et féodalisme...*, pp. 135-172.

MANDACH, A. de, *Chanson de Roland. Transferts de mythes dans le monde occidental et oriental*, Ginebra, 1993.
—, *Naissance et développement de la chanson de geste en Europe*, t. I. *La Geste de Charlemagne et de Roland*, Ginebra, 1961; t. II: *La Chronique de Turpin*, Ginebra, 1963.
MANSELLI, R., «La *res publica christiana* et l'islam», en *L'Occidente e l'islam...*, t. 1, pp. 115-147.
MANTRAN, R., *L'Expansion musulmane (VIIe –XIe siècle)*, París, 1969 [trad. esp.: *La expansión musulmana (siglos VII al XI)*, Barcelona, 1973].
MARKOWSKI, M., «*Crucesignatus*: its Origin and Early Usage», *Journal of Medieval History*, 10, 1984, pp. 157-165.
MARKUS, R. A., «Saint Augustine's view on the just war», en SHEILS, W. J. (dir.), *The Church and War...*, pp. 1-13.
MARTIN, J. L., «Reconquista y cruzada», en *Il Concilio di Piacenza...*, pp. 247-271.
MARTIN, J.-M., *Italies normandes, XIe-XIIe siècle*, París, 1994.
—, *La Pouille du VIe, au XIIe siècle*, Roma, 1993.
MARTINDALE, J., *Status, Authority and Regional Power, Aquitaine and France, IXth to XIIth Centuries*, Aldershot, 1997.
—, «Succession and Politics in the Romance-speaking World, c. 1000-1400», en JONES M. y VALE, M. (ed.), *England and her Neighbours: Essays in Honour of Pierre Chaplais*, Londres, 1989, pp. 19-41.
MAYER, H. E., *Idee und Wirlichkeit der Kreuzzüge*, Germering, 1965.
—, *The Crusades*, Oxford (2.ª ed.), 1988 [trad. esp.: *Historia de las cruzadas*, Madrid, 2001].
MAYEUR, J.-M., PIETRI, Ch. y L., VAUCHEZ, A., VENARD, M. (dir.), *Histoire du christianisme*, t. IV: *Évêques, moines et empereurs (610-1054)*, París, 1993; t. V: *Apogée de la papauté et expansion de la chrétienté (1054-1274)*, París, 1993.
MCCORMICK, M., «A New Ninth-Century Witness to the Carolingian Mass against the Pagans», *Revue Bénédictine*, 97, 1987, pp. 68-86.
—, *Eternel Victory. Triumphal Rulership in Late Antiquity, Byzantium and the Early Medieval West*, Cambridge-Londres-París, 1986.
—, «Liturgie et guerre des Carolingiens à la première croisade», en «*Militia Christi» e crociata...*, pp. 209-238.
—, «The Liturgy of War in the Early Middle Ages: Crisis, Litanies, and the Carolingian Monarchy», *Viator*, 15, 1984, pp. 1-23.
MCGINN, B., *Apocalypticism in the Western Tradition*, Londres, 1994.
—, «Iter sancti sepulchri: the Piety of the First Crusaders», en LACKNER, B. K. y PHILP, K. R. (dir.), *Essays on Medieval Civilization (The Walter Prescott Webb Memorial Lectures)*, Londres, 1978, pp. 33-71.
—, «Portraying Antichrist in the Middle Ages», en VERBEKE, W.,VERHELST, D. y WELKENHUYSEN, A. (dir.), *The Use and Abuse...*, pp. 1- 47.
—, *Visions of the End. Apocalyptic Traditions in the Middle Ages*, Nueva York, 1979.
—, *Antichrist: Two Thousand Years of the Human Fascination with Evil*, San Francisco, 1994.
MCGUIRE, B. P., «Purgatory, the Communion of the Saints, and Medieval Change», *Viator*, 20, 1989, pp. 61-84.

McKinney, L. C., «The People and Public Opinion in the xith Century Peace Movement», *Speculum*, 5, 1930, pp. 181-206.
Meerseman, G. G., «Chiesa e "ordo laïcorum" nel secolo xi», en *Chiesa e Riforma nella Spiritualità del sec.xi (Atti del VI.º convegno del centro di studi sulla spiritualità medievale, 13-16 ott. 1963)*, Todi, 1968, pp. 37-74.
—, «I penitenti nei secoli xi e xii», en *I Laici nella «societas christiana»...*, pp. 306-339.
Menjot, D., *Les Espagnes médiévales, 409-1474*, París, 1996.
Merdrignac, B., *Les Vies de saints bretons durant le Haut Moyen Âge. La culture, les croyances en Bretagne (viie-xiie siècle)*, Rennes, 1993.
Meredith-Jones, C., «The conventional Saracen of the song of geste», *Speculum*, 1942, pp. 201-225.
—, «Vis baptizari?», *Culture*, 24, 1963, pp. 250-273.
«Militia Christi» e crociata nei secoli xi-xiii (Atti della undecima settimana internazionale di studio, Mendola, 1989), Milán, 1992
Millet-Gérard D., *Chrétiens mozarabes et culture islamique dans l'Espagne des viiie-ixe siècles*, París, 1984.
Mínguez Fernández, J. M., *La Reconquista*, Madrid, 1989.
Miquel, A., *L'Islam et sa civilisation*, París, 1968.
—, *La Géographie humaine du monde musulman jusqu'au milieu du xie siècle*, París-La Haya, 1967-1980 (4 vol.).
Monachino, V., «L'impiego della forza politica al servizio della religione nel pensiero di s. Agostino», *Nova Historia*, X, 1959, pp. 13-38.
Monceaux, P., «Saint Augustin et la guerre», en *L'Église et la Guerre*, París, 1913.
Monneret de Villard, U., *Lo studio dell'islam in Europa nel xii e xiii secolo*, Vaticano, 1944.
Moore, R. I., *La Persécution. Sa formation en Europe, x^e-xiiie siècle*, París, 1991 [trad. esp. de la edición original ing.: *La formación de una sociedad represora. Poder y disidencia en la Europa occidental, 950-1250*, Barcelona, 1989].
Morabia, *Le Gihad dans l'islam médiéval*, París, 1993.
Morghen, R., *Gregorio VII*, Palermo, 1974 (2.ª ed.).
Morisi, Anna, *La guerra nel pensiero cristiano dalle origini alle crociate*, Florencia, 1984.
Morris, C., «A Critique of Popular Religion: Guibert of Nogent on the Relics of the Saints», en Cuming, G. J. y Baker, D. (ed.), *Popular Belief and Practice*, Cambridge, 1972, pp. 55-60.
—, «Peter the Ermit and the Chroniclers», en Phillips, J. (dir.), *The First Crusade...*, pp. 21-34.
—, «Policy and Visions: the Case of the Holy Lance at Antioch», en Gillingham, J. y Holt, J. C. (dir.), *War and Government in the Middle Ages, Essays in honour of J. O. Prestwich*, Cambridge, 1984, pp. 33-45.
—, «Propaganda for War. The Dissemination of the Crusading Ideal in the Twelfth Century», en Sheils, W. J. (dir.), *The Church and War...*, pp. 79-102.
—, «The Aims and Spirituality of the First Crusade as Seen Through the

Eyesof Albert of Aachen», *Reading Medieval Studies,* 16, 1990, pp. 99-117.
—, *The Papal Monarchy. The Western Church from 1050 to 1250,* Oxford, 1989.
—, «Martyrs on the Field of Battle before and during the First Crusade», *Studies in Church History,* 30, 1993, pp. 93-104.
MUNRO, D. C., «The Speech of Pope Urban II at Clermont, 1095», *American Historical Review,* 2, 1906, pp. 231-242.
—, «The Western Attitude toward Islam during the Period of the Crusades», *Speculum,* 6, 1931, pp. 329-343.
MURATORI, E., «L'assedio di Barbastro, prima crociata di Spagna, et la canzone di gesta omonima: occasioni della storia e scarto retorico», *Francofonia,* 5, 1985, pp. 23-35.
MURPHY, T. P. (dir.), *The Holy War,* Columbus, 1976.
MURRAY, A. V. (dir.), *From Clermont to Jerusalem; the Crusades and Crusaders Societies, 1095-1500 (International Medieval Research,* 3), Turnhout, 1998.
—, «Pope Gregory VII and his Letters», *Traditio,* 22, 1966, pp. 149-202.
MUSCA, G., *Il Vangelo e la Torah, Cristiani ed Ebrei nella prima crociata,* Bari, 1999.
MUSSET, L., *Les Invasions. Le second assaut contre l'Europe chrétienne (VIIe-XIe siècle),* París, 1965 [trad. esp.: *Las invasiones. El segundo asalto contra la Europa cristiana (siglos VII-IX),* Barcelona, 1973].
MUSSOT-GOULARD., *Les Princes de Gascogne, 768-1070,* Marsolan, 1982.
NANAI, A.-M., «L'image du croisé dans les sources historiques musulmanes», en *De Toulouse à Tripoli, itinéraires de cultures croisées,* Toulouse, 1997, pp. 11-39.
Normanni (I) e la loro espansione in Europa nell'alto medioevo (Settimane di studio del Centro Italiano di Studi sull'Alto Medioevo,16), Spoleto, 1969.
NOTH, A., *Heiliger Krieg und heiliger Kampf in Islam und Christentum,* Bonn, 1966.
NYS, E., *Le Droit de la guerre et les précurseurs de Grotius,* París, 1882.
Occidente (L') e l'islam nell'alto medioevo (Settimane di studio del Centro Italiano di Studi sull'Alto Medioevo, 12), Spoleto, 1965.
OHLER, N., *Krieg und Frieden im Mittelalter,* Múnich, 1997.
Ordinamenti militari in Occidente nell'alto Medioevo (Settimane di Studio del Centro Italiano di Studi sull'alto Medioevo, 15), Spoleto, 1968.
ORTIGUES E. y IOGNA-PRAT, D., «Raoul Glaber et l'historiographie clunisienne», *Studi Medievali,* 26, 2, 1985, pp. 537-572.
OURSEL, R., *Les Pèlerins du Moyen Âge: les hommes, les chemins, les sanctuaires,* París, 1963.
PACAUT, M., «La papauté et la réforme de Grégoire VII à Urbain II», en *Il Concilio di Piacenza...,* pp. 39-49.
—, *La Théocratie,* París, 1957 (2.ª ed. París, 1989).
PAETOW, L. J. (dir.), *The Crusades and Other Historical Essays Presented to Dana C. Munro,* Nueva York, 1928.
Paix (La) (Recueil de la Société Jean Bodin, t. 14), Bruselas, 1962,

PARISSE, M., BARRAL, I. y ALTET, X. (dir.), *Le Roi de France et son royaume autour de l'an mil*, París, 1992.
PARTNER, P., *God of Battles; Holy Wars of Christianity and Islam*, Londres, 1997.
—, «Holy War, Crusade and Jihad: an Attempt to Define Some Problems» en BALARD, M. (dir.), *Autour de la première croisade...*, pp. 333-343.
—, *The Lands of St Peter*, Londres, 1972.
PASZTOR E., «Lotta per le investiture e ius belli; la posizione di Anselmo di Lucca», en GOLINELLI, P. (dir.), *Sant'Anselmo, Mantova e la lotta per le investiture*, Bolonia, 1987, pp. 375-417.
PAUL, J., *L'Eglise et la Culture en Occident (IXe-XIIe siècle)*, París, 1988 [trad. esp.: *La Iglesia y la cultura en Occidente (siglos IX-XII)*, 2 vol., Barcelona, 1988].
PAULUS, N., *Geschichte des Ablasses im Mittelalter vom Ursprunge bis zur Mitte des XIVe Jahrhundert*, Paderborn, 1922.
PAXTON, F. S, «History, Historians, and the Peace of God», en HEAD, T. y et LANDES, R. (dir.), *The Peace of God...*, pp. 21-40.
PAYEN J.-Ch., «Une légende épique en formation: les *gesta Tancredi* de Raoul de Caen», en *Mélanges René Louis*, Saint-Père-sous-Vézelay, 1982, t. 2, pp. 1051 ss.
—, «Une poétique du génocide joyeux», *Olifant*, 6, 1979, 3-4, pp. 226 ss.
PELLAT, Y. y PELLAT, Ch,, «L'idée de Dieu chez les "Sarrasins"» des chansons de geste», *Studia Islamica*, 22, 1965, pp. 5-42.
Pellegrinaggi e culto dei santi in Europa fino alla crociatta (Convegni del Centro di Studi sulla Spiritualità Medievali, 1961), Todi, 1963.
PETRUCCI, A., «Aspetti del culto e del pellegrinaggio di santo Michele Arcangelo sur Monte Gargano», en *Pellegrinaggi e culto dei santi...*, pp. 147-180.
PETTI BALBI, G., «Lotte antisaracene e militia Christi in ambito Iberico», en «*Militia Christi» e crociata...*, pp. 519-545.
PHILLIPS, J. (dir.), *The First Crusade, Origins and Impact*, Manchester, 1997.
PIAZZONI, A. M., «*Militia Christi e cluniacensi*», en «*Militia Christi» e crociata...*, pp. 241-269.
PICARD, Ch., «La Méditerranée musulmane à la veille de la première croisade», en *Il Concilio di Piacenza...*, pp. 285-295.
PICASSO, G., «Il concilio di Piacenza nella tradizione canonistica», en *Il Concilio di Piacenza...*, pp. 109-119.
PICCIRILLO, M., «Jérusalem et la basilique du Saint-Sépulcre», en REY-DELQUÉ, M, (dir.), *Les Croisades...*, pp. 233-242.
PISSARD, H., *La Guerre sainte en pays chrétien*, París, 1912.
POLY, J.-P., *La Provence et la société féodale (879-1166); Contribution à l'étude des structures dites féodales dans le Midi*, París, 1976.
POLY, J.-P. y BOURNAZEL, E., *La Mutation féodale. X^e-XIIe siècles*, París, 1980 [trad. esp.: *El cambio feudal (siglos X al XII)*, Barcelona, 1983].
PONTAL, O., *Les Conciles de la France capétienne jusqu'en 1215*, París, 1995.
PORGES, W., «The Clergy, the Poor and the Non-Combattants on the First Crusade», *Speculum*, 21, 1946, pp. 1-23.
PORTER, J. M. B., «Preacher of the First Crusade? Robert of Arbrissel after

the Concil of Clermont», en MURRAY, A. V, (dir.), *From Clermont to Jerusalem...,* p, 43-53.

POULAIN, J.-C., «Les saints dans la vie religieuse populaire au Moyen Âge», en *Les Religions populaires, colloque 1970,* Québec, 1972, pp. 67-74.

POULIN, J.-C., *L'Ideal de sainteté dans l'Aquitaine carolingienne,* Laval, 1975.

PRAWER, J., «The Roots of Medieval Colonialism», en GOOS, V. P. y BORNSTEIN, Ch. V. (dir.), *The Meeting of two Worlds...,* pp. 23-38.

PRENTOUT, H., «Études sur quelques points; de l'histoire de Normandie, I: La trêve de Dieu en Normandie», *Mémoires de l'Académie nationale des sciences, arts et belles-lettres de Caen,* 6, 1931, pp. 1-16.

PRINZ, F., *Klerus und Krieg im Mittelalter. Untersuchung zur Rolle der kirche beim Aufban der Königsherrschaft,* Stuttgart, 1971.

—, «Primi stadi della *militia Christi* altomedioevale», en *«Militia Christi» e crociata...,* pp. 49-63.

PRINZ, O., «Eine frühe abendländische Aktualisierung der lateinischen Überzetzung des Pseudo-Methodios», *Deutsches Archiv für Erforschung des Mittelalters,* 41, 1, 1985, pp. 5-17.

RACINE, P., (dir.), *Piacenza e la prima crociata,* Piacenza, 1995.

REGOUT, R., *La Doctrine de la guerre juste de saint Augustin à nous jours, d'après les théologiens et les canonistes catholiques,* París, 1934.

REILLY, B. F. (ed.), *Santiago, Saint Denis and Saint Peter. The Reception of the Roman Liturgy in Leon-Castille in 1080,* Nueva York, 1985.

—, *The Kingdom of Leon-Castilla under King Alfonso VI (1065-1109),* Princeton, 1988 [trad. esp.: *El reino de León y Castilla bajo el rey Alfonso VI (1065-1109),* Toledo, 1989].

REUTER, T., «*Episcopi cum sua militia:* the Prelate as Warrior in the Early Staufer Era», en *Warriors and Churchmen in the High Middle Ages, Essays presented to Karl Leyser,* Londres, 1992, pp. 79-94.

—, *The Medieval Nobility. Studies on the Ruling Class of France and Germany from the Sixth to the Twelfth Century,* Amsterdam, 1979.

REY-DELQUÉ, M. (dir.), *Les Croisades. L'Orient et l'Occident, 1096-1270,* Milán, 1997.

REYNOLDS, S., *Fiefs and Vassals,* Oxford UP, 1994.

RIANT, P., «Inventaire critique des lettres historiques des croisades», *Archives de l'Orient Latin,* t. I, 1880, pp. 1-224.

RICHARD, J., *Croisades et États latins d'Orient, Points de vue et documents,* Aldershot, 1992.

—, *Croisés, Missionnaires et voyageurs; perspectives orientales du monde latin médiéval,* Londres, 1983.

—, *Histoire des croisades,* París, 1996.

—, *L'Esprit de la croisade,* París, 1969.

—, «L'indulgence de croisade et le pèlerinage en Terre sainte», en *Il Concilio di Piacenza...,* pp. 213-223.

—, «La papauté et la direction de la première croisade», *Journal des Savants,* abril-junio 1960, pp. 49-58.

—, «La vogue de l'Orient dans la littérature occidentale du Moyen Âge», *Mélanges R. Crozet,* Poitiers, 1966, pp. 557-561.

—, *Le Royaume latin de Jerusalem,* París, 1953.

—, «Les croisades et les sources occidentales», en REY-DELQUÉ, M. (dir.), *Les Croisades...*, pp. 39-48.
—, *Les Relations entre l'Occident et l'Orient au Moyen Âge*, Londres, 1977.
—, «La croisade; l'évolution des conceptions et des stratégies», en MURRAY, A. V. (dir.), *From Clermont to Jerusalem...*, pp. 3-25.
RICHÉ, P., *Éducation et Culture dans l'Occident barbare*, París, 1967.
—, *Éducation et Culture dans l'Occident médiéval*, Aldershot, 1993.
—, *Gerbert d'Aurillac. Le pape de l'an mil*, París, 1987 [trad. esp.: *Gerberto. El Papa del año mil*, Madrid, 1990].
—, *Les Carolingiens. Une famille qui fit l'Europe*, París, 1983.
—, *Les Écoles et l'enseignement dans l'Occident chrétien de la fin du Ve siècle au milieu du XIe*, París, 1989 (1979).
—, *Les Grandeurs de l'an mille*, París, 1999.
RILEY-SMITH, J., «Crusading as an Act of Love», *History*, 65, 1980, pp. 177-192.
—, *The First Crusaders, 1095-1131*, Cambridge, 1997.
—, «An Approach to Crusading Ethics», *Reading Medieval Studies*, 6, 1980.
—, «Death on the First Crusade», en LOADES, D. (dir.), *The End of Strife*, Edimburgo, 1984, pp. 14-31.
—, «Early Crusaders to the East and the Costs of Crusading, 1095-1130», en GOODICH, M. MENACHE, S. y SCHEIN, S. (dir.), *Cross Cultural Convergences in the Crusader Period (Essays presented to Aryeh Graboïs on his Sixty-fifth Birthday)*, Nueva York, 1995, pp. 237-257.
—, «Erdmann and the Historiography of the Crusades, 1935-1995», en GARCÍA-GUIJARRO RAMOS, L. (dir.), *La primera cruzada...*, p. 17-29.
—, «L'idée de croisade dans les chartes de la premiére croisade», en REY-DELQUÉ, M. (dir.), *Les Croisades...*, pp. 130-133.
—, *Les Croisades*, París, 1990.
—, «The First Crusade and St Peter», en KEDAR, B. Z., MAYER, H. E. y SMAIL, R. C. (dir.), *Outremer...*, pp. 41-65.
—, *The First Crusade and the Idea of Crusading*, Londres, 1986.
—, «The First Crusade and the Persecution of the Jews», *Persecution and Toleration (Studies in Church History,* 21), 1984, pp. 51-72.
—, «The Idea of Crusading in the Charters of Early Crusaders, 1095-1102», en *Le Concile de Clermont...*, pp. 155-166.
—, «The Motives of the Earliest Crusaders and the Settlement of Latin Palestine (1095-1188)», *English Historical Review*, 98, 1983, pp. 723 ss.
—, «The Title of Godfrey de Bouillon», *Bulletin of the Institute of Historical Research*, 52, 1979, pp. 83-86.
ROBIN, Ch., «L'évolution des motivations des croisés durant les deux siècles-des croisades», en REY-DELQUÉ, M. (dir.), *Les Croisades*, pp. 133-140.
ROBINSON, I. S., *Authority and Resistance in the Investiture Contest: the Polemical Literature of the Late Eleventh Century*, Manchester, 1978.
—, «GregoryVII and the Soldiers of Christ», *History*, 58, 1973, pp. 169-192.
—, *Henri IV of Germany, 1056-1106*, Cambridge, 1999.
—, *The Papacy, 1073-1198, Continuity and Innovation*, Cambridge, 1990.

RODINSON, M., *La Fascination de l'islam*, París, 1980 [trad. esp.: *La fascinación del islam*, Madrid, 1989].
—, *Mahomet*, París, 1961 [trad. esp.: *Mahoma. El nacimiento del mundo islámico*, México, 1974 y Barcelona, 2002].
ROGERS, R., «Peter Bartholomew and the Role of "the Poor" in the First Crusade», en REUTER, T. (dir.), *Warriors and Churchmen in the High Middle Age; Essays presented to Karl Leyser*, Londres, 1992, pp. 109-122.
ROSENWEIN, B. H., «Feudal War and Monastic Peace: Cluniac Liturgy as Ritual Agression», *Viator*, 2, 1971, pp. 129-157.
ROTTER, E., *Abendland und Sarrazenen; das oksidentale Araberbild und seine Entstehung im Frühmittelalter*, Berlín-Nueva York, 1986.
ROUSSET, P., *Histoire d'une idéologie: la croisade*, Lausana, 1983.
—, «L'idéal chevaleresque dans deux *vitae* clunisiennes», en *Mélanges E. R. Labande, Études de civilisation médiévale*, Poitiers, 1974, pp. 623-633.
—, «L'idée d'unité dans la pensée commune au XIIe siécle», *Alma Mater*, 16, 1946, pp. 33-40.
—, «L'idée de croisade chez les chroniqueurs d'Occident», en *Relazioni del X Congresso Internazionale di Scienze Storische*, Roma, 1955, vol. III, pp. 547-563.
—, «La conception de l'histoire à l'époque féodale», en *Mélanges L. Halphen*, París, 1951, pp. 623-633.
—, «La croisade obstacle à la mission», *Nova et vetera*, 1982, 2, pp. 133-141.
—, «La croyance en la justice immanente à l'époque féodale», *Le Moyen Âge*, 54, 1948, pp. 225-248.
—, «La notion de chrétienté aux XIe et XII^{e}siécles», *Le Moyen Âge*, 69, 1963, pp. 191-203.
—, «Le sens du merveilleux à l'époque féodale», *Le Moyen Âge*, 72, 1956, pp. 25-37.
—, «Les laïcs dans la croisade», en *I Laici nella «societas cristiana»...*, pp. 428-447.
—, *Les Origines et les caractères de la première croisade*, Neuchâtel, 1945.
—, «Raoul Glaber, interprète de la pensée commune au XIe siécle», *Revue d'histoire de l'Église de France*, 36, 1950, pp. 5-24.
—, «Recherches sur l'émotivité à l'époque romane», *Cahiers de Civilisation Médiévale*, 2, 1959, pp. 53-67.
—, «Un problème de méthodologie, l'événement et sa perception», en *Mélanges R. Crozet*, Poitiers, 1966, pp. 315-321.
RUCQUOI, A., *Histoire médiévale de la péninsule Ibérique*, París, 1993.
RUIZ-DOMÈNEC J. E., «La idea della cavalleria medievale come una teoria ideologica della società», *Nuova Rivista Storica*, 1981, pp. 341-367.
—, *La memoria de los feudales*, Barcelona, 1984.
RUNCIMAN, S., «Charlemagne and Palestine», *English Historical Review*, 50, 1935, pp. 609-619.
—, *A History of the Crusade*, vol. I: *The first Crusade*, Cambridge, 1951; trad, fr. D.-A. CANAL, *Histoire des croisades*, vol. I: *La Première Croisade et la fondation du royaune de Jérusalem*, París, 1998 [tad. esp.: *Historia de las cruzadas. 1. La Primera Cruzada y la Fundación del Reino de Jerusalén*, Madrid, 1973].

—, «The Holy Lance Found at Antioch», *Analecta Bollandiana,* 68, 1950, pp. 197-209.
—, «The Pilgrimages to Palestine before 1095», en SETTON, K. F. (dir.), *A History of the Crusades,* t. I: *The First Hundred years,* ed. M. W. BALDWIN, Madison, 1955, pp. 68-78.
RUSCONI, R., «La prédication de la croisade», en REY-DELQUÉ, M. (dir.), *Les Croisades...,* pp. 141-145.
RUSSEL, F. H., *The just War in the Middle Ages,* Cambridge, 1975.
SAAVEDRA, E., *Estudio sobre la invasión de los Árabes en España,* Madrid, 1892.
SÁNCHEZ ALBORNOZ, C., «El ejercito y la guerra en el reino asturleonés, 718-1037», en *Ordinamenti militari in Occidente...,* t. I, pp. 293-428.
Sancho Ramírez, rey de Aragón, y su tiempo, 1064-1094, Huesca, 1994.
SARGENT-BAUR, N. (ed.), *Journey Toward God: Pilgrimage and Crusade,* Kalamazoo, 1992.
SAXER, V., «Le culte et la légende hagiographique de saint Guillaume de Gellone», en *Mélanges René Louis,* Saint-Père-sous-Vézelay, 1982, t. I, pp. 565-589.
SCALIA, G,. «Il carme pisano sull'impresa contro I Saraceni del 1087», en *Studi du Filologia Romanza offeri a Silvio Pellegrini,* 1971, pp. 565-627.
SCHEIN, S., «Die Kreuzzüge als volkstümlich-messianische Bewegungen», *Deutsches Archiv für Erforschung des Mittelalters,* 47, 1991, pp. 119-137.
—, «Jérusalem, objectif original de la première croisade?», en BALARD, M. (dir.), *Autour de la première croisade...,* pp. 119-126.
—, *The papacy, the West and the recovery of the Holy Land,* Clarendon, 1991.
SCHIEFFER, Th., «Cluny et la querelle des investitures», *Revue Historique,* 225, 1961, pp. 47-72.
SCHALLER, H. M., «Zur Kreuzzugsenzyklika Papst Sergius'IV», en *Papsttum, Kirche und Recht im Mittelalter, Festschrift...H. Fuhrmann,* Tubinga, 1991, pp. 135-154.
SCHMITT, J.-Cl., *Les Revenants. Les vivants et les morts dans la société médiévale,* París, 1994.
—, *La Raison des gestes dans l'Occident médiéval,* París, 1990.
SCHRAMM, P. E., *Die «Heilige Lanze», Herrschaftzeichen und Staatsymbolik,* MGH, 13, 2, 1955.
—, *Kaiser, Könige und Päpste,* Stuttgart, 1968-1970 (4 vol.).
SCHWINGES, R. C., *Kreuzzugsideologie und Toleranz. Studien zu Wlhelm von Tyrus,* Stuttgart, 1977.
—, «Kreuzzugsideologie und Toleranz im Denken Wilhelm von Tyrus», *Saeculum,* 25, 1974, pp. 367-385.
SÉMICHON, E., *La Paix et la trêve de Dieu,* París, 1857.
SEMMLER, J., «*Facti sunt milites domni Ildebrandi omnibus... in stuporem*», en *Das Ritterbild in Mittelalter und Renaissance,* Düsseldorf, 1985, pp. 11-35.
SÉNAC, Ph. (dir.), *Frontières et espaces pyrénéens au Moyen Âge,* Perpignan, 1992.

—, «Frontiére et reconquête dans l'Aragon du XIe siècle», en SÉNAC, Ph. (dir.), *Frontières et espaces...*, pp. 47-59.
—, «Islam et chrétienté dans l'Espagne du Haut Moyen Âge: la naissance de une frontière», *Studia Ilamica*, 1999, pp. 91-107.
—, *L'Image de l'autre*, París, 1983.
—, *La Frontière et les hommes (VIIIe-XIIe siècle), le peuplement musulman au nord de l=Èbre et les débuts de la reconquête aragonaise*, París, 2000 [trad. esp. en preparación por la Editorial Universidad de Granada y la Fundación El Legado Andalusí].
—, *Le Monde musulman des origines au XIe siècle*, París, 1999.
—, *Provence et piraterie sarrasine*, París, 1982.
SERPER, A., «Sarrasins et chansons de geste», en *Essor et fortune de la chanson de geste dans l'Europe et dans l'Orient latin (Actes du 9e congrès international de la Société Rencesvals)*, Módena, 1984, pp. 179-183.
SETTON, K. F. (dir.), *A History of the Crusades*, 6 vol., Madison, 1969-1989 (2.ª ed.).
SHEILS, W. J. (dir.), *The Church and War (Studies in Church History, 20)*, 1983.
SHEPARD, J., «Cross-Purposes: Alexius Comnenus and the First Crusade», en PHILLIPS, J. (dir.), *The First Crusade...*, pp. 107-129.
SIBERRY, E., *Cristicism of Crusading, 1095-1274*, Oxford, 1985.
—, «Missionaries and Crusaders, 1095-1274, Opponents or Allies?», en SHEILS, W. J. (dir.), *The Church and War*, pp. 103-110.
SICARD, G., «Paix et Guerre dans le droit canon du XIIe siècle», *Cahiers de Fanjeaux*, 4, 1969, pp. 72-90.
SIGAL, P.-A., *L'Homme et le miracle dans la France médiévale (XIe-XIIe siècle)*, París, 1985.
—, *Les Marcheurs de Dieu*, París, 1974.
—, «Les voyages de reliques aux XIe et XIIe siècles», en *Voyage, quête, pèlerinage*, Aix-en-Provence, 1976, pp. 75-104.
—, «Le pélerinage de Terre sainte aux XIIe et XIIIe, siècles», en REY-DELQUÉ, M. (dir.), *Les Croisades...*, pp. 169-174.
SIVAN, E., *L'Islam et le croisade*, París, 1968.
—, «La genèse de la contre-croisade: un traité damasquin du debut du XIIe siècle», *Journal Asiatique*, 1966, pp. 197-224.
SMAIL, R. C., *Crusading Warfare, 1097-1193*, Cambridge, 1956 (2.ª ed. 1976).
SOLANGES, B. de, *La Théologie de la guerre juste. Genèse et orientation*, París, 1946.
SOMERVILLE, R,, «Clermont 1095: Crusade and Canons», en GARCÍA-GUIJARRO RAMOS, L. (dir.), *La primera cruzada...*, pp. 63-77.
—, *Papacy, Councils and Canon Law, in the XIth-XIIth Centuries*, Aldershot, 1990.
—, «The Council of Clermont (1096) and Latin Christian Society», *Archivium Historiae Pontificae*, 11, 1974, pp. 55-90.
—, «The Council of Clermont and the First Crusade», *Studia Gratiana*, 20 *(Mélanges G. Fransen, 2)*, 1976, pp. 325-339.
SORANZO, G., «Gregorio VII e gli stati vasalli della Chiesa», *Aevum*, 23, 1949, pp. 155 ss.

SOURDEL, D. y J., *La Civilisation de l'islam classique*, París, 1983 [trad. esp.: *La civilización del Islam clásico*, Barcelona, 1981].
SOUTHERN, R. W., *Western view of islam in the Middle Ages*, Cambridge (Massachusetts), 1962.
STEENSTRUP, J., *Les Invasions normandes en France*, París, 1969.
STICKLER, A. M., «Il *"gladius"* nel registro di Gregorio VII», *Studi Gregoriani*, 3, 1948, pp. 89-103.
STRICKLAND, M., *War and Chivalry. The Conduct and Perception of War in England and Normandy, 1066-1217*, Cambridge, 1996.
STRUBBE, E. L., «La paix de Dieu dans le nord de la France», en *La Paix...*, pp. 493 ss.
Structures féodales et féodalisme dans l'Occident méditerranéen (Xe-XIIIe siècle), París-Roma, 1980 [trad. esp. parcial: *Estructuras feudales y feudalismo en el mundo mediterráneo*, estudio preliminar de R. Pastor, Barcelona, 1984].
SUARD, F., «Les héros chrétiens face au monde sarrasin», en VAN DIJK, H. y NOOMEN, W. (dir.), *Aspects de l'épopée romane...*, pp. 187-208.
SUMBERG, L. A., «The "Tafurs" and the first crusade», *Medieval Studies*, 21, 1959, pp. 224-246.
TANGHERONI, M., «La reconquista christiana del Mediterraneo occidentale», en GARCÍA-GUIJARRO RAMOS, L. (dir.), *La primera cruzada...*, pp. 91-105.
—, «Pisa, l'islam, il Mediterraneo, la prima crociata: alcune considerazioni», en CARDINI, F. (dir.), *Toscana et Terrasanta nel medioevo*, Florencia, 1982, pp. 31-55.
TATE, G., *L'Orient des croisades*, París, 1991.
TATTERSALL, J., «Anthropophagi and Eaters of Raw Flesh in French Literature of the Crusade Period: Myth, Tradition and Reality», *Medium Aevum*, 57, 1988, pp. 240-253.
TAVIANI-CAROZZI, H., *La Terreur du monde*, París, 1996.
—, «Une bataille franco-allemande en Italie: Civitate (1053)», en CAROZZI, C. y TAVIANI-CAROZZI, H. (dir.), *Peuples du Moyen Âge: problèmes d'identification. Séminaire société, idéologies et croyances au Moyen Âge*, Aix-en-Provence, 1996, pp. 181-211.
—, *La Princpauté lombarde de Salerne (IXe-XIe siècle). Pouvoir et société en Italie lombarde méridionale*, Roma, 1991, 2 vol.
TELLENBACH, G., *Church, State and Christian Society at the Time of the Investiture Contest*, Oxford, 1945.
—, *Libertas: Kirche und Weltordnung im Zeitalter des Investiturstreits*, Leipzig, 1936.
THIBAULT, F., «Observations sur le service militaire du IXe au XIIe siécle», *Revue historique du droit français et étranger*, 8, 1929, pp. 646 ss.
TOLAN, J. V.(dir.), *Medieval Christian Perception of Islam; a Book of Essays*, Nueva York-Londres, 1996.
—, «Mahomet et l'Antéchrist dans l'Espagne du IXe siécle», en BUSCHINGER, D. y SPIEWOK, W. (dir.), *Monde oriental et monde occidental dans la culture médiévale (Wodan*, vol. 68), Greifswald, 1997, pp. 167-180.
—, «Muslims as Pagan Idolators in Chronicles of the First Crusade», en FRASETTO, M. y BLANKS, D. (dir.), *Western Attitudes towards Islam*, Nueva York, 1997.

—, «Un cadavre mutilé: le déchirement polémique de Mahomet», *Le Moyen Âge*, 104, 1998, pp. 53-72.

TOMMASI, F., «*Pauperes commilitones Christi;* aspetti e problemi delle origini gerosolimitane», en «*Militia Christi» e crociata...*, pp. 443- 475.

TÖPFER, B., «Die Anfänge der *Treuga Dei* in Nordfrankreich», *Zeitschrift für Geschichtswissenschaft*, 9, 1962, pp. 876-893.

—, «The Cult of Relics and Pilgrimage in Burgundy and Aquitaine at the Time of the Monastic Reform», en HEAD, T. y LANDES, R. (dir.) *The Peace of God...*, pp. 41-57.

—, *Volk und Kirche zur Zeit der beginnenden Gottesfriedensbewegung in Frankreich*, Berlin, 1957.

TOUBERT, H., *Un Art dirigé, Réforme grégorienne et iconographie*, París, 1990.

TOUBERT, P., *Les Structures du Latium médiéval: le Latium méridional et la Sabine du IXe siècle à la fin du XIIe siècle*, Roma, 1973 (2 vol.).

TRAMONTANA, S., *I Normanni in Italia: Lince di ricerca sui primi insediamenti*, I: *Aspetti politici e militari*, Mesina, 1970.

TROTTER, D, A., «*Por eshalcier sainte crestïenté*», *French Studies Bulletin*, 7, 1983, pp. 1-3.

—, *Medieval French Literature and the Crusades (1100-1300)*, Ginebra, 1988.

TUCKER, R. W., *The Just War*, Baltimore, 1960.

TUCOO-CHALA, P., *Quand l'islam était aux portes des Pyrénées: de Gaston IV le croisé à la croisade des Albigeois, XIe-XIIIe siècle*, Biarritz, 1994.

TUILIER, A., «Byzance et la féodalité occidentale. Les vertus guerrières des premiers croisés d'après l'*Alexiade* d'Anne Comnène», en *La Guerre et la paix au Moyen Âge (Actes du 101e congrès national des sociétés savantes)*, Lille, 1976, pp. 35-50.

TYAN, E., artículo «Djihad», *Encyclopédie de l'islam*, t. II, 1965, pp. 551-553.

TYERMAN C., «Who Went on Crusades to the Holy Land», en KEDAR, B. Z. (dir.), *The Horns of Hattin*, pp. 13-26.

ULLMANN, W., *The Growth of Papal Government in the Middle Ages (A Study in the Ideolegical Relation of Clerical to Lay Power)*, Londres, 1955.

—, *The Papacy and Political Ideas in the Middle Ages*, Londres, 1976.

—, *Principios de gobierno y política en la Edad Media*, Madrid, 1971.

—, *Historia del pensamiento político en la Edad Media*, Barcelona, 1983.

URVOY, D., «Sur l'évolution de la notion de Gihad dans l'Espagne musulmane», *Mélanges de la Casa de Velázquez*, 9, 1973, pp. 335-371.

—, «La pensée religieuse des mozarabes face à l'islam», *Traditio*, 39, 1983, pp. 419-432.

UTRILLA UTRILLA, J. F., «De la conquista de Huesca (1096) a la del *regnum Cesaraugustanum* (1120): la expansión territorial del reino de Aragón y la ideología de cruzada», en GARCÍA-GUIJARRO RAMOS, L. (dir.), *Segundas jornadas internacionales...*

VAN DIJK, H. y NOOMEN, W. (dir.), *Aspects de l'épopée romane: mentalités, idéologies, intertextualités*, Groninga, 1995.

VAN LUYN, P., «Les *milites* de la France du XIe siècle», *Le Moyen Âge*, 1971, 1, pp. 1-51 y 2, pp. 193-238.

VAN WINTER, J.-M., «*Cingulum militiae*, Schwertleite en *miles* – terminologie als spiegelvan veranderend menselijk gedrag», *Tijdschrift voor Rechtsgeschiedenis*, 1976, pp. 1-92.

VANDERPOL, A., *Le Droit de guerre d'après les théologiens et le canonistes du Moyen Âge*, París-Bruselas, 1911.

—, *La Doctrine scolastique du droit de guerre*, París, 1919.

VASILEV, A., «Medieval Ideas of the End of the World: West and East», *Byzantion*, 16, 2, 1942-1943, pp. 462-502.

VAUCHEZ, A., *La Spiritualité du Moyen Âge occidental*, París, 1975 [trad. esp.: *La espiritualidad del Occidente medieval (siglos VIII-XII)*, Madrid, 1985].

—, «La notion de guerre juste au Moyen Âge», *Les Quatre Fleuves*, 19, 1984, pp. 9-22.

—, «Les composantes eschatologiques de l'idée de croisade», en *Le Concile de Clermont...*, pp. 233-243.

—, *Les Laïcs au Moyen Âge: pratiques et expériences religieuses*, París, 1987.

VERBEKE, W., VERHELST, D., y WELKENHUYSEN, A. (dir.), *The Use and Abuse of Eschatology in the Middle Ages*, Lovaina, 1988.

VERBRUGGEN, J. F., *De Krijskunst in West-Europa in de Middeleeuwen (IXe tot begin XIVe Eeuw)*, Bruselas, 1954; trad. ing.: M. Southern, *The Art of Warfare in Western Europe during the Middle Ages, from the Eighth Century to 1340*, Nueva York, 1997 (2.ª ed.).

VERDON, J., «Une source de la reconquête chrétienne en Espagne: la Chronique de Saint-Maixent», *Mélanges R. Crozet*, Poitiers, 1966, pp. 273-282.

VERHELST, D., «Les textes eschatologiques dans le *liber floridus*», en VERBEKE, W., VERHELST, D., y WELKENHUYSEN, A. (dir.), *The Use and Abuse...*, pp. 209-305.

VIAL, P., «L'idéologie de guerre sainte et l'ordre du Temple», en *Mélanges en l'honneur d'Étienne Fournial*, Saint-Étienne, 1978.

VIAUD, P. (ed.), *Les Religions et la Guerre*, París, 1991.

VIGNERAS, L.-A., «L'abbaye de Charroux et la légende du pèlerinage de Charlemagne», *Romanic Review*, 32, 1941, pp. 121-128.

VIGUERA MOLINS, M. J., *Los reinos de taifas y las invasiones magrebíes (Al-Andalus del XI al XII)*, Madrid, 1992.

— (dir.), *Los reinos de taifas. Al-Andalus en el siglo XI*, vol. VIII-1 de la *Historia de España Ramón Menéndez Pidal*, dir. por J. M.ª Jover Zamora, Madrid, 1994.

— (dir.), *El retroceso territorial de Al-Andalus. Almorávides y almohades, siglos XI al XIII*, vol. VIII-2 de la *Historia de España Ramón Menéndez Pidal*, dir. por J. M.ª Jover Zamora, Madrid, 1997.VILLEY, M., «L'idée de croisade chez les juristes du Moyen Âge», en *X Congresso internazionale di scienze storiche*, Roma, 1955, pp. 577 ss.

—, *La Croisade; essai sur la formation d'une théorie juridique*, París, 1942.

VIOLA, C., «Jugements de Dieu et Jugement dernier. Saint Augustin et la scolastique naissante, fin XIe-milieu XIIIe siécle», en VERBEKE, W., VERHELST, D. y WELKENHUYSEN, A. (dir.), *The Use and Abuse...*, pp. 241-298.

VIOLANTE,C. (ed.), *Sant'Anselmo, vescovo di Lucca (1073-1086), nel quadro della trasfromazioni sociali e della riforma ecclesiastica*, Roma, 1992.

—, «Hérésies urbaines et hérésies rurales en Italie du XIe au XIIIe siécle», en *Hérésies et sociétés dans l'Europe pré-industrielle, XIe-XVIIIe siècle*, París-La Haya, 1968, pp. 171-184 [trad. esp.: «Herejías urbanas y herejías rurales en la Italia de los siglos XI al XIII», en LE GOFF, J. (comp.), *Herejías y sociedades en la Europa preindustrial, siglos XI-XVIII*, Madrid, 1987, pp. 127-149].

—, «La pataria e la militia Dei nelle fonti e nella realtà», en «*Militia Christi» e crociata...*, pp. 103-127.

—, *La Pataria milanese e la riforma ecclesiastica, 1: Le premese*, Roma, 1955.

—, «La réforme ecclésiastique du XIe siècle: une synthèse progressive d'idées et de structures opposées», *Le Moyen Âge*, 97, 1991, pp. 355-365.

—, *Studi sulla cristianità medievale, Societá, istitutioni, spiritualità*, Milán, ed. P. Zerbi, 1972.

Violence dans le monde mediéval (La) (Senefiance, 36), 1994.

VOGEL, C. y ELZE, R., *Le Pontifical romano-germanique du Xe siècle*, Vaticano, 1963.

VOGEL, C., *La Discipline pénitentielle en Gaule des origines à la fin du VIIe siècle*, París, 1952.

—, *Le Pécheur et la pénitence au Moyen Âge*, París, 1969.

—, «Le pèlerinage pénitentiel», en *Pellegrinaggi e culto dei santi...*, pp. 37-94.

—, «Les pèlerinages pénitentiels», *Revue des sciences religieuses*, 38, 1964, pp. 113-145.

VON DEN STEIN, W., *Canossa. Heinrick IV und die Kirche*, Darmstadt, 1969 (2e ed.).

WAAS, A., «Volk Gottes und *militia Christi*», en WIPERT, P. (dir.), *Juden und Kreuzfahrer, judentum in Mittelalter*, Berlín, 1966, pp. 410-432.

—, «Der heilige Krieg in Islam und Christentum in Vergangenheit und Gegenwart», *Die Welt als Geschichte*, 19, 1969, pp. 211-225.

—, *Geschichte der Kreuzzuge*, Friburgo, 1956 (2 vol.).

WAHA, M. de, «La lettre d'Alexis Ier Comnène à Robert Ier le Frison; une révision», *Byzantion*, 47, 1977, pp. 113-125.

WALLACH, L., «*Amicus amicis, inimicus inimicis*», *Zeitschrift für Kirchengeschichte*, 52, 1933, pp. 614-615.

WALTZ, J., «Historical Perspectives on "Early Mission" to Muslims», *The Muslim World*, 61, 1971, pp. 170-186.

—, «The Significance of the Volontary Martyrs of IXth Century Cordoba», *The Muslim World*, 60, 1970, pp. 143-159.

WATT, W.-M., *L'influence de l'islam sur l'Europe médiévale*, París, 1974.

—, *Mahomet à Médine*, París, 1978.

—, *Muslim-Christian Encounters: Perception and Misperceptions*, Londres, 1991.

—, *Mahoma, profeta y hombre de Estado*, Barcelona, 1967.

WEBER E. y REYNAUD, G. (dir.), *Croisade d'hier, djihad d'aujourd'hui. Théorie et pratique de la violence dans les rapports entre l'Occident chrétien et l'Orient musulman*, París, 1989.

WEBER, E., «Quelques aspects de l'image de l'Autre chez Usâma ibn Munqid», en *De Toulouse à Tripoli, itinéraires de cultures croisées*, Toulouse, 1997, pp. 93-114.

WERNER, E., *Zwischen Canossa und Worms. Staat und Kirche, 1077-1122*, Berlín, 1975 (2ᵉ ed.).
WERNER, K. F., «Das hochmittelalterliche Imperium im politischen Bewusstsein Frankreichs (X^te-XII^te Jahrundert)», *Historische Zeitschrift*, 1965, pp. 1-60.
—, «Königstum und Fürstentum im französischen XII^te Jahrunderts», *Vorträge und Forschungen*, 12, 1969, pp. 177-225.
—, «Observations sur le rôle des évêques dans le mouvement de paix aux Xe et XIe siècles», en *Medievalia Christiana» XIe-XIIIe siècle, hommage à R. Foreville*, Bruselas, 1989, pp. 155-195.
—, «Royaume et *regna*, le pouvoir en France comme enjeu entre les rois et les Grands», en MAGNOU-NORTIER, E. (dir.), *Pouvoirs et Libertés au temps des premiers Capétiens*, s. l., 1992, pp. 25-62.
—, «Untersuchungen zur Frühzeit des französischen Fürstentums (IX^te-X^te Jahrunderts)», *Die Welt als Geschichte*, 18, 1958, pp. 256-289; 19, 1959, pp. 145-193; 20, 1960, pp. 87-119.
WHITE, S. D., «Feuding and Peace-making in the Touraine around the year 1100», *Traditio*, 42, 1986, pp. 195-263.
WILKINSON, J., *Jerusalem Pilgrims before the Crusades*, Warminster, 1977.
WOLF, K B., «Crusade and Narrative: Bohemond and the *Gesta Francorum*», *Journal of Medieval History*, 17, 1991, pp. 207-216.
—, *Making History. The Normans and their Historians in Eleventh Century Italy*, Filadelfia, 1995.
WOLFF, R. L., «Greeks and Latins before and after 1204», *Revista di Studi Storici-Religiosi*, 1, 1957, pp. 330-334.
WOLFF, T., *Die Bauernkreuzzüge des Jahres 1096*, Tubinga, 1891.
YEWDALE, R. B., *Bohemond I, Prince of Antioch*, Nueva York, 1980.
YVER, J., *L'Interdiction de la guerre privée dans le très ancien droit normand*, Caen, 1928.
ZAAL, J. B. W., *A lei francesca (Sainte Foy, vers 20); Étude sur les chansons de saints gallo-romans du XIe siècle*, Leyden, 1962.
ZAJAC, W. G., «Captured Property on the First Crusade», en PHILLIPS, J., *The First Crusade...*, pp. 153-180.
ZBINDEN, N., *Abendländische Ritter, Griechen und Türken im esrsten Kreuzzug (Texte und Forschungen zur byzantinisch-griechischen Philologie, 48)*, Atenas, 1975.
ZELLER, M., «Le comte de Toulouse Raymond IV, chef d'un peuple à la croisade», en *Genèse de l'État moderne en Méditerranée*, Roma, 1993, pp. 45-60.
ZERBI, P., «Il termine fidelitas nelle lettere di Gregorio VII», *Studi Gregoriani*, 3, 1948, pp. 146 ss.
—, «La militia Christi per i Cisterciensi», en «*Militia Christi» e crociata...*, pp. 273-294.
ZIMMERMAN, M. (dir.), *Les Sociétés méridionales autour de l'an mil*, París, 1992.
—, «Et je t'empouvoirrai *(potestativum te farei)*; à propos des relations entre fidélité et pouvoir en Catalogne au XIe siècle», *Médiévales*, 1986, pp. 17-36.

ÍNDICE DE NOMBRES Y LUGARES

Abbon de Fleury (abad), 63-64, 77, 150.
Abbon de Saint-Germain (abad), 79, 147, 153.
'Abd Allāh (rey zirí de Granada), 259, 346.
'Abd al-Ramān (emir de Córdoba), 234.
Abraham, 135, 139, 175, 228.
Acardo de Montmerle (cruzado), 323.
Ademaro (obispo del Puy), 328-330.
Ademaro (vizconde de Limoges), 143.
Ademaro de Chabannes, 62, 81, 296.
Adrevaldo de Fleury (abad), 112-113.
Adriano I (papa), 44.
Adson de Montier-en-Der (abad), 252, 341.
África, 33, 160, 233, 285, 290, 347.
Agar (concubina de Abraham), 48, 228-229, 249.
Agen, 102.
Agustín (San), 29, 37-40, 54-55, 63, 261-263, 265.
Aimón de Bourges (arzobispo), 89-92.
Aimón de Fleury (monje), 112-116, 143, 238.
Al-Ándalus, 232, 237, 259, 274.
Al-Hakim (califa fatimí), 296.
al-Mu'tamid (rey de Sevilla), 259.
Alain de Cornualles (conde), 148.
Alberico de Châtillon (señor), 116.
Alberto de Aix (cronista), 21, 311, 341.
Albuino (escritor eclesiástico), 252.
Alcoraz (batalla de), 260.

Alcuino (consejero de Carlomagno), 30, 33, 42.
Alejandro II (papa), 166-167, 169, 178, 185, 197, 199, 267, 271, 273-276, 278, 289, 298, 315.
Alejo I Comneno (emperador bizantino), 19, 168, 293-295, 303, 308, 313, 337-338, 340.
Alemania, 188, 205, 210, 215-216, 265, 307.
Alepo, 294.
Alfonso III (rey de Asturias), 242, 245, 246.
Alfonso VI (rey de León y Castilla), 204, 212, 259-260, 281.
Almanzor (visir), 257, 269.
Alp Arslān (sultán seljúcida), 293.
Alta-Borgoña (conde de), 299.
Álvaro (sacerdote de Córdoba), 235, 237.
Amadeo de Saboya (conde), 299.
Amado de Montecasino, (monje cronista), 160, 175-176, 278, 287.
Amanieu de Loubens (cruzado), 323.
Ambrosio (San), 148, 192, 197.
Ana Comneno (hija de Alejo), 161.
Anastasio (emperador), 189.
Anastasio el Bibliotecario, 239.
Anastasio el Sinaita (San), 227.
Anatolia, 294, 313.
Andrés (San), 331, 333-334.
Andrés de Fleury (monje), 90-91, 112-113, 115-117, 130.

Andrés de Strumi, 179, 182.
Angelran de San Pablo, 330.
Angers, 309.
Anónimo normando (cruzado cronista), 332-334.
Anse (concilio de), 75-76, 80, 84.
Anselmo de Lucca (obispo, canonista), 180.
Anselmo de Ribemont (cruzado), 329, 330.
Anticristo, 19, 110, 150, 157-158, 178, 188, 194, 205, 215, 227, 234-235, 237-239, 247-248, 250-253, 279, 290, 341-343.
Antioquía, 139, 156, 287, 293-294, 301, 306, 309, 325, 327-331, 333, 337-338.
Apulia, 47, 165, 168, 172, 195, 232, 261.
Aquisgrán, 56.
Aquitania, 65, 76-78, 80, 84, 114, 249, 256-257.
Arabia, 250, 345.
Aragón, 203, 258, 271.
Arialdo de Milán (sacerdote, jefe patarino), 169.
Ariberto (obispo), 148.
Arlés, 36, 94, 97.
Armengol III (conde de Urgel), 273, 281.
Armenia, 231, 293.
Arnaldo Mir de Tost (jefe catalán), 273.
Arnoldo de Orleans (obispo), 114.
Arnulfo de Milán, 149, 169, 182.
Arqa, 329-330.
Ascalón, 339, 343.
Asia, 33, 283-284.
Asia Menor, 293, 299, 327.
Asiria, 92.
Astolfo (rey lombardo), 44.
Asturias, 239, 242-245, 248, 258.
Auvernia, 72-73, 76, 104, 109.
Auxerre (conde de), 152.

Babilonia, 92.
Balderico de Bourgueil (abad, cronista), 306, 315, 327.
Balduino I (rey de Jerusalén), 307, 337, 341.
Baleares (islas), 232.

Bar Simson (Solomon) (cronista judío), 341.
Barbastro, 259, 272-273, 274-277.
Barcelona, 148, 257.
Barthélémy (D.), medievalista, 62, 67, 69, 71, 78, 81-82, 85, 89, 93.
Basilio (San), 128.
Bayeux, 161.
Beauvais, 88.
Becker (A.), medievalista, 26, 310.
Beda el Venerable (monje), 233-234.
Bégon de Clermont (obispo), 111-112.
Beltrán II de Provenza (conde), 206.
Benevento, 50, 172-173, 175, 195.
Benito (San), 112-117, 142-144, 152-153.
Benedicto IX (papa), 171.
Benzo de Alba (obispo, polemista), 129.
Berenguer II (conde catalán), 203.
Berenguer de Ausona (obispo), 289.
Berenguer de Narbona (vizconde), 96-97.
Bernardo IV de Besalú (conde), 130, 203, 206.
Bernardo de Angers (escritor eclesiástico), 100-102, 104-105, 107-111, 128-129, 131-132.
Bernardo de Claraval (San, abad), 268, 315.
Bernoldo de Saint-Blaise (monje cronista), 160, 183, 295.
Bertoldo de Reichenau (monje cronista), 178, 183.
Bertrada de Montfort, 18, 181.
Bibiano (San), 108, 124.
Bizancio, 127, 172, 189, 224, 226, 228, 231, 249, 294-295, 340.
Bohemundo de Tarento (jefe cruzado), 288, 294, 337-340.
Boleslao (rey de Polonia), 129, 256.
Bonifacio (San), 43.
Bonizo de Sutri (obispo, canonista), 168, 171, 173, 179-180, 182-183.
Bonnassie (P.), medievalista, 269.
Borgoña, 84, 88, 152, 208.
Borrell II (conde catalán), 257.
Bósforo, 340.
Bosón de Arlés (conde), 286.
Bourges, 61, 81, 89, 91, 98, 143, 149.
Boyer (R.), medievalista, 151.
Bretaña, 197.

Brioude, 72, 117.
Brundage (J. A.), medievalista, 53.
Bruno (cronista), 332.
Bruno de Segni (obispo, cronista), 159, 178.
Bucardo de Vienne (arzobispo), 85.
Bull (M.), medievalista, 276-278, 285, 310, 314.

Cadalo (antipapa), 178.
Cagliari, 196.
Cahors (obispo de), 84.
Cairo (El), 296.
Calabria, 160, 165, 168, 261.
Calvario (el), véase Gólgota.
Cambrai (obispos de), 88, 138.
Canosa, 187.
Capua, 167.
Carlomagno (emperador), 13, 21, 29-34, 41-42, 44-45, 56, 89, 155, 164, 222, 246, 306-307.
Carlos el Calvo (emperador), 48, 50, 56, 119, 238.
Carlos de Lorena (duque), 257.
Carlos Martel (mayordomo de Palacio), 42, 221-222, 232-234.
Castilla, 204.
Cataluña, 130.
Cencio (prefecto romano), 183.
Cérami (batalla de), 288.
Cerdeña, 47, 195-196, 232-233.
Charroux, 61, 73, 78-81, 85.
Cher (río), 92.
Childerico III (rey merovingio), 193.
Cid (El Cid Campeador), 270.
Cilicia, 230, 249, 337.
Cividale (batalla de), 160, 172, 174-177, 331.
Clavijo (batalla de), 129.
Clemente III (papa), 188, 212-213.
Clermont, 11, 15-21, 26, 53, 119, 178, 260, 274, 283, 296, 302-309, 311, 314, 316-319, 327, 342.
Clermont (conde de), 137.
Cluny, 22, 66, 75-76, 118, 212, 216, 258, 267-268, 322.
Coimbra, 129.
Colonia, 138.
Conques, 102, 105-106, 108, 111-112, 128-129, 131, 147, 180.
Conrado II (emperador), 148, 159.

Constantino el Grande (emperador romano), 29, 35, 41, 43-44, 99, 139, 145, 148, 164, 166, 170, 172, 191, 194-195, 197, 199, 285.
Constantino Monómaco (emperador griego), 172.
Constantinopla, 19-20, 30-31, 33, 43, 168, 233, 295, 299-302, 307-308, 341.
Corbie, 135, 138.
Córcega, 195-196, 286.
Córdoba, 42, 228, 234-235, 237-238.
Covadonga (batalla de), 244.
Cowdrey (H. E. J.), medievalista, 24, 26, 69, 166, 183, 195, 208, 213, 217, 276, 284.
Creta, 230.
Cristóbal Colón (navegador), 256.

Daifero (conde), 137.
Dalmacia, 199.
Damasco, 227, 294.
Daniel (profeta bíblico), 64, 226, 237, 341.
David (rey bíblico), 30, 33, 42, 129, 135, 139-140, 142, 177, 244, 290.
Debord (A.), medievalista, 77.
Delaruelle (É.), medievalista, 23, 27, 29, 51, 53, 221.
Demetrio (San), 124, 128, 332, 334.
Díaz y Díaz (C.), medievalista, 236.
Dinamarca, 199.
Diógenes (emperador), 293.
Dionisio (San), 129.
Dogo de Venecia, 215.
Dorilea (batalla de), 328.
Drogon (caballero normando), 160.
Duby (G.), medievalista, 66.
Ducellier (A.), medievalista, 127.
Dudon de Saint-Quentin (monje cronista), 269.
Duero (río), 258.

Ebles de Roucy (señor de Champaña), 200, 279-280.
Edesa, 294, 337.
Edmundo (San), 132, 150, 224.
Eduardo (rey de Inglaterra), 162.
Egberto (obispo), 134.
Eginhardo (cronista), 30-31.
Egipto, 135, 249.

Ekkehard de Aura (cronista), 239, 341.
Elías (profeta bíblico), 234, 251.
Elna (concilio de), 61, 93.
Emicho de Flonheim (cruzado), 19, 249, 307, 341-342.
Emprainville, 118.
Enoc, 234, 251.
Enrique II (emperador), 55, 172.
Enrique III (emperador), 163, 172.
Enrique IV (emperador), 18, 129, 160, 178, 183, 186-189, 191, 212, 216, 300.
Erdmann (C.), medievalista, 14, 22-25, 27, 51, 53-54, 145, 159, 161, 164, 166-167, 261, 264-265, 310.
Erlembaldo (caballero), 169, 178-179, 182-183, 185, 211.
Escocia, 233.
España, 13, 22-23, 26, 34, 42, 93, 124, 130, 148, 181, 199-201, 203-205, 208, 232, 234, 236-241, 243-249, 255-256, 259-260, 266-268, 270-273, 275-286, 295-296, 340, 346, 348.
Esteban (San), 143.
Esteban II (conde de Blois), 144, 322, 328.
Esteban II (rey de Hungría), 44, 197, 256.
Esteban Valentín (cruzado visionario), 338, 342.
Etiopía, 257.
Eudes (conde de Aquitania), 239.
Eudes (conde de Blois), 144.
Eudes (conde de Borgoña), 269.
Eudes (obispo de Bayeux), 197.
Eudes (señor de Déols), 91-92.
Eudes de Cluny, 268.
Eulogio (obispo), 235-238.
Europa, 33, 42, 256, 261, 295, 328.
Ezequiel (profeta bíblico), 240, 242.

Fe de Conques (Santa), 101, 104-112, 130-131, 142-143, 147, 267.
Felipe I (rey de los francos), 18, 161, 181, 213, 303.
Fernando II (rey de León y Castilla), 129.
Ferreiro (A.), medievalista, 275.
Flandes (condesa de), 322-323.
Fleury, 114.

Fráncfort del Meno (concilio de), 56.
Francia, 15, 18, 22, 34, 59-60, 64, 97, 110, 124, 137, 153, 160, 166, 205-206, 211, 213-214, 222, 232, 237-238, 243, 248, 252, 258, 260, 272, 277, 285, 303-304, 307-309, 318.
Frutolf de Michelsberg (monje cronista), 239.
Fulco el Hosco (conde de Anjou), 309.
Fulco IV de Anjou (rey de Jerusalén), 18, 273.
Fulquerio de Chartres (cronista), 23, 307, 314, 325.

Gabriel (arcángel), 156, 236.
Gaimar (conde lombardo), 143.
Galia, 94, 221-222, 233, 249, 319.
Galicia, 248, 258.
Gandersheim (abadía de), 247.
Garde-Freinet (La), 232, 256.
Gargano (monte), 130.
Gedeón (juez bíblico), 140, 223, 288.
Gelasio I (papa), 189.
Genoveva (Santa), 147.
Geraldo de Aurillac (conde), 268.
Gerardo de Cambrai (obispo), 89.
Géraud (abad), 108-109.
Gerberga (reina franca), 252.
Germán (obispo de Metz), 192, 215.
Germán (San), 147.
Germán de Reichenau (monje cronista), 176.
Germania, 249, 252.
Germigny, 116.
Geroldo de Avranches (monje), 123-125.
Gerona, 203.
Geza (rey de Hungría), 198.
Gibraltar, 232.
Gieysztor (A.), medievalista, 297.
Giraud (vizconde de Limoges), 143.
Godofredo (conde de Anjou), 273.
Godofredo (conde de Bourges), 116.
Godofredo (conde de Lorena), 299, 307.
Godofredo de Bouillón (jefe cruzado), 339, 342.
Godofredo Malaterra (monje cronista), 168, 287-289.

ÍNDICE DE NOMBRES Y LUGARES

Godofredo Martel (conde de Anjou), 144.
Godofredo de Monmouth (obispo cronista), 149.
Godofredo Rufus (caballero), 116.
Godofredo de Vendôme (monje cronista), 305.
Gog y Magog, 240, 250.
Gólgota (monte), 30, 250.
Goliat, 135, 142, 290.
Gombaudo (arzobispo), 78.
Gourdon, 111.
Graciano (canonista), 263.
Graindor de Douai (trovador), 333.
Grecia, 249.
Gregorio (San), 146.
Gregorio de Catino (monje cronista), 137.
Gregorio I el Grande (papa), 177.
Gregorio VII (papa), 20, 25, 119, 129, 159, 163-164, 166-168, 171, 179, 182-184, 185-218, 246, 267, 269, 278-281, 285, 298-300, 302, 308, 310, 315.
Gualón (condestable), 329.
Guérin de Beauvais (obispo), 88.
Guiberto de Rávena (antipapa), véase Clemente III.
Guiberto de Nogent (monje cronista), 18, 308, 325, 327, 342-343.
Guillermo (conde de Toulouse), 286.
Guillermo (rey de Navarra), 269.
Guillermo (San), 124.
Guillermo VII (duque de Aquitania), 273.
Guillermo de Apulia (cronista), 168.
Guillermo el Conquistador (duque, después rey), 161-163, 197.
Guillermo el de la Larga Espada (duque normando), 269.
Guillermo de Malmesbury (cronista), 163.
Guillermo de Montreuil (jefe de la milicia papal), 160, 273.
Guillermo VI de Poitiers (monje cronista), 162, 213.
Guillermo Sancho (duque), 152.
Guy (obispo del Puy), 72.

Hagenmeyer (H.), medievalista, 22.
Harald I (rey de Dinamarca), 199, 208.
Haroldo II (rey de Inglaterra), 161-162.
Harun al-Rachid (califa), 30-31.
Hastings, 161-162.
Heraclio (emperador griego), 235.
Hildebrando (archidiácono), 185-187, véase Gregorio VII.
Hildesheim, 139.
Hincmaro de Reims (arzobispo), 119, 142.
Hugo (abad de Cluny), 193, 214, 269, 302, 323.
Hugo (duque de Borgoña), 193.
Hugo (señor del Puiset), 181.
Hugo (vizconde), 290.
Hugo Capeto (rey los francos), 65, 257.
Hugo de Fleury (abad), 152, 327.
Hugo el Grande (conde de Vermandois), 161.
Humberto de Moyenmoutier (canonista), 180.
Hungría, 197-198.

Ibn Abī Zar (cronista musulmán), 346
Inglaterra, 135, 150, 163, 182, 197, 256.
Irene (emperatriz griega), 30, 33.
Isidoro (San, cronista), 242.
Islandia, 256.
Ismael (personaje bíblico hijo de Abraham y de Agar), 226, 229, 240, 249-250.
Israel, 13, 31, 38, 42, 135, 140, 245, 251, 288-289, 306, 316, 324.
Italia, 13, 18, 23, 26, 44, 49-50, 94, 143, 158-160, 164-165, 167, 170, 188, 195, 208, 211, 232, 249, 260, 272, 277, 285-286, 290, 304, 342.

Jerusalén, 11, 14-16, 19, 23-25, 30, 37, 94, 105, 112, 118, 146, 169, 178, 189, 218, 225, 247, 250-253, 282-283, 285, 287, 291, 295-296, 298, 300, 302-311, 315, 317, 319, 321-325, 331, 334, 338-344, 348-349.
Jesucristo, 11-16, 19, 32-33, 38, 40, 49-50, 56, 61, 63, 83, 95-96, 100, 106-107, 128-130, 139, 146, 148-150, 152, 154, 172-174, 177-179, 182-183, 188, 190-192, 194, 204-205, 209-210, 215, 219, 223, 237, 241-242, 244, 247-248, 250-253,

263, 270, 277, 286, 288-290, 295-
298, 300, 302-303, 305-306, 309,
315, 317, 319-326, 328-332, 334-
335, 337-344, 349.
Jonás (obispo de Orleans), 41, 190.
Jorge (San), 124, 128, 140, 289, 332,
334.
Jorge el Monje (cronista), 229.
Josué (jefe bíblico), 135, 289.
Jordán (obispo de Limoges), 82-83.
Juan (patriarca de Jerusalén), 230.
Juan (San, apóstol), 251.
Juan VIII (papa), 48-53, 153.
Juan el Bautista, 39, 263.
Juan Damasceno (sacerdote, teólogo de
Oriente), 227-228, 237.
Juan Kameniatés (polemista oriental),
229.
Juan Tzimisces (emperador bizantino),
231-232.
Judas Macabeo, 146.
Juliano el Apóstata (emperador), 128.
Kerbogha (atabek de Mosul), 139, 156,
332, 337.
Knut el Grande (rey danés), 199.
Knut IV el Santo (rey danés), 150.

Lacio, 47.
Laliena Corbera (C.), medievalista, 272,
278.
Lamberto (San), 146.
Landes (R.), medievalista, 63, 226.
Landulfo de Milán (cronista), 178.
Landulfo Sagax (cronista), 239.
Landulfo el Viejo (cronista), 169, 182-
183.
Lauranson-Rosaz (C.), medievalista, 72-
73.

Lechfeld (batalla de), 54, 256.
León III (papa), 29-30, 32-33.
León IV (papa), 47, 53, 154.
León VI (emperador), 236.
León IX (papa), 159, 171-177, 185.
León y Castilla (reino de), 258-259,
271.
Lérins, 145.
Letaldo de Micy (cronista), 80.
Letrán, 164, 172, 188.
Leyre, 236.
Limoges, 82, 84, 90, 108, 319.

Lemosín, 84.
Liutprando (jefe patarino), 182.
Lombardía, 183, 215.
Lorena (duque de), 208.
Luchaire (A.), medievalista, 64, 69.
Luis I el Piadoso (emperador), 41, 306.
Luis II el Germánico (rey), 56.
Luis II el Tartamudo (emperador), 50.
Luis IV de Ultramar (rey franco), 252.

Mâcon, 56, 75.
Magnou-Nortier (E.), medievalista, 71.
Mahdia, 261, 290.
Mahoma, 226, 228, 235-237, 239-240,
247, 290, 309, 345, 347.
Majencio (rival de Constantino), 35.
Malta, 289.
Manasés de Reims (obispo), 212, 329.
Manzikert (batalla de), 293-294, 299,
313.
Marcial (San), 83.
María (Vírgen), 56, 107, 130, 244, 245,
331.
Maras, 330.
Martín (San), 129, 242.
Martín de Jumièges (abad), 269.
Martín de Tours (San), 126, 144-145,
246, 269.
Mateo (San, apóstol), 168, 238.
Matilde (condesa de Toscana), 193,
299, 302.
Matilde de Flandes (esposa de Guillermo el Conquistador), 161.
Mauricio (San), 124-125, 129, 140,
154.
Máximo el Confesor (teólogo bizantino), 225, 227.
Máximo de Turín (obispo), 39.
Máyolo (abad de Cluny), 285-286.
Mayer (H. E.), medievalista, 24, 307.
Meca (La), 229, 231, 348.
Medina, 348.
Melfi (concilio de), 165-166.
Mercurio (San), 128, 332.
Metodio (Pseudo-), 226, 341.
Michelet (J.) historiador, 62-64.
Miguel (arcángel), 51, 130, 135, 139,
156, 290.
Miguel Ducas (emperador bizantino),
299.

ÍNDICE DE NOMBRES Y LUGARES

Milán, 148-149, 169, 179, 182-183, 211-212, 215.
Moisés, 32, 135, 223, 263, 286, 339.
Moissac, 297.
Montecasino, 143, 160, 287, 290, 328.
Mouzon, 137.

Narbona, 61, 95-96, 277.
Navarra, 155, 258.
Nicea (concilio de), 197, 294, 328, 338.
Nicéforo II Focas (emperador bizantino), 126, 230-231.
Nicetas de Bizancio (cronista), 228.
Nicolás I (papa), 48, 56, 93, 223.
Nicolás II (papa), 165-165, 173, 185-186.
Nivel de Fréteval (cruzado), 118.
Normandía, 97.
Northumberland, 233.
Noth (A.), medievalista, 274.

Occitania, 246.
Odilón (abad de Cluny), 75, 94, 285-286.
Olaf (rey de Noruega), 132, 151, 224.
Oliba (obispo de Vic), 94.
Olivier (caballero, monje cluniacense), 22.
Omeya (dinastía), 234-235.
Oppa (obispo), 244.
Orange (obispo de), 329.
Orderico Vital (monje cronista), 124-125, 160, 162.
Ordoño (hijo del rey Ramiro de Asturias), 245.
Orleans, 296.
Otón I el Grande (emperador), 54, 55.
Otón II (emperador), 54.
Otón III (emperador), 44, 129, 139.
Otón IV (emperador), 154.

Pablo (San, apóstol), 20, 153, 191, 206, 209, 212, 215, 248, 275, 299, 341.
Pablo I (San), 44.
Paladru (lago de), 88.
Palermo, 168.
Palestina, 225, 227, 230, 343-344.
Pamplona, 236.
París, 64, 147, 238.
Pascual II (papa), 285.
Pavía (obispo de), 179.

Pedro (San, apóstol), 13-14, 20, 28, 32, 44-45, 47-53, 56, 118, 130, 153, 156, 157-172, 177-180, 183, 185, 187-188, 190-211, 214-215, 217-219, 263, 275, 278-279, 289, 291, 296, 299, 301-303, 324, 331, 338, 340, 344.
Pedro Bartolomé (cruzado visionario), 330, 333-334.
Pedro Damiano (teólogo), 177-178.
Pedro Desiderio (cruzado visionario), 331.
Pedro el Ermitaño (cruzado, predicador de la cruzada), 18, 22, 307, 311, 339, 341-342.
Pedro de Huesca (obispo), 283.
Pedro de Substantion-Melgueil (conde), 206.
Pedro Tudebodo (cruzado, cronista), 332-334.
Pelayo (rey de Asturias), 243, 247.
Pentápolis, 195.
Persia, 226.
Piacenza (concilio de), 19, 183, 294-295, 303.
Pipino el Breve (rey franco), 43-44.
Pisa (obispo de), 196.
Poitiers, 22, 42, 81, 221-222, 232.
Poitou, 222.
Pons de Balazun (cruzado), 329.
Ponthieu (conde de), 137.
Porcaire (abad), 145.
Provenza (condes de), 208.
Provenza, 145, 232, 248, 295.
Puente Milvio (batalla del), 35.
Puy (El), 72-73, 80, 85, 130, 333.

Radaberto de Corbie (o Pascasio Radaberto, monje, teólogo), 238-239.
Raimbaud de Arlés (évêque), 94.
Raimundo de Aguilers (cruzado cronista), 329, 333, 334.
Raimundo Pilet (cruzado), 337.
Raimundo de Rouergue (conde), 112.
Raimundo de Saint-Gilles (conde de Toulouse), 299, 322, 337.
Ramiro (rey de Aragón), 202, 245.
Ramón Berenguer I (conde catalán), 148.
Ratold de Corbie (abad), 133.

Raúl Glaber (monje cronista), 62-63, 128, 269, 269, 296.
Raúl de Caen (cronista), 247.
Raúl Tortaire (monje cronista), 112-113, 116.
Rávena, 43.
Régimbaud (caballero), 105.
Reims, 137-138, 208.
Renaud de Borgoña, 260.
Réole (La), 323.
Ricardo de Capua (príncipe normando), 166-167, 195, 206.
Ricardo el Peregrino (cruzado, juglar), 333.
Riley-Smith (J.) medievalista, 25, 176, 310, 327-329.
Roberto (conde de Flandes), 294, 308, 314, 327-329.
Roberto Crespín (jefe normando), 273, 278.
Roberto Guiscardo (jefe normando), 160, 165, 167-168, 188, 195, 200, 206, 208, 287, 294.
Roberto el Monje (monje cronista), 307, 314, 327.
Roberto de Mortain (caballero normando), 161.
Robinson (I. S.), medievalista, 166, 198.
Rodolfo de Suabia (rey de Germania), 187, 208.
Rodrigo (rey visigodo), 241, 260.
Roger (duque de Sicilia), 287, 288-289.
Roldán (sobrino de Carlomagno), 22, 34, 56, 126, 155, 158, 176, 246.
Roma, 13, 20, 29, 33, 42-54, 56-57, 137-138, 150, 153, 156, 158-159, 165, 167, 169-171, 180, 183-188, 194, 196, 198, 201-203, 208, 217, 219, 232, 258, 262-265, 271-273, 286, 290, 296, 299-301, 344, 348.
Romania, 338, 340.
Romaña, 195.
Romualdo de Salerno (cronista), 167.
Roncesvalles, 34, 155, 176, 246.
Roswitha (poetisa), 247.
Roucy, 137.
Roussel de Bailleul (jefe normando), 294.
Rousset (P), medievalista, 24.
Ruán, 151.

Sabina, 49.
Saboya (condes de), 208.
Sagrajas (o Zallāqa, batalla de), 259, 346.
Saint-Chaffre, 118.
Saint-Denis, 183.
Saint-Denis de Orleans, 113.
Saint-Gaudens, 211.
Saint-Gengoux, 12 1.
Saint-Gilles-du-Gard, 95.
Saint-Maixent, 273.
Saint-Martin-le-Beau, 147.
Saint-Riquier, 137.
Saint-Thierry, 321.
Sainte-Croix de Quimperlé, 148, 197.
Saintes, 273.
Salerno, 160, 168, 188, 287.
Salomón (rey bíblico), 197, 247.
San Juan de Letrán, 32.
San Martín de Tours, 269.
San Mauricio de Magdeburgo, 154.
San Pedro de Ager (monasterio de), 273.
San Pedro de Roma, 31, 348.
San Víctor de Marsella, 329.
Sancho II (rey de Aragón), 202.
Sancho III el Grande (rey de Navarra), 257.
Sancho Ramiro I (rey de Aragón), 201, 204.
Santa Sede, 20, 158-159, 163-164, 166, 168-172, 178, 185, 192, 194, 197-199, 202-210, 212, 214-216, 221, 271, 273, 276, 278, 281-283, 286, 286, 296, 303.
Santa María (basílica), 245.
Santiago (San, apóstol), 131.
Santiago de Compostela, 257, 276, 344, 348.
Santo Sepulcro, 11, 16, 19, 30-31, 295-298, 301, 306, 308-311, 313, 322, 327, 338-339, 343-344, 349.
Saúl (rey bíblico), 140.
Sault, 143.
Saumur, 310.
Schaller (M.), medievalista, 297.
Sebastián (San), 124, 126, 140, 150.
Sebeos (Pseudo-), 226.
Sémichon (E.), medievalista, 64.
Sena (río), 137.
Sénac (Ph.), medievalista, 271, 273.
Sergio IV (papa), 294.

ÍNDICE DE NOMBRES Y LUGARES

Serlo (jefe normando), 288.
Severo (San), 152.
Sevilla, 235-236, 259.
Sicilia, 23, 47, 128, 130, 165, 168, 232, 261, 278, 280, 285-287, 289.
Sigal (P.-A.), medievalista, 103-104, 106.
Sigeberto de Gembloux (monje cronista), 239.
Silvestre I (papa), 43.
Silvestre II (papa), 44, 137, 139, 170.
Simeón (patriarca), 328.
Simón (San), 126.
Siria, 230, 249, 293.
Sofronio (patriarca de Jerusalén), 225.
Soissons, 41.
Stavelot, 133.
Suabia, 182.
Suger (abad), 280.
Sully, 115.
Sven II (rey de Dinamarca), 199, 208.

Taller, 152.
Tamin (rey musulmán de Mahdia), 290.
Tancredo de Hauteville, 160, 247, 260, 337.
Tánger, 126.
Tarifa, 259.
Tariq (jefe beréber), 241.
Tarragona, 148, 203, 281-282.
Taviani-Carozzi (H.), medievalista, 166.
Teobaldo III (hijo de Eudes de Blois), 144.
Teodoro (San), 124, 128, 334.
Teodosio (emperador), 192.
Teófanes el Confesor (polemista bizantino), 228, 239.
Tesalónica, 229.
Thangmar (cronista), 139.
Thoros (rey armenio), 337.
Tito (emperador romano), 286, 297.
Toledo, 203, 242, 259, 281.
Toulouse, 232.
Tours, 144.
Tréveris (obispos de), 208.
Trípoli, 294.

Trosly (concilio de), 79.
Túnez, 160, 261, 290.
Turingia, 137.
Turpín (arzobispo de la epopeya), 56, 155, 176.
Tusculum, 171.

Urbano II (papa), 11, 15-16, 18-20, 22-23, 26, 28, 31, 51, 155, 178, 183, 202-203, 217, 266, 268, 276, 280-287, 293-298, 302-311, 314-315, 318, 322, 325, 340, 342-343.
Usuardo (monje de Saint-Germain-des-Prés), 238.

Valencia, 238, 260.
Valle del Rin, 19.
Vallombrosa, 305.
Velay, 118.
Venus, 233.
Verberie, 56.
Verdún (conde de), 137.
Verdun-sur-le-Doubs, 87.
Vespasiano (emperador romano), 286, 297.
Vic, 93, 130.
Vicente (San), 238.
Víctor (San), 322.
Víctor III (papa), 160, 290.
Vienne, 85, 87-88.
Vitiza (rey visigodo), 243.
Volterra, 276.
Von Sybel (H.), medievalista, 21.

Waso (obispo), 146.
Wiberto (Pseudo-, cronista), 174.
Worms, 187.

Y suf b. Tašufin (emir almorávide), 259, 346-347.
Yvo de Chartres (obispo, canonista), 154, 180-181.

Zacarías (papa), 193.
Zallāqa, véase *Sagrajas*.
Zaragoza, 246.

ÍNDICE GENERAL

Siglas y abreviaturas	9
Introducción	11
Capítulo I. Cruzada, peregrinación y guerra santa	15
La primera cruzada y su problemática	15
¿Cómo interpretar la cruzada? Panorama historiográfico	21
Capítulo II. El imperio cristiano	29
Carlomagno, Roma y los santos lugares	29
Los cristianos y la guerra en el Imperio romano	34
San Agustín: ¿de la guerra santa a la guerra justa?	37
De un imperio romano a otro	39
La defensa de Roma	45
¿Una «indulgencia» de guerra santa?	50
El Imperio romano germánico	54
El clero y la guerra	55
Capítulo III. ¿De la paz de Dios a la cruzada?	59
¿Una «paz de Dios» en una edad de hierro?	
La interpretación tradicional	60
Los retoques necesarios	62
La Iglesia y la paz de Dios: problemática	69
La paz del Macizo Central	72
El sínodo de Laprade (975-980)	72

El Puy (990-994) 73
Anse (994) 75
La paz en Aquitania 76
Charroux (989) 78
Poitiers (hacia 1010) 81
Limoges (1031) 82
Extensión de las paces 84
Vienne (comienzos del siglo XI) 85
Verdun-sur-le-Doubs (1019-1021) 87
Beauvais (1023) 88
Las milicias de paz de Bourges (1038) 89
La tregua de Dios 89
Elna (1027) 93
Arlés (1037-1041) 94
Saint-Gilles-du-Gard (1042) 94
Narbona (1054) 95
Conclusión 97

CAPÍTULO IV. LA VIOLENCIA SAGRADA DE LOS SANTOS 99
El poder creciente de los santos 100
Los milagros de los santos 103
La violencia de Santa Fe 104
La violencia de San Benito 112

CAPÍTULO V. DE LOS SANTOS GUERREROS A LOS GUERREROS SANTOS 123
Los santos militares 123
De los reyes a los procuradores: la sacralización de los defensores
 de iglesias 132
La ideología real de protección de iglesias 132
Las liturgias relativas a los defensores de iglesias 135
Bajo las banderas de los santos 142
Bajo el signo de la cruz 145
Guerreros, santos y mártires 149

CAPÍTULO VI. BAJO LA BANDERA DE SAN PEDRO 157
El *vexillum* de San Pedro 159
Combates sacralizados y guerreros santificados por San Pedro 169
León IX y los mártires de Cividale 171
Alejandro II y los mártires de la Pataria 178

CAPÍTULO VII. GREGORIO VII Y LA LIBERACIÓN DE LA IGLESIA 185

Reforma y libertad de la Iglesia 185
Autoridad pontificia y poder real 189
El poder de San Pedro 193
El derecho de propiedad de San Pedro 194
San Pedro y España 199
El patronazgo de San Pedro 203
Gregorio VII y los *milites*. El «servicio de San Pedro» 207
Milites, milites sancti Petri 209
«Soldados de Cristo» 210
Servir a Dios o al diablo 214

CAPÍTULO VIII. CRISTIANOS Y PAGANOS: LA DEMONIZACIÓN
    DE LOS ADVERSARIOS DE LA CRISTIANDAD HASTA EL AÑO 1000 221
Poitiers (732): ¿nacimiento de la cristiandad occidental? 221
Nacimiento de una caricatura: la percepción de los musulmanes
    entre los cristianos de Oriente 224
La imagen de los musulmanes entre los cristianos de Occidente 231
Los mártires de Córdoba 234
La exportación del espíritu de los mártires de Córdoba 237
Las crónicas asturianas y la sacralización de la *reconquista* 239
Epopeyas y guerra santa 246

CAPÍTULO IX. GUERRA SANTA Y RECONQUISTA CRISTIANA DESPUÉS DEL
    AÑO MIL 255
¿Una nueva «mutación» del año mil 255
La reconquista cristiana en Occidente 256
Guerra justa y guerra santa 261
La guerra contra los paganos 264
Guerra santa y *reconquista* española. Papel de Cluny 267
Papado y *reconquista* española 271
    Alejandro II 271
    Gregorio VII 278
    Urbano II 280
Guerra santa y reconquista en Occidente 285

CAPÍTULO X. DE LA GUERRA SANTA A LA CRUZADA 293
¿Por qué un llamamiento a la cruzada? El Próximo Oriente
    en vísperas del llamamiento de Urbano II 293
Los proyectos de cruzada antes de 1095 296
Urbano II y el mensaje de cruzada 303
Jerusalén y los santos lugares 305

Jerusalén, ¿meta de peregrinación u objetivo militar? 310
Cruzada, paz de Dios y motivaciones materiales 313
Indulgencia, penitencia y remisión de los pecados 317
Indulgencia 317
Pro remissione peccatorum 318
Milites Christi y guerra santa 325
Otros rasgos de guerra santa 326
    Las palmas del martirio 326
    Cruzados, santos y mártires 330

CONCLUSIÓN. GUERRA SANTA, *ŶIHĀD* Y CRUZADA 337
Cruzada y guerra santa 340
Ŷihād y cruzada 345

Bibliografía 351
Índice de nombres y lugares 389
Índice general 399